菜鸟代表逆袭记

马九穗
赵文杰 著

法律出版社 LAW PRESS · CHINA
北京

图书在版编目(CIP)数据

医规. 菜鸟代表逆袭记 / 马九穗, 赵文杰著. -- 北京 : 法律出版社, 2021
ISBN 978 -7 -5197 -5876 -9

Ⅰ. ①医… Ⅱ. ①马… ②赵… Ⅲ. ①卫生法-中国-通俗读物 Ⅳ. ①D922.16

中国版本图书馆 CIP 数据核字(2021)第 176097 号

医规 ——菜鸟代表逆袭记 **YIGUI** —CAINIAO DAIBIAO NIXI JI	马九穗　赵文杰　著	策划编辑 朱海波 责任编辑 朱海波 装帧设计 鲁　娟

出版发行 法律出版社
编辑统筹 法律应用出版分社
责任校对 邢艳萍
责任印制 吕亚莉
经　　销 新华书店

开本 A5
印张 13　**字数** 350 千
版本 2021 年 10 月第 1 版
印次 2021 年 10 月第 1 次印刷
印刷 固安华明印业有限公司

地址:北京市丰台区莲花池西里 7 号(100073)
网址:www.lawpress.com.cn
投稿邮箱:info@lawpress.com.cn
举报盗版邮箱:jbwq@lawpress.com.cn
销售电话:010 -83938349
客服电话:010 -83938350
咨询电话:010 -63939796

书号:ISBN 978 -7 -5197 -5876 -9　**定价(全两册)**:88.00 元
凡购买本社图书,如有印装错误,我社负责退换。电话:010 -83938349

序　言

2019年，大约在冬季，我忽然“抽风”了，变得特别爱学习，天天独自一人躲在房间里看书，为此还买了各种各样的书籍。朋友们颇为费解，都说这人是怎么了，不但不再张罗着组局，就连别人的场子也是能推则推，长此以往，还想不想混了？其实我也一度怀疑自己是不是患上抑郁症了。那时我还特怕冷，在别人还是一件短袖走天涯的时候，我早早就把秋衣掖到了秋裤里，把秋裤掖到了袜子里……这无疑增加了我对病情的怀疑。不过后来，我才明白过来，那不过是岁数大了，再也不能“忘穿秋裤”罢了，而年龄增长的附加症，便是不愿意再去凑热闹，更想一个人待着，更想静静。

“静静是谁？”杰哥儿（赵文杰）笑着打趣道。

杰哥儿是和我“穿一条裤子”的兄弟，作为当年京城朋友圈里颇为著名的表面型奋斗男之二，我俩在间歇性努力、持续性混吃等死中梦游多年，到最后双双落到了买不起秋裤的田地。痛定思痛，我俩决定合谋“干一票大的”！

彼时，杰哥儿刚放弃“百万年薪”，从某上市公司辞职，原因不是世界太大想去看看，而是世界太大，想帮国内的企业去看看。作为曾在华为、中兴公司任职，有多年外战实践经验的法律人，他筹划成立一家咨询顾问公司，服务于“一带一路”倡议，为国内更多的中小企业“走出去”保驾护航。对于如此高端的理想，我怎能不予以精神支持？于是，我就告诉杰哥儿，“我上面有人，是谁谁谁”。当听到吴总名号后，杰哥儿当即表示膜拜，随即就决定自掏腰包带我“出差”，去拜访之，当面聆听教诲。其实在此之前，杰哥儿已经拜访过很多法律圈大佬，众老大对其想法均表示赞同,有几家大型律所(包括红圈所)也都表示了合作的意向。但对于圈外人士,这还是第一次拜访。不曾想正是这次拜访,彻底改变了我们的一些想法。

吴总(吴兴海)是苏州方度投资管理有限公司董事长,著名营销专家……光环太多,为低调起见,此处不再着墨。作为医药行业资深人士,吴总对行业的部分前车之覆深感痛心,本着更好服务行业发展的初心,服务行业更好发展的私心,他一直在想,如何为提高行业人员的整体法律意识贡献自己的力量。为此,他曾计划写点东西,以大家喜闻乐见的形式,讲好法律。但苦于掌舵之责,一直抽不开身。这次见面,吴总把他的想法告诉我俩,并希望我们能写本法律书籍以帮助医药行业合规。

受此重托,我俩自然受宠若惊,当下想也未想就答应了。但后来到了具体开写的时候,我们犯难了。

到底该如何以喜闻乐见的形式,讲好法律?

不言而喻,法律是冰冷的,法条是乏味的——“天若有情天亦老,人学法律头发少”,前辈法律人的“血泪”可都不是白流的。要想在冰上擦出火花来,谈何容易?好在我们都是说干就干的人,讲究在斗争中求团结,在解决中谋发展——就是干,没问题了要干,有问题了就一边干一边解决。

经过对医药行业从业者现状的深入探讨,吴总、我、杰哥儿我们三人达成了以下四点共识:

1. 一些行规已达极限。医药行业发展至今,之所以能够持续全面地造福于人类社会,其行业内部的一套规则,厥功甚伟。但同时也要清醒地认识到,有一些行规已然无法适应新的社会情形,若还坚持用陈旧思维来考虑现实问题,难免走向歧途。

2. 个别医药人士并不懂法。现实中,有一些医药从业者确实“不知法、不懂法、不解法”,因而在工作生活中,会不自觉地去“笑法、拒法”,进而“困于法”。这显然与“全面推进依法治国,建设社会主义法治国家”已经成为基本国策的当下社会是有些不够融合的。

3. 别无他法。如今的中国，长期稳定是完全可以预见的未来，精细化管理和科学发展势在必行。若还固执于野蛮发展模式，必将重蹈已然不鲜的覆辙。因此，别无他法，只能守法！在未来，也只有“知法、懂法且会用法”的人，才能真正立于不败之地。

4. 用法是门艺术。法的具体运用，有时更像一门艺术，我称之为“法艺学”——如何在茫茫书海中找到那一本规定，然后在成百上千的法条中找到那一条具体规定，再在那一条具体规定中看懂隐藏在法条背后立法者真正的立法意图……本书下册《医药行业合规法律指南》即运用这门“手艺”，从浩瀚如烟的规定中找出与医药行业最具有联系的部分，整编成册。

基调已定，正当我们准备继续探讨，以期找到解决前述“喜闻乐见”问题之方法时，一场突如其来的全球疫情大流行打乱了所有人的节奏。

本着“静卧在家也是为抗疫做贡献”的精神，疫情期间，我一个人待在宿舍里，过足了“宅瘾”，也过足了“书瘾”。与此同时，抗疫工作持续向前，我不断被感动着——感动于医药从业者的伟大！这在同期我给吴总写的信中，有充分体现：“当前，我们正面临着抗击新型冠状病毒肺炎疫情的艰巨任务，举国上下，万众一心，众志成城。医务工作者白衣执甲，逆行出征，不负人民。医药从业者争分夺秒，研药制器，实力护国。‘沧海横流，方显英雄本色；青山矗立，不坠凌云之志。’关键时刻，医药行业的重要性越发凸显，对于保护和增进人民健康、救灾防疫等工作具有不可替代的重要意义，是国家和民族永不可缺的重要行业。”

当情当景当时之感动，发自肺腑，现在回想起来，依旧难以自已。

这时期，还有一个意想不到的收获，便是我们找到了解决前述“喜闻乐见”之问题的方法：通过写故事的形式，讲好法律。这种想法的产生，亦得益于我国伟大的抗疫斗争：正是一个个鲜活生动的人物，一件件感人至深的事迹，一篇篇引发共鸣的报道，让我们意识到，最能打动人心的东西，往往源于生活，而“一个讲故事的人即是一个生活诗人”。①

通过“源于生活，高于生活”的创作过程，将“法律经验”转化为“故事情节”讲与众人听——通过“移情”这一故事最具有的魔力，让读者对主人公的遭遇感同身受，进而去欣赏、学习主人公的所思所想，最终达到增加生活深度的目的——这不正是我们所需要的“喜闻乐见”的形式吗？

以故事的形式讲好法律，正是本书最大的写作特点：在上册《菜鸟代表逆袭记》中，我们会讲述一个故事，以期使大家“提升法律思维、增强法治意识、明确法律底线”，同时引出医药领域相关的法律问题。而关于这些问题的答案解析就在下册《医药行业合规法律指南》里面。

具体表现为：

1. 上册以故事形式，引出医药领域相关的法律问题及解答；

2. 故事篇共 72 章，每章结尾处会向读者提出思考问题；

3. 思考问题之答案解析构成下册《医药行业合规法律指南》的重要组成部分。

天佑中华，我国的抗疫斗争取得了骄人的成绩，人民的生活日渐恢复正常——我们的作品也在这个特殊时期里，几经增删，修改无数，终于得以成稿并和大家见面。

需要指出的是，尽管我们已经尽了最大努力，让规整的法律故事俏皮幽默，让冰冷的法律条文通俗易懂，但下册和上册在读起来时，难免还会有冰火两重天之感，这也实属无奈，万望包涵。同时，本书的这种写作模式尚在探索时期，若各方面反映不错，我们还会继续精进内容和形式，为大家推出更多更优秀的作品。另外，囿于人手和精力有限，本书在编纂过程中难免会有疏漏之处，但不会影响法条原意和本

① 《故事》——[美]罗伯特·麦基。

质,请大家放心阅读。

本书由马九穗、赵文杰合力完成,其中,马九穗负责上册故事写作,赵文杰主要负责下册合规指南写作。本书从写作立意到最终成稿,吴总、汤振宇博士给予了我们极大的精神支持和经验指导,并提出了大量有益建议,赵文杰的前同事逄琳女士,以其特有的认真负责态度,对本书进行了详尽的校对工作,在此对他们表示衷心的感谢。

马九穗

2021 年 3 月 10 日

目录

01 思路一变天地宽

我的朋友赵小杰，因名字谐音为“找小姐”，平白遭了很多无聊之人的调笑。情急之时，这哥们儿恨不能四处起誓，说自己过往难说，但将来好说——永远也不可能有！

但人生的奇妙之处就在于，永远不要说永远。

且听风言。

毕业季这哥们儿考研失利、公考失利、六级失利……最后好不容易顺利毕业了，也预示着成功失业。正一筹莫展之际，家里传来“圣旨”，曰：对此结果早有预期，已有预案——若继续准备考试（各种）的话，不但每月例银照旧，还会多加一半做房补。

赵小杰想不到有这等好事，便马上回话说“吾皇英明，儿臣确实还有一个事关生死的考试要准备”！

恰逢同寝好友“马大虾”“王酱军”也要备考，便诚邀赵小杰一起组团，名字都想好了，就叫“三贱客”。对此，赵小杰嗤之以鼻，说大学四年在一起那是情非得已，如今已毕业，显然“情势变更”，你俩学渣也不“撒泡尿照照自己”，还配得上本学霸吗？

马、王“二仙”也是奇葩，竟偏要跟赵小杰在一起，更是持之以恒地晓之以“肉”、动之以“酒”，总算让赵小杰同意：“可以住一栋楼照应下你俩，但事先声明，考不过可不能怪杰哥儿不带兄弟们飞……”

最终，三人在校后门的城中村里租了两间房，白天则厚着脸皮继续到学校霸座复习——备考首届法律职业资格考试。

没了寝室的喧嚣，人心沉静，赵小杰备考渐入佳境，直到“师姐”再一次找上门来。

“师姐”是高他一届的学姐，早已毕业，去年司考未过，今年还要再战。也不知这姐们儿是从哪儿打听到的，赵小杰也在备考且单独租房的消息。总之，在某个月黑风高的晚上，她就不请自来地出现在了赵小杰门口，颇为深情地说，一个人备考太寂寞，想找个小伙伴组团，一起交流……

这姐们儿前凸后翘，颇有几分姿色。赵小杰曾因迷之自信，被人蛊惑晕头追过，但此姐一直都保持冷静，从未正眼瞧过他。

这糗事年代已久……但事到如今，此情此景？

赵小杰不禁望了眼楼道旁窗户外的天，感觉真是奇怪啊，太阳并没有从西边出来呀。

面对“突发事件”，赵小杰的反应速度堪称优秀，他很快就冷静下来，暗暗警告自己事出反常必有妖，一定要保持冷静，一定要坚持原则，一定要守住底线……

但话到了嘴边，却变成师姐我请你“撸串”吧。

原本是打算叫上楼下的马大虾和王酱军一起的，但“事太多”，一出门就给“忘”了……

原本是打算不喝酒的，但“天太热”，一坐下就……

原本是打算不留宿的，但“夜太黑”……

原本和但，本就是一对矛盾。

所以人生之事，才会十有八九不如意，偏偏人们又总爱自讨没趣，真是不可理喻！

自从“师姐”以找小伙伴的“合法形式”为理由，成功拿下赵小杰后，这哥们儿就彻底沦陷了——从此一门心思都花在讨好她身上，自己再无丝毫精力备考。

好在有前期复习打下的基础，赵小杰客观题惊险飘过，“师姐”也是低分险过,激动万分之余,有那么万分之一秒真心流露,泪流满面地说跟杰哥在一起真好!

自此,赵小杰更加无药可救,更加坚信遇到真爱了,更加义无反顾起来……

十几天后,主观题考试。

一上午四小时,赵小杰都感觉是在腾云驾雾。

出了考场,见到同一考场的“师姐”,相顾无言,出了校门正好看到马、王“二仙”打的车到了,便毫不客气地坐上。一路上“二仙”都在后排不停声讨出题人,真是绝情！真心不让人活……夹在中间的赵小杰因此心情好受了许多——看来大家都一样,都要“凉凉”了。

但……

一个多月后成绩出来,四人中竟有三人都通过了,“师姐”更是108 分,运气最佳!

只有赵小杰才是真的“凉凉”了。

赵小杰气得直跺脚,找“二仙”撒气说这是资格考试,108 分和 180 分都一样,你们俩高出那么多分纯属浪费,还不如匀我 1 分,那结果就翻天覆地了!

“二仙”带着胜利者的大度,对赵小杰的“寻衅滋事”不但不以为意,还热心“安慰”他:一个马后炮地说“107 分”里正好有个“七分”(师姐),这段感情简直就是命中注定;一个酸溜溜地说赶紧去领证吧,小心煮熟的黑鸭子又飞了……

不想竟一语成谶!

那“师姐”很快就拍屁股走人了,据说是搭上了某个小所的主任,做“助理”去了。

再想也是不出所料。

可这又有何用?

空留给赵小杰一张还不完的信用卡和一颗伤透了的“玻璃心”,简直惨不忍睹。

赵小杰软磨硬泡,好不容易从房东那里要回一个月的押金,代价是提前半个月退房。简单收拾一番后,赵小杰黯然离开这间伤心屋,搬到二楼"二仙"租的两居室,睡了客厅。

当初赵小杰和师姐"恩爱"之时,马大虾和王酱军出于"单身狗"的尊严问题,对赵小杰爱答不理。现在赵小杰惨遭抛弃,重归犬科,两人就感同身受起来,不但大方地表示不收房租,还设"宴豪",请赵小杰在楼下撸麻辣串,美其名曰欢迎"归来",不醉不"归"。

第二天日上三竿,赵小杰才挣扎着爬起来。

宿醉之后,整个人感觉都不好了,但赵小杰不想再休息,趺趺撞撞地推开马大虾房门后,就问他要昨晚曾吹过的牛皮——解决失恋问题之独门秘籍。

不期一股腥臊之气扑面而来,顿时让坚强忍耐的赵小杰丢盔卸甲,还没跑进卫生间就哇哇大吐起来。

一时间空气里充满了白酒的芳香。

在马大虾足足喝了五杯咖啡上了四趟厕所后,赵小杰才将地上、脸上和心上的一切都收拾干净。

这期间,马大虾一直在电脑前捣鼓,见赵小杰进来,便道:"恭喜小赵帅,你已经走出了失恋之后沉重的第一步!接下来就是本大侠昨晚答应过的独门秘籍。"

马大虾朝电脑屏幕努努嘴,道:"教你如何做一份'帅呆了酷毙了萌死了'的简历。"

解决失恋最好的办法就是工作。

这话确实有道理,但那是对于小资们而言,像赵小杰这等小弟们,去工作的原因永远只有一个——没钱了。

如今已是12月,距离毕业已过去半年,其间全靠父母供养,赵小杰一直心愧难安。法考之后,他不但没去找工作,反而带着"师姐"又外出"旅游购物"了一番,信用卡就像无底洞,一不小心便欠了十几万元。

原本打算过年的时候带着“师姐”回家,爷爷一激动十有八九会干傻事,譬如动用私房钱在美女面前显摆,但……

但现在变成了过年最好别回家,因为奶奶肯定会刨根问底,以她的侦察能力,自己这点破事铁定包不住,到时候还不如去死。

当务之急就是赶紧找一份工作,努力干四五个月,好挣一笔钱以供明年法考主观题“二战”之用,毕竟客观题成绩只能保一年。至于信用卡,就再多办几张拆东补西吧,还款暂时就不要想了。

以上全是赵小杰在看招聘信息之前自己想象出来的。

当他真的打开招聘网站进行一番深入了解之后,整个人都傻了。

他不禁想起王酱军讲过的一个笑话:一名律师招司机,月薪一万无人问津,后来经高人指点,改成招律师助理,月薪六千,要有驾照会开车,结果一天不到就收到了十几份简历,全是名校硕士、博士毕业生!

所以,像赵小杰这种普通本科毕业,没背景又没过法考的,律师助理就别妄想了,还真不如考个驾照应聘司机来得实惠。

嗯哼?

赵小杰忍不住就全身一颤。

所谓“思路一变天地宽”,自己为什么就不能另辟蹊径呢?

问题思考 ➤ 本章中,赵小杰悉心准备的首届“国家统一法律职业资格考试”是什么? 通过这个考试可以给赵小杰带来哪些好处?

答疑解惑 ➤ 《医规》下册→第七章 – 内控→7.2　公司法务部的基本价值与核心价值

02 卖艺不卖身

“你说你应聘的岗位，是医药公司销售总监助理？”下班回家的王酱军听赵小杰说后，惊讶得嘴巴都能塞进去一个鸽蛋了。

“嗯哼。”赵小杰点了点头。

“还通知你明天就去面试？”王酱军惊讶得嘴巴都能塞进去一个鸡蛋了。

“嗯哼。”赵小杰第二次点了点头。

“试用期工资六千，转正后九千？”王酱军惊讶得嘴巴都能塞进去一个鸭蛋了。

“嗯哼。”赵小杰第三次点了点头。

“你确定是实际拿到手的吗？”

王酱军嘴巴忽然恢复正常，颇为“关心”地循循善诱道：“你懂我说的，有些单位承诺工资很高，但扣除五险一金后，实际到手的数额基本减半。”

“确定过了，是实际拿到手的。”马大虾自己不爽，也非要让你不爽地补刀道。

“什么？”王酱军惊讶得嘴巴瞬间就能塞进去一个鸵鸟蛋了。

……

一切震惊皆情有可原。

譬如王酱军，法考后没多久就考上了这个设在二线城市的法院系统中最顶层级存在的某个岗位（并不要求通过法考），一时风光无限，走路都是在飘,说话都是在唱……但后来一上班,傻眼了！聘用工不说,实际到手工资还不足三千,交完房租就只能喝西北风了。

如今骑虎难下,只能硬撑。

马大虾更传奇。

也是法考后,托关系弄了个大所律助,实际到手工资多点,六千,但几乎每晚都要加班,到后来24点下班都感觉是在早退。夜深人静了只能打车,要不是有一张人畜无害的脸,估计司机都要拒载,好不容易到了这城乡接合部,一结算,一百多!

再加上给一起加班的精致女同事买最便宜的零食,在CBD的高档餐厅吃最廉价的套餐,大佬同事的红白喜事中包最小的红(白)包……

如此一番折腾,自然入不敷出,比王酱军还惨!

最后,马大虾干脆把前老板叫到自己工位,当着所有同事的面说:“你被开除了,拜拜。”

一切传奇皆情非得已。

所以当上天把如此大的一个馅饼掉下来时,赵小杰想都不想就决定要叼住,毕竟工作难找,比真爱还不易!

至于到底是馅饼还是陷阱,总要试过了才知道。

第二天赵小杰就披上王酱军的深色西装,蹬上马大虾的阿迪达斯牌小白鞋,气宇轩昂地来到位于CBD中心区的这家医药公司总部大厦,参加面试。

招聘信息上说是公司总监直接招助手……

赵小杰不免又深吸了几口气,暗忖真是时来运转呀!

直接乘电梯到25楼,看到公司前台小姐后赵小杰颇为心惊,心道连站台的都这么精致,那我将来坐办公室岂不更加精英,香车美女,马仔一地……

“你看这人一个劲儿傻笑,是不是傻呀?”

“嘘,你看他的穿着,上黑下白的,肯定脑子有毛病,这种人千万别招惹,走!”

“什么?”

被打断思绪的赵小杰睁开眼睛,看到两张充满鄙夷的漂亮脸蛋儿擦肩而过,不禁就要发火,转念一想今天是来面试的,最好忍住,等以后当上总监助手了,再将她俩拿下问罪不迟……

“哎,真是个傻子? 嗨,别看了,说你呢。”前台小姐忍不住喊道。

“美女,你能不能……”

“你再不说来干什么的,我就叫保安了啊! 你看你挡着路都半天了,还让不让人上班?”

“别别别,千万别!”

赵小杰忙服软,态度友善地说道:“我是来参加面试的,我叫赵小杰。”

“怎么现在才来啊? 总监都出去办事了。”

前台小姐看了眼日程表,宣布“死刑”道:“你先回去吧,下次有机会了再通知你。”

“什么?”赵小杰当场石化。

“等等!”

前台小姐似乎想起了什么,忙问,“你就是那个学法律的赵小杰?”

……

山重水复疑无路,柳暗花明又一村。

前台小姐把赵小杰带到15楼,由棠好马总监的得力助手邵飞经理负责面试。

“你叫什么名字?”

“赵小杰。”

“嗯。”

邵飞抬头瞟了一眼赵小杰,又低下头继续看着简历,问,“为什么要从上一家公司离职?"

"什么?"

"我问你呀。"

"我刚毕业,之前没有参加过工作。"

"刚毕业?"

邵飞一脸迷茫地重新抬起头来,不解地问道:"现在都 12 月份了……你上的是什么学?"

"7 月份毕业后我一直在准备法律职业资格考试,就没有去找工作。"赵小杰无语地想,难不成遇见傻子了?

"原来如此。"

邵飞恍然大悟地点点头,继续问,"那考过了吗?"

"没有。"

赵小杰愤恨地低下头,心想这人真是个傻子,哪壶不开提哪壶!这简历上为什么没写六级、法考……难道不懂吗?

"好吧。"

邵飞例行公事地放下简历,从上衣口袋里掏出一个白色小药盒子,放到赵小杰面前,"把它推销给我。"

赵小杰打开盒子,是几粒蓝色小药丸。

"什么东西?"

"这你都不懂?"邵飞匪夷所思道。

"又没有说明书。"赵小杰啼笑皆非,暗忖我为什么要懂?

"西多芬。"邵飞正色道。

"额……我能不能百度一下先?"赵小杰尬笑道。

"你不会是从古代穿越来的吧?"

邵飞再次无语起来,摇摇头道:"这就是'伟哥',赶紧推销给我吧。"

"原来这就是……"

赵小杰顿时一脸土鳖地两眼放光起来,拿着小盒子如捧圣物。

“赶紧的，推销给我。”邵飞看了眼时钟，不耐烦地催促道。

“推销给你？”

赵小杰不解地问，“你都急需了，还用我来推销？”

“你怎么知道我急需？”

“随身携带，难道不是急需？”

“大哥，我们是在面试！面试，懂吗？”

邵飞努力控制住情绪，扫盲教育道：“面试，总要有些套路，譬如钢笔、矿泉水等等。你这样不配合，还让我怎么继续？当然，如果你不想继续那也就算了。”

“原来是这样。”

赵小杰想起了昨晚马、王“二仙”给他讲的面试技巧，进行的实战训练，确实也有推销钢笔这项，但谁承想今儿个遇见的竟是“伟哥”。

“这个……有点反常呀。”

赵小杰挠挠头，看了眼正双手交叉放在桌前，一脸期待地望着自己的年轻帅哥面试官，忽然就想到了某种可能，顿时全身冰冷起来，颤巍巍地道：“邵经理，我可是正经人啊，坚决的‘卖艺不卖身’！你可千万不要对我有什么非分之想……”

……

“我去，这外卖送餐员工资可真高，都是我的两倍，不，三倍了！”王酱军感慨不已。

“可不是吗，搞得我都心动了。”马大虾跟风道。

“心动不如行动，要不咱们一起搞个外卖者联盟？”赵小杰冷哼着挤兑道，顺势点了下“投递简历”。

“干吗不直接点‘立即沟通’，省时省事又省心的，我们也好现场指导一下。”王酱军道。

“不甘心嘛。”马大虾挤了挤眼。

“噢。”王酱军心有灵犀地朝马大虾回了个“我懂”的眼神。

……

上午在医药公司，当赵小杰说出最后那番话后，邵飞就直接宣布面试结束，并解释说自己只是临时替棠总（销售总监）来面试，录像还要给他看，最终决定权在他手里，让赵小杰先回去，静候佳音。

对此，赵小杰冥冥之中深感不安，第一时间跑回家向马大虾做了情况汇报——"马大虾"本名马九九，自从辞职后就专心在家研究写作，对外声称写的是江湖，并开始自诩金庸转世，强迫大家叫他"马大侠"。

这怎么可能？马大虾还差不多。

但赵小杰这次的行径显然超出了马大虾对江湖的认知，哑口无言半晌后才说了句废话，"等王酱军回来后，再做商议"。

"王酱军"本名王多金，因爱玩"骑马与砍杀"，爱吃小葱蘸大酱，人送雅号"酱军"。

待晚上王酱军回来和马大虾就赵小杰上午"面试门"一事紧急磋商后一致认为，这是非常作死的行径，非常符合当事人一贯之"二"的作风。

所以结果不用再想，杰哥儿赶紧另谋出路吧。

对此，赵小杰早有预案，早已经在招聘网站上研究大半天了。

比来比去，思来思去，还是外卖小哥最合适，至少收入可观，努力拼六个月还真能赚点钱，支持明年法考"二战"的报班费和脱产期间的花销。

"至于医药公司，就只能拜拜了。"赵小杰不无悲伤地想。

问题思考 本章中，赵小杰打算加入医药公司担任销售总监助理。那我们如何从法律的角度来理解医药公司？

答疑解惑 《医规》下册→第一章 - 研发→1.1　医药行业主要法律主体概述

03 合规指南

“你怎么想起用‘蓝色小药丸’来了?”销售总监棠好马暂停住视频回放,从桌旁的木匣子里掏出一根雪茄,放到鼻前闻了起来。

“我这不随身携带嘛,而且用钢笔也显得太老套了。”邵飞忙划着火柴给棠好马点上,赔着笑解释道。

“这玩意儿还随身携带?”棠好马吐了口烟雾。

“这不,时刻准备着……”邵飞说了个只有他和棠好马才懂的一语双关。

棠好马不再置评,转而问道:“那你觉得这个赵什么……赵小杰?怎么样?”

“我觉得吧。”

邵飞看了棠好马一眼,继续赔着笑,“我觉得什么不重要,重要的是您什么看法。”

“那我要你何用?”棠好马换了个姿势,把腿跷到桌上。

“鞍前马后,使命必达嘛。”邵飞飞快地跑到棠好马跟前,捶起腿来。

棠好马不再说话了,只是专注于抽烟。

见此,邵飞不禁在心里乐开了花。

他知道,越是沉默,越代表棠总监心里舒坦。相反,他要是特别慈眉善目地跟你说话,夸奖你,那就要小心了。

于是,邵飞准备“再烧一把火”。

“我也不知道公司怎么决定的，非要让咱们今年招一定比例的法律毕业生，您说要这些家伙有什么用，成天只会耍嘴皮子，成事不足，败事有余。”

“这还不是老爷子的意思嘛。”

棠好马叹了口气，道：“公司正在准备上市，各部门都要合规，尤其咱们销售部，这可是老爷子的原话。”

“还不是那个花花公子在背后捣鬼？”

邵飞咬了咬牙，恨道：“这两年多来，那小子指示法务部可没少给咱们下绊子，上眼药，搞得我现在什么都不敢干，早就忍无可忍了。”

“谁让人家有个好爹。”

棠好马鼻孔里哼气，冷笑道：“老爹创业艰难，什么苦都吃过，儿子含着金钥匙出生，毛还没长齐就拍马上任成了二股东，连老爷子都要给他几分面子。我这提高法律毕业生的招录比例，也是做出服软的样子来哄这少爷开心，好让老爷子也安心。”

“照这么说，这个叫什么小杰的‘二货’，就？”邵飞小声问棠好马。

“哎，怎么能叫‘二货’呢？是人才！”

棠好马夹着雪茄，给邵飞“指点迷津”道：“能随便一个眼神就扯到‘卖艺不卖身’上去的家伙，骨子里多半都掺着不正经。”

“这么说，还是一个‘好苗子’呀。”邵飞忍不住两眼放光起来。

“怎么用就是你的事了。”

棠好马放下雪茄，略微思考片刻，便吩咐道：“去做一下背景调查，要是没什么问题，就发‘offer’通知他过来，约定试用期，如果老老实实不捣乱的话，就……再说吧。”

赵小杰做梦也没想到，有朝一日自己会一下子收到两份薪酬不菲的“offer”，而当这一日真的来临时，他又怀疑自己是在做梦。

经过马大虾和王酱军“双仙”合验后，确定真的无疑。

“那现在你怎么选？”王酱军问道。

“这还用问?”

赵小杰看白痴似的白了他一眼,道:“当然是去医药公司了,有问题吗?”

“当然有了。”王酱军竟情绪急切起来。

“那,什么问题?”赵小杰被隔壁老王这反常给整得有些晕。

“这个……”

王酱军看向马大虾,道:“还是由大虾来说吧。”

赵小杰跟着又把目光转了过去。

“这个……”

马大虾拍拍脑门,做出一副说了肯定会伤感情但良心又让我不得不说的表情来,憋了半晌,最终却道:“还是由王酱军来说吧。”

“你俩可真优秀!”

赵小杰深表“佩服”地朝两人竖了竖大拇指,接着躺到了行军床上,好让脑子休息一会儿。

“你确定不听?”王酱军继续不甘心地问。

“你确定不说?”赵小杰反问。

“那好吧。”

王酱军咬牙道:“你难道就不怕?”

“怕什么?”

“职场潜规则。”

“什么鬼?”赵小杰故作镇定地问。

“你不觉得这有点反常吗?”

马大虾接过话茬,道:“以你那天的表现,你觉得你能赢? 所以只有一种可能,那天的那个面试官有问题。”

“什么问题?”赵小杰继续装作若无其事地问。

“他想睡你!”王酱军紧握双拳,作“一针见血”状。

“都是什么鬼!”

赵小杰再也忍耐不住,从行军床上暴跳起来,大吼道:“小爷我永远就只能是个'loser'吗？就不能时来运转吗？"

"兄弟千万别激动！"

马大虾忙上前安抚，并表态道："我们是千真万确替你担心，正如我们千真万确希望你能找到好工作一样。"

"毕竟你能挣钱了，就能替我们分担房租了，不是吗？"

马大虾朝赵小杰眨巴眨巴眼，无比真诚地道："跟人民币有关的事，我们能开玩笑吗？"

最终，赵小杰还是选择了去医药公司上班，并在忙碌的工作中渐渐明白了三个道理：

1. 庸人就是用来自扰的；

2. 胡思乱想基本都是闲出来的；

3. 钱难挣，"翔"难吃。

首先，邵飞再正常不过了。他一天到晚的工作安排，几乎都是围着女医生、女护士、女院长、女老板们转的。

其次，光每天上下班打卡，拜访时间、拜访量的监视，业绩汇报及各种"内卷"，就够让赵小杰疲于奔命的了。

最后，虽然已经足够节俭、勤奋和小心翼翼了，但当一个月后领到被扣得体无完肤的工资，再还了信用卡的利息和个人新的生活借款后，竟又近乎月光！

赵小杰深吸一口气，不敢想象再过一个多月试用期结束后，若自己惨遭淘汰，会怎样？

人无远虑，必有近忧，赵小杰决定再逼自己一把！

首先，要再节俭。

能走路绝不坐公交，能坐公交绝不坐地铁，能坐地铁绝不打车……能吃馒头绝不吃面条，能吃面条绝不吃套餐，能吃套餐绝不吃麻辣烫……

其次，要另辟蹊径。

工作已经够努力了,拜访、讲解、推销……短时间内很难有大的改变,只能按部就班地慢慢积累人脉,虽然这些别的医药代表也能做。

但自己有一项特长,别人就没有了。

赵小杰摸着下巴,暗忖,“上班这些天来,通过观察,发现医药代表这个行业整体上还是很讲规矩的,但总有那么个别人……譬如邵飞,今天面无血色地拿回来的那个大单,明显就有性贿赂嫌疑嘛,长此以往肯定是要出事的,对公司和个人来说都不好呀……不行,我一定要拯救他!”

赵小杰一激灵,感觉自己仿佛打开了一扇窗,忍不住就全身颤抖起来。当天晚上,他便开始以邵飞为重点“研究对象”,仔细回忆他所有作为中涉嫌违规的地方,并以此为突破口,查找公司运营、销售、研发、人事、内控等领域存在的风险点。

如此夜以继日,本着“治病救‘人’,最终还是‘为了公司’,‘顺带’实现个人价值”之精神,连春节放假都没有回去,终于在一个月后,赵小杰成功梳理出来一系列问题,配以解释及建议,美其名曰《医药公司之合规指南》。

成稿后赵小杰激动不已,恨不能立马就天亮,好拿给邵飞“服用”,以赶在病人膏肓之前起到作用。

“他一定会非常感激我的!”

赵小杰自信地想,“不同意一个人的观点还誓死捍卫他说话的权利,何况我的这些话这么真诚、实用,一切都是为了他好,妥妥的‘真善美’呀!简直太优秀了,不要不要的……”

第二天天一亮,赵小杰就迫不及待地打印成稿,一上班就拿给了邵飞看,在对方一脸疑惑中,背着手傲娇地谦虚道:“希望能为公司的健康发展贡献微薄之力。”

问题思考 本章中，棠好马提到的“公司正在准备上市”，是指什么？为什么公司上市，各部门都要合规，特别销售部门更要注意？

答疑解惑 《医规》下册→第九章－投资者关系→9.5　上市公司与股票发行注册制改革

04 美女医药代表

十分钟后。

“赵小杰，活着不好吗？”邵飞把打印稿甩到桌上，抬起头一脸无语地问道。

“邵经理，你……您怎么这么问？”赵小杰悄悄把背着的双手放到了腹前。

“你整这玩意儿到底要干嘛？”邵飞拿起打印稿狠狠敲打桌子，瞪着眼厉声质问道。

“想着，能为公司做点事……如果不需要的话，我马上收回。”赵小杰把双手放到胸前，小心翼翼地赔着笑。

“滚！”

邵飞脸色铁青地指向门外，“赶紧、立刻、马上！”

“好嘞，马上。”

赵小杰贱笑着晃了个“ok”的手势，转身就要消失，但紧接着背后又传来了吼声，“回来！”

“到！”

“我警告你，要是再让我看见这‘玩意儿’。”

邵飞用食指敲了敲打印稿，再次抬起手指指着赵小杰，上下晃动，侮辱与威胁并行地道：“你就等着瞧吧。”

“邵经理，当你一个指头指着别人时，另外四个是指着自己的。”赵小杰“二”劲儿上来，收起笑脸，正色道。

“怎么着？你还要反—天—不—成！”邵飞使劲拍着打印稿，愤怒至极。

“麻烦您把打印稿还我。”赵小杰决定不再跟他纠缠。

“你还想拿回去？”邵飞好像听到了一个天大的笑话。

“这是我智力、劳动的成果，我拥有著作权、所有权，为什么不能拿回来？”赵小杰反问道。

“呵呵，我明白了。”

邵飞冷笑一声，拿起打印稿，当着赵小杰的面撕成碎片。

“现在，去告我吧，就用你的法律‘武器’。”邵飞嘲讽地笑着，一脸欠揍地故意加重了“武器”俩字的发音。

“好吧，你赢了。”

赵小杰笑着摇了摇头，转身离开，空留邵飞一个人在那杵着，全身颤抖，像极了炸毛的狮子狗。

狮子能称王，因会避疯狗。

“那个打印稿呢？拿给我看看。”

棠好马听邵飞添油加醋地汇报完后，不动声色地问了一句，同时从烟匣子里抽出根雪茄。

“这个……被我撕了。”

邵飞不好意思地挠挠头，接着很快反应过来，忙掏出火柴准备给棠好马点上——对棠总添油加醋还可以，但撒谎，他邵飞还没这个胆。

“不用了，我自己来。”棠好马朝邵飞摆摆手，然后自己掏出火机点着了雪茄。

邵飞自作主张撕掉打印稿一事，显然让棠好马有些不爽，甚至隐隐不安起来——公司着手上市，严令不能出一点乱子，假如公司内部有人就此事借题发挥……

原本事情并不复杂，但棠好马生性多疑，他不可能完全相信邵飞，所以需要看到“正本”，再去判断是“天灾”“人祸”还是“无关紧要”？

但此时让赵小杰再提供一份稿件过来，未免又显得过分关注了……

那就再留他几天吧，正好另一个计划还需要一把火。

“现在就把这个叫赵小杰的开除，难免会给公司一些人留下把柄，等以后再慢慢来吧。”

棠好马不紧不慢地解释道，见邵飞点头，便笑了起来，“你这几天也尽量不要跟他一般见识，反正试用期也没几天了，好不好？”

“好的。”邵飞笑着应道，身体却瞬间从头凉到了脚，如坠冰窟。

……

郁闷了一天的赵小杰成功把坏情绪带回了家，一通言语“发泄”后，马、王“二仙”明白了原委。

他们都是学法律的人，对赵小杰的遭遇感同身受，人生最大的痛苦莫过于自己的信仰不被认可，还被无情嘲讽！

而赵小杰也很有可能会丢掉工作。

“劣币驱除良币”，这种劣胜优汰，叫人绝望。

最终，辗转反侧了一夜的赵小杰决定，一定要拿出该有的态度来，让公司所有人看看真实的那个自己，即便粉身碎骨也在所不惜。

所以，从走进公司15楼那刻起，赵小杰就直奔邵飞所在的工位，一路带风。

同事们忙放下手中工作，或侧目关注或侧耳倾听——昨天的冲突人尽皆知，今天的战争会如何打响？

大家拭目以待。

“赵小杰，你要怎样？”

邵飞忙从工位上站起来，伸手警告狂风暴雨般奔袭而来的赵小杰，他可不想在棠好马刚下了命令后就公然违抗。

赵小杰在邵飞面前三米处站住，两人四目相对，气氛瞬间紧张到了极致。

广大“吃瓜群众”不禁都放慢了呼吸。

只见赵小杰掀开上衣,把手伸了进去。

“拔刀吗?”

“我看更像掏枪!”

众人纷纷猜测,不禁都屏住了呼吸。

咣当。

只听一声脆响,一道绿光从赵小杰怀中闪出。

“什么?”

众人大跌眼镜,不禁都惊叫了起来。

只见赵小杰举着茶叶盒,小碎步跑到邵飞跟前,眉开眼笑道:“邵经理,这是小弟家乡的蒲公英,纯天然无污染,绝对手工打造,富含草本精华,保证您一喝就仿佛置身于大自然,全身绿色……”

……

“人至贱则无敌”!

或者说,一切匪夷所思皆事出有因——为了法考“二战”,赵小杰什么都可以忍。

何况医代这个行业整体还是很积极向上的,待遇更是不错。

至于邵飞,赵小杰觉得吧,一方面,“你永远都无法叫醒一个装睡的人”;另一方面,自己叫醒的方式方法,似乎也有失偏颇……

而“耍贱”可能招致的非议,赵小杰早就做好了即便粉身碎骨也在所不惜的准备,还怕什么流言蜚语?

实际上,情况永远不会那么糟,而且当天下午就又转来了一个新员工,成功转移了所有人的注意。

是一个女孩儿,用徐志摩的话说就是:

最是那一低头的温柔,

像一朵水莲花不胜凉风的娇羞……

她叫王珞,气质很清新,就像出水的芙蓉,给人弱不禁风之感,但熟悉的人都知道,她性格要强,坚忍不拔!据说也曾是个富家小姐,老爹的缘故,家道开始中落……

自从这女孩儿来到 15 楼,医药代表单身群里便炸开了锅,众人“唇枪舌剑”了好几天,才大致约好“试错”的先后顺序。

但今天,王珞并不在自己的工位上,哪里去了?

“别想了! 想了也没用。”邵飞不知何时“飘”了过来。

“谁想她了? 可别瞎说!”赵小杰连忙纠正。

“你看我说谁了? 不打自招吧。”邵飞冷笑着取笑道。

“得了,你难道就不想来着?”赵小杰反问。

“想呀,但我知道这种女孩儿不是我能追的。”邵飞难得令赵小杰刮目相看地自嘲道:“咱沾着麻辣烫的料,就不要去想天鹅肉的香了。”

“我连麻辣烫都吃不起呢。”

赵小杰撇撇嘴,回归正常,问道:“邵经理找小弟有何贵干?”

“去 25 楼棠总办公室旁边的会议室候着。”

“这么快。”赵小杰不禁有些紧张起来。

“试用期上周就结束了,就等着今天周一上班作最终决定。”

邵飞解释道:“虽然你是由我代管,但毕竟是棠总招助手,要由他来作最终决定。还有,那个……”

邵飞不好意思地挠挠头,有些尴尬,“那个《合规指南》你还有没?有的话能不能带一份上去? 棠总要看。”

“有。”赵小杰点点头,心想幸好少爷我料事如神,一直都有备份。

然而到了 25 楼,赵小杰却遇到了三个意想不到。

问题思考 本章中,赵小杰所做的《合规指南》,对公司而言有何意义?

答疑解惑 《医规》下册→第七章 – 内控→ 7.10　企业合规运营机制(合规管理部)

05 大神

第一个意想不到,王珞竟然也去了25楼。

第二个意想不到,棠总监,竟然对他的《合规指南》很感兴趣,问了很多问题。

虽然专业很不足,奇怪很有余,但赵小杰依旧感到受宠若惊,尽心回答,到最后棠总似乎很开心,表扬赵小杰干得不错,等试用期结束了希望能给大家讲讲课。

赵小杰当即头点得像小鸡啄米。

王珞却耷拉着脸,一言不发。

还有,第三个意想不到,棠好马说"等试用期结束了希望……"难道试用期还没结束?

"你俩是这一批里最优秀的,虽然是由老员工带着熟悉业务,但我一直都在关注。"棠好马一边解释,一边从原木色烟匣子里掏出根雪茄,朝赵小杰摆了摆手。

赵小杰愣了差不多有两秒,方才"反应"过来,笑着说,"谢谢棠总,我不会抽。"

王珞实在看不下去了,便起身拿起火柴,帮棠好马点上,摇了摇,熄灭火柴后放到烟灰缸里,返身重新坐回座位。

"这个,灭火还可以不用吹哈。"赵小杰尴尬地找话。

棠好马呵呵一笑,继续道:"要是在前些年,你们两个肯定都会留下来,但今年不同了。"

“确切地说是这几年，我们药商的冬天已经来临……”

“这个我知道。”赵小杰忙举手申请发言，因《合规指南》受到表扬，他已然飘飘然，并把棠好马视为了伯乐。

“哟，你这小家伙还挺懂事儿呢。”

棠好马笑眯眯地抽了口烟，道：“那就把你知道的都讲一讲吧。”

“一次性讲完啊。”棠好马笑着提醒。

王珞的嘴角忍不住微微上扬。

“好的！”赵小杰暗暗攥拳，鼓励自己一定要好好表现。

“目前，‘药品集中带量采购’，也即‘4 + 7’城市药品集中采购……”

“从‘两票制’到‘一票制’……”

“所以，传统的带金销售模式即将被淘汰，医药代表应该回归本位，着重新药的讲解与示范……”

“所以，我现在只能二选一了。”

棠好马笑着打断赵小杰的滔滔不绝，从文件盒里拿出两份文件分发给俩人，道：“这是新的一周工作安排，跟你们之前做的都不一样。从今天起，你们就直接跟着我了，下周一上午，还是在这里，咱们再作最后的决定。”

“我喜欢挑战，希望你们也如此！”

棠好马收起笑容，道：“如果没什么事，就拿回去看吧，看明白了就直接去行动，不用再给我汇报……对了，王珞留一下。”

“那棠总，我先走了？”赵小杰请示。

“去吧，记得把门带上。”棠好马笑着道。

……

“棠总，您有什么吩咐？”王珞率先打破了沉默。

她不知道棠好马为什么一直死死地盯着她看，眼神就像 X 光一样，要把她透视——当然，她确信那并不是色眯眯的眼神，而这更让她感到恐惧!

“你觉得赵小杰这人怎么样?”棠好马忽然笑起来,问道。

“我觉得怎样不重要,重要的是您什么看法。”王珞深吸一口气,“无师自通”地道。

“说实话,我是真心地希望你能赢!”棠好马走到王珞跟前,俯下身来,在她耳边小声道。

“那在这点上,我和您想法一致。”

“但公司明确要求我提高法律毕业生的招录比例。”

“即便是一个‘二货’吗?”

“天才和疯子,只不过是叫法不同。”

“但真理永远只掌握在少数人手里。”王珞道。

“我想,我算是个‘少数人’吧?”棠好马意味深长地问。

“所以,我都听您的。”王珞四十五度角仰起头,迎上棠好马炽热的目光,吐气如兰道。

“好!”

棠好马立即回到自己的座位上,正色道:“你这次的客户叫李明,是宛州大学第一附属医院的常务副院长,同时还是宛大医学院的副院长、教授、博士生导师。”

“这是他的个人资料。”

棠好马从抽屉里又拿出来一份文件递给王珞,“你回去好好研究,下午的时候再来找我,我再给你具体安排战法。现在,就先回去吧。”

“好。”

王珞点点头,把文件抱到胸前,起身离开,但就要走出去的时候,她忽然停了下来。

棠好马不禁微微扬起了嘴角。

“你需要我那样做吗?”王珞并未回头。

“哪样?”棠好马呵呵笑了一声。

“我希望您指条明路。”王珞咬牙道。

“我要不要不重要，重要的是你要不要。”

棠好马冷笑着抽了口烟，见王珞似乎还没有离开的意思，便接着道：“有事问邵飞，那小子有妙招。”

……

“我去，奎见鹤呀！你小子运气可真不是一般的特别。”邵飞拿着文件仅瞟一眼，就叫了起来。

“怎么，这奎见鹤到底是何方神圣，连你这‘家中常备西多芬’的人都怕了？”赵小杰表示很好奇。

“这尊‘大神’这里有问题。”

邵飞指指脑袋，接着继续解释，“偏执得可怕！更可怕的是他对咱们医药代表有偏见，整整十年了，不，十年多了，从老棠时代开始，至今，咱公司就没有一个代表能搞定他。”

“这么传奇？”

赵小杰不禁倒吸一口凉气，以他对公司的了解，竟十年如一日都搞不定，那还是人吗？

“所以，我劝你还是放弃吧。”邵飞表情很真诚。

“然后，卷铺盖走人？”

“至少体面一些，不是吗？”邵飞笑着揶揄道。

“邵经理，我写《合规指南》完全是为了公司，至于把您得罪成这样吗？看您那耿耿于怀的样儿。”赵小杰一边摆弄着手机，一边不可理喻地摇了摇头。

“至于吗？”

邵飞忍不住再次激动起来，指着赵小杰鼻子骂道：“你小子第一章就写反性贿赂，举的例子分明就是我前不久的一件事……之后的许多章，我都能从里面看到我的影子！你这样整我，还让我轻描淡写？你以为我是猪吗？”

“棠总今天也看了，表示很认可呀。”赵小杰抬起头，表示木已成舟。

“你！你……你真以为棠好马是真心的吗？”邵飞已然气急败坏。

“我又不是‘马子’，为什么要马哥真心？”

赵小杰看傻子似的对邵飞摇了摇头，道：“好了邵总，我在手机上挂了奎见鹤的号，要去拜访了，再见。”

“挂号？”

邵飞愣了一下，问道：“他不是前些年跟患者家属打架，被吊销执业医师证了吗？”

“大哥，药师也早就可以坐诊了呀，我劝您平时还是多用脑子去思考问题，多去拜访拜访吧。”

“手机怎么能挂今天的号？”邵飞继续不解地问道。

“所以是骗你的了！傻……”

……

宛大一附院大门口，临近黄昏，人流量少了很多。

只见一个黑影从门口一闪而过，但就在这时……

“喂，喂喂，喂喂喂！说你呢，别看了，就是你，给我站住！”一个胖保安歪着帽子冲出保安室，指着一个拎着公文包的年轻人，怒声吼道。

“怎么了大哥，我是来看病的。”年轻人苦着脸委屈道。

“你看看，露馅儿了吧？”

问题思考

本章中，赵小杰提到的“4 +7 城市药品集中带量采购”指什么？所有的药品都会组织集中带量采购吗？

答疑解惑

《医规》下册→第四章 – 销售→4.8　“4 +7”城市药品集中带量采购试点

06 初见奎见鹤

胖保安双手叉腰,洋洋得意地说道:“到医院不就是来看病的嘛,谁还会专门解释。”

“老师,您这就武断了吧,难道因为来看病,就不能说来看病吗?”

“你看看,又露馅了吧?”胖保安嘿嘿一笑,更加得意起来。

“怎么叫又?”赵小杰满脸疑惑。

“到医院见谁都叫老师,连我都不叫保安了,而且态度还这么好,你见有哪个患者,别说对我这个保安了,对院长能有你这态度?”

“所以,只有一种解释,你就是医药代表!”胖保安露出得意的神情,简直要飞起来。

“我天,真可怕!”

赵小杰暗自心惊,灵机一动道:“我态度谦虚,那是从小父母教得好。而且,您知道吗,除了医药代表,至少我知道的就有两类人,喜欢叫别人老师。”

“打住啊,学生和实习生除外!”

“大哥您一看就是明察秋毫之人,我怎么会给您开这种低端的玩笑。”

见胖保安颇受恭维,赵小杰便继续忽悠,“除了医药代表,律师助理和书记员,也喜欢叫别人老师。”

“有点道理啊。”胖保安成功被迷惑。

“所以,您懂的。”赵小杰掏出一个证件,递给了胖保安。

“宛阳律师事务所……你竟然是律师？”胖保安忍不住惊呼。

“律师助理，助理。”

赵小杰忙示意谦虚，同时在心中对马大虾表示了十万分感谢——当初这哥们儿怎么都找不到门禁卡，只好又补办了一个，结果当天晚上就在床底下找到了原来的……

“那奇怪了，怎么气质这么像？”胖保安喃喃自语道。

“什么气质？”赵小杰一脸黑线。

“大冷天的穿着廉价西装，打着领带拎着公文包，专拣人少的时候来，鬼鬼祟祟的，你说你不是医药代表，我还真有点不信。”胖保安又疑惑起来。

“这个，我是律师助理，确定无疑。”

赵小杰从胖保安手里拿回马大虾的门禁卡，放口袋里装好，继续道：“穿西装、打领带、拎公文包是所里的规定，至于晚上来是因为我刚下班，还是提前请假的缘故，而你说的鬼鬼祟祟，我想可能是您误解了……”

“嗯？”胖保安表情严厉起来，显然不喜欢被人质疑。

“我想可能是……您太专业了吧！”

赵小杰忙改口，小声道：“我就是有点怕见人，您懂的，难言之隐。”

说着，赵小杰指了指裆部。

“性病，不会吧？”胖保安惊讶地捂住了嘴。

“咳咳，没那么严重。”

赵小杰做了个“嘘”的动作，小声道：“前列腺，呵呵。”

“我们这一代人，只有上了岁数才会有这个毛病，没想到你这么年轻就得了这个毛病。”

胖保安不解地摇摇头，道：“这个世界到底怎么了？”

“电脑、手机、可乐，这三样你们那个年代都没有，所以，可以理解了吧？”赵小杰再次做了个“嘘”的动作，示意小声，然后转身离开。

“啊，对了！”

胖保安忽然大声喊道：“泌尿外科在五楼啊……”

“我去！”赵小杰气得直跺脚，恨不能找个地缝钻进去。

“小姐姐，我能不能找奎见鹤大夫看看？”赵小杰趴在护士台上，满脸堆笑地问道。

“药师门诊都是随机分的号，我怎么做主？再说了，各个药师水平都一样，你就别挑了。来，号给我，我给你输电脑，再晚就下班了。”小护士头也不抬，例行公事地回绝道。

“小姐姐，‘细菌奎’的名号，可不是每个药师都能有的。”赵小杰道。

“难道你？”小护士终于抬起头来。

“我叫赵小杰，五年前，得了肺病……没事的，没事的，已经痊愈了，不要怕。”

赵小杰忙打消护士的顾虑，接着又编道：“但当时我的情况很糟糕，简直病入膏肓，差点一命呜呼！总之，全国的医生都束手无策。万幸，老天让我在最后关头遇到了奎大夫，当时他还在细菌室工作，检查了我的肺泡灌洗液后，找到了罪魁祸首的致病细菌！”

“后来，我就得救了！一晃好几年过去了，我不但更帅了，还更健壮了！”

说着，赵小杰朝小护士做了个亮肌肉的动作，表示很可以。

“可是我查过了，医院病历系统上并没有你的大名。”小护士冷笑着打脸道。

“这个……”赵小杰一时也不知该如何为继了，即便他脸皮很厚。

“好了，真是服了你了，三号，自己去吧。”护士撇撇嘴，随手扔出来一张纸条。

“谢谢啦！”赵小杰激动地眼泪都快掉下来了。

……

推开三号门诊室的木门,赵小杰不禁深吸一口气,历经劫难,终于见到了“活”着的……

奎见鹤轻轻嗅了嗅鼻子。

赵小杰忍不住仔细观察这尊“大神”,只见他一动不动地坐着,双手环胸,闭目养神,样貌姿态都像极了“火云邪神”。

“你关门干什么?”奎见鹤动了动耳朵,忽然发声问道,眼睛依旧闭着。

“我进来的时候就是关着的呀。”赵小杰忙小声解释。

“你不是来看病的。”奎见鹤忽然睁开了眼。

“你们都是怎么看出来的?”赵小杰一边说着,一边竖起大拇指,真心表示服了。

“闻的。”奎见鹤冷笑。

“什么?”赵小杰收起了大拇指。

“从你进门那一刻起,我就感觉到气味不对。”

奎见鹤冷眼盯着赵小杰,冰冷地分析道:“然后,你去关门,我更觉察到动作不对。”

“可这门之前就是关着的呀?”赵小杰用大拇指指了指脑后。

“那是因为人少了,我自己关上休息一下。”

“那这个,您关可以,我关就有问题了?”赵小杰摊开双手,表示不解。

“你见过有患者进来,不等医生特别吩咐,自己主动去关门的吗?他敢吗?”奎见鹤反问道。

“还真有点道理。”

“所以我就睁开了眼,一看,便更加确定无疑了。”奎见鹤继续道。

“无疑什么?”

“你的气味、气息、气质,都简直太像了!”

“像什么?”

“我许久未见到的一类人。”

“哪类人?”

“医药代表。”奎见鹤冷笑。

“您说得对极了。”

赵小杰不禁发自肺腑地朝奎见鹤敬了个“二指礼”,然后从公文包里掏出一份文件放到他面前,道:“这是我们公司新生产药品的药品介绍,产品特性、使用方法、副作用什么的上面都有,您老要是有空了就看看,没空就扔了,再见不送。”

说完,赵小杰便转身准备离开。

公司耗了十年都没撬动的人物,他可不会自大地认为自己能行。只要能见到真人,交上产品介绍,便算是问心无愧了,等下再在医院耗会儿时间,数据上好看些,今日便可交差下班。

何乐而不为,非要为难呢?

“怎么急着走呀?”

背后忽然传来奎见鹤阴转晴的声音,“让我看一看产品介绍,不懂的地方还可以问你。”

问题思考

本章中,赵小杰作为医药代表,想要拜访宛大一附院的奎见鹤,为什么医院的保安要进行阻拦?

答疑解惑

《医规》下册→第四章 –销售→4.7　医药代表备案管理办法

07 李明教授

“什么?”

赵小杰不敢相信自己的耳朵,转过身后更加不敢相信自己的眼睛,只见奎见鹤诡异地微笑着,匪夷所思地朝着办公桌对面的就诊椅做了个请的手势。

“难道是因为我长得帅?”赵小杰忐忑不安地坐了下来。

“药品集中带量采购”后,拜见普通的医护人员已无实际用处,棠好马还让来啃这个显然要硌牙的硬骨头,用意很令人费解……赵小杰自我理解是《合规指南》受到了公司高层的重视,故而加大了对其磨炼力度,以便在不久的将来委以重任。

所以赵小杰就准备顺水推舟,做做样子给公司看得了,不想奎见鹤竟真的要看材料。

赵小杰自然乐见其成。

“不介意我打个电话吧?”见赵小杰坐下后,奎见鹤忙语气和蔼地问道。

“您老请便。”

“喂,是我,……,赶紧的,多带几个人来我办公室! 马上!”

只听啪的一声,奎见鹤挂断了电话。

“多叫几个人过来一起研究研究。”

奎见鹤扭过头来,瞬间转换模式,对赵小杰笑着解释,并关心地问道:“你看我这臭脾气,没有吓到你吧?”

“还好,还好。”

“那你稍等一下,对了,要不要喝茶?”奎见鹤继续不同寻常的温柔。

“不用了,不用了,您老继续,您老继续!”

赵小杰客气地回绝,同时更加确信,自己就是公司近十年来销售界最帅的“一哥”存在了。

不然,“医代死敌”会对自己这么客气?

帅果真可以当饭吃,可我偏偏还要靠实力,唉,简直太优秀了……

咣!

门忽然被撞开,一个胖子带着一群制服男,气势汹汹地冲了进来。

“怎么是你?”

赵小杰和胖保安四目相对,异口同声地惊呼了起来。

“好啊,你个骗子,我早就觉得不对劲儿,果真有鬼!兄弟们,给我上,把这鳖孙架出去扔了!”胖保安撸起袖子双手叉腰,义愤填膺地指挥道。

众保安一拥而上,不由分说就把赵小杰架了起来。

“你们要干吗?我警告你们不要乱来……非礼啊……呜呜呜……”

赵小杰的嘴突然被一只臭手套塞住,众保安一起用力,把他架出了门诊室。

“奎老师,对不起,这是我的失职,不过您放心,绝对不会有第二次了!”胖保安向奎见鹤敬礼保证道。

“下不为例!”

奎见鹤晃了晃手机,道:“我可是录音了。”

……

咣当!

赵小杰被一屁股扔到了地上。

“下次再让我见到你，就没这么简单了！”胖保安从众制服男身后走出，指着坐在地上的赵小杰，趾高气扬地威胁道。

“我告诉你们啊，你们这叫侵犯人权，小心我去告你们！”赵小杰挣扎着站起身来，对胖保安义正词严地吼道。

“你当胖哥是吓大的吗？”

胖保安忽然冷笑一声，接着大声喊道：“瘦子，出列。”

“有！”

只见一个瘦高个保安走出队伍，跑到跟前。

“怎么，这是要唱哪出啊？‘玄冥二老’还是‘胖瘦头陀’？”赵小杰摆开架势，准备战斗。

“是时候展现真正的技术了。”

胖保安蔑视地瞟了赵小杰一眼，双手背后，冷哼道：“瘦子，上。”

“好嘞！”

叫瘦子的保安再上前一步，站到战斗姿势摆开的赵小杰面前，微微一笑，照本宣科道：“根据《中华人民共和国治安管理处罚法》第二十三条之规定：扰乱……事业单位秩序，致使……医疗……不能正常进行，尚未造成严重损失的，处警告或者二百元以下罚款；情节较重的，处五日以上十日以下拘留，可以并处五百元以下罚款。”

“我去！”

赵小杰仿佛受到了一万点暴击，连退数步后才勉强稳住身形，大吼道：“没想到阁下竟也深藏不露，报上名号吧。”

“医院门前一保安而已，不足道哉。”瘦子非常佛系地摇摇头，转身回到保安群中。

“哼哼，现在知道厉害了吧？”

胖保安摇头晃脑嚣张无比地走了过来，就像旗开得胜的将军，洋洋得意道：“我这小老弟去年就过了法考，也过了研究生初试，但他嫌弃那个学校不是9……999，就不去面试了，要继续待在我这里再战一年。”

“看到了吗？我这里藏龙卧虎，全是人才！在这里冒充律师跟我斗，你还嫩了点儿……咿，怎么这就走了？”

胖保安看着赵小杰头也不回的背影，意犹未尽地喃喃自语道：“还没玩够呢，真是不堪一击。”

他哪里知道，赵小杰刚才受到的打击前所未有，此刻心中正有一万头“草泥马”在奔腾……

……

周二，日上三竿，惠风和畅。

宛大医学院第三阶梯大教室里挤满了人，他们都是大一的新生，慕名而来，要听李明教授的大课——《人类医学史》。

李教授作为宛大医学院的博士生导师，难能可贵的是仍坚持给本科生讲课，课堂内容生动形象，通俗易懂，很受学生欢迎。

但今天在后排的一个男生，却有些走神了，因为在他旁边，坐着一个衣着光鲜，面容靓丽的美女，诱惑极了！

男生情不自禁，开始设计台词，想着该怎么搭讪……就在这时，美女忽然扭头看向他。

男生忙挤出一个自以为帅的笑，但下一秒，就忍不住尖叫起来。

“晕倒了！晕倒了！晕倒了！”

被吓得惊慌失措的小男生猛地蹦起来，一边后退，一边指着旁边倒地不起的女孩儿，尖叫不已。

顿时，整个教室就炸开了锅。

学生们纷纷起身向事发地看去，议论纷纷起来，有些人甚至站到桌子上去指点，但却没一个人敢上前，中央位置很快就空出一个大圆圈来。

那个最先尖叫的男生最后才反应过来，又尖叫一声迅速跑回人群，钻了进去。

"让让,让一让,让一让!"

李明教授推开人群,走进空场,来到倒地不起的女生面前,俯下身去。

"咿?"

教授无意瞥了眼女生的眼睛,虽然闭着,但依旧很像……教授轻轻摇了摇头,拉回思绪,又仔细观察一番后,不禁再次微微摇头,站了起来。

"怎么样,教授?"助手张冲在旁边悄悄问道。

"你带她去校医院,观察一下,没事了就劝她走吧。"教授小声吩咐道。

"您是说?"张冲恍然大悟起来,用唇语对教授说了四个字。

教授点点头,道:"赶紧去吧。"

张冲当即抱起女生离开教室,教授则重新返回讲台,准备继续上课,但台下依旧乱糟糟的。

"怎么不掐人中?"

"太暴力了吧,要我就做人工呼吸!"

"你个渣男! 像这种情况就该叫救护车来让担架抬走,这样抱着离开太不小心了,万一有个闪失可咋办?"

"是呀,怎么能这样草率处理?"

众生你一言我一语地评论起来,倒显得头头是道,很像那么一回事……显然没人再有心思继续上课了。

"同学们。"

"同学们?"

"同学们!"

教授忍不住加大了声音。

学生们察觉到异常,慢慢都闭上了嘴,抬起头疑惑地望向德高望重的教授。

看着这一张张稚嫩的脸和无知的眼神,教授心软了,声音不禁再次温柔下来，“同学们，请相信我，不会有事的。现在，接着上课。”

问题思考 本章中，赵小杰与保安的对话中，提到了《中华人民共和国治安管理处罚法》。那么，违反该法的行为该如何定性呢？又可能会面临什么样的处罚？

答疑解惑 《医规》下册→第七章－内控→7.3　法律责任类型概述

08 落花流水

校医室病房外面，正靠着墙摆弄手机的张冲听到有脚步声，一看来人，忙收起手机，正襟危站起来。

“还没有走?”李明教授向自己的助手问道，下了课后他第一时间就赶了过来。

“还真让您猜对了。”

张冲朝病房里面撇撇嘴，道:“校医刚给做了检查，根本就没事，我也翻了她的包，果真有医药产品的介绍……”

张冲赶紧闭上嘴，教授严厉的眼神已经让他意识到错了。

“你还挖苦人家了吧?”教授接着问道，看来对自己这个徒弟还很了解。

“嗯。”张冲抿着嘴点点头，眼神有些左顾右盼起来。

“糊涂!”

教授严厉地批评了一句，随即把公文包丢给张冲，自己走进病房，把他关到了外面。

只见病床上，那个“晕倒”的女生一动不动地平躺着，双眼紧闭，右眉上面有颗痣颇为明显。

教授深吸一口气，说道:“姑娘，我替我的助手向你道歉，他不该私翻你的个人物品，更不该说一些不过脑子的话，希望你能原谅。”

女生似乎没听到，依旧纹丝不动。

教授摇摇头，道:“如果感觉不方便的话，那我先走。对了，我会让校医院方面晚些时间再来打扫卫生，你自己离开就行了。”

说完，教授就转身准备离去。多说无益，而这也并非他的义务，之所以又过来看一下，也是“治病救人”习惯了，不管不顾的话，心理上总是过不去。

“对不起，李老师。”病床上忽然传来了女生轻轻的道歉声。

教授微微顿了下，简单回了句“没事的”，便继续拧住门把手，准备开门出去。

“等一等！李老师。”女生急忙喊道。

“还有什么事吗？”教授停下脚步，背着身轻声问道。

“应该说对不起的那个人是我！”

女生走下床来，对着李教授的方向，一边无措地搓着小手，一边小声说道：“我刚做医代这行，也不知道该用些什么方法去推销产品，提高业务。带我的老师教我这样做，说您是个好人，一定不会不管我的，这样我就有机会接近您……对不起，是我一时糊涂，给您添麻烦了……”

说着，王珞竟然哭了起来，最后，她干脆不再说话，用手擦了擦眼泪，朝着李明教授的方向深深鞠了一躬，接着直起身就要拿着自己的东西离去。

“咿，我的包呢？”王珞找遍了房间，也没发现自己的那个深色手提包。

李明教授听此，不禁皱起了眉头，深吸一口气后，拉开房门，对外面的学生喊道：“包呢？”

“啊？”

张冲明显有些发愣，想了一会儿后才记起来，忙道：“在护士站呢，刚才跟新来的小姐姐聊……”

话未说完，张冲便意识到又多嘴了，忙一溜烟跑开，去护士站拿包了。

李明摇了摇头，转身想给王珞说句抱歉之类的话，但当他转过身来,猛然看到一双梨花带雨的眼睛正目不转睛地望着自己时,顿时就忍不住,蹲了下来。

周三上午,棠好马办公室。

“你是说,他还流泪了?”棠好马不可思议地问道,连烟灰掉到桌上都没有察觉。

“他忽然蹲了下去,我就问他怎么了?他说是眼睛里飞进去一个小虫子,休息一下,等眼泪把它冲出来就好了。”王珞如实回答道。

“这么巧?”

棠好马不禁冷笑一声,继续问,“那后来呢?”

“后来,他助手回来把包还给了我,我就准备离开。但他又把我叫住了,问了我的情况,我大概说了说,同时不忘给他介绍了一下咱们最新研发的产品。”王珞小声回答。

“那然后呢?”棠好马显然更关心的是业绩。

“然后他没再说什么,只是把咱们的产品介绍拿走了,说先看看,让我在他通知之前,不要再去拜访。”王珞抿了抿嘴,如实回答道。

“我不是说了,‘看明白了就直接去行动,不用再给我汇报’吗?”棠好马扭头摆弄起电脑来,显然预期没有达到,让他失了兴趣。

“刚才李教授的助手张冲给我打来电话,让我现在就去医院办公室找他们。所以,我就特意来请教您,接下来该怎么办?”王珞小声道。

“是这样呀。”

棠好马重新扭过头来,笑着道:“具体实务上,我很多年都没亲自参与了。不是有邵经理吗,他小子点子可多着呢,你不去请教他?”

听到此,王珞忍不住闭上双眼,顿了差不多有两秒后,再次睁开,望着棠好马,直接道:“棠总,我能实话实说吗?”

“棠总,在您亲自指导下,今天上午的拜访成果很丰厚!”

王珞一边说着,一边从手提包里掏出来一份文件,递给棠好马。

“这不就是咱们公司的产品介绍嘛。”棠好马扫了一眼封面，表示这有什么好看的？

“今天上午我去拜访后，教授还给了我，我大概看了看，上面有很多他自己的批注。”

“什么？”

棠好马显然有些不敢相信，忙接过文件，打开一看，顿时整个人就激动起来，“王珞，你可真是个福将呀！李明是咱省脑外科领域绝对的专家，在全国都数得上数，他这些意见绝对无价！让研发部门参考改进，以后这款新药在全省铺开，甚至全国驰名，都不是难题。”

“他也是建议让我回来跟研发部沟通一下，再拿出一套更成熟的方案来，届时邀请我去给他们团队做一下药品研发阶段的理论讲解。”王珞继续放料。

“你看看！你看看！我就说你是福将嘛！”

棠好马激动不已，朝王珞竖起大拇指，道：“虽然现在医保统一用药，实行带量采购，但高端领域还是大有可为的。这个，我马上跟研发部负责人联系，让他亲自来请你去配合他们做好改进，争取这周五之前就拿出新的方案来！”棠好马灭掉香烟，拿起电话，一边拨着，一边继续说道：“同时根据新变化、新情况，再对你进行一次系统全面的培训，这个我亲自来抓，争取让你成为咱公司的这个。”

棠好马再次对王珞竖起了大拇指，表示“领域一姐”。

一番电话沟通之后，具体方案敲定，棠好马开心不已，笑着说，“不定以后还得跟着珞姐混饭吃呢，到时候可不要嫌弃。”

王珞忙摆摆手，谦虚道：“棠总就不要取笑我了，假如将来我真的能有一些小成绩，也是棠总您栽培有方！”

棠好马倒也不谦虚，说，“我这是因材施教，譬如他邵飞，譬如你王珞，不同的人会选不同的路子。”

王珞略显尴尬地笑了笑，不再说话了。

上午她曾鼓起勇气,跟棠好马"实话实说"了一番,大概意思是觉得邵飞的那些伎俩上不了台面,成事不足,败事有余!昨天装晕的戏就是他邵飞给设计的,现在回想起来真是尴尬。这次李教授好不容易给了机会,无论如何不能办砸了。所以特意来请教棠总,希望能不吝赐教,给指条明道。

棠好马听后,就"她对邵飞评价"那部分不置可否,但在具体指导上,很是干脆利落,当即就从全方位出发,给她设计了拜访方案。

回过头看,效果很是不错。

只是当时在离开办公室前,棠好马曾盯着她的眼睛,说了句意味深长的话,让她特别记忆犹新,那就是,"'猫有猫道,狗有狗道,牛鬼蛇神各有道',走自己的道,别管别人的道。"

现在,棠好马又说"因材施教",王珞心想,"那我到底是什么?猫呢,还是狗呢?还是别的什么?"

"哎,对了。"

棠好马好像忽然想起了什么,问王珞道:"那个赵小杰呢,现在什么情况?"

时间回拨到周二。

"喂,出租车,出租车。"

赵小杰伸手拦下一辆出租车,打开车门坐了进去。

"哥们儿,去哪里?"的哥扭头自来熟地问。

"宛大一附院,地下停车场。"

"什么?"

的哥明显愣了,就在医院门口为什么还要打车去医院,不会走路吗?

"呐,不用找了。"赵小杰很是大方地甩过来十块钱。

"就一起步价,还搞得这么气势如虹?"司机撇撇嘴,挂上挡,一脚油门就下到了地下停车场……

接着，赵小杰避开胖保安眼线，坐电梯来到了三楼的三号门诊室。

“哈喽，奎老师，又见面了，不急，您慢慢打电话，我慢慢给您讲解……”

……

“奎老师，对不起，这是我的失职，不过您放心，绝对不会再有第二次了！”胖保安向奎见鹤敬礼保证道。

“到底是第几次？”奎见鹤冷笑道，晃了晃手机。

“啊，三，三……我保证，绝对不会再有第三次了！”胖保安忙更正道。

……

……

周三。

“喂，小哥，小哥。”医院门口不远处的一棵大树后面，一位少年对正准备骑电动车进医院的外卖小哥喊道。

“有你订的餐吗？”外卖小哥骑车过来。

“对，那杯鲜果茶就是我定的，送给你了。”赵小杰很大方地说道。

“这个，您有什么事求我吧？”

“你真说对了。”赵小杰咧嘴嘿嘿坏笑起来……

这次，赵小杰以水果茶相利诱，打差评相威胁，威逼利诱下，成功让外卖小哥把车子、帽子、褂子借给他，而他则用这一身行头，在外卖小哥的陪同下，成功从正大门混进了医院……

……

“奎老师……这是我的失职……绝对不会有第……第四次了！”胖保安向奎见鹤敬礼保证道。

……

周四。

“来，大哥，屋里请，请进！”

“那个，你出去替我值一会儿岗，我陪咱这位大哥聊聊。”

“大哥,您抽烟吗?”

“那水总该喝一口吧?来来,我老家今年刚寄过来的山茶,有钱也买不到,给您沏一杯尝尝?”

……

“怎样,还合您口味吧?”

“我就说吧,我们老家这山茶是一绝,像这明前的高山春茶,您就是花钱也买不到!回头我给您包一斤,您带回去慢慢品尝。”

“放心,自家的,没几个钱。”

“跟我谈钱就见外了吧?我给您说,兄弟我不是那样的人!”

“那这个……还真是有件小事,想求您来着。”

“求您大人不记小人过,高抬贵手,饶过小弟可好?”

胖保安双手合十,态度谦卑极了。

“周一,您冒充律师,成功进院见到奎大夫;周二,您打车进入地下车库,成功进院见到奎大夫;周三,您穿着外卖小哥的套装……”

“今天,周四,您在门口不远处拦住救护车谎称患者家属,竟还真让您上去了……大哥,我求求您,就此收手,好吗?”

“照这样下去,周五,我真不敢想您还会搞哪一出?”

“我的小心脏已经不堪重负了,真的!”

胖保安差点就要哭出声来。

“兄弟,有些人你是注定搞不定的,譬如奎见鹤。”

“您搞不定他,但他可以搞定我!”

“他已经给院里说了,如果再有‘第五次’,那就是‘我走他留或者他走我留’的事了。”

“跟您比我都‘落花流水’了,那跟他比,您觉得我又能有几分胜算?”

问题思考

本章中，棠好马提到他马上跟公司研发部负责人联系，争取周五之前拿出新的方案。一般来说，在我国境内，药品从研究到上市，都需要经历哪些环节？

答疑解惑

《医规》下册→第一章－研发→1.2　药品研制与注册上市

09 你被淘汰了

周五，医药公司，棠好马办公室。

“王珞，这几天你有跟李教授联系吗？”棠好马夹着雪茄，一边看研发部最新的报告，一边头也不抬地问道。

“时不时请教一些专业问题，问个好，也不敢太频繁。”王珞站在办公桌对面，老实答道。

“王珞，你还记得吗，当时我是怎么联系到你的？”棠好马继续头也不抬地问。

“我在咱们市一家整形医院约了‘眼综合手术’，后来家里突发状况，我就没再交钱去做，不想您在那家医院看到了我的照片和个人资料，就打电话过来，说要给我提供一个高薪的工作机会。”

“呵，什么医院，一家私人诊所罢了。”

棠好马依旧埋着头看报告，道：“但他们的技术的确过硬，管理层也很有品位，一直在用咱们公司的药。”

棠好马终于把报告看完，合起来放到一边，抬头笑了笑，道：“邵飞，认识吧？”

“邵经理的大名，谁人不知，谁人不晓。”王珞微微一笑，表示这个笑话收到。

棠好马呵呵一笑，道：“他跟那家医院的一个女领导‘很熟’，时常出入人家办公室。这位女领导就是负责双眼皮手术的，电脑里有很多姑娘们整容前的面部照片……有一天，邵飞这家伙突发奇想，要看看美女们进阶前的样子。”

“年轻人嘛，思想总是不着边际，有时候难免会犯点小错。”

棠好马抽了口雪茄，和王珞相视一笑，道：“你可不要去告邵飞这小子侵犯个人隐私啊，不然他会跟我没完的。”

“怎么会呢。”

王珞莞尔道：“这是邵经理的本事，我今后还要多多学习。”

棠好马满意地点了点头，道：“虽然这小子有时候会犯浑，但看人的本事还真厉害。当时他看到你的照片和个人资料后，马上就打印下来，跟我力推，说你一定是个做销售的好苗子。”

“我也觉得挺不错，于是就联系了你。事实证明，我们的眼光的确没有错！”棠好马自信道。

“是吗？”

王珞尴尬地挤出来一个笑脸，她也是第一次听到这个“故事”，颇为好奇地问，“我长得到底有何特点，你们怎么在那种情况下都能看出来我适合做销售？”

“王珞，其实我的重点是，机会要自己去争取！你不主动，难道还等着别人主动吗？”棠好马收起笑容，正色道。

“我，有点不明白。”王珞小心翼翼地重新站直身子，疑惑地望向棠好马。

“给李院长打电话过去，问他今天有时间吗？告诉他，你可以去讲解修改后的新产品了。”棠好马命令道。

……

赵小杰在宛大一附院，漫无目的地来回晃悠。

昨天，胖保安一番声泪俱下的演讲，成功让赵小杰动了恻隐之心，于是就决定不再为难对方——毕竟他也只是一时兴起，既然对方服软，那就罢了。

所以今天他并没有再去找奎见鹤，只是在院区里晃悠耗时间，让数据好看些。

虽然先前试用期时，一直在跟着邵飞做药店市场，但赵小杰对整个行业还是下功夫钻研了一番的。现在市里医保统一用药，实行带量采购，直接拜访普通医生的模式已经不再适用于医代销售。

“主要还是要回归本位，同时还要有创新，就像我这样……”

赵小杰对自己的《合规指南》相当自信，尤其在周一受到棠好马郑重的表扬后，更加坚信管理层已经认识到了他的价值，现在这些莫须有的磨难，完全是为了将来好委以重任！

“王珞也挺好的，只是一山不容二虎，关键时刻我可不能心软，所谓‘恨小非君子，无毒不丈夫’……”

叮叮叮～

手机来信提示。

“什么，让马上回公司一趟？”

赵小杰不禁皱起了眉头，“今天可是周五呀？而且马上就要下班了！”

“怎么样？”棠好马迫不及待地问道。

“还好吧。”王珞抿嘴。

“还好，是多好？一般，还是不错？”棠好马追根刨底地问，很是关心。

“刚开始的时候有些紧张，嗯……”

王珞眨了眨眼睛，想起李教授鼓励的话语来，不禁笑着道：“李教授和他的团队依旧很宽容，不但没笑话我，还问了我很多问题，后来我就放开了，效果还不错。”

“这么说，李院长答应了？”棠好马忙问。

“还没有。”

王珞摇摇头，接着继续道：“但是他答应提交院里面讨论。”

“他既然这么说，基本就是板上钉钉了。”

棠好马激动地站起来，不住搓着手，“李明现在是宛大一附院的常务副院长，就等着老院长走马上任宛大校长后，他顺理成章接替医院院长的职位。”

“这种情况下,院里其他人还会不给他面子吗?”

显然搓手已经不足以表达棠好马激动的心情了,他开始在办公室里来回走动,“如果宛大一附院答应配合咱们做这款新药的临床试验,那显然最好不过,不但能加快药品上市进度,上市后的市场也基本不用愁了!”

棠好马闭眼深呼吸,把指关节捏得嘎嘎直响。

十秒钟后,他睁开眼,看向王珞,“如果老李一直站在咱们这边,不说别的,单这一例药就够咱们吃十年了。”

“而且,你绝对会成为公司的销售新星,未来步入高层更是指日可待! 你明白吗?”

“我明白。”王珞点头。

“不,你不明白。”棠好马忽然敛起笑容,冰冷地盯着王珞,摇了摇头。

“那应该是什么?”王珞怯怯地问。

“你要用尽一切办法,不惜一切代价拿下李明,只许成功,不许失败!”棠好马伸出食指,指着王珞厉声命令道。

“一切……是什么?”王珞皱了皱眉,问道。

“譬如……”棠好马凑到王珞耳旁,小声说出了一个计划。

“不,我做不到!”还不等棠好马说完,王珞就赶紧站起来,摇头表示否定。

“为什么?”棠好马反而耐心起来。

“我不是那样的人。”

王珞再一次摇了摇头,差点就要哭出来了,“何况,他……他们对我都那么的好。”

“你不是那样的人?”

棠好马呵呵冷笑,盯着王珞的眼睛,问道:“那你父亲,是什么样的人?”

“你!”

王珞怒目瞪向棠好马,脸色唰地一下煞白起来。

棠好马还要继续爆料,但就在这时,办公室“当当当”响起了敲门声。

“谁?”棠好马的语气瞬间恢复正常。

“棠总,是我,赵小杰。”

“好的,请稍等一下。”

棠好马对着门外应付一声,随后坐到老板椅上,对王珞道:“去开门,让他进来,然后你到隔壁办公室去,继续等着。”

“我建议你,最好还是收拾一下心情。别让人看见,还以为我怎么你了,出去吧。”

王珞瞪着棠好马,胸口起伏了十几秒,最终扭头冲出了办公室。

……

“好迅捷呀!”

赵小杰拍拍胸口,以“怕怕的”模样走进来,轻轻关上办公室房门,一点也不避讳地对着棠好马嘿嘿一笑,自信大方地坐到办公桌对面的椅子上,用大拇指指了指脑后,王珞离去的方向,颇为随意地问,“她被淘汰了?”

“不,是你被淘汰了。”棠好马冷声道。

问题思考 本章中,棠好马提到“加快药品上市进度”是指什么?为什么棠好马会认为该药品顺利上市的话,“单这一例药,就够我们吃十年了”?此处的“药品上市”和第3章提到的“公司上市”存在什么关联?

答疑解惑 《医规》下册→第一章-研发→1.3 药品上市许可持有人制度

10 士可杀不可辱

“什么?”

“有没有搞错?”

赵小杰惊讶地差点从椅子上蹦起来。

“不,您没有搞错……一定是我听错了!”赵小杰充满期待地看着棠好马。

“我没有搞错,你更没有听错,我们都没有错。”

棠好马摊开双手,做出一副无奈的姿态,道:“错的是这个时代,不能让我两个都留。好了,赶紧收拾东西回家吧,这个月的工资还会按时打到你账上。”

“周末愉快。”棠好马下了逐客令。

“这是管理层的意思吗?”赵小杰依旧不走,有些不死心地问道。

“管理层?”

棠好马很是匪夷所思地抬起头来,灵魂三连击道:“什么管理层?管理层什么意思?关管理层什么事?”

“那个《合规指南》……”赵小杰贼心不死,硬着头皮暗示。

“《合规指南》?”

棠好马显得更迷茫了,过了一会儿,好像才记起来什么,问道:“你是指周一给我的那个小册子吗?这个……”

棠好马四处翻了翻,最后不好意思道:“不知道搁哪里了,你还要吗?”

见赵小杰只是一脸茫然地望着自己,并不说话,棠好马不禁摆摆手，从钱包里掏出一张红钞来，笑道：“现在用现金的少了，但我还保持着带钱的好习惯。”

“来，这一百元给你，算是补偿打印费，不用找了。”棠好马拿着红钞晃了晃，放到赵小杰面前。

“原来，一切都是假的。”赵小杰喃喃自语道。

“什么？”棠好马表示不解。

“原来，您对我一直都不是真心的！”赵小杰忽然进入怨妇模式。

“杰弟！清醒点好不好？你又不是‘马子’，为什么要让马哥对你真心？”棠好马重新坐回椅子上，一脸的勉为其难。

说实话，这个笑话一点儿也不好笑。

所以赵小杰不再说话了，只是睁大眼，眨也不眨地盯着棠好马。

“你要干吗？”棠好马不禁有些头皮发麻。

“人要是被逼急了，什么事都能做出来。”赵小杰小声道。

“我警告你啊！”

棠好马指了指四周，提示道：“我这办公室里可是安有监控，我劝你最好不要干出傻事来，否则难堪的还是你自己。”

“是吗？”赵小杰冷笑一声，站了起来。

“喂喂喂，你要干吗？冲动是魔鬼啊！”

棠好马真的有些慌了，当即也站起来，喊道：“我劝你理智……”

啪！

只见赵小杰忽然弯腰，双手着地趴了下去。

“棠总，男儿膝下有黄金，跪天跪地跪父母。所以我……只能对您做俯卧撑了！”

说完，赵小杰的身子就开始有节奏的上下起伏起来，同时嘴里念念有词道：“求棠总收留，求棠总收留，求棠总收留……”

12345……

赵小杰气喘吁吁地站起身来，面红耳赤道：“棠总，五十个已经是我的极限了。”

“真心求您,再给我一次机会!”赵小杰抿嘴,双手合十,向着棠好马不停摇摆。

“好好好,算我服你了!”

棠好马忙伸手喊停,坐回椅子上点根烟压了压惊后,解释道:“我也只是打工的,也不容易……好吧,说说你这周都做了什么吧。”

赵小杰忙一五一十地汇报。

“我的天啊!”棠好马不禁扶着额头,闭眼做起了深呼吸。

棠好马实在是想不到事情的发展会到这一步,这个赵小杰可真是“人才”啊!这样都可以,还有什么是不可以的?

过了好一会儿,他才让自己重新平静下来。

棠好马再次睁开眼睛,看着赵小杰,忽然问道:“为什么要把饼分给别人?”

“对,这是个法律问题,从你的专业角度来给我回答。”

见赵小杰两眼冒光,棠好马点头表示你猜对了,勾勾手示意可以开始了。

“因为……”

赵小杰清清嗓子,开始了自己的表演,“一张饼一个人吃当然好,但洪水来了怎么办?野兽来了怎么办?病疫来了怎么办?”

“所以人们把自己的饼分给别人,每人都如此,便组建成了社会,一起对抗洪水、猛兽、病疫……虽然每天每人都少吃了点,却能保证每天每人都有得吃。”

“很好,法律问题解决了。”

棠好马噙着烟拍了拍手,随后把烟夹到手里,继续问道:“那接下来,我们的问题呢?又怎么解决?”

“我们什么问题?”赵小杰反问。

“饼呢?饼在哪里呢?没有饼,你让我怎么办?都跟着你去饿死吗?”棠好马一脸的冷笑。

“棠总,我们业务这么好,不至于饿死吧?”赵小杰硬着头皮说道。

“兄弟,来,抽一根。”

棠好马忽然点了根香烟,走过来硬塞给赵小杰,看他明显蹩脚地抽起来后,才又道:“说实话,咱们公司虽未上市,但在国内医药领域绝对属于举足轻重级的,业务自然没得说。现在之所以筹划上市,也是想要走出去,给一些世界难题的解决提供中国方案。明白吧?”

赵小杰紧咬着烟,机械地点了点头。

棠好马拍了拍赵小杰肩膀,重新坐回座位上,把烟放下,异常真诚地看着赵小杰,道:“但即便‘护城河’再宽再深,也经不起您这样折腾呀!不说现在这个形势,国家重点查医药违规销售,就是在一开始,咱们公司就明令禁止这种行为。你再看看现在整个行业,像你这样做的多吗?当然不排除有害群之马,但那毕竟是少数,尤其像咱们这样的大公司,更不能如此。否则,大家都要被你玩完!都没得吃!知道吗?”

“知道什么呀?”

赵小杰忍不住在心里嘀咕,“什么违规销售,跟我挂得上钩吗?小爷不就是违规拜访了几次吗?……,这个,当然了,违规拜访也不对,……,既然我有错在先,就不要怪别人误解了。”

赵小杰掐断香烟,抬头看向棠好马,态度很是真诚,道:“棠总,这次是我错了,我向您道歉。请您再给小弟一次机会,小弟保证给您一张大饼。”

“画一个吗?还是去楼下的早餐店买一个,天津风味或者山东风味的?”棠好马冷笑着挖苦道。

“棠总,我是认真的。”

赵小杰耐心解释道:“您看之前,我跟着邵经理干的时候,业绩还算可以吧?要不我怎么会从他那一组脱颖而出呢?这个您也知道,那个奎见鹤实在是一朵‘奇葩’。如果您再给我换个人,我保证把事情做得漂漂亮亮的!”

赵小杰握了握拳头,表态一定能行。

“说起邵飞,我还真想起一个人来了。”

棠好马忽然嘿嘿一笑,从文件柜里找出一个客户资料类的文件,扔到赵小杰面前,道:“看看,能不能干?”

“干,干什么?”

赵小杰打开文件后,第一眼就被里面的照片给惊呆了,只见一张雍容华贵的脸,几乎塞满了整个四寸空间。

“本市最大药店零售连锁,馨馨大药房的老总,甘馨,外号‘肥姐’,至今未婚,黄金‘剩’斗士级别,急需一个男朋友!我希望你能出马,把她拿下。”棠好马语气极其平缓地道,仿佛就在说一件极其平常的事。

“这个……,邵经理都拿不下,您确定我能行?”赵小杰下意识地放下了文件。

“据可靠消息,她喜欢‘处男’。”棠好马笑着解释。

“棠总,士可杀不可辱啊!您可以开除我,但不能侮辱我!”赵小杰忽然就像被踩了尾巴似的,跳起来义正词严地表示抗议道。

“啊?抱歉,抱歉。”

棠好马忙双手合十摇了摇,解释道:“我所谓‘处男’,并非物理性质的定义,而是精神层面的定义。”

“主要说的是气质。”

“你看邵飞,别说什么‘处男’了,‘良家妇男’都没人相信。”

“虽然在物理层面你俩都面临着检测难题,但精神层面一眼就能分辨出来,这个不用我再解释了吧?”棠好马再一次笑了起来。

“好吧。”

赵小杰怎么听也没觉得是在表扬,而且……

“棠总,这……,这不合适吧?”

赵小杰面露难色，他想起了自己《合规指南》第一篇的反性贿赂指南。真没想到这才几天，自己就要“以身试法”了？关键还是这么一“膘肥身健”的！

“不，这不是‘膘肥身健’的问题。”

赵小杰忙在心中给自己纠正，“问题的关键是，你棠好马刚才还那么一本正经地批评教育，现在就忽然要来搞这个，你到底是什么人呀？是在试探我能不能‘改邪归正’，还是在试探我能不能‘一条道走到黑’？”

“算了，不管那么多了！”

赵小杰咬咬牙，正准备给出棠好马自己的回答，不想对方却率先开口道：“反正机会是给你了，要不要把握，能不能把握，就看你的了。”

说着，棠好马又重新拿起雪茄抽了口，道：“也不急着回答，回去好好想想，下周一来了再给我个明信。现在到隔壁会议室把王珞给我叫过来，你就直接下班走吧。”

……

“想好了？”

看着王珞已经平静下来的面孔，棠好马不禁在心里乐开了花。

问题思考

本章中，赵小杰在和王珞的“竞争”中失败，被棠好马要求“赶紧收拾东西回家”。对于现代企业而言，公司辞退员工时应当注意些什么？

答疑解惑

《医规》下册→第十一章－员工成长→11.4　员工离职流程管理

11 卤水点豆腐——一物降一物

“直接说吧，让我怎么办？”王珞扭过头去，不想再看棠好马的嘴脸。

“今天晚上就给那个小的打电话，约他出来，挑逗他，但不要来真的，晚上回去了继续微信联系，尽量说一些露骨的话……然后明天，再把那个老的约出来，就说……”

棠好马丝毫不带感情地一步步下着令人发指的行动计划。

“你真恶心。”听完整个计划，王珞忍不住扭过头来，直视棠好马，真实评价道。

“谢谢表扬。”

棠好马却是开心地笑了起来——如果当初这姑娘做了‘眼综合手术’，那一切不就没了吗？

……

赵小杰第一次打车回到“家”，一进门就戴上静音耳机和眼罩，躺到客厅的行军床上发起呆来。

高中毕业后来到这座城市上大学，虽然只是个普通院校，但亲戚邻居都以为自己是大人物了……但那些车水马龙，高楼大厦，又和自己有几毛钱关系？

除了“拥堵”和“雾霾”亲身经历过，其他什么事情自己参与过？

但不可否认，这的确是一个可以创造奇迹的地方，是一个可以让梦想成真的地方，前提是要学会失去，失去一些曾经固守的东西——

舍得舍得,商品经济永远遵循“等价交换”的原则。

“所以,我到底该怎么办呢?”赵小杰不禁长叹了一口气。

……

两小时后,赵小杰结束内心挣扎,做出了选择。

一看时间还早,爷爷还没有休息,就赶紧给他老人家打了个电话,简单说了下目前遇到的问题,希望能得到老中医“大神”的鼎力相助。

老爷子当即表示没问题,明天就给他亲爱的孙子快递一包他的独门春……秘药过去,周日铁定能到,绝不会影响赵小杰周一使用的!

……

赵小杰拜托马大虾替他留意包裹,自己则一头“扎”进了学习中去。

时间已经到了三月下旬,各大法考培训班陆续开始上课,赵小杰东挪西借外加刷信用卡,总算凑足了全程周末班的学费。

深知此次学习机会来之不易,赵小杰越发刻苦用功,全程无线电静默,每天都在辅导班自习室奋战到深夜。

两天时间很快过去。

周一起个大早,赵小杰非常无语地带上爷爷寄过来的“盐罐子”,挤公交车去了公司。

在楼下早餐摊啃了千层饼夹馒头“套餐”后,赵小杰来到工位,偷了包邵飞的速溶咖啡冲水润嗓。今天他没有拜访计划,要等棠好马上线后给他“明信”。

同事们陆陆续续来到办公室,很多人见他的第一个问题就是,“知道王珞的事吗?”

“王珞能有什么事?”

赵小杰忍不住冷哼,要被开除的那个倒霉蛋不是我吗?真是猫哭耗子假慈悲……最后他干脆把头低下去,戴上耳塞,不再搭理进进出出的同事们。

然而随着同事的增多,特别那几个有名的“八卦大嗓门”到齐后,赵小杰逐渐明白,原来真的是王珞“出事了”。

他忙打开手机一看,顿时傻眼!

事情发生在周六晚上,周日持续发酵,今天一大早,竟冲上热搜了……根据网上的报道,真相似乎是这样的:某医药公司的美女医药代表勾引某大型三甲医院常务副院长,两人在女方住处待到深夜,被媒体抓个正着……

赵小杰光看下方个别网友的评论,就知道舆论哗然到了何种程度。

就在这时,电脑传来提示音,赵小杰一看,棠好马上线了。

棠好马刚被董事长臭骂一通,心情极度不爽,见赵小杰抱了个破罐子进来,气就不打一处来,直接吼道:“有话快说。”

“这个,王珞的事儿,是真的吗?”赵小杰觉得自己的事可能会有转机,便决定不跟这家伙一般见识。

“关你什么事儿呀?”

棠好马继续吼道,“你自己的事情呢,怎么样,到底干不干?”

“这个,公司刚出了王珞这一档子事,我再去做,似乎不太合适吧?”赵小杰企图把重心转移到时机不成熟上去,而不是因为自己准备不充分。

“我就纳闷了,王珞的事到底跟你有什么关系?”

棠好马彻底爆发了,“到底有什么关系啊?是公交不运营了还是电梯不载客了?你能不能不要用吃着地沟油的嘴,演着联合国的讲啊?”

“赶紧的,给老子个明白话,到底干,还是不干?”棠好马最后催促道。

“棠总,您看这个。”赵小杰深吸一口气,压住火,把陶瓷罐子放到了棠好马面前。

爷爷给他寄来药粉时就是用这个破罐子装的,赵小杰一时也没找到合适的来代替,只好顺其自然了……

“这是什么?”棠好马皱眉问道。

“我爷爷是老中医,这是他独门配制的药粉,效果很棒。”赵小杰微笑着解释。

“你小子,可以呀。”棠好马觉得自己总算遇到了一点开心事,便掏出根雪茄,自己点着,深吸了几口,心情更加好了。

“那你是准备用这玩意儿迷晕‘肥姐’呢,还是像邵飞那样给自己‘加油’?”棠好马笑着问道。

“都不是。”

赵小杰摇了摇头,一本正经地解释道:“这药是孝敬棠总您的,兑水少量冲服,可有效治疗‘肾虚’!”

……

工位上属于个人的物品并不多,赵小杰收拾来收拾去,也装不满一个纸箱,最后他叹了口气,把那个陶瓷罐放到了最上面。

赵小杰如此磨磨蹭蹭,无非是想让大家多少能来送一送……他是个重感情的人,毕竟在一起工作三个多月了。

然而大家都各忙各的,并未注意到他这边的情况。

或许是今天王珞的事冲击太大,大家都还没有消化,也或许是所谓的“行业寒冬”已至,大家早习惯了离别吧。

最后还是邵飞看不下去,走过来送赵小杰下楼。

“你就真的决定不去试试?”走出大楼后,邵飞把赵小杰请到一个角落里,最后一次问道。

“这个靠天赋吧,不是每个人都行的。”赵小杰看在邵飞送自己的情面上,并没有把话说得太难听。

“你呀,就是太较真!”

邵飞摇摇头,掏出一根烟让给赵小杰,遭拒后自己点上,继续说服教育,“你当这是哪里?拜托,这是宛州市,是一个现代化的大都市,不是一个谈恋爱的小乡村。在这里,物质世界与精神领域是要遵循商品经济‘等价交换’原则的!”

“你知道,有些投资人,是如何决定给创业的女孩儿们投资的吗?”邵飞接着洗脑。

“怎么决定的?”

“就是看她们‘懂事’不‘懂事’了。你懂吗?”

“不是太懂。”赵小杰摇头。

“坦白说吧,他们肯定是为了满足自己的兽欲无疑,但另一方面,他们也是用‘那个’来考验女孩儿们对成功的渴望。如果连‘那个’都不愿意付出,说明对成功就不够渴望,那他们还敢投资吗?”

“因人而异吧。”赵小杰挠了挠头。

“什么叫‘因人而异’?都快成普遍公理了!”

邵飞深吸一口烟,仰头对着天空吐了一个烟圈,似乎想把心里的郁闷一吐而净,“这个城市,貌美如花遍地都是,冰清玉洁踪迹难觅,好不容易穿越人海遇到了一个姑娘,以为会挚爱一生,却发现还有‘第二职业’……”

“所以到后来,你就会发现,友情和爱情一样都是‘奢侈品’。”邵飞无奈地摇了摇头,不再说话。

“挺可怜的。”赵小杰想到了“师姐”,又看看邵飞这个样子,忍不住叹息,果真一样的人一样的境界,不一样的人不一样的格局。

“是挺可怜……但你又能如何?”

邵飞冷笑一声,接着自己的逻辑继续道:“姑娘们在这个城市混不下去了,至少还有一条路,找个老实人嫁了。你呢?作为男人,你能怎么办?你只能咬着牙继续混下去,拼了老命也要混下去!懂吗?”

“你说得都对。”赵小杰敷衍地点了点头,不想再继续下去了。

“所以,你到底在矜持什么?”

邵飞没看出来,以为赵小杰是听进去了,就继续表现得很不理解,也很苦口婆心地解释道:"'肥姐'其实并不肥,只是有点微胖而已,她喜欢笑,所以每次拍照都显得脸比较大,但真人还是挺不错的,特别是笑起来的时候,很暖心。"

邵飞叹了口气,道:"我因为自身的原因被她看不起,所以追了一年无疾而终。但是你不同,为什么不去试试呢?"

"这个,你邵大帅哥都搞不定,我能行?"赵小杰忽然就被邵飞刚才那番话,搞得内心有些"骚动"起来。

"'卤水点豆腐——一物降一物',你不试试,怎么知道不行? 再说,这有钱人的品位都很'奇葩',说不定就喜欢你这号的。"

说着,邵飞拨通了一个电话。

"你干什么?"赵小杰忙问。

"'肥姐'手下有一个副经理我很熟,现在我就给她打电话,就说要给'肥姐'介绍个相亲对象,'处男'类型的。"邵飞抖了抖眉,表示你就瞧好吧。

"这个……不好吧。"赵小杰半推半就地道。

问题思考

本章中,美女医药代表王珞色诱宛大一附院常务副院长李明的桃色事件引发了媒体的广泛报道。面对新闻媒体的广泛报道和舆论的热议非难,处在旋涡中心的涉事企业应该如何应对才能平安度过危机? 是想办法把相关新闻都删了吗?

答疑解惑

《医规》下册→第六章 –公关→6.3　危机公关建议应对流程

12 大鬼和小鬼

地铁站，人流川息，相反方向的列车疾驶而过，轰隆隆的，非常嘈杂。

然而有一个中年人却能做到无动于衷，只顾低着头看手中的报纸，一字一句地，仿佛置身事外。

“比不上小轿车里舒服吧？”忽然一道年轻的陌生女音传来，颇似话里有话。

中年人并没有做任何回应，依旧自顾自地低着头，认真地看着手中的报纸。

“以前这时候，您都是在公家的小轿车里看报纸的，现在在地铁站里，这么乱，能看下去吗？”神秘声音笑了笑，继续问道。

“我是在看，又不是在听，管他乱还是糟呢。”中年人终于有了回应，但依旧头也不抬。

“但有些事，您不听，就没有了吗？”神秘人冷笑一声。

“听着，话里有话呀？”

“可不嘛。”

“你到底是要……”

李明抬起头来，想看看到底是何方神圣，说话这么带刺？但当他看到女子的容貌后，忍不住就一窒，颇为惊叹，这女孩儿可真是漂亮，有种说不出的朝气蓬勃，委实让人感觉很美好！

李明教授毕竟历经风雨，定力超凡，很快就平静下来，冷言问道：

“不知尊驾,有何贵干?”

“来看看‘小李飞刀’李大侠,不行吗?”女孩儿俏皮地做了个鬼脸。

“你是?”

老李不禁有些迷茫起来,难道眼前这位就是当初那个又黑又瘦的家伙?

“给您讲个故事吧。”

女孩儿莞尔一笑,向前靠近了些,娓娓说道:“十五年前,有个小姑娘,得了一种怪病,总是会莫名其妙地呼吸困难,心率衰竭,直至休克!小姑娘的父母都急坏了,医生们也束手无策,只能用最原始的方法抢救。”

“然而抢救了这一次,还会有下一次,如果找不到病因彻底治愈的话,只会无限循环下去。小姑娘一时成了医院的常客。”

“直到最后一次犯病,医院实在坐不住了,只好启用‘内科大查房’!”

听到“内科大查房”几个字,李明的脸上不禁露出笑容。

神秘女子继续道:“医院把当时全院的专家都叫过来集体会诊,消化内科的,呼吸科的,皮肤科的……然而一屋子老专家们讨论许久,也没得出个所以然来。最后,还是一个刚参加工作不久的年轻小大夫,弱弱地问,‘小姑娘中午有没有吃花生’?”

“‘花生过敏’在国外比较常见,但那时候的中国,别说花生这种食材类的过敏了,即便是‘过敏’,很多人都不甚了解。所以大家没往这方面考虑,也是情有可原。”李明笑着解释。

“所以这位年轻的留美博士,当即就遭到了大家的质疑,听女孩儿的妈妈说,当时他那小脸唰地一下子就全红了!”神秘女子回忆从前,不禁也笑了起来。

“但那个小女孩儿的父母都很开明,特别是她妈妈,思维缜密,极富前瞻性,很快就意识到了问题,回忆说,每次小姑娘犯病,当天都的确有吃过花生。"

李明接着回忆道:"多亏她妈妈细心、谨慎,让大家把注意力转移到了真正的病因上去——'花生过敏'。"

"要怪就怪那个小女孩儿他老爸,老爱从单位食堂买一些廉价的花生糕来给她当零食。"神秘女子撇了撇嘴,埋怨道。

"但也是她爸爸,联系上北京的老首长,安排当时国内最厉害的专家做了过敏源检测。当时咱们市医院,可没有这个水平哟。"李明笑着道。

"好吧,扯平了。"神秘女子噘了噘嘴。

"那个小女孩儿呢,后来怎么忽然就失踪了?"李明看着眼前的神秘女子,笑着问道。

"切,还不是因为她那对'奇葩'父母。"

神秘女子无奈地摇了摇头,鄙夷道:"虚荣心极其强,望女成凤都成病了,早早地,初中刚毕业就把人家小姑娘强行塞到国外,还学什么老美,十六岁后鼓励自己挣钱,十八岁后彻底甩手不管……"

"没办法,姑娘只好自力更生,艰苦创业,同时不忘学业,终于,也跟她心中的大英雄一样,成了留美博士。"

"那真是太好了,真棒!"李明由衷地感叹,竖起了大拇指。

"有什么好呢,回国后就发现成了'第三类人',这不,现在还'单身狗'一枚。"神秘女子哀伤地说道。

"不会吧?"

李明非常不解地看了神秘女子一眼,问道:"那她的父母不着急吗?对了,她父母可还好?"

"母亲去世了。"

神秘女子抿抿嘴,"父亲下岗了。"

"对不起,张一一,我不是故意的。"李明抱歉道。

“没事的，一切都过去了。”

张一一微笑着摇摇头，接着张开怀抱，笑着道：“‘小李飞刀’，好久不见，来抱一个！”

“小机灵鬼，欢迎回来。”老李也笑着张开怀抱，抱了抱姑娘。

“真是女大十八变，我一下子都没有认出来。”

老李端详着张一一，问道：“怎么还没有男朋友，现在的男生都眼瞎了吗？”

“嗨，先别管我，问你呢，就不怕再被媒体拍到，放网上去？”

“我老李行得端坐得正，自个儿问心无愧，不怕那些‘牛鬼蛇神’！”老李表现得很是风轻云淡。

“君有疾在腠理，不治将恐深。”张一一忽然又阴阳怪气了起来。

“你怎么了？”李明忍不住皱了皱眉。

“你们管这叫‘讳疾忌医’吧？”张一一正色问道。

“是的。”李明看着对面的姑娘，点了点头。

“你知道我们是怎么说吗？”姑娘道。

“你们？”

“法律人。”

“怎么说？”

“‘纳粹杀共产党时，我没有出声——因为我不是共产党员；接着他们迫害犹太人，我没有出声——因为我不是犹太人；然后他们杀工会成员，我没有出声——因为我不是工会成员；后来他们迫害天主教徒，我没有出声——因为我是新教徒；最后当他们开始对付我的时候，已经没有人能站出来为我发声了’。”

张一一正色道：“有病不去看病，叫‘讳疾忌医’；有贼不喊警察，叫‘助纣为虐’！”

“你这话似乎大有深意啊。”李明勉强地笑了笑。

“能听出来就好，说明还没老糊涂。”张一一噘嘴道。

“你这丫头……”

“你什么你？你说是不是这个道理？”

“对不起，小机灵鬼，这次选择沉默，确实是我错了。”李明叹口气，认错态度倒是出奇的好。

“是人都会犯错，知错能改就好。”张一一转而嘿嘿一笑，眨了眨眼，似乎又有“鬼点子”要出来。

“‘知错能改’？还怎么改呀？”

李明似乎有什么难言之隐，忍不住摇了摇头，正想安慰对面姑娘几句，说自己现在无官一身轻，其实还挺好的。但见她乌溜溜的眼珠子在骨碌碌地转，便把到嘴边的话又咽了回去，想听听这小家伙又有什么高见。

“怎么改嘛。”

张一一可爱地歪着头，装作深沉的样子，一本正经地道：“当初你救了我一命，现在，该我救你一命了。”

“你？”

“嗯哼。”

“不行！”李明当即就坚定地摇了摇头，表示坚决反对。

“为什么？你不相信我的实力？”张一一倒挺耐心，笑着问道。

“你个小鬼，知道这里面水有多深吗？”李明担心张一一的安危，不想她再卷进来。

“有多深？”张一一继续笑着追问。

“哎。”

李明叹了口气，道：“那个姑娘的眼睛……他们就是抓住这一点，让我放松了对她的警惕。后来，她先挑逗我的那个助手张冲，第二天又跑过来哭着跟我告状，说张冲‘性骚扰’她。于是，我晚上就请她吃饭，代徒谢错，结果她偏要喝酒，还喝得大醉，我就只好送她回家……最后才发现，这完全就是一个套！”

“但这肯定不是她一个人能想出来，能干出来的，背后肯定有一大帮的黑手！而总指挥，很有可能就是那个'眼镜男'——我的好室友。"

李明苦笑一声，见不远处有人起身，便道："走，咱俩坐着说吧。"

李明带着张一一走去坐到候车椅上，小声把他知道的，都大概说了说，末了，再一次警告道："说这么多，就是要让你明白，大人的事，小孩子不要插手。"

"喂，真是讨厌，你不要小瞧人啊！"

张一一马上表示抗议，并问道："你知道我现在是做什么的吗？"

问题思考

本章中，根据李明事后回忆，全意集团美女医药代表王珞故意勾引自己的行为，很有可能是背后有人搞鬼。如果李明所说属实，这是否构成不正当竞争或者涉嫌犯罪呢？商业贿赂又有哪些危害和后果？

答疑解惑

《医规》下册→第四章－销售→4.4　葛兰素史克 GSK 中华区商业贿赂案

13 出类拔萃

“法律人？是在做律师吗？”李明问道。

“嗯。”张一一傲娇地点了点头。

“还是太年轻！”

李明笑着摇了摇头，语重心长地道：“我知道你是留美博士，也是律师了，很厉害。但是，理论归理论，实践归实践，国内的情况很复杂！你刚从国外回来，要多学习、多观察、少说话、少掺和。答应我，这事就别管了，让我自己来处理，好不好？”

“不好。”张一一噘起嘴表示不同意。

“你个‘小鬼’，怎么这么不听话呢？”李明有些急了。

“你个‘老鬼’，当初还是‘大鬼’的时候，就听话了吗？”张一一当仁不让地反驳道。

“我那个叫科学，你这是在胡闹，能一样吗？”

“你看，瞧不起人了吧？‘法盲’！”

“你……”

“李大侠，医生拿着手术刀切除毒瘤，是在治病，治病救人！同样，我们法律人运用法律的武器……”

说着，张一一眯起眼睛，伸出右手摆了一个手枪的手势。

“你要干什么？”看着面前“中二”如初的姑娘，李明不禁摇了摇头。

“嘣！”

张一一学了声枪响，把手指放到嘴前吹了吹，然后扭头看向李明，扬了扬眉，装腔作势地道："法警枪毙罪犯，是在惩恶，惩恶扬善！"

"一样的道理，就像花生米。"

说着，张一一还用肩膀撞了撞坐着不动的某人，问道："是吧？哈哈哈。"

"小时候就说不过你，现在你是更厉害了。"李明无奈地摇了摇头。

当年，张一一被查出花生过敏后，关于治疗方案，还是医师的李明大夫就建议采取脱敏疗法，但大家都对此持怀疑态度，即便开明如张一一的父母，也犹豫不决，毕竟这种疗法听起来确实有些匪夷所思。

最终，大家还是决定保守治疗。

然而，"小机灵鬼"却不安分了，在某天放学后悄悄找到李明，表示要接受脱敏疗法。

李明一听就乐了，说可以，但要保密。

于是，一大一小俩"鬼"便开始了不为人知的"勾当"——在固定的时间，张一一会来找李明，用他算好的剂量，舌下含服花生……

临床效果很不错，张一一从此再没有了过敏反应。

"脱敏疗法在国外是很成熟的，虽然当时院内的领导们不同意，但我一直在跟国外从医的导师、同学们交流，严格掌控着剂量和方法。所以，虽然有些冒险，但我一直是站在科学这边的。"

李明解释，并反问道："你呢？难道不是在胡闹？"

"切，小瞧人了吧。"

张一一朝李明翻了个白眼，道："我现在在律所负责涉外业务，生意遍及全球，挣钱能力，保守估计是你的一百倍！"

"这么厉害？"

李明笑着看了看张一一，问道："那是在哪家律所啊？"

"我才不会上你的当呢。"

张一一朝着李明嘟了嘟嘴，道："想上门找我领导，告我小状不让我干？门都没有！”

“你看你把人想得，我有那么龌龊吗？”李明面露不爽地说道。

“那不好说，万一瞎操心呢。”

张一一看穿一切似的朝李明扬了扬下巴，起身道：“李大侠，当初本小姐替你保密，让你很爽地实现了个人价值。现在，我希望你也要替本小姐保密，让我也能够很爽地实现个人价值。”

“再一次警告，不许找我！”

“等事成之后，我来找你，再尝尝你的留学生保留节目——西红柿炒鸡蛋。”

“好了，不要追了！”

张一一转身，喊停，接着耐心分析道：“(1)您老现在腿脚不灵便，小心崴了脚，伤了自己；(2)您老最近风评不太好，小心再被拍，又上热搜。”

“拜拜～”

女孩儿挥了挥手，笑颜如花地甩起马尾，转身消失在人流中。

……

CBD区域，城市地标建筑，高层，某顶级律所办公区。

“小秘，老大在忙什么呢？”

张一一走到律所主任的办公室旁边，指了指虚掩着的磨砂玻璃门，向门前值岗的主任秘书问道。

“还不是最近闹得沸沸扬扬的那个医药公司的事，这不，今天他们又来人了。”“小秘书”努努嘴，解释道。

“哦。”

张一一若有所思地点了点头，眼睛骨碌碌一转，心生一计，便对“小秘书”道：“咱不提工作这种不开心的事了，来，去我办公室，我给你看些好东西。”

“这个，不太合适吧。”“小秘书”看了看身后的办公室，有些犹豫。

“老大要是问起来了，就说去我办公室了，看他还能把你怎样，放心，姐给你做主！”张一一特别大姐大地拍了拍弹性十足的胸脯。

“那好吧。”“小秘书”抑制不住心动，最终还是妥协了。

“来，这是经过我检验的新品，很不错，尝一尝。”张一一把一包零食递给了律所主任的“小秘书”。

“谢谢一一姐。”“小秘书”很是开心，笑着接了过来。

“喂，大姐，您老比我还大半岁呢，怎么能叫我姐姐？”张一一忙表示抗议道。

“咱们律所呢，讲究实力为尊。”

“小秘书”一边拆着袋子，一边解释道：“所谓‘有志不在年高，无志空长百岁’。您虽然比我小半岁，但已经是所里的高级合伙人了，给所里带来的效益更是史诗级的，如此牛人，我哪还敢叫你妹妹？其实，叫姐都小了，我应该称呼您老师呢。”

“是不是呀，张老师？”

“小秘书”调皮地笑道，掏出一个零食放进嘴里，顿时享受地眼睛都眯成了一条缝。

“唉。”

张一一无奈地摇了摇头，看着“小秘书”，问道：“小秘，你说你们老大是怎么想的，怎么按照我的比例、年龄，给自己找了个秘书。”

“老大的想法向来匪夷所思，难道你还没我了解？”

“小秘书”嘿嘿一笑，用肩膀碰了碰张一一，道：“喂，上次老大拜托我给你注册的那个账号，你登录了吗？效果如何？”

“小秘书”指的是婚恋网站的事，律所主任曾让她帮张一一注册账号，在线交男朋友……

“你说这事儿啊！”

张一一深感绝望地摇了摇头，再看“小秘书”，正狡黠地看着她笑，不禁轻轻敲了敲她的脑袋，佯装生气道：“问你正事儿呢，怎么又扯到我身上来了。”

“好了好了,我说我说。”

“小秘书”忙举手讨饶,笑着道:“还不是因为对你相思成疾嘛!”

她嘴里不停地吃着零食,口齿竟还难得清晰,“但是呢,咱们老大的品位实在有问题,虽然说呢,我真实年龄、身体重量、头发长度还有性别,跟你都差不多,但这实际呢,就太天差地别了!”

“这个,我可不是因为吃了你零食就专门拣好听的说给你听,也不是因为他是我老板就专门说他坏话,咱学法律的,讲究实事求是。”

“小秘书”舔了舔指头,又打了个饱嗝,才接着道:“你只看看这里。”

“小秘书”指着张一一胸前,啧啧称奇道:“你看看,气人不气人?都是吃五谷杂粮长大的,你怎么就这么‘出类拔萃’呢?”

问题思考

本章中,张一一作为宛阳律所的高级合伙人,主要做涉外业务。对于中国医药企业而言,他们在什么情况下会需要律所提供涉外法律服务?或者说,对于想要打开国际市场的中国医药企业而言,“扬帆远航”的早期阶段可能会涉及哪些法律风险?

答疑解惑

《医规》下册→第十章 – 走出去风险→ 10.2 贸易救济概述与BIA规则

14 要想美，先变鬼

“哪有了?”张一一不禁脸红地把自己环抱起来。

“也对,你后期是喝牛奶长大的,所以能长这么大,也是可以作出合理解释的。”

“小秘书”自顾自地自我安慰道,但很快她就又发现了一个问题,不禁跺跺脚,显得颇为懊恼,“但是,你的眼睛也好大呀！又大又漂亮,快是我的两倍了。”

“还有腰,还有腿,还有臀……”

所谓“没有对比就没有伤害”,这“小秘书”非要自己给自己找不自在,能怪谁?

看着已经开始弃吃的“小秘书”,张一一眨巴眨巴眼,开始了自己的计划。

“小秘,你听过这句话吗? 女人嘛,‘要想美先变鬼’。”张一一道。

“什么意思?”“小秘书”被这句话吸引了注意力。

“现在哪还有什么天然美女呀,基本都是……”张一一比了个划刀的手势,暗示道。

“啊,那你的意思是?”“小秘书”指着张一一,惊讶地张大了嘴。

“所以你明白了吧,老大为什么会选你当秘书?”

为了救李教授张一一也是拼了,一狠心,自黑到底道:“其实我出国前,跟你是差不多的。”

“小秘书”惊讶地瞪大了眼,难以置信。

“美国的医疗技术还是很先进的……至少我出国那些年，还是比较先进的，大家对整形也都很认同，算是女孩子生活的一部分。所以我就悄悄做了‘眼综合手术’。”

张一一眨巴眨巴大眼睛，广而告之。

“其实国内这些年也很流行了，我身边的很多朋友都去做过。”“小秘书”幽幽道，看来也是早有研究。

“是呀，技术真的已经很先进了，甚至都比我当初在国外的那家诊所还要厉害了！”张一一表情夸张地说着，极尽煽风点火。

“难道你？”“小秘书”觉得自己似乎又发现了什么秘密。

“哎，算了，看在咱俩闺蜜的份儿上，我就告诉你吧。”

张一一深吸一口气，做出一副豁出去的样子，道：“其实我一直在打玻尿酸、美容针……嘘，可不要告诉别人呀。”

张一一把纤细的手指放到嘴上，做了个保密的动作。

“放心吧姐，我是绝不会做叛徒的！”

“小秘书”举手发誓，接着忙小声问道：“姐，那您是在哪家店做的？”

显然，追求美的天性已让这姑娘按捺不住内心的躁动了。

“是在……”张一一说出了一个名字。

“哇，本市最厉害的美容院哟！”“小秘书”惊呼道。

“嗯，技术真心很不错，特别‘眼综合’。”

张一一一边继续火上浇油，一边装作不经意地自言自语道：“咿，好像她家店最近在做店庆大促的活动，用我的白金 VIP 卡，眼综合的价格还不到平时的一折，可惜我已经做过了，用不上了。”

张一一摇了摇头，显得很是可惜。

“那个，姐，有个事儿想问您，不知道合适不合适？”“小秘书”忽然有些扭捏起来。

“尽管说，你是咱老大的秘书，跟我就是自己人。”张一一特别仗义地说道。

“那个，我能用您的卡享受折扣吗？”“小秘书”羞涩地道。

“啊，对呀。”

张一一装作才想起来，然后恍然大悟的样子，道：“眼综合的最优折扣，你可以用呀，打完折还不到5000元，简直太实惠了！我以前怎么就没想到呢？你看看我这脑子。”

张一一拍了拍自己的脑门儿，绝对奥斯卡影后级的表演。

“主要是您平时太忙了。”“小秘书”忙乖巧地接话道。

“好了，事不宜迟，现在咱们就去她家店咨询，如果合适的话今天就做了。”张一一顺势就猛“加油”，煽风点火道。

“现在就做呀？”“小秘书”显然还没有做好思想装备。

“今个儿是周五，你做完后休息两天，周一完全就可以看东西了。虽然说恢复还需要一段时间，但你戴上墨镜的话，就不影响工作了。”

张一一不停趁热打铁地接连蛊惑，并做好了垫钱充“优惠”的准备。

“也是呀。”

“小秘书”若有所思地点点头，但很快又为难起来，道：“那我怎么跟老板请假呀？再说，现在还在上班，还没有下班。”

“不用跟他请假，先斩后奏得了，有我罩着你还怕什么？放心，出了事我兜着。”

张一一再一次特别大姐大地拍了拍胸口，吩咐道：“你先去收拾东西，我现在就去给老大打电话，就说要你陪我逛街……我要求的，谅他不敢不同意。”

“一一姐，您对我真是太好了。”

“小秘书”感动地道：“您作为高级合伙人，手下带那么大一个团队，还这么关心我，真的太让我受宠若惊了。”

“谁让你这么像以前的我呢。”

张一一拍了拍“小秘书”的肩膀,道:“你就瞧好吧。”

说着,便要回办公室打电话,但到门口时,她忽然又转身折回来,问道:“老大办公室的钥匙你有吗?”

“有,就在我工位的抽屉里。”

“周末我想去他办公室看看那个医药公司的案子,不会违反原则吧?”

“就凭您和老大的关系,怎么可能违反原则?只不过您涉外业务都那么忙了,还有精力关心这个?”“小秘书”不解地问道。

“咳咳,技多不压身嘛,要‘活到老学到老’。”张一一朝“小秘书”打了个响指,就潇洒地转身忙活“请假”事宜了。

“真帅!”“小秘书”由衷地赞叹,两眼直冒星星。

……

日子太匆匆,一晃周末两天就过去了。

又是周一,又是例会,又是 CBD 区域。

另一座大楼,高层,25 楼。

这次会议的规格有点高,股东们几乎全来了,还有一些得宠的中层,也列席了会议。

超大椭圆办公桌的顶端,穿着深色中山装,头发被焗得乌黑亮丽的董事长刘建军满脸愁容,心情简直糟糕透了。

公司上周深陷舆论旋涡,一直不得消停,现在已经不是上市与否的事了,而是公司生死存亡的事了。

平日股东会里那些光拿钱不办事的家伙,这些天忽然都不忙了,都来操心公司的事情了,刘建军也想着集思广益,顺势把大家召集过来,开会讨论。

然而很快,刘建军就意识到自己错了。

尽管他向来不惮以“无能”来定义这帮人,但不想竟“无能”到这种地步。

看似每个人都慷慨激昂，其实全在讲废话，看似集思广益，实则越说越乱。

“啪！”

刘建军不禁猛拍一下桌子。

顿时，整个会场鸦雀无声起来，人们都睁大眼睛看着他，颇为敬畏——刘建军军旅出身，脱下军装后不甘寂寞，下海经商，一番血雨腥风后，创建并做大做强了这家公司。

后期虽然也“招商引资”请来了一些“金主”，但公司决策权依旧牢牢握在刘建军手里，平时不说一言九鼎也差不多说一不二。

除此之外，他还脾气暴躁，外加雷厉风行的作风和自虐成性的癖好，人送外号“军阀”，盛名已久。

问题思考 ⏩ 本章中，全意集团的大股东、董事长刘建军为了妥善应对危机，将股东们召集在一起开会讨论。在现代公司注册资本认缴制度下，公司股东的表决权可以按照认缴比例行使吗？利润分配可以按照认缴比例进行吗？

答疑解惑 ⏩ 《医规》下册→第九章－投资者关系→9.3　注册资本认缴制与出资加速到期

15 三七分

“淡定……”

“淡定……”

“军阀”意识到自己又“犯病”了，忙在心中自我告诫一番，恢复平静后，方才开口道：“现在的情况已经很明显了，是有人在背后给我们使绊子，拆台！至于是哪家公司？哼，我在这里就不明说了。”

“朋友来了有好酒，豺狼来了有猎枪！风风雨雨这么多年，咱全意集团也不是吓大的，要战那便战吧。公关部和法务部呢，谈谈你们的工作进展。”刘建军问道。

“最近一直在组织‘删帖’，也跟各大网络平台、公司、媒体保持密切联系……”

“但是你这边刚扑灭一堆，他那边又点燃一片，结果越扑越凶，到现在几乎所有人都认为是咱们在故意隐藏，恶意掩盖什么……所谓越描越黑，很适合现在这个情形吧？”

刘建军冷笑着，打断了公关部负责人的话。

“是。”公关部负责人很坦诚地点了点头。

“法务部呢，你们跟律所联系得怎么样了？”刘建军不再理会公关部这边，扭头问向法务总监。

为今之计，也只能依靠法律手段为自己讨公道了，是抹黑、攻击、打压还是陷害？让专业的人来调查，让事实说话。

“这个嘛。”

法务总监犯难了，他不禁偷偷看了眼前排就座，分管自己工作的那位董事，一咬牙，实话实说道："就在上周五，我还陪着郑总亲自去了趟宛阳律所，跟他们的主任谈了半天，结果……"

"结果什么呀？别吞吞吐吐的，赶紧说！"刘建军不耐烦地命令道。

"还是让我来说吧。"

前排就座的公司二号人物，董事郑帅接过了话茬，道："谈了两个多小时，张阳反反复复，就是那句老话，要先做一下风险评估，看是否跟现有客户有利益冲突，然后再决定。"

"还要再决定？"

刘建军不禁又急了，"我记得上周一的时候，他就是这么说的，这都周五了，还这么说？他们那么大的律所，难道还没有评估出个所以然吗？"

"明摆着，踢皮球嘛。"郑帅也颇为不爽。

"哼，服务行业的人都成大爷了！"一个股东忍不住冷哼一声。

顿时，一大批人就又跟着声讨了起来，场面再次失控。

"棠好马？"

"棠好马呢？！"

刘建军大声喊道，脾气再次暴涨。

"到！"

坐在角落里的棠好马忙正襟危坐地喊到。多年来，他一直保持着这个应答的习惯，因为他知道，老刘（刘建军）虽然嘴上不说，但心里还是很乐意如此的。

果真，刘建军的脸色好看了些，语气也缓和了不少，问道："你小子最机灵了，让你去跟咱们的'老朋友'——亦可药业谈判，谈得怎么样了？有什么好消息没有？"

从目前掌握的证据来看，就是亦可药业在背后捣鬼。

甚至全意集团根本就不用靠证据，光靠猜就能知道是亦可药业干得好事！

“倒是有了点眉目。”

棠好马瞟了眼刘建军，见他这会儿并未在气头上，便继续道：“亦可药业，给出了条件。”

“咱们准备上市的新药，他们希望能共享知识产权，同时……”

棠好马咬了咬牙，道：“收益，三七分！”

“什么？我没听错吧？”

“这是在谈判吗，这分明就是‘霸王硬上弓’嘛！”

“一点诚意都没有，还怎么谈？”

“我们研发部的同志们辛苦多年的心血，他们张张嘴，就共享了？”

“收益三七分？这不就是抢劫嘛！”

“未来十年我们就指着这个挣钱呢，他倒好，上来就三成，还让人怎么活？”

众股东顿时又炸了锅，场面再次失控。

“这个，我想大家可能没弄明白，听我说，听我继续说，听我说！”棠好马卖力呼喊，终于有了一丝成效，争吵的声音小了些，一些股东开始看向他。

“这个。”

棠好马清了清嗓子，大声道：“亦可药业的意思是，他们‘七’，咱们‘三’！”

……

“军阀”费了九牛二虎之力，才再一次掌握局面，至此他也算是气乐了，不禁有些疲惫地靠到椅子上，道：“‘小帅子’，你来拿主意吧。当年公司好几次走到悬崖边上，都是你老爸最终拍的板，最后都起死回生，转危为安。现在老叔也老了，更该你来作决定了。”

“小帅子”，就是分管法务部和研发部的公司二号人物，董事郑帅。

“董事长您谦虚了，我还要向您多学习呢。”

郑帅礼貌地回应,接着继续道:“但董事长既然让我发言了,那我就知无不言,言无不尽!”

“这个律师呢,的确可恶至极,本来就是服务行业从业者嘛,应该为人民服务。可他们却光拿钱不办事,甚至钱都不拿!你说这算什么呀?还有没有职业操守?”

“还有没有王法?”

话音刚落,众股东情绪就被点燃,紧接着便开始了新一轮的声讨:

“无耻!”

“简直就是无耻!”

“简直就是无耻至极!”

……

待众人声讨得口干舌燥,开始新一轮喝水后,郑帅接着又道:“那个亦可药业,更是丧尽天良,压根就没想着要跟咱们和谈。”

“他们这么做,完全就是在趁火打劫!”

“与这种狼子野心的公司合作,那是根本不可能的!”

“我郑帅有生之年,坚决不屑与之为伍!”

郑帅慷慨激昂,很快,就又引起了众股东再新一轮的声讨。

刘建军无语地摇了摇头,拍拍桌子,道:“好,今天就到这里了,散会!”

“什么?”

意犹未尽的众人意想不到地看着刘建军,但见他脸色越来越铁青,便都识趣地闭嘴,纷纷离开了会议室。

很快,房间里只剩下三个人。

“你留这干吗,难道还想当‘三把手’吗?”刘建军瞪着棠好马,吼道。

“不敢!”

“绝对不敢!”

“打死也不敢！”

棠好马忙摇手否定，一股烟似的逃出了会议室。

“你是怀疑公司有内奸？”只剩下俩人后，刘建军开门见山了许多。

“您是怎么看出我的想法的？”郑帅笑着问。

“净在那里煽风点火了，全是废话！废话自然是说给废人听的，难道我也是废人不成？”“军阀”白了郑帅一眼，道。

“您当然不是了，您是这里面最清醒的了。”

“好了，别拍马屁，说，怀疑谁？”刘建军直击主题地问道。

“他。”郑帅指了指某人坐过的位置。

“他？”

刘建军不禁皱起了眉头，“的确，他嫌疑很大，但没道理呀，他跟了我这么多年，我自认为待他不薄，没道理出卖公司吧？”

“那，也许是他手下人干的。”郑帅笑着道。

问题思考

本章中，公关部提到面对媒体危机，公关部正在组织删帖，这种删帖是一种什么性质的行为？合法还是违法？

答疑解惑

《医规》下册→第六章－公关→6.6　网络侵权责任与非法有偿删帖

16 墨镜女子

两人都沉默了,四眼相对。

片刻后,“军阀”忽然嘿嘿一笑,指着郑帅道:“你小子在笑话我。”

“没有。”郑帅连忙否认。

“得了,别掩饰了,就是在心里笑话。”

“您老可真‘神’啊,这都能看出来? 说实话,是怎么看出来的?”

“‘人老则近妖’嘛。”刘建军拿出刚下来的新茶,凑到鼻子前闻了闻。

“您可一点儿都不老。”

“好吧,说说,为什么?”

“因为我实在想不出,除他之外还会有谁,而且,恕我直言,他在您面前太巧言令色了,我觉得,这很不正常。”郑帅实话实说道。

“哎,人老了,难免喜欢听些好听的。”

刘建军把鲜嫩的茶叶放进杯子里,倒了点水进去洗一洗,再倒出来,接着道:“但好在还没有老糊涂,还知道‘忠言逆耳’,那些不好听的话还是要听的,而且要多听。”

“怎么样,比股东会里那些家伙们强点吧?”刘建军笑着问道。

“他们怎么能跟您比呢。”郑帅道。

“不提他们了。”

刘建军挥挥手,情绪有些黯然地道:“‘创业艰难百战多’! 你说的那个‘他’,算是最早跟着我打拼的。这小子确实脑子灵光,想法也多,有些过分‘活跃’，但这些年在我眼皮子底下一直也没干什么出格事，所以我待他还不薄，不然以他的素质能当上公司高管？也许他还想更进一步，当总经理？他实力也许到了，但个人素质实在不行！‘德不配位’，贸然到一个不合适的位置上，只会给他和公司带来灾难！但也许‘贪心不足蛇吞象’吧，这个世界有太多没有自知之明的人，在自以为是中，一步步走向毁灭。”

“哎，不说了。”

刘建军摇了摇头，显得很是落寞。过了一会儿后，他又重新打起精神，看向郑帅，道：“你来决定吧，接下来怎么办？”

“对待他呢。”

郑帅指了指刚才某人坐过的位置，道：“先以静制动吧，毕竟我们也只是猜测。”见刘建军点头，郑帅便继续道：“接下来我准备再去找张阳，毕竟宛阳律所是咱省数一数二的大所，张阳作为主任，又是医药领域的法律专家，目前除他之外再没有更合适的人选了。”

“确实，目前我们的局面，只能让律师来跟进了！公关部做舆论可以，但现在问题的关键是有人在背后搞咱们，这就是恶意竞争，商业诋毁了，必须请律师才行。”

“但律师也不能随便找，有些家伙们成事不足，败事有余，一定要慎重。哎，‘千军易得，一将难求’，这张阳就是不可多得的将才呀！可为什么，面对我们的橄榄枝却一直无动于衷呢，是在静观其变、待价而沽，还是已经被对手先下手为强了？”

刘建军不禁再一次陷入了沉默。

正在这时，郑帅的电话响了，他掏出来一看，不禁感到有些迷茫，自言自语地道：“奇怪了，我这个手机号很少有人知道，怎么会有陌生来电？”

“会不会是骚扰电话？”刘建军随意地问道。

“有可能是吧，但这上面没提示是广告、骚扰或者诈骗呀？而且我也不用这个手机号网购，不上‘黄网’……”郑帅继续表示迷茫。

“接一下不就知道了。”刘建军抿了口清茶，依旧随意道。

“算了，多一事不如少一事。”郑帅顺手挂断电话，放进了兜里。

两人准备接着谈话，但忽然，郑帅一激灵，想到了什么，忙对刘建军道：“周五的时候，为了表示诚意，我把印有这个手机号的内部名片给了张阳，说打这个电话，我24小时都会接的。”

“那个烫金名片？那还不赶紧打回去！”刘建军顿时就急了。

郑帅一哆嗦，也意识到了问题，忙重新掏出手机，拨通了未接来电。

“您好，您拨打的电话正在通话中……”

“什么情况？”郑帅不禁看了一眼刘建军。

“挂断，等一下，两分钟后再打。”刘建军连忙建议。

“好。”郑帅点了点头。

两分钟后，郑帅再次拨了过去。

“您好，您拨打的电话正在通话中……”

“这，这，”郑帅再一次看向刘建军，额头都冒出汗来了。

“来来来，用我的手机打，用座机打也行……不，你用你的手机打，我用我的手机打，让秘书来用座机打。”刘建军也是慌了，一边说着一边就要去按办公桌上的红色按钮。

但就在这时，郑帅伸手拦住了他。

刘建军抬起头来，正想骂你小子要干吗？却见郑帅似笑非笑地望着自己，不由一愣。

随即，俩人都哈哈大笑了起来。

不就一个律师的电话吗，至于跟要甲方投资款似的，这么亢奋？

……

“就是这里了？”

刘建军撇撇嘴，道：“找个茶舍不好吗，安安静静地坐在包间里谈事情,也没人打扰。咖啡厅有什么好的?”

“看吧,说不让你来,你偏要来,来了还叽叽歪歪。”郑帅一边埋怨着,一边掏出了手机。

“这不是怕你被骗嘛,毕竟授权委托这种大事,岂能儿戏。”刘建军耐着性子解释道。

“好了,您老英明,火眼金睛!”

郑帅摇了摇头,拨通了先前的那个未接来电,道:“看哪里有电话响,就在哪里了。”

“哎,你看那边那个,是不是?”刘建军指着远处某个角落问道。那里有个女子正从包里掏出手机。

“应该就是她了。”郑帅忙挂断电话,对方的手机随之也不响了,女子不禁向四周张望起来。

“就是她了。”

郑帅笑着点点头,扭头对刘建军赞道:“行啊老头,这老眼老耳朵的,还不聋不花哈。那个就是张阳的秘书了,周五我在张阳办公室见过她,就是穿这身衣服!还有,嘴角有个大痦子。”

郑帅眼神出奇好地仔细描述道。

“怎么还戴个大墨镜?”刘建军小声嘀咕。

两人来到女子坐的地方,郑帅忙伸出手来,自我介绍道:“您好,我是郑帅。”

“您好。”

女子起身伸出纤纤右手,和郑帅握了握,随即转到刘建军面前,笑着道:“如果没猜错的话,阁下就是刘董事长吧?”

“鄙人正是刘建军。”

刘建军笑着点点头,和女子握了握手,问道:“您是怎么知道我的?”

“我们对贵司做过尽职调查,职业习惯,还请谅解。”女子抿嘴一笑,作出请的手势,示意双方坐下来谈。

“这么说,贵所同意代理我们这个案子了?”郑帅忙问道。

“严格意义上讲,目前还不算案件,待我们进一步调查之后,再决定是提起民事诉讼,还是申请行政监督,抑或向公安机关报案。”女子道。

“你看,专业的人就是不一样。”

刘建军笑着夸赞,接着问道:“那,张主任是什么意见?”

“坦白地讲,你们是被陷害的,对此,我们感同身受,深表愤慨。”

女子捂着嘴扶了扶墨镜,继续道:“公平正义是法律人的追求,也是人生理想,张主任看过贵司送来的资料后,内心深处是很想接手这件事的,但树大招风,他有一些难处,希望贵司能够理解。毕竟这么大一个律所,全靠他一个人掌舵呢。”

刘、郑二人点头表示理解。

“所以,前期风险评估做得久了些,也是情非得已。现在还有一个不情之请,希望贵司理解并予以配合。”女子道。

“请讲。”刘建军示意尽管说。

“张主任说了,不谦虚地讲,他也是本省律政界有点虚名的人了,树欲静而风不止,如果直接跟贵司签合同的话,难免会引起一些人的注意。毕竟,我们在明,对手在暗,为了不激起对方过度反应,带来一些不必要的麻烦,凭空增加调查难度,张主任建议先由我出面来调查此事,待有大概眉目了,他再全面接管,快速推进。”

“呐,这是我的律师证和门禁卡。”说着,女子从包里掏出两个证件,放到了桌上。

“张阳的行政秘书,孔丽,也是律师啊?”刘建军看着门禁卡上写的“行政秘书”四个字,又看了看律师证,不禁好奇地问道。

“是的,我们宛阳律所招人很严格的。”女子答道。

问题思考

本章中，刘建军和郑帅在周一例会结束后的聊天过程中，提到了“股东会”。目前，全意集团已经处于准备上市阶段，现阶段的公司权力机构还叫股东会吗？抑或是股东大会？这两者有什么区别？

答疑解惑

《医规》下册→第九章－投资者关系→9.1　现代公司治理架构

17 突然发育了

“真是厉害呀。”

刘建军点了点头，放下证件，仿佛不经意地问道：“咿，您怎么一直戴着墨镜呢？在室内，不觉得不舒服吗？”

“是这样的。”

女子莞尔一笑，解释道：“我上周五下午刚做了一个眼部手术，周六拆的纱布，要不是这事张主任催得急，现在还在家歇着呢。”

“两位也是做医药的，应该明白，我要是这会儿摘了墨镜，铁定会引起恐慌的。”

“原来是这样呀，实在很抱歉，让姑娘您耽误休息疗伤的时间，来为我们的事奔波。”刘建军双手合十，表达歉意。

“没关系的。”

女子摇摇头，继续道：“主要是张主任他就信任我，让我来办就等于是他来办了。两位如果觉得合适的话，就签署一份授权委托协议吧，授权我所全面负责调查此事。这里有几点，我还要再做一个详细说明：

1. 张主任近期是不会露面的，你们也暂时不要跟他联系，待事情大概查清后，双方再做具体接触。

2. 这期间，我是双方的联络人，具体由我来做沟通交流、请示汇报工作，受贵司和我所张主任双方领导，对双方负责。

3. 不同于合同，授权委托是一种单方法律行为，如果你们觉得不合适,可以随时撤回。

怎么样,考虑得如何?如果没什么异议的话,就麻烦签个字吧。如果仍有异议的话,也可以不签,但我们双方最起码要有一个战略互信,要形成一种默契,我出面来协调人员调查此事,而一些人事、资料、信息、资金方面的需求,也希望贵司予以配合。”

“签字当然没有问题了,不知道你们准备模板没有……啊?”

郑帅正准备答应,却被刘建军在咖啡桌下踹了一脚,不禁疑惑地望向他。

“孔律师,是这样的,我们公司呢,实行科学化管理,但凡重要决定都要上会讨论,我俩暂时也做不了主。这样吧,我们回去马上开会讨论一下。请孔律师放心,最迟明天上午我们就会给您一个明确答复的。”刘建军无视郑帅的疑问,径直对墨镜女子说道。

“充分思考后的决定才最能长久,这是理性的胜利!那我就敬候佳音了。”

女子微微一笑,从包里拿出一份授权委托书,递给刘建军道:“这是我们提供的模板,供贵司参考。”

“好的。”刘建军接过文件交给郑帅,嘱咐他收好。

又聊了一会儿后,双方起身告辞。

……

“结果出来了。”

郑帅走进董事长办公室,一边说着,一边把印有照片信息的资料递给刘建军,道:“咱们法务总监有一个同学在宛阳律所当律师,是那种每天都要去所里面坐班的律师。据他反馈,张阳的秘书孔丽,的确在上周五下午做了眼综合手术,这几天都在家歇着,没来上班。”

“而且他还反馈。”

郑帅接过刘建军递来的茶水,一饮而尽,道:“(1)孔丽,也就是那个‘小秘书’,的确是张阳的心腹,很多事都是由她出面谈的。(2)张阳这人外表看着严肃正派，但其实就是个‘闷骚’，不排除剑走偏锋，做些出其不意的事来。”

“剑走偏锋，出其不意？”

刘建军用指头尖儿敲着桌面，道：“如此说来，那十有八九是没问题了，只是……”

“只是什么？”

郑帅把茶杯放到桌上，不解地问。

“你不感觉怪怪的？”

刘建军指了指照片，道：“我总感觉哪里不对头，哎，如果当时能拍她一张照片，让咱法务总监的同学看一看，那就更万无一失了。”

“当时那情景怎么拍呀？但如果您老实在不放心的话，明天我见她时找机会悄悄拍一张，让那兄弟再把把关吧。”郑帅建议道。

“哎，不妥。”

刘建军忙摇了摇手，道：“疑人不用，用人不疑！既然决定请人家了，就不要再犹犹豫豫的。好了，这份文件我签了。”

说着，刘建军拿起派克笔，就要在法务部审核通过的授权委托书上签字。

“我就说嘛，不会有问题的。”郑帅马后炮道。

“小心驶得万年船，公司能屹立这么多年不倒，靠的不是激进，是稳妥。”

刘建军龙飞凤舞地签完字，拿出公司印章，就准备盖上去，完成授权手续。

“不过确实，经这么一折腾，我也发现有点不对劲了。”郑帅便秘似的，总是不能一次把话说尽。

“是吗？”

刘建军停下盖印的动作，问道：“哪里不对劲了？”

“感觉。”

“别整这些虚无缥缈的，具体点。”刘建军不耐烦道。

“这里。”郑帅指了指自己胸前，紧皱眉头道。

“怎么，想得你胸都痛了？”

“不是，是她，‘小秘书’这里。”郑帅纠正道。

“到底什么意思？”

“我今天见她，感觉好像比上周五的时候大了整整一圈……不知道是我眼花了，还是她突然发育了？”

“不是你眼花了，也不是她发育了，而是你这里出问题了。”刘建军放下印章，指了指郑帅的胸口。

“我的胸？”郑帅迷糊起来。

“不，你的心。”

“我的心怎么了？”

“花了！”

刘建军冷笑一声，道：“都什么时候了，你还有这兴趣，拜托，并不是什么姑娘你都可以下手的，这是咱们请来的！求您高抬贵手好不好？”

“不不不，董事长，您听我解释。”郑帅忙道。

“我不听你解释。”

刘建军怒吼道：“总之一句话，这尊‘大神’是我请来救命的，不许你碰！”

“好好好，不碰，我绝对不碰。”郑帅忙顺着刘建军的话说，心里也是委屈极了，难道自己给人就是这印象？

“对了，上次给你介绍的那个集团老总的千金，进展怎么样了，你约人家了吗？”刘建军忽然问道。

“这个。”

郑帅摸摸鼻子，想着怎么圆过去好呢，忽然看到桌上放着的印章，便赶紧道：“董事长，盖印，盖印，别忘了正事。”

“哼，看被你气的，把正事都忘了。”刘建军瞪了郑帅一眼，拿起印章，盖了下去。

郑帅不禁劫后余生般地长舒了口气。

“好了，你有空给人家律师送一趟，另外把她要的东西也给她。”刘建军把签好字的材料递给郑帅。

“对了，我记得她还让咱们找一个‘小姐姐’，是怎么一回事？”刘建军皱眉表示很是不解。

“哦，是一个叫‘赵小杰’的家伙，跟那个出事的王珞一样，都是棠好马招进来的，现在都被解雇了。”郑帅笑着解释道。

“那为什么要找他呢？”刘建军继续不解。

问题思考

本章中，郑帅准备签署授权委托书时，刘建军阻止了他。对于现代公司而言，对外签署具有法律效力的声明书、承诺函、授权委托书等法律文件之前，一般应当进行怎样的内部审批流程？

答疑解惑

《医规》下册→第六章－公关→6.5　公司对外法律文件签署审批流程

18 敬而远之

“嗨，是这样的。”

郑帅继续解释道：“这个赵小杰呢，是法律专业毕业，上班后不久，就针对咱们公司运营漏洞问题写了本法律指南类的小册子，据说在医药代表圈里评价很高，但棠好马并不怎么待见他，俩人为此还吵了一架。”

“那本小册子呢，向棠好马要过了吗？”刘建军问道。

“要过了，他说已经不知道丢哪里去了。”郑帅道。

“不知道丢哪里去了？”

刘建军顿时就火大起来，道：“等下你去给棠好马说，就是翻垃圾桶，清垃圾站，也要给我找出来！不然，就待在垃圾站里，别回来了。”

“好嘞。”

郑帅心中暗自发笑，问道：“还有别的吩咐吗？”

“那个，什么赵小杰，找到了吗？”刘建军问道。

“找到了。”

“现在在干什么？”

“在……”

郑帅顿了顿，吐出四个字来。

“什么？”刘建军还以为自己听错了。

……

“还挺有志向啊！”“小秘书”看着郑帅送过来的资料，直接对赵小杰一栏竖起了大拇指。

“不过,还真有点饿了。”“小秘书”抿嘴思索了一会儿,当即俯下身来,摁了一下桌上的按钮。

片刻后,一个身着知性装束的行政秘书走了进来,礼貌道:“老板,有什么吩咐?”

“呶,这个。”

“小秘书”指了指资料上的赵小杰一栏,道:“把团队的兄弟姐妹们都发动起来,让他们想想办法,哪怕花钱找技术支持的公司,也要让这个哥们儿给我送一顿饭过来。”

“午餐最好,最迟晚餐。”“小秘书”看了看手表,明确时间道。

“这是小事,很快就能搞定。”行政秘书微微一笑,用手机拍下了信息。

“还有别的事吗?”“小秘书”见她并没有立马去执行,便抬头问道。

“老大,您最近怎么总是戴个墨镜?难道是今年的流行趋势吗?”行政秘书好奇地问道。

“怎么样,帅不帅?”“小秘书”用右手摆出个手枪的姿势架在下巴下面,咧嘴问道。

行政秘书伸开双手,无奈地耸了耸肩,表示您开心就好。

“知道了,下去吧。”“小秘书”清清嗓子,稍稍恢复一些正常。

行政秘书微微一笑,不再说话,转身离去。

其实她还想说,最近这穿着打扮怎么也越来越看不懂了?

怎么越来越像张阳主任的那个行政秘书孔丽了?

这直接就拉低了咱们团队的平均颜值,因为以往,可都是靠您领头呀!

难道是追求者太多,堵了律所的大门,让您深感痛心,决定从此戒美从丑,还是以丑为美是今年的流行趋势?

……

中午是外卖用餐高峰期，外卖小哥们的订单一笔接着一笔，特别繁忙，一般系统都会就近派单，随机分配。

所以，我们这个外卖小哥这会儿就特别地郁闷，明明在医院附近守着，怎么就被派到 CBD 去了？

郁闷归郁闷，工作还要继续，外卖小哥按部就班的接单、拿餐、送货，到 CBD 后找了个能临时停电动车的地方，拎上外卖，随“大军”一起越过闸机，乘电梯来到指定楼层。

“呼。”

外卖小哥深吸一口气，看了眼“宛阳律师事务所”几个大字，有些感叹，没想到自己与传说中“她”的第一次见面，竟会是这种方式。

……

“您好，这是您订的餐。”按照对方的吩咐来到指定办公室后，外卖小哥面带着职业的微笑说道。

然而奇怪的是，对方并未像一般客户那样第一时间就接过食品袋查验，而是似笑非笑地盯着他，上下打量。

“这姐妹儿什么情况？”

外卖小哥不禁在心里嘀咕起来，这戴墨镜的女子一直“色眯眯”地望着自己，莫非要图谋不轨？

这个，虽然自己会因为帅而加大被“侵犯”的风险，但毕竟光天化日，朗朗乾坤的。而且，最主要的，我是有职业操守的，坚决“卖饭不卖身”！

“怎么这么晚呀？”“小秘书”张一一忽然嘿嘿一笑，开口问道。

“附近红绿灯太多了，但我并没有超时呀，不信你看。”外卖小哥忙解释道，同时拿出手机订单信息让对方看。

“红绿灯太多了？”

“小秘书”并未正面回答，继续表示“疑惑”道：“那你为什么不闯红灯呀？据我所知，你们同行大多都是这么做的，因为如果送货晚了会收到差评的，而且这高峰期，节约送货时间就会多抢几单生意，时间就是金钱呀！”

“小秘书”笑嘻嘻，自顾自地说着。

“这姐们儿莫非有病？”

外卖小哥开始怀疑起来，同时也努力咽下自己关于“守法遵规”的长篇大论，毕竟正如对方所言，现在是高峰期，再这样磨蹭下去可是要耽搁挣钱的。

外卖小哥简要道：“美女，您误解了，我们有行业自律规范，闯红灯只是极个别现象，而且这种现象也越来越少了，至少我就从来没有闯过红灯！这是您的订餐，祝您用餐愉快。”

外卖小哥把餐盒放到一边，转身准备离去。

“等一等。”“小秘书”忙喊道。

“还有什么事吗？”外卖小哥问道。

“赵小杰同学，你果真挺特别的，要是没什么事，咱俩谈谈？”

“‘要是没什么事’。”

赵小杰转身，望向对方，颇显匪夷所思地问道：“您觉得我会没什么事吗？”

“怎么说？”

“您刚才也说了，现在是高峰期，时间就是金钱呀，我今天能不能挣到钱就看此时了！”

“时不我待！”

“此时不搏，更待何时？”

赵小杰看傻子似的瞅了对方一眼，帅气地摇了摇头，帅气地转身，帅气地大步流星……可恨天公不作美，玻璃门挡在了面前！

只听咣当一声巨响，赵小杰被反弹回来，一屁股就坐到了地上。

万幸有头盔防护，但脑袋依旧嗡嗡嗡直响，一时半会儿是走不动了。

“你没事吧？”“小秘书”忙跑过来，关心地问。

“门没事吧?”赵小杰忙反问道,他可赔不起。

“钢化玻璃的,质量很好。”“小秘书”望了望前面纹丝不动的门,小声道。

“这就好。”

赵小杰长舒一口气,挣扎着站起来,问道:“我的头盔没事吧?”

“还好。”“小秘书”又看了看,轻声道。

“这就好。”

赵小杰活动活动筋骨,道:“那我也没事,告辞了。”

“等一等。”

“小秘书”忙掏出一个名片,递给赵小杰,说道:“如果有什么事,请跟我联系。没事的话,也请在有空的时候跟我联系一下。”

姑娘顿了顿,柔声道:“有要事相商。”

……

走出这座城市地标性的大楼后,赵小杰就在附近找了个垃圾桶,把名片给扔了。

吃一堑,长一智。

在经历了“师姐”和“肥姐”一些事后,赵小杰更加充分相信,越是主动的女人,越要敬而远之。

问题思考 本章中,“小秘书”张一一和外卖小哥赵小杰进行了一番关于闯红灯的短暂讨论。其实对于企业经营而言,也有很多类似于红灯和黄灯的底线、行规不能触犯。那么,企业管理层在运营过程中,究竟该如何守住这些底线和行规,确保自己“从心所欲而不逾矩”呢?

答疑解惑 《医规》下册→第七章－内控→7.11 伦理审查委员会、内部监管体系

19 老板和老板娘

晚高峰还没过，赵小杰就忙退出“App”，收车回家。

到了城中村“二仙”租住的地方后，赵小杰简单煮了碗面条，拌着某“仙”的咸菜搞定肚子后，就戴上耳机打开音频，进入了复习备考模式。

一般来说，外卖员的送餐高峰有三个时段，分别为午高峰（11点~13点）、晚高峰（17点~19点）和夜高峰（0点~2点）。高峰期配送费高，平均一单能到六元以上。再加上夜补段（22点~24点），辛苦点全干满，一天送个五六十单，一个月大概也能挣够万把块钱。

但赵小杰不能这样，因为复习备考的原因，他只能拼午高峰和晚高峰，晚上八点后基本就要开始看书了，到凌晨休息，早上五点多点再爬起来看书，十点以后开始干活。

因为“坚决不闯灯，从来不抢快”，所以一天也就不到三十单，如此下去，月收入也就四千多点，前提是没人投诉。

对此，赵小杰已然认命。

所谓债多不压身，他现在也不指望还款了，还利息就算不错了，住宿、水电方面全依靠马、王“二仙”慷慨全包又暂时不挪窝。

所以，还能继续。

吃的方面，咸菜馒头，清水煮面。

所以，也能继续。

如此，干够4、5、6、7月，积攒一万多点，保证能够维持接下来8、9、10月的利息和基本生活费，就辞掉工作，全心备考。

“无论如何，‘二战’都要通过！”赵小杰紧握拳头，暗暗给自己鼓劲。

至于马、王“二仙”房间里此起彼伏的浪叫声和喊杀声，赵小杰也认了，谁让人家去年就考过了呢。

而且他似乎也习惯了，好像没这声音，还无法进入学习状态。

赵小杰把音频声音调到耳膜的极限，再一次快速沉浸到了知识的海洋里。

直到王酱军忽然蹦出来，叉着腰泼妇似的把他捞了上来。

“你小子发什么神经？”赵小杰摘下耳机，对王酱军打断自己状态的行径，表示很不满。

“大哥，你手机一直在响，都影响我玩游戏了！”王酱军指着一个抽屉柜上面的手机叫道。这个抽屉柜就放在他和马大虾两人的房门中间。

“不是静音了吗？”赵小杰疑惑地拿过手机一看，还真有好些个未接来电。

“谁的电话？”赵小杰抬头问王酱军。

“你问我？”王酱军瞪着小眼睛反问道。

正当两人四目相对的时候，电话再一次响起，赵小杰方才恍然大悟，原来错把震动当静音了，怪不得放柜子上会响。

“喂，哪位？”赵小杰接了电话。

“这会儿总有时间了吧？”电话那头传来一个陌生女子的声音。

“你是谁？”赵小杰听这声倒是似曾相识，却一时想不出来到底是谁。

“打开门不就知道了。”

“什么？”

赵小杰忙三步并作两步地奔到客厅门口，打开门一看，顿时就傻眼了，不正是白天在宛阳律所见到的那位“墨镜女”吗？

都这么晚了，还带着个大墨镜，难道有什么特殊癖好？

赵小杰正想着该怎么开口应对，忽听背后一声尖叫，只穿个小内裤的王酱军反应过度,逃也似的奔回房间。

赵小杰一时语塞。

“瘦得跟个土狗似的,真没得看。”墨镜女撇撇嘴,表示不屑道。

赵小杰一时更加语塞。

祸不单行,只听得马大侠房间里忽然传来了让人难堪至极的吼叫声,还有不停捶打墙壁的声音……

赵小杰尴尬得都要无地自容了。

“哟喂,你住的这地方还挺有意思哈。”墨镜女不禁来了兴致,挤着头便硬要往房间里面钻。

“这个……下楼吧！找个安静的地方坐坐。”赵小杰慌忙把墨镜女拉了出来,并第一时间关上门。

因为他知道,很快马大侠就会一丝不挂地走出卧室,以终结者姿态昂首挺胸阔步迈向洗手间。

……

“这就是你说的‘安静的地方’?”墨镜女指了指被人挤得都已经没位置了的麻辣串摊,很是无语道。

“这个……”

赵小杰摸了摸鼻子,颇为不解地问麻辣串摊后面的两位负责人之一,“嗨,老板,今个怎么这么多人？不应该呀！这点儿,洗浴中心的姑娘们不是还没下班吗?”

“这是附近一个足疗店的,搞团庆。”

女老板一边笑着解释,一边支好临时桌椅,道:“暂时支一桌吧,等他们离开了再坐过去。”

“好不好?”赵小杰征询墨镜女的意见。

“客随主便了。”墨镜女捡了个还算干净的塑料凳,首先坐下。

“我请你吃大餐。”

赵小杰朝墨镜女眨巴眨巴眼,然后豪爽地对男老板喊道:“老板娘,豪华套餐一份,外加两份油麦菜、两份宽粉,煮好了送过来。”

正在煮串的男老板点了点头,表示收到,女老板则笑着把餐具和酱醋蒜一并摆了过来。

“这个,你叫女的老板,男的老板娘?”墨镜女发现了一个小问题。

“哈哈,附近的贫下中农都是这么称呼的。呐,那个男的家里穷,一直是女的摆摊做生意,供他上大学读研究生,现在男的毕业了,在一家公司干小职员,晚上下班回来帮妻子打下手。所以我们都叫女的老板,男的老板娘。”

赵小杰一边解释,一边把麻酱和醋放在一起调拌,忍了忍没放大蒜。

“原来如此。”

墨镜女恍然大悟地点点头,忽然想起了另外一个问题,不禁道:“豪华套餐一份……要多少钱?”

“66 元,荤素搭配,绝对划算。”赵小杰笑着道。

“这还叫豪华套餐呀?”墨镜女笑着表示不信,不过也没有表示嫌弃,学着赵小杰的样子,把麻酱和醋混在一起搅拌均匀。

“您这朱门酒肉臭的,哪里知道我们贫下中农的苦。”赵小杰叹了口气。

“怎么说?”

“这样说吧,我现在一天花销不超过十块钱,你相信吗?”

“不超过十块钱?”

墨镜女笑着摇了摇头,道:“我不信。”

“要是真算起来,确实不止十块钱,但房租、水电,油盐酱醋茶的居家消耗,包括电动车充电、挂房账的费用,都是跟我一起租房的俩大哥埋单。”

赵小杰朝某处楼房抱了抱拳,继续道:“这点我确实不用操心,剩下的我只管填饱自己肚子就行。早上鸡蛋灌饼加豆浆,费用两块五,中午一碗鸡蛋捞面，费用六块，晚上自己煮个一块钱的面条，如果当天‘收成’好的话会再加一块钱菠菜……”

“差不多一天十块钱吧，这个我会平均的，一周内也不是每天都要吃菠菜。”

恰逢“老板”端着煮好的油麦菜过来，墨镜女可怜地看了赵小杰一眼，道：“全给他吧，补充维生素。”

“补充维生素？”赵小杰不解问道。

“吃蔬菜还要看‘收成’，能行吗？不缺维生素吗？”墨镜女道。

“这怎么能缺呢。”

赵小杰解释道：“早上的鸡蛋灌饼里有生菜，中午的鸡蛋捞面里有西红柿，营养丰富着呢。”

“好吧。”墨镜女抿抿嘴，不再发表意见。

“你看，我差不多用一周的花销来请你吃大餐，难道还不叫豪华吗？又不图你个啥。”赵小杰把沾满麻酱的油麦菜塞进嘴里，胡乱几口就咽了下去。

“那你为什么混得这么囧？”墨镜女问道。

问题思考

本章中，“小秘书”张一一诧异地问赵小杰“为什么混得这么囧”——在涉外法律服务领域发展得风生水起的留美法学博士张一一，也许并不能理解普通法学本科生赵小杰所面临的现实难题和困境。诚然，社会中每个人都希望过上体面、富足的生活，但“君子爱财，取之有道”。作为医药代表，我们在工作过程中，究竟该怎样面对自己的职业和内心呢？

答疑解惑

《医规》下册→第七章－内控→7.12　诚信廉洁自律

20 吃着串串香的命，操着董事局的心

“这个嘛……”

赵小杰欲言又止。

“我请你喝酒吧。”

墨镜女莞尔一笑，扭头对着老板打了个响指，潇洒地道：“美女，要最好的啤酒，两瓶。”

“对不起，我们这里只有五块钱的。”老板搓了搓手，表示不好意思。

“好吧。”墨镜女把手缩了回来。

两瓶酒很快上来，墨镜女帮着打开，给赵小杰倒了一杯，自己也倒了一杯，举起酒杯，道：“来吧，干杯。”

两人碰杯，墨镜女接着一饮而尽，笑道：“讲讲你的故事吧。”

“我的故事？”

“对，怎么这么‘囧’？”

“是因为……”

赵小杰看着墨镜女的墨镜，表情认真、态度诚恳、语气和缓地道：“我太‘贱’了。”

“哦，看出来了。”

墨镜女早就知道似地伸了伸懒腰，挑了个自己喜欢的串，学着赵小杰的样子沾上麻酱和醋汁，一撸而尽。

“那说说你吧。”

赵小杰喝了杯酒，道："深更半夜的费尽心思来找我，到底要干吗？"

"就没有人说你长得帅吗？"墨镜女忽然笑着问。

"这还用人说？"

赵小杰感觉就像受到了极大侮辱似的，义正词严地道："哥们儿虽然身无分文，哦，暂时，暂时的……但这身材样貌，绝对不容置疑！"

"你瞅瞅。"

赵小杰秀了秀肱二头肌，道："这身材，加上这小蛮腰，最起码值一个亿吧？"

"那这张脸，就不能用金钱来形容了，我们找个高雅点的词……极品，简直就是极品，你说是吧？"

赵小杰把右手放到了自己下巴下面。

"嗯，你真是个'极品'。"墨镜女无语地摇了摇头，端起啤酒自己喝了起来。

"说吧，你到底是不是对我图谋不轨？"

赵小杰双手环胸，做出"怕怕的"样子来，但很快又笑嘻嘻地说道："不过你放心，只要不违背江湖道义，不触犯我'卖饭不卖身'的底线，什么都可以商量。"

"能不能正经点？"墨镜女生气了，把啤酒杯重新放回桌面。

"能。"

赵小杰瞬间恢复正常，道："你说吧，我洗耳恭听。"

"那个《合规指南》是你写的吧？"墨镜女问道。

"咿，你怎么知道？"赵小杰惊讶了。

"现在我是你们公司的代理律师，负责处理那件丑闻。郑帅给了我一些资料，其中有关于你的。"墨镜女语气缓和下来，抿了口酒解释道。

"郑帅？"赵小杰张大嘴表示惊讶。

"对，就是你们公司的二把手，那个'留美精英'。"

墨镜女继续道:“他向棠好马要的,棠好马说自己给弄丢了,又去问那个……”

女子歪头想了想,道:“好像叫邵飞吧,最终从他那里得到了一份,还挺曲折的。”

“是挺曲折。”

赵小杰喝了口酒,冷笑道:“就这么简单一事儿,棠好马都能撒这么大一圈谎,也是够不容易呀。”

“什么意思?”

“邵飞当时就把我的《合规指南》给撕了,他那里怎么能有? 还是在棠好马那里,虽然他不重视,但也不至于像邵飞那样鲁莽,直接撕掉。”赵小杰道。

“看来我们的怀疑十有八九是对了。”墨镜女若有所思地点了点头,自言自语道。

“什么?”赵小杰表示没听明白。

“你想知道?”女子笑着问。

“嗯。”

“你想知道的话,明天早上八点半,我们在宛大一附院门口见。”女子莞尔一笑。

“宛大一附院,干吗?”赵小杰有些不解。

“去拜访奎见鹤呀。”女子道。

“什么? 那个‘变态’?”

赵小杰忙下意识地摇头,道:“不行!”

“那如果他是问题的关键呢。”女子笑道。

“他?”

赵小杰更加不解起来,“就他那副‘不食烟火’的样儿,会跟这起桃色新闻挂钩?”

“看看,一直都在关注吧。”女子笑着调侃。

“切,闲来无聊,我总要刷一下手机吧。”赵小杰嘴硬表示否认。

“那好吧。”

墨镜女知趣地不再深入，换个角度道：“那就算为了你们公司，帮帮我总可以吧？”

“我们公司？”

赵小杰不禁冷哼一声，道：“我这吃着串串香的命，就别操他们董事局的心了。”

“而且……”

赵小杰看了眼对面女子，道：“如果没记错的话，我似乎已经被公司开除一周有余了吧？”

“好吧，我的错。”

女子举手表示道歉，接着继续道：“那为了法治的梦想，为了实现社会公平正义，这样总可以了吧？”

“这个嘛。”

赵小杰撸了口串，又喝了口啤酒，“那你先告诉我，为什么要去找奎见鹤？”

“那你要不要问，我是怎么找到这里来的？”女子笑着反问。

“这个嘛。”

赵小杰摸了摸鼻子，道：“这个我并不关心。”

“那咱再换一个。”

墨镜女也不嫌脏地趴到桌上，望着赵小杰的眼睛，道：“那你要不要问，我是怎么让你给我送外卖的？”

“这个……”

赵小杰细思之下，不禁恐慌起来，忙再一次摆明立场道：“我坚决‘卖饭不卖身’啊！”

“呵呵。”

墨镜女冷笑一声，从包里掏出名片，递给赵小杰道：“再给你一个吧。放心，不要你‘卖饭’，也不要你‘卖身’，只要来给我正常干活就可以了。”

“孔丽。”

赵小杰拿着名片看了看，道：“孔律师？”

“嗯。”女子点点头。

“喂，跟你打听一个人。”赵小杰忽然凑过来，神秘兮兮地道。

“谁？”女子皱眉。

“张一一，认识吗？”赵小杰小声道。

“干吗？”女子忙捂住嘴扶了扶墨镜，随后，又摸了摸嘴角的“痦子”。

“跟我一起租房的哥们儿，不是那个瘦的，是一直在屋里尖叫的那个，有印象吗？”赵小杰双手比画着，努力激活对方的记忆。

“嗯。”

女子点了点头，道：“你不是不让我进去吗，怎么了？”

“以前他也在你们宛阳律所工作，做实习生，特别地暗恋张一一！他说，像张一一这种既能挣钱养家还能貌美如花更能年轻性感的姑娘，简直‘比成精的王八还要千年难遇’！其实呢，我这哥们儿早就想辞职了，但就是因为心存幻想——想着万一能被张一一相中，然后再被她娶回家，从此过上没羞没臊的好日子……不然早就辞职了！他还偷偷从你们官网上下载了张一一的执业照片，打印出来放在床头，每晚睡前都要亲一下……”

问题思考

本章中，张一一提到，郑帅是全意集团的“二把手”。但我们知道，郑帅其实是通过继承父亲在公司中的股份才成为“二把手”的。那么，持有公司股权的自然人股东去世后，他/她所持有的公司股权，应该由谁来继承，以及按照什么规则来继承呢？

答疑解惑

《医规》下册→第九章－投资者关系→9.2　公司股权、股票的继承制度

21 又见奎见鹤

“喂，你别走呀。”

“喂喂，你也看到我的实际情况了，今晚就不留你了。”

“喂喂喂，喝酒不开车，开车不喝酒呀！”

赵小杰不停地喊着，但墨镜女就像什么都没听到似的，径直离开，转身消失在了另外一条街。

“嗨，我都跟她提到酒了，还是没想起来结账的事。”

赵小杰看了看桌上的空酒瓶子，无奈地摇摇头，对老板挥手喊道：“美女，记账上。”

“好嘞。”

老板拿出记事本，笑着问，“是马的账，还是王的账？”

……

赵小杰晃到肉店，用兜里仅剩的几十块钱买了几个生猪蹄子，让老板火燎后剁块儿，拎回家焯水，炒出糖色后下肉加水开小火焖上，等明天早上再起锅。

马、王“二仙”感动得稀里哗啦，说时隔多月，又可以吃到小杰杰的蹄子了……

……

已进入 4 月，中国大部分地区气温已升高，但宛州市所在的局部区域却经历了一场倒春寒，一些人甚至都翻出了冬天的羽绒服来取暖。

好在今天艳阳高照,无风,是个大晴天。

宛大一附院门口,一个戴着墨镜的女子看了看腕表,已经八点一刻多了,某人还没有来,不知道是拒绝了她,还是没能拒绝了床。

“喂？喂？”身后忽然传来一道男声。

墨镜女心中一喜,忙转过身一看,不禁有些失落。

“你是在叫我？”女子问道。

“嗯。”

胖保安双手背后,装模作样地点了点头,上下打量了女子一番,审讯似的问道:“是来干吗呢？看病还是探病？”

自从医院开始严格执行医药代表拜访规定后,这哥们儿就对所有身穿制服且行踪“看似”诡异的,都特别留心起来。

“看病。”墨镜女淡定回答道。

“什么病？”胖保安肥脸又凑近了些,穷追不舍地问。

“不孕不育。”

“啊!”

胖保安连往后退了两步,又上下打量了女子一番,可惜道:“这么年轻漂亮,怎么会这样？”

“您误会了,不是我,是他。”女子微微一笑,指了指远处正跑着赶来的某人。

“什么？”待看清来人后,胖保安忍不住就全身一颤。

“这个,我先回去值班了。”胖保安随便说了句话,就赶紧扭头往保安室里钻。

然而还没进行到一半,就听远处赵小杰扯着嗓子喊道:“胖子,你也在啊？我正好找你有事。”

只见胖保安明显身体一僵,杵在了原处,片刻后,就像换了个人似的转过身来,在墨镜女的目瞪口呆中,满脸堆笑地晃了晃手,招呼道:“嗨,杰哥,好久不见呀。”

“你来得挺早啊。”

赵小杰却是先跟墨镜女打了个招呼，方才扭过头去，把手中的饭盒递给胖保安，道：“卤猪蹄，我自己做的，送给你开荤。”

“这个，无功不受禄……”胖保安一脸难为情，就像握着一个烫手山芋。

“怎么会无功呢，这不，机会来了。”赵小杰凑到胖保安耳边，小声嘀咕了几句。

“就挂号这事啊？”胖保安忙再次确认。

“嗯呢。”

“我去。”

胖保安终于如释重负地长出了口气，笑道：“看把我吓得，你说你还送这么大的礼！”胖保安把鼻子凑到饭盒前闻了闻，道：“我还以为你又要去找奎见鹤呢。”

“我就是要去找奎见鹤。”赵小杰笑着点了点头。

“什么？”

胖保安吓得差点把饭盒扔到地上，连忙确认地问道：“不孕不育，你确定是去找奎见鹤？”

“什么？你说什么？什么不孕不育？”赵小杰懵了。

“她，她说的。”胖保安伸出兰花指，指了指某处，扭捏道。

“你！”

赵小杰转向墨镜女，怒目而视，都快炸了。

“谁让你迟到呢。”墨镜女用中指顶了顶墨镜，毫无愧疚地道。

“好，算你狠！”

赵小杰挑挑眉，转身看向胖保安，道：“好吧，我女朋友说什么就是什么吧。”

“嗨，真没想到，这奎见鹤竟然都成‘专家’了，排他号的人竟然这么多？”

“咱们要见他，一般排号还不行呢，还要靠黄牛才行，这才多久呀？”

赵小杰想起自己前一段时间天天见奎见鹤的情景来，不禁摇了摇头，表示不可思议。

“孔律师，你说这群众的眼睛，到底还是不是雪亮的呢？”

赵小杰扭过头来，再次向墨镜女没话找话道。

然而“小秘书”依旧是不理不睬，单手托腮，目视他方。

赵小杰自讨没趣，撇了撇嘴，暗道：“真是只许州官放火，不许百姓点灯。”

刚才在医院门口，他跟胖保安完成“沟通”后，就开始双“贱”合璧，你一言我一语成功地把不孕不育这症状以“嘴上不说但大家心里都明白的方式”安到了“小秘书”头上。随后，胖保安就喊过来一个黄牛，送了一个奎见鹤当日的号，并一再嘱托赵小杰，一定要照顾好“弟妹”，她说什么就是什么。

自此，梁子算是结下了，“小秘书”对他再无好脸，隔着墨镜都能感觉到一股杀气。

凭什么？

赵小杰感觉自己真是“委屈他妈给委屈开门——委屈到家了”。

自个儿昨天不但帮她结了酒钱，还想都没想就答应了她的“要求”，更是用仅剩的几十元钱买了大猪蹄子来“贿赂”医院保安，为的还不是成功见到奎见鹤？

至于迟到的事……

首先，是否真迟到还值得商榷，因为并没有超过八点半。

其次，即便确实比你来得晚了些，那还不是为了防止马、王“二仙”抢吃，特意选择在他们都离开后才开锅。

连自家兄弟都痛下狠手，还不是为了你？

而你呢？

不但不感恩，还因为一个小玩笑对我怀恨在心。

不但怀恨在心，还耿耿于怀。

不但耿耿于怀，还对我的一再讨好视若无睹……

“等等！”

赵小杰忽然打断自己，暗忖道：“我怎么会是为了她呢？”

“还有，我怎么忽然变得这么婆婆妈妈？”

“请20号孔丽，到三诊室就诊。”

“请20号孔丽，到三诊室就诊……”

播音器一连响了好几声，赵小杰实在忍不住，只好用胳膊肘碰了碰“小秘书”，提醒道：“喂，到你了。”

“你干吗？！”

“小秘书”反应明显有些过激，脸唰地一下就白了。

“到你了，在叫号呢！”

赵小杰忙转移注意力地指指报幕屏，上面“孔丽”两个字在不停地闪动。

“啊？哦，到我了。”

“小秘书”慢半拍地点点头，随即起身，拎起包径直向前走去。

“这就不管我了？”

赵小杰撇撇嘴，想干脆一走了之得了，但又想好男不跟女斗，最起码要混一顿饭先……

“等下进去见了奎见鹤，到底该怎么开始？”“小秘书”立在门口，向跟上来的赵小杰问道。

看来她也犯嘀咕，由此可见，这奎见鹤“声名远播”，绝不是靠吹出来的。

“嗨，就这事呀？”

见对方有求于己，态度还放软，赵小杰不禁又开始飘了，自信满满地道：“小菜一碟，全包我身上了。”

“你确定能行？”“小秘书”表示怀疑。

“放心吧，我当医药代表时就跑这家医院，经常跟奎见鹤打交道，对付他我有妙招。”赵小杰继续飘。

“他能耐下心来听你讲话?”

“你就瞧好吧!”

……

赵小杰打前,“小秘书”跟后,两人一前一后地走进了三号诊室。

因为奎见鹤是“药师坐诊”,院里面没给他诊室配护士,而他虽然性格急躁,但在看病上却一点没有急着催人的习惯,所以刚才那俩人在门口嘀咕了有一会儿,他虽然感觉有些怪,但也没怎么放在心上。

这会儿听到他们进来,奎见鹤就继续盯着电脑屏幕,头也不扭地问,“什么症状?”

“哈喽,奎老师,我们又见面了。”赵小杰标志性的声音猛然响起。

“什么?”

奎见鹤就像触电似的,身体猛一哆嗦,急忙扭过头诧异万分地看着赵小杰。

“不急,您慢慢打电话,我慢慢给您讲解。”

赵小杰的职业套话脱口而出,但一说出口他就后悔了,忙道:“别别别,千万别!”

奎见鹤却反应过来了,忙轻车熟路地抄起电话,想都不想就开始拨保卫科的号码。

“别!别打电话!我这次来是买药的,不是卖药的!我是来看病的!”

赵小杰一边给奎见鹤解释,一边拼命给“小秘书”使眼色,也不怕被“打脸”了。

问题思考

本章中，通过赵小杰和“小秘书”的对话，我们得知奎见鹤是通过“药师门诊”的形式在接待病患。执业药师在我国可以接待门诊吗？

答疑解惑

《医规》下册→第四章－销售→4.3 执业医师与执业药师的异同

22 正义不会缺席

“奎老师,是我！我是‘孔丽’,来看病的。”“小秘书”赶忙解释道。

“那他是什么情况?”

奎见鹤指着赵小杰,厉声问“小秘书”道。显然没有合理的解释是不会善罢甘休了。

“他?他是我男朋友,陪我来看病的。”“小秘书”小声撒了个谎。

“男朋友?”

奎见鹤盯着“小秘书”看了又看,最后道:“姑娘,你挂错科了吧?你应该去找眼科医生。”

说着,奎见鹤指了指自己的眼睛。

“眼科医生嘛。”

“小秘书”扶了扶墨镜,解释道:“我戴墨镜,不是因为眼睛出了问题。”

“我觉得你就是眼瞎了!”

奎见鹤打断“小秘书”的话,指了指旁边的赵小杰,一本正经地对“小秘书”说道:“这样的‘货色’你都能相中,难道不是瞎了吗?”

“抱歉,我戴墨镜,是因为上周刚做了眼综合手术,至于他……”

“小秘书”配合地叹了口气,报在门口的一箭之仇道:“年轻不懂事,懂事也晚了。”

“不晚,一切还来得及!”

奎见鹤忙接过话茬,劝说并承诺道:“如果你现在就跟他分手的话,只要你点头,我马上就能让他消失。”

“这个,还是先看病吧。”“小秘书”清了清嗓子,言归正传。

“好,可以,但是我有一个要求。”

“您请说。”

“让这个家伙滚出去。”

“这个嘛。”“小秘书”不禁扭头看向一脸“黑线”的赵小杰。

“对不起,我办不到!”赵小杰倔强地昂起了头。

“那好,我现在就打电话!”说着,奎见鹤就又拿起了电话。

“慢着。”

赵小杰扭头看向奎见鹤,一字一句道:“明明可以走,为什么要用‘滚’?”

……

“说吧,哪里不舒服?”

奎见鹤一边盯着紧闭的房门以防赵小杰再次进来,一边问“小秘书”道。

“心病。”

“新鲜呀,都把我当心理医生了,那接下来,会不会有人喊我去接生?”奎见鹤冷哼着说道,对自己以药师的身份坐诊竟也能走红颇感无奈。

“我不是心理问题,而是,我的东西被人偷了。”“小秘书”幽幽道。

“报警呀。”

奎见鹤掏出根香烟噙上,他已经开始怀疑对方其实也是医药代表了。

“我用于硕士答辩的研究成果,被我最好的朋友剽窃了,到底该怎么办? 能报警吗?”“小秘书”忽然笑了起来。

“那个‘变态’,确定能来?”赵小杰看着对面一副稳坐钓鱼台模样的“小秘书”,疑惑地问道。

“放心,他肯定会来的。”

“小秘书”微笑着泡了杯茶,放到赵小杰面前,道:“尝一下。”

“嗨,我这肚子正饿着呢,早知道那盒猪蹄就不给胖子了。”赵小杰嘀咕说着,肚子跟着咕噜噜叫起来。

“那先不喝茶了,你吃点坚果吧。”“小秘书”从包里掏出一袋坚果,递了过来。

“哟,你这包里好东西还不少呀。”

赵小杰撕开袋子,仰着脖子就塞进去一大口,囫囵吞枣一番后,又连灌了好几口茶水。

“你就不怕烫?”“小秘书”关心地问。

“你这水温还没到八十度,今年的明前新茶?”赵小杰问。

“你还挺懂行呀。”“小秘书”笑着夸道。

“我不懂。”赵小杰摇了摇头。

“行了,你就别谦虚了。”

“我是真的不懂。”

“哦?”

“您为什么要找我来着?”

“因为你有用呗。”“小秘书”倒是干脆。

“现在您还是这么确定?”赵小杰摸了摸鼻子。

“嗨,一次意外说明不了什么,再说奎见鹤不是也答应见我了吗?”

“我倒真挺欣赏您现在的性格。”

“什么时候不欣赏了?”“小秘书”笑吟吟地问。

“这个嘛。”

赵小杰摸摸鼻子,实话实说道:“等号的时候,怎么一直不搭理我?一股小家子气,跟现在高端大气上档次的您可真是判若两人呀。”

“有吗?”

“没有吗?”

“你可真是记仇哈。”

"拜托,是您请我来的,难道请我过来,就是'看您脸色行事'吗?"

"好吧,我表示道歉。"

"解释清楚。"

"什么?"

"您可不是那种小肚鸡肠的人。"

"所以?"

"所以我更要弄明白您生气的真正原因了,毕竟像您这样的人,是不会轻易发火的,但一旦发火了就不会轻易罢休的。"

"倒是挺有逻辑,但问题是,这个很重要吗?"

"当然重要了,除非我们不想再继续合作。"

"那好吧,因为你给那个保安说,我是你女朋友。"

"呵呵。"

"你笑什么?"

"不好笑吗?"赵小杰反问。

"女孩子为这种事生气,难道不是很正常的吗?""小秘书"二次反问。

"孔律师,如果您没有合作诚意的话,那我现在就走。"

说着,赵小杰真站起身来,就要离开。

但就在此时。

当当当。

门外响起了敲门声。

"你去开门吧。""小秘书"顺势吩咐道。

"凭什么!"赵小杰强烈表示抗议。

"因为你是我雇来的呀。"

"凭什么?"

"佣金,一万!""小秘书"轻轻放下茶杯,嘴角微微上扬。

"早说嘛!"

赵小杰不禁"哀怨"地瞥了"小秘书"一眼,随即快步走到门口,小心拉开房门,乖巧地向奎见鹤赔笑道歉道:“不好意思,让您久等了。”接着,在对方的一脸“茫然”中,更是温柔得可怕地说道:“请进。”

奎见鹤仔细看了赵小杰好几眼,确认就是这家伙后,整张脸才重新又板起来,走进房间,看着“小秘书”,指着赵小杰方向道:“让这玩意儿,滚出去!”

“好嘞。”

这次不待“小秘书”再说话,赵小杰就主动趴到地上,在两人的目瞪口呆中,真“滚”了出去。

还顺便把门带上……

“你男朋友这是?”奎见鹤再一次表示匪夷所思起来。

“不管他了,谈正事吧。”“小秘书”强掩尴尬道。

“好。”

奎见鹤坐到赵小杰刚才的位置上,摆摆手拒绝了“小秘书”递过来的清茶,道:“你是怎么知道这件事的?”

“要想人不知,除非己莫为。”“小秘书”喝了口茶,然后打了个“太极”。

“哼。”

奎见鹤冷笑着点了点头,道:“说得好,纸终究是包不住火!那接下来,你们准备怎么办?”

“‘你们’?”“小秘书”反问。

“是的,‘你们’!”奎见鹤再次确定道。

“我原本以为,你能来这里就是表明同意入伙了,但现在看来还是我太乐观了。”“小秘书”表示失望道。

“都过去这么多年了,还有必要吗?”奎见鹤皱眉问道。

“正义虽然会迟来,但绝对不会缺席。”

“是吗?”

奎见鹤再次冷笑一声,道:“我还听过你们的一句话,叫‘迟来的正义非正义’,对吧?”

“对。”“小秘书”点头。

“既然都非正义了，还出席个鬼呀？”奎见鹤语气不好起来，内心有一股无名之火开始蹭蹭上涨。

“你刚才那句话，不要只看表面意思。”

“小秘书”嘴角微微上扬，开启了自己的辩斗模式，“‘Justice delayed is justice denied’——‘迟来的正义非正义’，这是英国的一句法谚，体现了对司法程序的要求。这要从实体正义和程序正义两方面展开……”

“停！”

奎见鹤大声打断“小秘书”的话，用手拍打着桌子，面色狰狞道：“我不要听你们这些只会耍嘴皮子的人的什么混蛋逻辑。”

“我只要让你知道，在这件事上，双方都很好，记住，没有人受到伤害！”

火口一开，奎见鹤整个人就瞬间失控，开始完全放任自己的暴躁：

“明白地告诉你吧，我自始至终，就没有恨过他！”

“你以为你们是谁？上帝吗？正义的化身吗？‘奥特曼’吗？”

“事情都已经过去这么多年了，你们再翻出来还有什么意义？”

“为了你们自己所谓的口号，去翻别人的陈年旧账，打破别人的安稳宁静，牺牲别人的既得利益，这就是高尚吗？”

“不，这简直就是卑鄙！”

奎见鹤咆哮着，吐沫横飞，气喘吁吁，满面通红，显然又“犯病”了。

以往这时，和奎见鹤对话的人大多都会选择息事宁人，不跟他一般见识，但今天显然不一样了。

只见“小秘书”双手怒拍桌子，一扫先前温文尔雅的形象，以更加“凶猛”的姿态站起来，对着奎见鹤更加大声地吼道：“你以为你就很高尚吗？”

“你以为你是兄弟情深吗？”

“你其实就是在助纣为虐！”

“你以为你是大度包容？”

“你其实就是沉默的帮凶！”

“如果所有人都选择沉默，那还有谁为你发声？”

“沉默不是高尚，而是纵容，也是在犯罪……”

就在这时。

忽听“咣当”一声巨响，门被推开，赵小杰冲了进来，大声喊道：“奎见鹤，你住手！”

他在外面听屋里争吵不断，实在忍不住了，就要来救自己的老板。

但随即，赵小杰就惊呆了。

只见“小秘书”双手压在桌子上，身体前倾，气势汹汹地看着对面——对面，奎见鹤坐在椅子上，身体后仰，仿佛看到了什么极度恐怖的画面，整个人都凌乱了。

“这个，我消失，消失！”

赵小杰忙知趣地扭头，准备撒腿开溜，但几乎是在同时，“小秘书”和奎见鹤都大声喊道：“回来！”

问题思考

本章中，“小秘书”通过当年的论文剽窃“旧案”试图说服奎见鹤。在尊重知识产权理念越发深入人心的时代，企业运营过程中该如何保护自己的知识产权不受侵犯？知识产权具体又指什么呢？

答疑解惑

《医规》下册→第一章－研发→1.4　药品知识产权保护

23 一发不可收拾

赵小杰苦笑着转过身来，对奎见鹤道："她让我回来，我能理解，您老让我回来，几个意思呀？"

"坐下。"

奎见鹤指了指旁边的椅子，道："保护我！"

"啊？"

赵小杰匪夷所思地看了看剑拔弩张的双方，一时不知该如何是好。

"坐下吧，正好有事问你。""小秘书"也道。

"好嘞。"金主发话，赵小杰当即照办。

"呐，给这位大爷说说王珞跟李明的事吧。""小秘书"双手环胸，吩咐道。

"这个……"赵小杰不禁为难地看了奎见鹤一眼。

"这有什么好说的？"

奎见鹤冷哼一声，指着赵小杰道："还不是这些人用尽卑劣手段，把堂堂一个好人给陷害了吗？"

"金钱、美色，这些东西有几个男人能顶得住？"

奎见鹤无奈地摊开双手，分析道："不要总是来考验人性，人性是经不起考验的，你考验一次就失望一次！"

"哎，这么好的一个人，滴酒不沾，分文不取，眼里只有工作，只想着治病救人……结果在这种事情上栽了，真是好人难做呀！"

奎见鹤摇头叹气道，似乎觉得李明很可惜。

“这么说来，你也相信老李确实做了那些事？”“小秘书”问。

“我相信不相信又有什么用，大家不都这样说吗？你看网上……”

“网上报道的就一定是真的吗？”

“小秘书”打断奎见鹤，连连反问道：“大家都这样说，就一定是对的吗？如果这样，还要法官干吗？”

“法官下裁判呀。”奎见鹤冷笑着说道。

“怎么裁判？”

“我怎么知道？我只是个医生，又不是法官。”

“那我来给你讲讲吧。”“小秘书”撸起了袖子。

“大道理打住啊。”奎见鹤连忙打预防针。

“知道。”

“小秘书”冷哼一声，道：“给你讲那些深奥的，什么‘证据规则’‘合议制度’，你也听不懂。就给你讲最简单的吧。”

“‘居中裁判’，懂吗？”“小秘书”问。

“这谁不懂？就是要不吃请、不收礼嘛，跟我们不收红包，还不是一个道理？”奎见鹤不以为意道。

“你错了。”“小秘书”冷笑。

“那你说说你所谓对的是什么，让我听听。”奎见鹤侧过脸去，不耐烦地摆摆手，并不觉得自己理解有误。

“确切地说呢，你前半句对了，后半句错了。”

“小秘书”稳定了一下情绪，平静地解释道：“但前半句也只是最基础的理解，当然也是老百姓最喜闻乐见的理解，没有错！但你知道为什么要不吃请、不收礼吗？”

“小秘书”继续问。

“你说吧。”奎见鹤坐正了身子，虽然态度依旧不怎么积极，但至少表明在听了。

“用我们的话来说就是,要客观、中立,要切实排除不必要的干扰,与各方当事人保持同等的距离,不偏不倚,做到‘以事实为根据,以法律为准绳’。”

“唯有如此,才能保证最大程度的公平与正义。”

“绕来绕去,还不一样?”奎见鹤撇嘴道。

“不一样。”

“小秘书”保持微笑,仍耐心地解释道:“你们那种收红包只是收红包,他们那种收红包不单是收红包,还是对公平的亵渎。因为你们只面对一方,他们要面对双方……你懂了吗?”

“我承认。”

奎见鹤看着“小秘书”,面无表情地道:“我被你绕晕了。”

“切。”赵小杰在旁忍不住冷笑。

这一举动瞬间就又点燃了奎见鹤的怒火,只见他调转枪头,怒目而斥道:“你哼什么呀?你懂?”

“废话,这么简单的道理,谁还不懂啊。”赵小杰也不甘示弱道。

“呵呵,你懂?”

奎见鹤怒极反笑,道:“那好,那你给老子讲讲吧。”

“讲就讲!”赵小杰火也起来了。

“事先说明白啊,要是讲得不好,老子立马就走,今天的见面就当没发生过,从此之后,你们也甭想再来找老子了!”奎见鹤盛怒道。

“那我不讲了。”赵小杰秒怂。

“那好,我现在就走。”奎见鹤快速地站了起来。

“我去,老头,不带你这样啊!”

赵小杰不禁急了,“这决定权在你手里,即便我讲得再好,还不是你一句话的事?到时候你翻脸不认账了,还能倒打一耙,说是我的原因。”

“哼,你还挺聪明呀。”

奎见鹤冷笑一声，道："既然你有预判的聪明，为什么就没有闭嘴的自知？"

"你！"赵小杰无语了。

"放心，尽管说吧，奎老师不是那种是非不分的人。""小秘书"忙在旁解围。

"哼哼。"奎见鹤抱起胸来冷笑了一声。

"其实这个……"

赵小杰摸摸下巴，尴尬地对"小秘书"道："主要是我对自己没信心。"

"哈哈。"奎见鹤抱起胸来嘲笑了一声。

"放心说吧，即便说得不好，我也不会怪你。""小秘书"安慰道。

"那好吧。"

赵小杰朝"小秘书"点点头，转向奎见鹤，用手指头敲敲桌子，道："老头，给小帅我听好了。"

"呵呵。"奎见鹤继续抱胸。

"'哼哼哈哈呵呵'个什么呀，你怎么不'汪汪'啊？"

赵小杰白了奎见鹤一眼，道："老师没教过你呀，上课听讲时要怎么样呀？"

"来，坐好了，手放平，脚并拢，抬起头，挺起胸，眼睛望向我，对，望向我……"

"有话说？"

见奎见鹤脸上快要挂不住了，赵小杰忙改口道："那好吧，这次不用举手了，下次注意。"

"你到底说还是不说？不说的话我现在就走！"奎见鹤再次起身。

"说说说，马上说！您老请坐，请坐。"赵小杰忙做了个请的姿势，点头哈腰地请求道。

"最后一次机会啊，别挑战我的耐心。"奎见鹤伸出手指，摆了个"1"的姿势。

“好嘞，您就听好了。”赵小杰忙满脸堆起笑来。

“直白地讲吧，一些无良媒体为了吸引眼球，断章取义，捕风捉影，大肆渲染，很容易就抓住了人们的好奇心，接着再煽动大众的心理，造成一定的舆论影响，进而达成自己一些不可告人的目的。”

“所谓煽风点火，就是这个道理。”

“而大众也是乐享其成。”

“首先，人们喜欢花边新闻，但凡跟‘性’扯上点钩的，就趋之若鹜！用鲁迅先生的话来说，叫‘劣根性’。”

赵小杰看了奎见鹤一眼，冷笑着复述道：“‘一见短袖子，立刻想到白胳膊，立刻想到全裸体，立刻想到生殖器，立刻想到性交，立刻想到杂交，立刻想到私生子。’某些人的想象唯在这一层能够如此跃进……”

“劣根性！简直就是劣根性！”赵小杰指着奎见鹤咆哮着。

“喂喂喂。”

奎见鹤坐不住了，忙拍一拍桌子抗议道：“说归说，别指着我说啊，什么意思？”

“不是说你的呀，千万不要误解。”

赵小杰“此地无银三百两”地笑了一下，接着继续，“所以大众喜欢看这类信息，而‘男主’恰恰又是一位‘副院长’，这又到第二点上了。”

“‘仇富’心理！”

赵小杰继续分析道：“但凡是富人，就一定贪财好色；但凡是官员，就一定贪赃枉法；但凡是胜利者，就一定不择手段……”

“为什么这么偏激？说白了，就是因为心理不健康！”

“大多数人总是习惯性的双标——用‘圣人’的标准衡量别人，用‘贱人’的标准要求自己。喜欢为自己的龌龊行为辩解，对别人总是奚落，但凡有一丁点的不顺眼，都要大做文章。”

“所以，在那些个媒体眼里，老李就一定干了。”

"所以,在那些吃瓜群众眼里,老李就不可能不干!"

"说你干了,你就干了,没干也干了;说你没干,你就没干,干了也没干!"

赵小杰双手一拍桌子,大声道:"这还有天理吗?"

"这还有王法吗?"

"这还是社会……"

"行了! 行了!""小秘书"赶忙打断赵小杰的"滔滔不绝",生怕再晚点就"一发不可收拾了"。

问题思考

本章中,主人公赵小杰提到了社会大众的猎奇心理和新闻机构的监督作用。在现实生活和日常运营过程中,企业家和医药企业与媒体打交道,又该如何应对和看待媒体的监督作用?

答疑解惑

《医规》下册→第六章 –公关→6.1　媒体对接注意事项

24 恩怨情仇

“这个呢。”

“小秘书”接过话茬，道：“虽然赵小杰同学表达的方式有些另类，但道理还是很正确的。简单来说就是，法官居中裁判，不单是不吃请、不收礼这么简单。”

“还要拒绝其他任何的不良干涉，保持独立和公正。”

“如果‘不良媒体’怎么说法官就怎么裁，‘吃瓜群众’怎么想法官就怎么判，这就不叫‘依法’了，很有可能会和法律的规定背道而驰。”

“所以法官需要知道真相，而律师，负责查明真相，揪出幕后黑手，交给法律，绳之以法！”

“而不能仅凭舆论风向和个人好恶去判断是非。”“小秘书”道。

“好吧，你们赢了。”

奎见鹤冷笑一声，道：“然而并没用，老李不还是背黑锅？你在这里耍耍嘴皮子，他就不用背了吗？”

“所以，我需要你的帮助。”“小秘书”收起笑容，正色道。

“我？”奎见鹤被这突如其来的请求给整得有点懵。

“不然，我费尽心思地找你干吗？”

“小秘书”解释道：“老李是个好人，我想帮他，希望你也能帮他。”

“是呀，他是个好人。”奎见鹤态度终于软了下来。

“呐，这是一些资料，我想对你认清某个人会有一些帮助。”说着，“小秘书”从包里掏出来一份文件，递给了奎见鹤。

“老李还有什么要认清的呀？他明摆着就是个好人啊！”奎见鹤又开始不耐烦了。

“不是李明。”

“谁？”

“辉学兵。”

“什么？”

奎见鹤惊讶地直接跳了起来，急忙问道：“这事跟‘眼镜男’还有关系？”

“何止这件事。”

“小秘书”冷笑一声，道：“就连前些年你跟患者打架的事，都跟他有关系……内容都在文件上面，回去好好看看吧。想明白了，欢迎再跟我联系。”

说着，“小秘书”又递过去一张名片。

“点份双人套餐吧，就在这里吃。”“小秘书”提议，并补充道：“我来埋单。”

这家茶舍，也可以点餐。

“早就该吃饭了，我都饿得前胸贴后背了。”赵小杰一点也没不好意思地抱怨起来。

“你看看人家奎见鹤，还不是没吃饭就走了？说下午还要坐诊呢。”

“小秘书”一边说着，一边用微信扫了扫桌上的二维码，点餐下单。

“那是神人，我能跟他比？”赵小杰不屑道。

“医院有句话，脾气越大水平越高，你以为他‘细菌奎’的名号是白得的呀？”“小秘书”笑着道。

“也是，你看这药师坐诊才几天，就噌噌噌地成‘专家’了，竟然也一号难求起来。”赵小杰啧啧称奇道。

说着，服务员端来两份牛排，两人饿了半天，当下都不再矜持，拿起刀叉就开吃起来。

“这个奎见鹤呢，其实挺可怜的，小时候患过自闭症，后来据说是痊愈了，但待人接物方面呢，的确还是有些问题，脾气超级的臭，所以一直也没什么朋友。”“小秘书”一边仔仔细细地切着眼前的牛排，一边认认真真地分析着心中的“牛人”。

“看出来了。”赵小杰撇撇嘴表示了解。

“但凡事都有例外，上大学的时候，他还真有一个好兄弟，俩人天天形影不离的，后来还考上了一个老师的研究生。”

“像他这样的人，还会有好兄弟？”赵小杰吃了口牛排，摇头表示不信。

“你也觉得奇怪？”“小秘书”问。

“‘事出反常必有妖’嘛。那个所谓的‘好兄弟’，是不是叫辉学兵？”赵小杰嘿嘿笑着问道。

“看来，你在宛大一附院的那些天，还没少做功课呀。”“小秘书”不禁满意地点了点头。

“那是。”

赵小杰顿时就飘飘然起来，扬眉道：“这都是基本功，我作为佼佼者，自然更加出类拔萃。我给你说啊，要是再给我一个月的时间，宛大一附院里里外外的事，我都能给你搞得一清二楚。”

“这么厉害？”“小秘书”不禁放下刀叉，做两眼放光状。

“那必须的！”

“那你为什么被开除了？”

“这个，还是说说奎见鹤吧……”

赵小杰清了清嗓子，答非所问地转移话题道：“那个狐狸尾巴是什么时候露出来的？”

“什么狐狸尾巴？”

“辉学兵呀？据我所知，那俩人现在可是‘仇人’，虽然还不至于你死我活，但至少是老死不相往来吧？”

“你怎么知道不是‘你死我活’？”“小秘书”反问。

“难道，你还有更详细的资料？”赵小杰悄悄放下了刀叉，准备开始认真听讲。

“你不是医药代表中的佼佼者吗？还用问我？”“小秘书”莞尔一笑，低头继续切起牛排来。

半晌后，“小秘书”抬头，见赵小杰还在一动不动地望着自己，便拿起纸巾擦了手，问道：“怎么，牛排不好吃？”

“我这不是被开除了吗？”赵小杰眨眨眼，表示自己也没那么优秀。

“额……失之东隅，收之桑榆。”“小秘书”敷衍了一句。

“是呀，这不马上就遇到孔大律您了吗？今早起床我都是被喜鹊给叫醒的，真是个好征兆呀！”

“你不是睡客厅吗？”

“所以就更加神奇呀！我还一直纳闷。现在看来，是要‘否极泰来’了啊。”赵小杰丝毫也不觉得难为情地继续瞎掰加恭维道。

“果然，‘厚脸皮是成年人最了不起的才华’。”“小秘书”抱拳行礼，表示敬佩。

“嗨，‘死要面子活受罪’嘛。”赵小杰继续表示很好意思。

“既然您都这样了，我还真不好意思不说了，那就继续吧？”

“洗耳恭听。”

“两人研究生毕业那年，因为毕业论文的事，差点闹出人命来。”“小秘书”忽然放了个“猛料”。

“天啦，还能这样？”赵小杰当即就表示服了。

“20 年前，电脑不像现在这么普及，那时候的研究生可不是人手一个‘笔记本’。奎见鹤家里世代行医，条件不错，就有个台式机，辉学兵作为好朋友，自然是免费使用。当时俩人都报考了他们导师的博士，但当年只招一个，辉学兵自己觉得没戏，就对奎见鹤说不抱希望了，还是专心去找工作。奎见鹤为此还愧疚了好一阵子，要不是导师严令两人要公平竞争,不能退让,估计奎见鹤就把机会让给辉学兵了。”

“然后?”

“然后,奎见鹤就一直在实验室里养小白鼠,培养肿瘤细胞,研究癌变机理,准备写出一篇有深度的毕业论文。而他老师也想做这个课题,但苦于时间有限,一直没有启动。所以,如果研究成功的话,那博士就是板上钉钉的事了。”

“这世上哪有那么多板上钉钉的事?”

赵小杰现身说法地笑道:“永远不要说永远。”

“是呀。”

“小秘书”也莞尔一笑,接着道:“这奎见鹤还是有水平的,没多久便培养出了肿瘤细胞,欣喜若狂,继续跟进研究,记录成果……终于,大概是在当年这个时间吧,有了初步的成果。”

“嗯嗯。”赵小杰示意继续。

“那奎见鹤忍不住兴奋,就告诉辉学兵了,反正俩人是好兄弟,几乎也没什么秘密。那辉学兵就说值得庆祝,要请奎见鹤喝酒,说自己这段时间在医药公司实习,还挣了些钱。”

“然后,奎见鹤就喝多了?”赵小杰猜测道。

“不。”“小秘书”摇了摇头。

“不只是喝多了这么简单,是喝得狂吐,直接导致‘贲门撕裂’,大出血!后来被紧急送到医院,才算捡回来一条命,但也是元气大伤,光病床都躺了两个多星期。”“小秘书”道。

“这么狠?”

赵小杰耸耸肩,道:“看不出这奎见鹤还是个酒鬼。”

“不,他几乎滴酒不沾。”

“小秘书”摇了摇头,道:“听说是辉学兵蓄谋已久,刚开始他只劝奎见鹤吃肉吃菜,等撑得不行了,再疯狂劝酒,那奎见鹤也是高兴,来者不拒……后来,惨剧就发生了。”

“哎,这帮人!”赵小杰无语地摇了摇头,表示服了。

“后来奎见鹤就拜托辉学兵帮忙照顾小白鼠……再后来的结果你也能猜到了,辉学兵剽窃了奎见鹤的研究成果,发表在核心期刊上,不但顺利通过了当年的论文答辩,还得到导师青睐,考上了他的博士。”

“小秘书”撇撇嘴,放下刀叉,不想再吃了。

“这也能行?”赵小杰也放下刀叉,表示真的是“不可思议”加“不可理喻”。

“俩人大学的时候就一个宿舍,几乎形影不离,研究生后更是天天腻歪在一起,一起去实验室,一起去自习室,共用一台电脑……你让别人怎么分辨,到底谁是谁非呢?”

“何况,这奎见鹤也选择了沉默,并没有揭发辉学兵,而是自己将苦果咽了下去。”“小秘书”撇撇嘴,无语道。

“这也可以?”赵小杰再次张大了嘴,感慨这人怎么能这么“幼稚”。

“是呀,简直不可理喻!”

“小秘书”摇了摇头,想起了前些日子地铁站里的那位,心道,“这帮人法律意识怎么就这么淡薄呀?”

“喂,你又是怎么知道的?”赵小杰忽然盯着“小秘书”的墨镜,似笑非笑地问道。

问题思考

本章中,“小秘书”、奎见鹤、赵小杰在谈话过程中,提到了法院审判的相关问题。在现代法治社会里,法律事实和客观事实是完全一致的吗?假如不一致,我们又该如何看待呢?我们究竟是要更多的“包青天”,还是要切实提升证据意识和掌握证据规则?

答疑解惑

《医规》下册→第八章-稽查→8.4　司法报案前注意事项

25 专业人做专业事

“那你又是怎么知道的？”“小秘书”反问道。

“我知道的可没你这么多。”赵小杰强调道。

“那就各凭本事了。”“小秘书”摊开手，表示就这么简单。

“调查过程没那么简单吧？”赵小杰继续似笑非笑。

“你是在讯问我？”“小秘书”忽然笑了起来。

“不敢！可不敢！”

赵小杰忙摇双手否认，求生欲极强地道：“您是我老板，我怎么敢讯问您呢。”

“嗯，可以。”

能驯服如此“桀骜不驯”的人，显然让“小秘书”颇有成就感，不禁满意地点点头，掏出手机道：“我们还没互加微信呢，来，你扫我。”

“我刚已经通过手机号申请过了，您看下‘新的朋友’。”赵小杰乖巧道。

“嗯，可以，上道了。”

“小秘书”第二次颇有成就感地点了点头，通过了手机微信上的好友申请。

“那一万块钱现在可以打过来了吧？”

赵小杰马上就原形毕露地道：“正好可以微信转账。”

“你真逗！”

“小秘书”不禁乐了，道：“总要有个试用期吧？这刚开始，就让我给你发工资，不合适吧？”

“的确有那么点不合适哈。”

赵小杰笑了笑，继续讨好道：“但谁承想您这专业人士，竟然偶尔也有不那么专业的时候，让我颇为寝食难安……”

赵小杰做出一副欲言又止的表情来。

“嗯。我明白了。”

“小秘书”扶一扶墨镜，解释道：“我现在是在替张阳出面办事，张阳，你知道吧？”

见对方点头，“小秘书”继续道：“张阳树大招风，怕引起那些人过度反应，就让我先悄悄来调查这事，也没跟你们公司签书面合同。”

“鉴于此，也就不跟你签书面合同了。”

“毕竟，我是在替张阳干活。”“小秘书”用手指了指上面，做了个“你懂的”表情。

赵小杰无动于衷，似乎在洗耳恭听。

“不过你放心，一旦奎见鹤同意帮我们，我就向张阳申请给你们发活动资金，一起申请也省事……放心，绝对不会亏待你的。”“小秘书”拍拍胸脯，笑着保证道。

“呵呵。”

赵小杰也配合地笑了笑，心中却是暗想，“这不明摆着‘白嫖’吗？”

一边想着，一边偷偷瞟了眼“小秘书”盘里被切得很彻底，却几乎没动过筷的牛排，暗忖，“想个什么办法让她先走呢？要不是图这盘牛排，小帅我早就走了！”

“幸好兄弟谨慎，没一时冲动把外卖工作给辞了，等下吃完饭正好可以去抢单。”赵小杰嘴角微扬，自我感觉很机智。

“你送外卖的工作辞了吗？”“小秘书”忽然问。

“什么？”赵小杰差点吓一跳。

“你还是辞了吧。”

“小秘书”又扫了下二维码，一边继续下单，一边继续道：“你现在是在给张阳干活，表现好的话，说不定他就直接招你当助理了……即便他不招你当助理，我也可以把你推荐给所里别的人，干自己的专业，总比送外卖好点吧。”

“我法考还没过。”赵小杰娇羞地搓起手来。

“那就等过了再说吧。”“小秘书”放下手机，不以为意道。

“‘那就等过了再说吧’。”

赵小杰在心里学着“小秘书”的话，冷笑着想，“你这朱门酒肉臭的，这么轻描淡写，怎么知道底层群众的苦？”

“你又点啥了？”赵小杰瞥了眼对方的手机，问道。

“点了两杯红酒，庆祝一下。”“小秘书”莞尔。

“这个……‘喝酒不开车，开车不喝酒’呀。”赵小杰忙提醒道，他刚才是坐“小秘书”的车过来的，知道她有车。

“没事，我叫司机来……哦，叫代驾，叫代驾哈。”“小秘书”笑着道。

赵小杰摇摇头，不说话了，他想一个“小秘书”既然能开那么豪的车，应该是家里有钱，也不靠工资吃饭，代驾或者司机等的，就无所谓了。

“这个……”

“小秘书”看了赵小杰一眼，生怕自己露馅了，便接着他之前的提问，转移注意力道：“这个奎见鹤上研究生的时候，寝室里一共四个人，其中有一个跟我是忘年交，是他告诉我的。当年那场豪饮，他们寝室四个人都在现场。”

“小秘书”解释，自己为什么“知道这么多”？

“还有俩？都是谁？”赵小杰顿时又来了兴致。

“你问这么多干吗？”

“小秘书”虎下脸，教育道：“是牛排不好吃，还是红酒不好喝？”

“这红酒不还没上来嘛。”赵小杰忙为自己开解。

“知道太多会被灭口地。”

“小秘书”绷着脸，用右手摆了个手枪的姿势，接着咧嘴一笑，继续上课道：“何况，我还要保护‘线人’。”

“好吧，我错了。”

赵小杰举手投降，转移话题地问，“你刚才给奎见鹤的是什么？怎么这么笃定他会帮……咱们？”

赵小杰特意用了“咱们”这个能拉近关系的词。

“这个辉学兵呢……”

正说着，服务生端了两杯红酒进来，“小秘书”忙打住，接过红酒说了声谢谢。

待服务生离开后，两人举杯喝了一口，“小秘书”才又继续道：“这个辉学兵是个十恶不赦的混蛋，现在我完全可以肯定，李明的事就是他跟亦可药业一手策划的。”

“亦可药业？”

“你知道？”

“全意集团的死对头嘛。”

赵小杰表示自己对老东家还是比较上心的，并问道：“那个叫辉学兵的，为什么要陷害李明？”

“你不是医药代表中的佼佼者吗？”

“好吧。”

赵小杰绷绷嘴，道：“李明是常务副院长兼脑外科主任，辉学兵是副院长兼胸外科主任，奎见鹤以前是胸外科的大夫，后来跟患者家属打架，被调到了细菌室，现在，兼坐药师门诊。”

“看来你了解得还挺多。”

“小秘书”笑了笑，道：“至于为什么？就听我慢慢说吧。”

“辉学兵这家伙自私自利，为了达到自己的目的，什么事都能干出来，可谓不择手段！”

“小秘书”恶心地摇了摇头，继续道：“当年他剽窃奎见鹤的论文成果，顺利考上了博士，毕业后到了宛大一附院胸外科工作。而那奎见鹤毕竟还是有水平的，后来换了个角度写论文，硕士也成功毕业了，之后就也一直在宛大一附院胸外科工作。”

“冤家路窄啊。”赵小杰道。

“不，奎见鹤不但没有怪罪辉学兵，还一直很照顾他。”

“真是‘人至贱则无敌’。”赵小杰感叹道，心中竟生出一丝同情来。

“可能跟大学时候的经历有关吧。”

“小秘书”继续道：“总之，这个奎见鹤是一直把辉学兵当兄弟看的。虽然辉学兵是博士毕业，奎见鹤只是硕士毕业，但架不住奎见鹤手术做得好呀，技术精湛，而且来院时间也早。所以，三年前，晋升胸外科主任的时候，奎见鹤呼声最高。”

“然后，就冒出来一个患者跟奎见鹤‘打架’，后来他就被吊销医师执业证书了？”赵小杰道。

“是的，很有可能就是辉学兵跟亦可药业联手干的。”“小秘书”道。

“这次，李明极有可能会接替院长，但忽然又出了这么一档子事，有证据表明，也是辉学兵在背后捣鬼，联合亦可药业干得不法勾当！”

“有什么确切证据吗？”

“没有。”“小秘书”摇头。

“那你这是……”

“所以，我需要奎见鹤的帮助。”

“小秘书”抿了口酒，解释道：“我给他写的那份材料，列举了刚才我说的所有事以及我怀疑的这些年辉学兵跟亦可药业相互勾结的一些线索。”

“只是怀疑?”

“只要能引起奎见鹤的怀疑和重视就足够了。他那么聪明,以他对这个行业一些‘不法勾当’的了解,只要开始调查,那接下来我们就省心多了。”

“确实,‘专业人做专业事’。”

赵小杰点头表示认同,“‘他负责挖掘,我们负责加工’,这个设计是很好,但是?”

赵小杰看向“小秘书”,怀疑道:“问题的关键是,他为什么要帮我们? 他会帮我们吗?”

“你要明白,奎见鹤不是在帮我们,他是在帮他自己以及李明。如果说他对自己还不够上心的话,但对李明,绝对会上心的!”

“小秘书”超自信地说道,接着忽然压低声音,神秘兮兮地道:“而且还有一个人我也在争取,你知道是谁吗?”

问题思考

本章中,我们的主人公赵小杰为了保障自己的权益,避免被忽悠上当,委婉地向“小秘书”提出“希望和宛阳律师事务所签订书面协议”。那么,企业在员工管理过程中,特别是新员工入职方面,应当采取哪些具体制度或措施保障劳资双方的利益?

答疑解惑

《医规》下册→第十一章－员工成长→11.2　员工入职流程管理

26 母老虎

“谁?”

“你的老相好,王珞。”

“都什么跟什么呀? 跟我有什么关系?”赵小杰对“老相好”的震惊程度显然超过了这个名字。

“你们当时不是在群里吵了好几天,才定下来追她的先后顺序吗?”“小秘书”笑着打趣道。

“我没有参与啊!”

赵小杰忙义正词严地表示没有,同时掏出手机,道:“不信给你看我们‘医药代表群’的聊天记录。”

说着赵小杰就开始查看微信,却很尴尬地发现,自己不知什么时候被悄悄退群了。

“好了,跟你开玩笑的,不要这么认真。”

“小秘书”呵呵一笑,主动翻过这一篇,接着刚才的话题道:“我怀疑,她现在已经被辉学兵控制了,但我还没有确切的证据。”

“小秘书”颇为失望地摇了摇头。

“又跟辉学兵有关?”

赵小杰叹了口气,事情的发展已经超出了他的想象。

“我曾经让你们全意集团的人联系她,约了地方见面,我跟她谈,但是……”“小秘书”无奈一笑,抿了口酒。

“但是怎么样?”

“她不配合，先是坚持说李明对她‘图谋不轨’，然后又说自己现在一个人，跟谁都没牵扯，想静一静，让我不要再联系她了！”

“那你就真的没再联系她了？”

“从那之后她手机就换了，微信、微博等都下线，现在谁也不知道她的联系方式。”“小秘书”道。

“她失联了？”

“嗯。”

“小秘书”点点头，道：“不过我当时给了她一个名片，告诉她如果有需要打这个电话找我。”

“你就不怕她告诉辉学兵，出卖你？”赵小杰急忙问道。

“赌一把嘛，万一赢了呢。”

“小秘书”莞尔一笑，猝不及防地朝赵小杰打了个响舌。

“好吧。”

赵小杰摇摇头，继续表示怀疑道：“不要告诉我，在奎见鹤这条线上，你也是‘赌一把’了？”

“这个当然不是！”

“小秘书”摇摇头，道：“他十有八九会按照我意料中的去做。”

“‘十有八九’？这个概率倒是挺高。能说说为什么这么笃定吗？也好让我这个‘菜鸟’学一学前辈您的逻辑推理。”赵小杰笑着道。

“哟喂，考我来了。”

“小秘书”看破一切地白了赵小杰一眼，道：“看来不展现一下真正的技术，你是不会心服口服了。那就听好了。”

“首先，大前提：宛大一附院的医务人员整体是积极向上的，视‘救死扶伤’为天职！像辉学兵这样的只是极少数。这个前提，没错吧？”

“没错，我在这家医院跑了有一段时间，确定你说的是对的，‘救死扶伤’被他们绝大多数人视为天职。”赵小杰点头道。

“那好，‘大前提’确定了，现在我们来找‘小前提’。”

“小秘书”接着分析道:“这个小前提就是:李明是被陷害的,已然‘身败名裂’,就像一个被病魔打倒的病人,需要救治。”

“等等。”

赵小杰伸手打断,问道:“你怎么确定他就是被陷害的?”

“这个刚才不是讲了嘛,‘有证据表明,辉学兵联合亦可药业在背后捣鬼’,所以才需要奎见鹤帮忙挖掘材料呀。”“小秘书”道。

“好吧,搞半天也还是猜测。”赵小杰撇了撇嘴。

“我去,难不成你做律师去辩护,当事人就一定要是好人了?拜托,你其中一个主要的作用就是要保护他应享有的诉讼权利,ok?”

“小秘书”的意思很明显,“像这种浅显的法学道理就不用我再解释了吧”?

赵小杰当即就红透了脸,不好意思地摸了摸鼻子,道:“大意了,您请继续吧。”

“小秘书”微微一笑,却是有些感性地道:“说实话,李明真的是一个好人,我以我的人格担保!”

“是吗?但愿吧。”

赵小杰在心里默念了一句,接着“小秘书”的思路,道:“那现在小前提也确定了:李明是被陷害的,需要‘救治’。”

“嗯。”

“小秘书”点了点头,道:“那就可以得出结论了。”

“好吧。”

赵小杰再次摸了摸鼻子,道:“我明白你‘演绎推理’的过程了。大前提:奎见鹤视‘救死扶伤’为天职,只要遇到‘伤员’,必然会救治。小前提:李明被陷害了,现在就是一名‘伤员’。结论:奎见鹤一定会救李明。”

“差不多吧。”“小秘书”表示认可。

“但问题又来了。”

赵小杰继续怀疑道:“假如李明真的‘受伤’或‘得病’了,我相信在一定条件下，奎见鹤一定会救治的。但问题是，他现在确实不是‘受伤’或‘得病’，奎见鹤为什么一定还会去救？”

“为什么不会呢？”

“嗯嗯？”

“因为他们是好室友呀！是好同事呀！而且，最关键的是，他俩都是好人呀！”“小秘书”说道。

“我去，你这就又归于感性了，可不够理性啊。”赵小杰笑着道。

“我们为什么非要一直都那么理性？”“小秘书”忽然向赵小杰问道。

“难道我们法律人，不该时时刻刻都保持理性吗？”

“是，没问题，但我们的追求是什么？医生用手术刀冷静地切开病人的身体，难道就是为了放血，而不是为了让血液将来能更加健康的在人体内流动？我们用所学知识客观地替犯罪嫌疑人、被告人辩护，难道就是为了纵容犯罪，而不是为了让公平正义传播到世界的每个角落？我们所谓的理性，还不是为了维持这世间的人性。假若连人性都没有了，还谈什么理性？”

“大姐，我承认，您说的都对！”

赵小杰朝“小秘书”抱了抱拳，表示敬佩，接着忽然变换模式，作揖求饶道：“但您下次再这么‘拔高’时，能不能提前通知一声？如此猝不及防，我很难消受呀。”

“那好吧，说点跟案子有关的。”

“小秘书”微微一笑，问道：“那个辉学兵据说‘黑白两道通吃’，就是宛大一附院的‘南霸天’，而且他的办事风格，你多少也了解过了。说真的，你就不怕？”

“怕？”

赵小杰冷哼一声，道：“哥们的词典里就没有怕字！”

“知道我为什么选你吗？”“小秘书”道。

“因为王珞拒绝了你?”

“别那么不自信。”

“难道除了帅之外,还有别的原因?”

“嗯,主要是内涵。”

“譬如说?”

“作为销售部门的新员工,还没转正就敢写一本针砭时弊的小册子,还直接拿负责自己的经理祭旗!像这样的人,真的很少见。”

“你是想夸我‘二’呢,还是傻呢?”

“两者兼而有之。”

“小秘书”很开心地笑着道:“而且,跟你交谈,我还发现你脸皮很厚。”

“所以?”

“所以,我喜欢。”

“只要钱给够,怎么都可以。”赵小杰直接表露“真心”道。

“放心,钱不会少你的。”“小秘书”微微一笑,接着顿了顿,欲言又止。

“老板,丑话请先说在前头。”赵小杰察言观色地道。

“好!”

“小秘书”不禁赞许地看了赵小杰一眼,道:“那咱就有言在先啊,你我之间只会有工作,也只能有工作,明白否?”

“您的意思是,我不能对您有非分之想?”赵小杰继续细化地问。

“聪明,理解很到位!”“小秘书”再次赞许地点了点头。

“那您今天上午生气,也是因为这个了,觉得我可能对您有什么非分之想?”赵小杰再次问道。

“我承认,上午是我错了。”

“小秘书”抱歉一笑,倒是挺坦诚,“我这人从小至今,遇到的追求者太多,严重影响了工作和学习,对此颇为忌讳!而对你又不够了解,贸然被你说成‘女朋友’，自然就有些情绪。但现在看来，你这个人就是有些嘴贱，其余的倒还不错。所以，你胡言乱语没错，我胡思乱想就不对了，希望你能谅解。”

“老板，看您说的。”

赵小杰强忍住心里骂娘的冲动，强颜欢笑道：“我不该胡言乱语的，今后一定改！”

“没事，不用改，磨合期嘛，有摩擦很正常。希望你能多多理解，合作愉快哟。”

“小秘书”主动伸出手来，和赵小杰握了握，之后又扬了扬拳头，以示加油。

赵小杰依葫芦画瓢地加了加油。

“小秘书”莞尔一笑，用手机埋了单，接着指了指自己的牛排，道：“这个赏你了。”

“谢老板。”

“记住，今天开始就不要再去送外卖了。手机时刻保持畅通，等我联系。”“小秘书”把自己的红酒一饮而尽，最后吩咐了一句，起身离开。

“好的老板，您就放心吧。”

赵小杰一边朝“小秘书”远去的背影喊道，一边在心中暗自嘀咕，“是啊，今天喝酒了，不适合开车……电动车也是车嘛。所以今天肯定不能再去送外卖了。”

“那就明天再去送，大干到深夜，把今天缺的补上！今天下午就回去学习吧，这盘牛排打包也能当晚餐，又省了一顿……哇哈哈，小爷我可真是机智！”

“先生，您还需要什么服务吗？”

服务员把牛排打包好后，见赵小杰只是盯着自己的右手嘿嘿傻笑，不禁主动问道。

“啊？没有了，把牛排给我吧。”

赵小杰从服务员手中接过打包盒，起身离开，同时在心中暗忖，“这个小姑娘真有意思，还挺自恋，就那个大痦子杵在脸上，还说被人趋之若鹜地追，难道那些人都瞎眼了吗？即便会有人控制不住自己，选择‘饥不择食’，但小爷我这么睿智，岂会丧失理智，对你有什么非分之想？哼，真是搞笑！”

“不过这手感，倒是真心不错哈。”

……

“大哥，要火不？”赵小杰掏出打火机，贱笑着向对面和自己穿同样制服的中年人问道。

“真讨厌，刚想戒来着！”

中年人白了眼明显是来搭话的赵小杰，掏出根烟噙在嘴里，问道：“新来的？”

“是的。”

赵小杰连忙帮点上，接着嘿嘿一笑道：“以前都在医院附近守着，今天刚到CBD。”

“全职还是众包？”中年人抽了口烟。

“众包。”赵小杰继续媚笑。

“好吧。”

中年人拍了拍赵小杰肩膀，道：“看你还挺懂事，就给你讲讲这一带的‘江湖规矩’吧。”

“大哥请讲！”赵小杰忙做洗耳恭听状。

……

“叮~您有新的外卖订单，请及时处理。”

“兄弟，运气挺好呀。”中年人忍不住夸道，他也是刚讲完“规矩”，对方就来了订单。

“还行吧。”赵小杰看着订单，却是笑不出来。

“咋了？”

中年人凑过来看了眼订单信息,不禁也摇摇头,道:“的确,这天尊大厦的保安不好对付。”

“是吧?”赵小杰已然哭笑不得起来了。

他担心的不是保安不好对付,而是……

昨天“小秘书”让他辞去外卖小哥的职务,他表面上虽然同意了,但背地里还打算再送个几天,毕竟对方给人的感觉并不是很靠谱。

但不管怎么说,他也不愿意直接明白地得罪“小秘书”,所以就想着在 CBD 附近接单,万一“小秘书”有召,也可以第一时间赶去。

却不想这么“寸”,上来的第一单,就是宛阳律所的!

“兄弟,别愣着呀,赶紧去呀,小心晚了客户投诉。”中年骑手提醒道。

“好的。”

赵小杰欲哭无泪地点点头,暗道:“不管了,拼了!”

……

“喂,您好,您点的外卖到了,就在你们公司门前。”赵小杰站在宛阳律所门前,一边给客户打着电话,一边在心中暗自庆幸,还好这号码不是“某人”的。

“进来吧,我们律所是让外卖小哥进的,你一进来我就会看到你。”

电话里传来了一个陌生的女生。

“您还是出来吧,我怕迷路。”赵小杰道,他怕进去后要是万一不小心真碰见“小秘书”了,那就太“寸”了!

“好吧,你稍微等我一下。”电话里的女声颇为不解。

“喂,我点的热干面,是你负责送吗?”宛阳律所门口,一个女子向背对着门的赵小杰问道。

孔丽也是纳闷了,今天这个外卖小哥怎么了,让进不进来,站在门口还扭扭捏捏、躲躲闪闪的,怎么回事?

“您好,您订的餐,祝您用餐愉快。”赵小杰硬着头皮转身,职业地说道。

他想着赶紧把这单送完了算了，省得夜长梦多，万一再碰见“小秘书”就惨了……

“哇！怎么是你？”赵小杰吓得大声尖叫，拿着外卖的手一抖，差点没把饭菜扔了。

果真，怕什么来什么！但见“小秘书”赫然就站在面前，戴着个墨镜，直勾勾地看着他。

“是这个热干面吧？”

孔丽从赵小杰手里接过外卖，检查了一下，道：“对，就是我的。”

“就这样了？”赵小杰疑惑地问。

“不然呢？”孔丽跟着疑惑。

“咿，你的声音怎么变了？”赵小杰更加疑惑了。

“什么变了？你到底要干吗？”孔丽也更加疑惑了。

“你就没什么要说的吗？”

赵小杰心虚地问道，他怀疑对方平静的外表下，隐藏着一颗就要爆炸的心。

“说什么呀？”

孔丽不解地问，同时在心中暗忖，“这外卖小哥是不是有病？”

“嗷。我明白了。”

赵小杰忽然似有所悟地一笑，小声道：“保密，保密，我懂哈，那回头再见，微信联系。”

说着，赵小杰还晃了晃手机。

“都是什么鬼？”孔丽不由一阵火起，快要压不住了。

但就在这时，忽然从所里面传来一道高亢的女声，“喂，你们站在门口干什么？”

随即，一道纤细的身影便风也似的奔了出来。

“怎么声音这么熟悉？”赵小杰不禁有些恍惚。

“一一姐，您怎么来了？”孔丽见到女子后，也有些发愣。

“喂，干吗呢？泡妞吗？”

张一一并未搭理孔丽，而是掐着嗓子，直接对赵小杰吼道：“赶紧给我滚蛋！不然，我就叫保安了！”

“什么？竟是个母老虎！”

赵小杰看着“本色”出演的张一一，不禁摇了摇头，暗想，“真是白瞎了这张漂亮的脸蛋儿，枉费我兄弟还那么喜欢你……算了，好男不跟虎斗，我认怂。”

“稍后再聊哈。”

赵小杰对孔丽挤了挤眼，又晃了晃手机，这才转身离去。

问题思考

本章中，我们通过“小秘书”的回忆得知，王珞拒绝承认勾引李明，坚称“李明对自己图谋不轨”。这实际上是王珞在撒谎。我们知道，在刑事诉讼中，证人如果作伪证妨碍刑事案件调查，有可能会触犯刑法并承担刑事法律责任。那么，在民事诉讼中，假如当事人在法庭上故意进行虚假陈述，将要承担什么法律责任呢？

答疑解惑

《医规》下册→第七章－内控→7.8　全员法律意识提升

27 英雄不问出处

“变态啊!”孔丽气得直跺脚,不禁掏出手机,点开外卖 App。

“哇,好险呀,差点就穿帮了!”张一一心有余悸地拍了拍胸口,暗道幸好出来办事给碰见了,不然还不知道要怎么收场。

“喂,你要做什么?”张一一瞥了孔丽一眼,发现她正在生气地摆弄着手机。

“差评,我要给他差评!”孔丽愤慨道。

“不至于吧,何必跟一个外卖小哥一般见识。”张一一赶忙劝道。

“一一姐,您就别管了,我一定要伸张正义,给他点颜色看看!”“小秘书”孔丽气得手都哆嗦了。

张一一看这情况,心道完了,赵小杰今天横竖“在劫难逃”了,忽然,她看到了孔丽的墨镜,灵机一动,道:“你的眼还没好吧? 这张阳大哥也真是的,这么急着让你来上班,还有没有人性呀?”

“一一姐,不是老板的意思,是我自己要来的,在家里待着太闷了!”孔丽一边嘬着嘴解释,一边急得直跺脚,问道:“这差评到底在哪里呀? 哪里呀?”

看来也是气疯了,有些手忙脚乱,不然赵小杰早就被投诉了。

“你可别太生气啊,小心伤口裂开,那可就前功尽弃了。”张一一忙警告道。

“啊,是吗?”

“小秘书”当下就更急了,忙放下手机,扶着眼镜,问道:“那可怎么办呀?”

“你先别看手机了！来,外卖我帮你拿着,先回我办公室休息一下,正好让我看看手术的效果如何,同时……”

张一一嘿嘿一笑,道:“也尝尝你买的饭。”

“好的。”孔丽注意力成功被转移,笑着把热干面递给了张一一。

两人正往办公室走着,忽然,张一一的手机响了,打开一看,正是某人发来的微信。

“到底怎么一回事呀?”赵小杰问。

“滚!”张一一简明扼要道。

“好嘞。但滚之前,请允许我再最后废一句话,你上班时的状态怎么跟平时差别那么巨大呀？气质咱就不说了,单说衣着……好吧,再具体点,墨镜,能不能戴回昨天的那一款？差距整个一‘天堑级’！不过呢,总的来说还有一个小亮点值得表扬,就是用妆把嘴上那个大痦子给盖了盖,虽然依旧能看出来,但聊胜于无嘛,比你之前一点也不盖强多了,继续坚持哟。不,这点上继续坚持,墨镜和衣着方面坚持以往,切记!”

“几句了?”

“哦……再最最最后一句,那个张一一真的好凶啊,跟个母老虎似的！她到底是你们所的女神,还是女神经？哈哈哈。”

“滚!”

“得令。”

……

“回来了?”中年骑手看了眼骑着电动车飘过来的赵小杰。

“嗯,您还没出单?”赵小杰问道,左右看看,四周又多了几个同样制服的骑手。

“出过一单了,也是刚回来。”

中年骑手伸了个懒腰,道:“我全职,在这块儿跑了好几年,地形都熟悉，所以比你快些。”

赵小杰表示认可地点了点头。

“怎么众包，不考虑下全职？”中年骑手继续问。

“还要准备一个考试，时间上不允许。”赵小杰羞涩地笑了笑。

“还考试？顶个锤子啊！”

有一个年轻小哥一直在侧耳偷听俩人对话，这会儿不禁打断道：“你看这些楼上办公的，哪个不是大学毕业？还有很多是什么硕士、博士，又有什么用？”

“挣得还不一定有我多呢！”年轻小哥指了指四周高楼，不屑一顾。

“哎，你这句话就不对了。”

赵小杰当即表示反驳，“社会主义分工不同嘛！如果都当外卖小哥了，谁来给你下单？”

“呵呵。”

年轻小哥冷哼一声，小声嘟囔了句国骂，扭过头去不打算再跟他眼中的“书呆子”一般见识了。

“喂，你骂谁呢？”赵小杰看清了对方的唇语，却是不打算就此善罢甘休。

“怎么着？”

对面几个年轻人几乎同时变脸，涌上来虎视眈眈地看着赵小杰。

“江湖规矩，单挑！”赵小杰丝毫不甘示弱地迎了上去。

“好了好了，都省点力气吧！”

中年骑手忙跑到中间劝架，同时指了指不远处穿另外颜色制服的一群人，对那几个年轻小哥道：“省出来力气，对付他们。”

这让几个小哥想起了以往种种，便偃旗息鼓，摆摆手表示算了。

“来吧，兄弟。”

中年骑手搂住还意犹未尽的赵小杰，走回原来位置，道：“我认可你说的话，大家只是分工不同罢了，其实都是人，都不容易！”

中年骑手又指了指对面的大楼，道："上班族在里面忘我工作，加班加点，咱们在外面尽情奔驰，风雨兼程。他们不管在哪里，不管在何时，只管掏出手机下单，就能吃上热乎乎的饭菜；反过来，我们无论在何时，无论在何地，只要掏出手机接单，都有钱可以挣。"

"你是说，'狼狈为奸'吗？"赵小杰抖了抖眉。

"别那么肤浅，深刻点嘛。"中年人也跟着挤了挤眼。

"'深刻并不等于接近事实'哟。"

"那你听好了。"

中年人摆出一副严肃认真的样子，道："楼上那帮年轻人呢，靠着咱外卖来续命，楼下咱们这帮家伙呢，是为了给他们续命而卖命的人。他们在大厦，咱们在大地，他们'996'，咱们风里雨里。收入都差不多，谁也不比谁光鲜，谁也不比谁卑微。"

"大哥，请收下小弟的膝盖！"赵小杰发自肺腑地表示敬佩道。

"不敢当。"中年人努力掩饰着内心的傲娇。

"请问大哥以前是做什么的？"赵小杰好奇地问道。

"嗨，英雄不问出处！何必非要纠结于以前呢？"中年人忽然有些急了。

……

"所谓'英雄不问出处'，这句话你听说过没有？"赵小杰忽然插话进来。

"你能不能不要打断别人的对话，这很不礼貌的！"奎见鹤不耐烦地说道。

"那你先回答我，到底听说过吗？"赵小杰笑嘻嘻地问道。

"你这人怎么这样呢？"奎见鹤摆出一副"你无情、你残酷、你无理取闹"的表情来。

"那下半句怎么说，你到底知不知道？"赵小杰继续问道。

"哎，服你了。"

奎见鹤对着"小秘书"抱歉一笑,转过头来看着赵小杰,很专心致志地回答道:"'流氓不问岁数'。"

"错了!"赵小杰赶紧一脸认真地摇头否定。

"那你说是什么?"奎见鹤不耐烦地白了赵小杰一眼。

"'美女不看整容'!"

"啊?"奎见鹤的脸上飘过一丝凌乱。

"你就不要老纠结于人家的眼综合手术了。"

赵小杰终于忍不住爆发起来,呵斥道:"一进屋就叽叽歪歪问个不停,还想让人家摘掉墨镜给你看看,有完没完呀?"

"这个,我也是关心嘛。"奎见鹤明显心虚地解释道。

"哼,你那点小心思我还不了解?"

赵小杰冷哼一声,道:"我上周去宛阳律所给她送过外卖的,放心吧,真的假不了,假的真不了!"

"这么凑巧呀?难道这就是传说中的'有缘千里来相会'?"奎见鹤一脸欠揍地表示不相信。

"你!"赵小杰不禁有些急了。

"实在不好意思,是我的错。"

"小秘书"赶忙出面平息俩人的纷争,道:"我们既然合作,自然要坦诚相待,无论如何,我都应该让你们看看我的真面目!"

"因为术后恢复需要一些时间,现在就摘了墨镜肯定会吓到你们的!但为了表示我的诚意,更为了消除我们之间的不信任,现在我就摘掉墨镜吧,希望两位不要嫌弃。"

说着,"小秘书"便伸出手来,准备摘掉脸上的墨镜。

问题思考

本章中,一群外卖小哥在闲聊侃大山时,提到了高级写字楼里的白领“996”与外卖小哥工作的异同问题,并指出看上去“光鲜亮丽”的都市白领,其实有时候也有许多心酸和无奈。对于医药企业而言,在日常员工管理工作中,有哪些是需要特别注意的?

答疑解惑

《医规》下册→第十一章 – 员工成长→11.3　员工在职流程管理

28 神预感

“孔律师,不用摘了,我相信你!”

奎见鹤忙一本正经地伸出手来阻止,并表示抱歉道:“是我有些小心过头,说了一些对不住的话,还请包涵。”

“就是,你就把他当一个气儿给放了吧。”赵小杰跟着化解尴尬道。

“嗨,怎么哪都有你呀?”奎见鹤却不领情,有些不开心地说道。

“我这不帮您老表达歉意嘛。”

赵小杰嘿嘿一笑,贼兮兮地道:“就是稍微有点深刻了,见谅哈。”

“切!”奎见鹤冷哼一声,别过头不再搭理他了。

赵小杰不以为意,又看了“小秘书”一眼,道:“我就说吧,还是这款墨镜好看,多时尚啊! 还有你那个大痦子,用妆稍微遮一遮,效果马上不一样。”

“怎么说话呢,嘴上有没有个把门的?”奎见鹤连忙抓住机会,反击起来。俩人接着就开始了新一轮的“嘴仗”。

这边,“小秘书”却是自顾自地轻轻拍了拍大腿,暗道好险,这关总算过去了。

……

时间飞逝,此刻距离上次赵小杰去宛阳律所送外卖,已经过去一个多星期了。

这段时间里,赵小杰逐渐摸清了 CBD 附近的道路,外卖送起来越发游刃有余。

当然是自己努力，也要得益于金主“小秘书”在那天“外卖事件”后不久，就下了最新指示：外卖可以继续送，但不要再来宛阳律所了，其他的等奎见鹤那边有了突破再议。

“小秘书”说奎见鹤不但同意帮忙，还据他所说，已经开始了“独自的、悄悄的、秘密的”调查工作。

赵小杰看后，当即就对那几个“的”深表怀疑。

但奎见鹤似乎真的不辱使命，很快便有了“重大发现”，提议三人开会碰头。

于是就有了上面，在茶馆里斗嘴这一幕。

“言归正传吧。”

“小秘书”向两人微笑示意，然后着重表扬道：“这次多亏了奎老，让我们的进展超乎想象！奎老，您调查的结果方便让我们看一下吗？”

“当然方便，都在我163邮箱里面，等下吃过饭，就发给你们。”奎见鹤道。

“好的。”

“小秘书”点点头，道：“吃饱肚子好干活，我来点吧。”说着，便扫码开始点餐。

“真是太好了！”

赵小杰不禁对奎见鹤眨了眨眼，用肢体动作表示感谢——为了这顿午饭，他从昨晚就开始没吃饭，如今早已饿得前胸贴后背，肚皮早就开始抗议了！

奎见鹤就坐在他旁边，自然早听见了。

“不用谢。”奎见鹤同样对赵小杰眨了眨眼。

“莫非，阁下就是江湖传说中的‘闷骚’？”赵小杰继续眼神交流。

“切。”奎见鹤冷哼一声，不再搭理他了。

赵小杰不以为意地笑了笑，说实在的，这次再见奎见鹤，对方态度确实有了很大的改变，刚见面的时候，竟然还主动跟他打招呼。

“好了，点餐完毕，自作主张，大家见谅哈。”“小秘书”点餐完毕，放下手机，笑着道。

“怎么会呢？我很看好您的品味！”赵小杰忙巴结金主道。

“嗯，我也是。”

奎见鹤说着，竟一改往日的迂腐呆板，主动端起茶杯道：“我有预感，胜利就在眼前。来，为了胜利，大家干一杯！”

“干杯！”

“小秘书”和赵小杰纷纷响应，举起茶杯来准备碰杯。

但就在这时。

咣！

一声巨响，包间的门被一道巨力撞开，首当其冲的赵小杰当即就被砸晕了过去。

紧接着，一群人冲了进来，大声喊道：

“都不许动！”

“举起手来！”

市局，局长办公室。

“胖子，我都亲自来了，难道还没个说法？”

办公桌旁边的长沙发上，一个穿着商务休闲西装，戴着无框变色眼镜的中年人，无视对面中年胖子讨好的肥脸，再一次问了在电话里问过的同样问题。

“我的大律师，消消气，来，喝口水。”

白色警服中年胖子嘿嘿一笑，把茶杯端到茶几上，随后从旁边拉了个椅子坐下，道：“这不马上就放人嘛。你家大小姐保证一点事都没有。电话里都说了，就是场误会，误会！”

“误会？”

中年人冷笑一声，道：“就仨人，俩都晕过去了，至今未醒，你一句‘误会’，就完事了？”

“张阳,过分了啊!”

中年胖子忽然严肃起来,道:“你一个律师,怎么对我们的事这么熟悉? 我警告你不要越界啊!”

“怎么,难不成你也要把我扣了?”张阳冷笑道。

“你是‘人大代表’,履行手续太麻烦,暂时就算了。”白警服胖子摆摆手,别过脸去,竟然有了一丝怒气。

“这个老马,马局长,我承认,我有点越界了。”

张阳起身拍拍白警服胖子的肩膀,道:“但‘可怜天下父母心’,我就这么一个女儿,她妈妈又走得早,我是‘既当爹又当妈’……”

“等等。”

马局长忙伸手打断,问道:“所以,你就过问案件了? 这是合法理由吗?”

“别说这么难听,怎么能叫过问案件呀? 这么大的帽子我可不戴啊!”

张阳喝了口水,笑着道:“别说我,你先摸摸你自己的肥胸。”

“干吗?”马局长虽然表示疑惑,但还是按老友的提议照办了。

“摸着你的良心说,你们这个案子,就一点问题都没有吗?”

“‘马小胖’,心虚了吧?”张阳仔细观察着马局长的表情变化,冷不丁就笑了起来。

“就是有问题,也是由我们内部监督。”马局长放下小胖手,一码归一码地道。

“我是人大代表,履行一下监督义务,没问题吧?”张阳道。

“得亏还是律师,就这水平?”

马局长嘲讽地看了张阳一眼,冷笑道:“履行监督义务,没问题,去,按照法律规定的程序来,可别从我这里打探过问。”

“嗨,马小胖,你别翻脸不认人啊! 怎么着,当上局长就了不起了?”张阳紧着调侃道。

“素质! 注意素质!”马建新连忙提醒。

“我就问你,那晕倒的两位怎么解释?现在不是我代表履责的问题,也不是我律师辩护的问题。我就问你,作为局长,你难道就不对这俩人的晕倒表示最起码的关心吗?”

“张大个,叫那么大声干吗?”

白警服胖子不耐烦地摆了摆手,道:“分局的负责人都给我汇报过了,怎么着,也要我给您汇报一下?”

张阳一点也不客气地点点头,摆了个请的手势。

马局长无奈地摇摇头,道:“那个年轻人呢,是被木门给砸晕的,当时他就在门口坐着,兄弟们进去的时候不小心,把门撞开,就……”

马局长觉得自己也说不下去了,朝张阳扬扬头,意思是你懂的,接着继续解释另外一起事件,“那个岁数大的呢,一直在挣扎,大喊大叫,拒不配合,还企图袭警,兄弟们就上了电棍……”

“说完了?”张阳问道。

“嗯,说完了。”

“还有没有要说的?”

“还有什么呢?”

“你说呢?”

问题思考

本章中,小、赵、奎三人在茶馆里商讨下一步进展时,被公安机关破门而入“带走了”。在我国,法律规定的刑事强制措施有哪些?一般情况下,公安机关在限制公民人身自由后,应当做什么规定动作呢?例如,公安机关应当何时通知犯罪嫌疑人家属?同时应当告知具体原因吗?

答疑解惑

《医规》下册→第七章 - 内控→7.5 公诉案件程序、刑事强制措施、刑罚种类概述

29 “最大的黑社会”

“有话快说,有屁快放!”马小胖不耐烦道。

“你看,本事不见涨,脾气倒不小。”

张阳不以为意地调侃了一句,随即就展开了轰炸:

“程序合法吗?”

“以什么名义去的?”

“是传唤还是拘传?”

“有必要使用警械吗?履行审批手续了吗?有必要整得跟拘捕似的吗?”

“到底因为什么事儿呀?”

张阳穷追不舍地接连问道。

“这个……”

马建新清清嗓子,道:“分局汇报,说是涉嫌‘损害商品声誉’,早就盯上了,今天才收网……哎,我说你笑什么呀?”

马局长不禁急了。

“我有在笑吗?”张阳摊开双手,表示很无辜。

“你就是在笑!”马建新坚持道。

“你怎么就不说是自己心虚?”

“我行得端,坐得正,有什么好心虚的?”

“你,我一点都不怀疑,可你手下的一些人,我就不敢打保票喽。”

张阳笑着喝了口水,反问道:“你敢打保票吗?”

“你也别说我,看看自己的闺女儿吧。”

马建新冷笑一声,回到办公桌,从电脑上打印出一份文件,拿过来递给张阳,道:“您张大爷亲自跑来之前,分局那边刚给我传过来的,自己看吧。”

“好好看看你的女儿,我亲爱的大侄女儿,都做了些什么。”

“我去,很是得我真传呀!”张阳看着看着,不禁就乐了。

“你还能笑得出来?”马建新表示很匪夷所思。

“那不然呢? 难道哭吗?”张阳一脸的无奈。

“好了好了,可怜你了,赶紧带你姑娘走吧,出了这门右转,旁边那个会议室里,分局那边刚当成姑奶奶给送过来了,赶紧吧。”马建新摆了摆手,催促道。

“就不跟你大侄女儿见个面? 不用愧疚,这事儿你虽然有管理责任,但毕竟不是亲自干的,情有可原,我替你说情。”张阳最后挤兑道。

“我不是因为这个。”马建新掏出根烟点上,欲言又止。

“那是什么?”

“因为当年花生糕的事,我一直不好意思见孩子。”马建新道。

“嗨,这‘花生过敏’跟个人体质有关,你愧疚个啥呀? 再说,现在不是好好的吗。”

“好了,知道了,赶紧走吧,我这边还有一摊子事呢。”

“好嘞,知道了。”

张阳点点头表示理解,最后道:“那个,再唠叨一句啊,这事儿没那么简单,你自己上点心。”

“嗯。”

马建新抽了口烟,道:“那个,正好帮我叫一下小王,让他来找我。”

“马小胖,我发现你指使人倒是挺随意啊。”张阳抗议道。

“爱干不干。”马建新回了个白眼。

……

“局长，您找我。”名叫小王的干警敲门进来，向马建新问道。

“嗯。”

马建新一边看着资料，一边道：“我先看会儿啊，你自己随便坐。”

“好嘞。”

小王笑着点了点头，坐到沙发上，看了马建新一眼后，忍不住问道：“马局，刚才那人就是张阳？”

“哦，是，怎么了？”

“看着挺一般呀。”

“怎么，应该不一般吗？”马建新抬起眼皮。

“就是他去年在内部大课上说某些公安局局长是最大的‘黑社会’的吧？”

小王好奇问道，但随即就意识到出问题了，忙改口道：“局长，我不是故意的，不是那意思……”

“好了，知道了，不用解释。”

马建新摆摆手，道：“他不懂事，你也跟着不懂事呀。”

“他会不懂事？”小王小声嘀咕。

“呐，交代你个事，听好了啊。”马建新下命令道。

“是！”王警官忙正襟危坐起来。

“是，保证完成任务！”听完命令后，小王站起身来，立正敬礼。

“好，去执行吧。”马建新摆摆手，低头继续看材料了。

但过了一会儿后，马建新忽然抬起头，问道：“怎么，还有话要说？”

“这个，马局，有一句话，不知当讲不当讲？”小王笑着搓手道。

“觉得有必要呢，就尽管讲，往深了透了地讲，这叫‘但说无妨’！”

“觉得没必要呢，就不要讲，一个字也不要讲，这叫‘沉默是金’。”马建新明白要求道。

“那我还是讲吧。”

小王清清嗓子，看了马建新一眼，咬牙道：“马局，您不能因为他去年内部讲课的时候说您是‘黑社会’,就迁就他,故意证明给他看……”

“哎哎,打住,打住啊!”

马建新连忙摆手,打断小王的话,道:“你也知道是上课呀?”

“上,上什么课?”小王一时有点懵。

“张阳呀,去年他给咱们上课,你不刚才说的吗?”

马建新看了他一眼,解释道:“那就是在上刑法课呀,还是我请过来的,那课上,人家老师阐述一下个人观点,不行吗?”

“可是……”

“可是什么呀师弟?咱公安大学讲法学的老师,没给你讲过这句话呀,‘我不同意你的观点,但我誓死捍卫你说话的权利’,没讲过吗?”马建新问道。

“师兄,老师讲过的。”小王摸了摸鼻子,道:“可是……”

“可是什么?”

“他不能当着全体干警的面这样讲啊。”小王道。

去年的时候,马建新曾邀请张阳来给全局干警讲刑法课,谁曾想,张阳蹦出来了这么一句,一时成了经典。

“所以说他不懂事嘛。”

马建新不以为意,继续耐心解释道:“我刚才不就说过了吗,他不懂事,我能跟他一样不懂事?”

“再说了。”

马建新继续道:“当时台下的反应,你也在场吧,也看到了吧?那热烈的劲儿,兄弟们可曾给过我面子?”

“他们那也是一时感情用事。”小王解释道。

“看,你也说了,是感情用事……那他们为什么会在这句话上感情用事?”

“这……”小王欲言又止。

“说明的确有问题嘛。”

马建新用指头敲了敲桌子，道："我们的一些干警、一些领导干部确实做了不光彩的事，充当了某些黑恶势力的保护伞！"

"你自己既然做了，就不要怪人家说嘛。"

"这个，当时我也在场。"

马建新掏出根烟扔给小王，自己也点了根，道："人家张阳当时说得很清楚，就是指我们的一些领导干部给黑恶势力充当保护伞，这有什么错？"

"可为什么后来'反响'那么不一般呢？"

"就是因为我们的一些干部被戳中痛处了！他们因此抓着张阳不放，视人家为眼中钉，所以，的确是该好好查查了。"

"是，我明白了，这就去工作。"王警官再次立正敬礼，转身准备离去。

"等一等！"

马建新忙喊道，见小王转过身来，便仔细强调道："一定要注意保密啊！不但这个任务，就是在张阳他女儿这件事上，从现在开始也要保持沉默了，不管分局那些家伙们对另外两个人怎么着，你都暂时不要放任何消息出去。"

"那万一他们一错再错呢？"

"不收敛，不收手，那就党纪国法处分嘛！"

马建新喃喃道："不怕兔子吃草，就怕老鼠打洞。"

问题思考

本章中，通过马建新和张阳的对话我们得知，小、赵、奎三人被抓的原因是涉嫌损害商品声誉。那么，损害商业信誉、商品声誉罪是个什么类型的犯罪？它的犯罪构成又是什么？触犯这个罪名，可能会面临什么样的处罚？

答疑解惑

《医规》下册→第十二章－竞争态势→12.4　损害商业信誉、商品声誉罪

30 电话已关机

商用七座“MPV”。

驾驶员阳光、帅气、年轻。

因为年轻，所以好奇，总忍不住瞟一眼车内后视镜。

但见后视镜内，第二排那一老一少俩乘客，都抱着胸，跷着二郎腿，就连抖脚的频率，都几乎一致……

“还我！”年轻人第“N”次说道。

“不还。”中年人第“N”次回道。

“为什么不还？”年轻人第“N”次问道。

“为什么要还？”中年人第“N”次反问道。

“因为那是我的。”年轻人第“N”次答道。

“暂时替你保管了。”中年人第“N”次霸道。

“凭什么？”年轻人第“N”次激动。

“就凭我是你老爹。”中年人第“N”次无理。

“你是我老爹，就能不讲理了？”

“那有本事别给我打电话呀。”张阳第“N”次洋洋得意。

“你……”张一一第“N”次表示无语。

中午警察冲进来的第二秒，张一一就拨通了手机上的紧急联系人——父亲张阳。所以，尽管张一一的手机很快就被警察没收了，但对张阳来说，已经够了。

“领人”的时候，小王警官也是直接把东西（被没收的手机、钱包、证件、钥匙等)打包给了张阳,所以张一一就一直在索要。

“那我怎么跟我朋友联系?”张一一第“N”次急得要哭。

“赶紧把妆卸了吧,看化得,跟我那秘书孔丽似的。”张阳第“N”次答非所问。

……

“你醒了?”眼前一个模糊的身影,轻声问道。

“啊? 醒了? 这是在哪里? 发生了什么?”赵小杰摸摸脑袋,感觉有点晕。

“这是医院,我是神经外科的大夫,刚给你做过检查,轻微脑震荡,回家休息几天就好了,不用吃药。”

“什么?”赵小杰感觉自己又晕了。

“对了。”

大夫想起来一件事,从旁边拿过一个手提袋,递给赵小杰,道:“呐,他们还给了这个,说你醒后就给你。”

赵小杰接过来打开一看,是自己的手机、钱包、证件、钥匙等,逐个检查一番,并未缺少什么,就连头盔都还在,就是多了一处凹陷。

“他们?”

赵小杰想起了大夫刚才的话,忙问道:“他们是谁?”

“警察呀。”

大夫比赵小杰还疑惑地问道:“怎么,你记不起来了?”

“警察叔叔……”

赵小杰终于想起来中午那一幕了,忙再次问道:“那他们人呢?”

“听说你没事就走了。”大夫不以为然道。

“就这么走了?”赵小杰匪夷所思道。

“走了还不好?”

大夫比赵小杰更加匪夷所思地问道:“难道还让他们留下来继续找你麻烦?”

“切,谁找谁麻烦还不好说呢。”

赵小杰嘟囔一句,下床穿好鞋,站起来见大夫还在看着自己,不禁一惊,道:“怎么了?难道他们没付医药费?”

“已经付过了。”

“早说嘛,吓本帅一跳!”

赵小杰拍拍胸脯,就准备离去,但忽然,他停下脚步,再一次疑惑地问道:“这‘哗哗哗’的,什么声音呀?”

“下雨呀,都有一阵子了。”大夫再次不以为然地道。

“什么?我的电动车还在外面呢!”赵小杰顿时就急了。

……

“有什么新情况?”隐形耳机里,传来一道低沉的声音。

“人已经离开病房了。”

一个便衣从不远处的病床上站起来,拉着衣领,小声说道。

“你跟紧了,小心他耍花样。”

“明白。”便衣放下衣领,继续跟上。

而病床上那位神志不清,家属临时有事出去了而无人看护的老人,竟还摆摆手以示再见……

“坐上一辆出租车走了。”便衣看着赵小杰离开后,再一次拉过衣领小声汇报。

“你确定不用再跟了?”低沉的声音问道。

“是的。”便衣点点头,把自己刚才在医院听到的,悉数说了出来。

“明白,撤回吧。”低沉声音命令道。

……

“我就说过不用担心吧。”

分局的某位负责人声音低沉,对坐在黑色沙发上,戴着一副金丝眼镜的中年男子道:“一个小外卖员,最担心的还是自己的电动车,有什么好害怕的?”

“小心驶得万年船嘛。”金丝眼镜男道。

“也是。”

“低沉声音”点了点头，道：“要不是惊动了张阳，我也不会这么轻易放掉他的。你说你们怎么搞的，那是张阳的女儿，你们事先也不打听打听？让我这边被动得，差点全乱了！”

“谁会想到奎见鹤能攀上这么厉害的主呀，再说了，打扮得那么难看，谁能把她跟张阳的女儿挂钩呀。”金丝眼镜男也很是不可理解地说道。

“当初就不该听你的！”

“低沉声音”摇了摇头，问道：“那个奎见鹤呢，怎么办？总不能一直关着吧？”

“老胡，不至于吧。”

金丝眼镜男夹着香烟，用中指扶了扶眼镜，笑着道：“你可是公安分局的主要领导，就抓了一个人，即便抓错了，放了不就得了，至于这么畏首畏尾吗？”

“你懂什么！”

“低沉声音”骂道：“关键是你动张阳了，懂吗？他不动还好，要是他动，你跟我最少都得脱层皮！”

“放心，我会让他不动的。”金丝眼镜男冷笑一声，掐掉了香烟。

“你要干吗？”“低沉声音”顿时警觉起来。

……

“兄弟，对不住了！”赵小杰对正淋着雨的电动车作了个揖。

这车子还是他通过马大虾攀上房东，以其为中间人联系上一个要搬走的租户，以二手扶贫价买过来的。为此，马大虾还白送了房东几十 G 的“内部珍藏版影片”，颇为心疼。

好在此车虽然破旧，但电瓶过硬，航程有保，很快就成了赵小杰外卖路上最亲密的战友！

下这么大雨，怎么能让“战友”一直淋着？

赵小杰急忙打开后备厢,穿好雨衣,用胳膊擦了擦座位,准备把它骑到天桥下避避雨……他把钥匙插入车锁孔内,拧了拧,又拧了拧,最后干脆拧到底,可车怎么都不动。

“怎么还是没反应?”赵小杰不禁感觉有些晕。

哗!

忽然一道闪电,照亮天际。

赵小杰猛一激灵,想到了什么,忙从电动车上下来,掀开座位盖一看,顿时就崩溃了,不禁破口大骂起来,“你大爷的,偷电瓶的贼”!

轰隆隆~

雷声前后脚跟到,震耳欲聋。

雷声过后,赵小杰准备继续再骂,发泄心中的郁闷,忽然看到一个熟悉的奔驰车打着转向,驶向主干道。

“是她?”

赵小杰一激灵,忙拿出手机,拨通了“小秘书”的电话。

“您好,你拨打的电话已关机”。

“什么情况?”赵小杰再抬起头来,奔驰车已经消失在了雨幕中。

奎见鹤呢?

赵小杰忙又拨打另外一个号,结果如出一辙,已关机。

“到底什么情况?”赵小杰感觉自己更晕了。

……

“老板,给您。”

年轻的司机把一串钥匙交给了张阳,道:“车已经按照您的吩咐,从那个茶舍旁开回来了,现在就在地下车库停着。”

“好,辛苦了。”

张阳点点头,道:“你没事就开我的车回去吧,我今天就开这个车回家,明早你再去家里接我。”

“好的。”

司机开心地笑了笑,忽然想起了什么,道:“老板,刚才我进来的时候,孔助理让我跟您说,有一个您的包裹,但是没有寄件人信息,挺奇怪的,让我问问您有印象吗?”

“包裹?没有寄件人信息?”张阳想着想着,猛地后背就一阵发凉。

问题思考

本章中,赵小杰在被公安机关抓捕的过程中,被突如其来的门板砸伤并造成轻微脑震荡。面对这种在执法过程中造成的人身伤害情况,赵小杰可以要求公安机关赔偿或者起诉公安机关吗?

答疑解惑

《医规》下册→第七章－内控→7.7　国家赔偿法(第17条、第18条)

31 陌生来信

“‘话说四海之内皆兄弟,然而四公里之内却不联系’! 这句话,说的就是你吧?”马建新坐到张阳办公椅上,把腿跷到办公桌上,很是得意舒适地晃了起来。

“没有吧?”

张阳摊开双手,颇为无辜地道:“今儿一天,咱们就见了两次面,哪有不联系?”

“我呸!”

马建新不禁轻啐一口,鄙视道:“那还不都是因为你小子有事求我。第一次是你那宝贝千金大小姐的事,这次是因为你这个顶级红圈大律所的事。”

“‘千金’和‘红圈’都谈不上,谈不上,是马局太厚爱抬举了。”

张阳忙笑着摇了摇手,道:“那要不我下去给您买条烟? 您看,我这平时也不抽烟,也没个准备的。”

“你要干吗?”马建新警惕道。

“您不是要‘权力寻租’吗?”

张阳故作明白地道:“您刚才的那一番暗示,已经很明显了,我要是再不懂事,不就成傻子了吗?”

“得了! 得了!”

马建新赶紧摆摆手,站起身来,整整衣领,“厌恶”地看了张阳一眼,道:“耍嘴皮子,我真是拍马不及,但现在说正事啊,你给我听好了。”

马建新伸手阻止了张阳欲要进行的反驳，不容置疑地道：“这干正事呢，你肯定不如我，不容置疑喙啊……呐，这件事，明摆着是给你的警告，是在威胁你！”

“我知道你脾气。”

马建新摆明了不给张阳插嘴的机会，继续道：“但现在都这岁数了，就消停消停吧。这世界上永远有一些亡命之徒，不是你靠嘴皮子就能搞定的。”

“关键时刻，还要靠我们这些人去冲锋陷阵！”

“好了，都是老兄弟了，虽然嘴上多少沾点光，但讲真的，还是为你好，别伸头了，也别嘚瑟了，这事我来管，你就别掺和了，尤其看好你家那个小祖宗……哎哟，我的天呀！”

马建新无语地摇了摇头，最后拍了拍同样一脸生无可恋表情的张阳肩膀，道：“我走了，不用送啊。”

“就没打算送，你别那么自恋好不？”

……

之前所谓的给张阳的“包裹”，是傍晚时候一个快递员打扮的人送到律所前台的，前台当时没注意，见孔丽过来就交给她了，说是给老大的。

孔丽仔细看了看，发现没有寄件人信息，便如实汇报，这引起了张阳的警惕，待小心翼翼打开后，只见里面是两包用透明塑料袋装着的白色粉末状物质，上面赫然写着“炭疽杆菌”四个大字！

张阳当即就惊出了一身冷汗，但很快，他就强令自己冷静下来。

抬头一看，办公桌对面的司机和秘书都还在一脸期待地望着自己，张阳便笑了笑，轻轻合上包裹，小心放到桌子上，道：“咱们出去说。”

到了门外，张阳第一时间问秘书孔丽，之前还有谁接触过该包裹？

确认只有前台一个女孩在之前接触过后,张阳把她叫来,和秘书他们三个待在一起,让司机拿上钥匙去律所“图书馆”里叫来女儿张一一,告诉她有疑似“生物恐怖袭击”,让她赶紧组织律所众人撤离,同时通知大楼管理者,尽快组织同楼层其他人员的撤离和相关隔离工作。

虽然透明塑料袋上“炭疽杆菌”四个字很可能是假的,但这就是所谓的“阳谋”,即便十有八九是“假”的,也要做足了撤离和隔离的相关工作。

好在张一一不辱使命,既有条不紊地组织了律所人员的撤离,又冷静专业地向楼层管理人员通知了相关信息,引起对方足够重视的同时没有造成恐慌。

张阳也第一时间打电话联系上了马建新,对方更是第一时间亲自带队赶来,进行了专业检查,确定不是“炭疽杆菌”,而是“食品干燥剂”……

“没办法,这就是‘阳谋’,不良影响肯定是少不了了。”张一一坐到主任办公室的沙发上,伸了个懒腰道。这一通忙活,可是把她给累坏了。

“还想着不良影响?没出事就是万幸!”张阳一边玩着手机,一边说道,今天这一番折腾,也把他累得够呛。

“呐,犯罪嫌疑人抓到了吗?”张一一问。

“你问我,我问谁去?”

“问你的好兄弟,老马呀。”张一一建议道。

“老马也是你叫的?那是你马叔。”张阳教育道。

“切。”

张一一撇了撇嘴,道:“当初就是你从他那里进的花生糕,硬生生把我折磨得死去活来,是吧?”

“看这话被你说的,真难听!”

张阳抬起眼皮儿,“鄙视”地看了张一一一眼,道:“今儿下午你马叔还在为这事愧疚呢,说不好意思见你。"

当年,张阳还没辞职的时候,和马建新一个办公室。那时候马建新在局工会工作,逢年过节的员工福利,都是由他跑腿张罗。张阳爱吃花生,就建议马建新以后发礼品时,能不能加几包花生制品?

所以从根上讲,还真不怨人家老马。

"嗨,这矫情的,至于吗?"张一一摇了摇头,看向张阳。

"瞎讲究呗。"张阳依旧头也不抬地玩着手机游戏,看来还挺解乏。

"嗨嗨,别光顾着自己玩。"

张一一在旁边急着道:"也让我玩一玩吧。"

说着,便伸手去抢张阳的手机。

"去去去,一边玩去,你自己没手机呀?"张阳激战正酣,不假思索地推了推张一一,脱口而出道。

这话一出口,张阳便意识到了问题,抬头见女儿正狡黠地朝自己眨眼睛,索性把手机扔过去,道:"呐,玩去吧! 但可别把'我'玩死啊。"

张阳心有不甘地看了眼游戏画面。

"切,谁稀罕你这'老年机'呀!"张一一噘着嘴,又回到了沙发上,百无聊赖之下,便打开了电视来看。

正好是本地台,正在播报公安局召开的临时新闻发布会,通报本起事件,马建新正在发言。

张一一把讲话看完,对张阳道:"这马叔还挺够意思呀,只字未提咱们律所的名字。"

"他要是真有本事,就该把犯罪嫌疑人给抓住了,而不是在这里开媒体见面会。"张阳一边玩着游戏,一边说道。

"嗨,看你说的,那警察都是神呀?"

张一一撇了撇嘴,道:"那哥们儿伪装成快递小哥的样子,戴着头盔和口罩,外面又下那么大雨,一出去就消失在了雨幕里……监控就这点画面,你让警察怎么找呀?"

"哟,这会儿又说起他们的好了,下午的时候不是还要去告人家吗?"张阳笑着调侃道。

"这一码归一码啊,你可别给我故意混淆。"张一一道。

张阳呵呵一笑,不再说话了,心想反正她手机在我这里,暂时也翻不出花来。

叮铃~

一道短信声音,盖过了游戏的声响。

"喂,来短信了,还玩游戏?"张一一提醒道,她已经被这游戏声吵得不耐烦了。

"稍等一下,马上就通关了!"张阳激动地摁着手机,哪还管其他。

问题思考

本章中,张阳在办公室接到了某匿名快递,里边的袋子上赫然写着"炭疽杆菌"。第一时间报警后,公安机关迅速出动专业队伍进行检查,最后发现匿名快递里的白色粉末状物质只是食品干燥剂,而不是"炭疽杆菌"。那么,匿名发出这份快递的"神秘人士"以及发送短信警告张阳、张一一的"路人甲"是否涉嫌犯罪呢?

答疑解惑

《医规》下册→第十二章-竞争态势→12.5 编造、故意传播虚假恐怖信息罪

32 我是谁

终于,一盘打完,张阳满意地伸了个懒腰,这才打开短信查阅起来。

很快,张阳脸上的笑容消失了,张一一在旁边觉察出不对,凑过来问道:“怎么了?”

“呐,你自己看看。”张阳把手机递了过来。

张一一接过来一看,表情也凝固了。

短信内容如下:

“张大律师您好,如果小张律师也在场,同样问好。今天给您开的这个玩笑,实属幼稚,保证没有下次了!即便非要有下次的话,也不会是玩笑了——当然,这取决于您和小张律师的态度。但愿您足够聪明,能理解我的苦心。祝一切安好。”

“最后说一下,这个短信是在路边随便借一个民工的手机编的,花费一百块。编者同样是那个戴着头盔和口罩的‘大神’,座驾是一辆没有牌照的自行车。”

“这冬天的冷劲儿早就过了,下大雨的又没沙尘,戴哪门子口罩?当初大厦的保安怎么就没按‘奇装异服’给拦住呢?”张一一忍不住埋怨起来。

“外面雨停了?”张阳忽然看了看窗外。

“嗯?有一阵子了。”张一一愣了愣,如实回答道。

“看来是真停了。”张阳接着废话道。

“这还是威胁！”

张一一把话题拉回到正题上，道：“半天之内连续两次了，您能咽下这口气？”

“咽不下。”张阳道。

“那接下来怎么办？”张一一循循善诱地问。

“接下来，你就继续待到‘图书馆’去。”张阳起身，对张一一微微笑道。

“你怎么这么‘怂’？”张一一表示很失望。

“你又不是第一次知道。”张阳无所谓地摊开双手。

“你这是‘非法拘禁’！”张一一提醒道。

“你以前不就爱这样吗？在图书馆里一待就是好些天，通信设备全部关掉。”

“跟现在能一样吗？”

“怎么不一样了？”

“那是自愿的，现在是被迫的！”

“那就等出来再告我吧，现在就再温故一遍法律知识，说不定会有意外收获。”张阳耸了耸肩，表示已经没得商量。

“那我怎么跟朋友们联系？”

“那是你的事。”

赵小杰灵魂出窍般地躺在行军床上，一脸生无可恋地接受马、王“二仙”的现场教育。

一番狂风暴雨过后，赵小杰终于成功在雨停之前赶到了“家”，彼时马、王“二仙”竟然都在，一看他这个模样，不禁都吓了一大跳，以为他又撞出租车了。

待洗过澡之后，“二仙”不厌其烦，穷追不舍，才从赵小杰嘴中套出了事情的原委，原来是跟人“调查”案件，被警察给端了！

王酱军第一时间就深表怀疑，“赵小驴”是不是被人给骗了？

而马大虾经过一番深思熟虑后，简直不能再确信，“赵小驴”就是被人给骗了！

第一，张阳的秘书虽然也有律师身份，但绝对是一个纯正的行政秘书，从不办案，也不会办案！

第二，那个手机号根本就不是张阳秘书的！

第三，从赵小杰回忆出来的墨镜商标推断，那是一个顶级奢侈品牌的某款限量产品，张阳的秘书根本戴不起……除非，她被张阳包养了。

第四，从赵小杰回忆出来的奔驰车形状推断，那是全球限量版车型，张阳的秘书根本开不起……除非，她被张阳包养了。

第五，张阳根本不可能包养他的秘书……除非他瞎了！

所以，赵小杰肯定是不小心落入了某个诈骗集团的圈套，该诈骗集团利用了赵小杰的……什么呢？

有什么可以利用的？

这是马王“二仙”至今一直困惑的地方。

最后实在是想不明白，两人便决定睡觉，明天再想！

待俩房间都关上灯后，赵小杰掏出手机，又分别拨打了“小秘书”和奎见鹤的电话，结果依然是：关机。

“到底怎么了？”赵小杰感觉自己整个人都倒过来了，如坠云雾。

第二天早上起床，马、王“二仙”睡得神饱气足，又接着昨晚的话题闲聊，怂恿赵小杰不如去报警。

见赵小杰一直没反应，两人又自我否定，说昨天刚从警局里被放出来，说明连“胁从犯”都不够格，顺带着治安处罚也免了。

两人越想越觉得有道理，便嘱托赵小杰道：“你这‘小虾米’，既然人家警察叔叔都表示看不上了，那就不要再去自投罗网了，就老老实实在家待一段时间吧，从长计议。”

赵小杰也感觉自己没有精神，就一直蒙着头，昏昏迷迷地似睡非睡起来。

时间飞快，转眼又到了晚上。

深夜。

CBD区域，一个外卖员抬头看了看眼前的大楼，一片灯火通明，还有一大群年轻的白领在拼命，于是小哥决定就在这里候着，随时给他们“续命”。

果真很快，订单来了，小哥一看，是天尊大厦宛阳律所的。

……

孔丽从外面小哥手里接过订餐，回到自己的工位，打开饭盒，看着平日里自己最喜欢吃的饭菜，直发愁，暗道：“完了，竟然连美食都不能让我开心了！难道我是真的要抑郁了？”

“这可怎么办呀？”孔丽无望地倒在靠椅上，眼角正好瞟到了“图书馆”紧闭的大门。

“这一定是无意的！”“小秘书”忙在内心告诫自己。

“一定是！”

“肯定是！”

“无意的！”

“无心的！”

“我绝对没想着找一一姐帮忙！”

“我绝对不能对不起我的老板……”

“小秘书”不停给自己心理暗示——不要犯错，不能不听老板的话！可她却不知道，人类的可爱之处就在于，越不要，越想要……

吱呀一声，房门终于被打开了。

张一一从书本中抬起头来，道：“还有夜宵？……咦，怎么是你？”高级合伙人疑惑起来，她原本还以为是张阳的司机来了，毕竟晚饭都是他送的。

“一一姐，我快顶不住了，求救！”“小秘书”孔丽都快哭了。

“不急，慢慢说。”张一一忙把“小秘书”拉到身边，安慰道。

“呜呜，还不是你之前干得好事，呜呜。”“小秘书”竟真的哭了起来。

原来，张阳把之前张一一假冒孔丽的名义和全意集团联系，跟奎见鹤、赵小杰一起合作，等等，所有的“好事”都一五一十地告诉了孔丽，然后在对方的目瞪口呆中，布置任务道：“希望孔律师能‘将错就错’，继续保持和全意集团的联系，继续开展相关调查工作。”

张阳解释说，这一切都是为了律所的声誉，不然传出去的话，即便对方不索要赔偿，不去律协告状，咱们宛阳律所也要失去信誉，大家都要跟着“凉凉”！

“老律师们还行，大不了带着客户找个下家，继续游刃有余。但你们这些小年轻坐班律师就要惨喽！所以为了律所，为了大家，更是为了你自己，加油吧！”

这是张阳的原话。

可怜孔丽从未办过案子，而且还处在手术恢复期，一下子“压力山大”，根本就顶不住……

“如果一一姐再见死不救的话，那人家就真要崩溃了！”“小秘书”孔丽一边哭着，一边说道。

“好，我知道了，肯定会帮你的，别哭了，小心手术后遗症。”张一一安慰并警告道。

果真，孔丽立马止住哭泣。

“来，你分别给这两个号码发送短信息，内容都一样，就是……”

张一一一边用笔写着电话号码，一边想着短信内容。

“就编一条这样的内容发送吧。”张一一把写好的话给孔丽看。

孔丽拿过纸条，照着读了出来：“现在是否自由？能否回话？我是……”

“我是谁？”孔丽问道。

“呐，这个号码，你写‘我是麻辣串串’。这个号码，你写‘我是毕业论文’。”张一一吩咐道。

问题思考

本章中，我们得知“神秘人士”为了躲避追查，刻意戴着头盔和口罩进行遮挡。现如今，戴口罩已经成为许多人的生活习惯。对于口罩而言，普通口罩和医用口罩是一回事吗？医用口罩属于哪种类型的产品呢？它属于药品吗？

答疑解惑

《医规》下册→第二章－生产→2.1　我国药品的分类与用途概述

33 相亲网站

“一一姐，您的记性可真好。”

“小秘书”又恢复了尊称，并伸出大拇指由衷表示敬佩道：“两个一般人的手机号，您都能记这么清楚！”

“我进行过专门系统的记忆训练，费了点功夫，就把这俩号码记到脑海里了。”张一一解释道。

“一一姐，您可真棒！”“小秘书”继续保持着竖大拇指的姿势，调皮笑道：“如果咱律师界也有‘ISO 质量认证’的话，我肯定第一个投您的票！”

“那个需要第三方认证，你投哪门子票呀？”张一一笑着轻轻敲了敲“小秘书”的脑袋，提醒道：“赶紧呀，别忘了正事儿。”

“嗯嗯。”

“小秘书”忙点点头，捣鼓一通后，道：“一一姐，已经按照您的吩咐给他们发过去了。那接下来怎么办？”

“你先出去吧，在我这里待时间长了不好，万一被人看见告诉老大，那就完了。”

张一一接着继续嘱咐道：“刚才那俩人，只要有一个回过来信息，就赶紧过来告诉我。”

时至今日，张一一也不知道赵小杰和奎见鹤的近况，问张阳吧，不但惜字如金，还把她“囚禁”在了“图书馆”里。

“好的。”“小秘书”点了点头，想起自己的热干面也快凉了，便准备赶紧离开去吃。

正在这时,手机提示来短信了。

“这么快?”

张一一颇感意外地从“小秘书”手里接过手机,大眼一看,是赵小杰回的,待打开了仔细一看,不禁就乐了。

“你说,你到底是不是在骗我?”

面对这一股扑面而来的“怨妇”气息,张一一只好无奈地摇了摇头,回信道:“一言难尽,要不先给我个银行账号?”

“干什么?”

“发工资,之前答应过的。”张一一回复道。

“不要考验我的人性好不好?”

赵小杰自言自语道,最后一咬牙,心一横,跑到马大虾房间,调出发这些短信的手机号码,问道:“呐,这个号码,认识不?”

“这个……好熟悉呀。”

马大虾看着号码,一个数一个数地输到了自己手机上。

很快,通讯录里就显出“小秘孔”三个字来。

“小秘孔?”赵小杰抬头,疑惑地看着马大虾。

“嗨,就是孔丽了。”马大虾解释道。

“那这么说,我没有被骗,就是张阳的秘书孔丽了?”赵小杰道。

“这事不好说,你不觉得太蹊跷了吗?”马大虾依旧表示怀疑。

“嗨,不管了,先看看她的诚意!”赵小杰笑着,输入一组数字,配上某某银行四个字一并发送过去。

“牛呀! 银行卡号都能记这么清楚?”马大虾深表佩服道。

“嘿,连自己取钱的卡号都记不住,还是人吗?”赵小杰冷哼了一声。

“嗯,有道理。”马大虾不禁点了点头,但转念一想,不对呀,我怎么一个都记不起来?

很快,赵小杰的手机来了短信,是银行的余额变动提示。

“这么快?”

赵小杰笑着点开一看,顿时整个人就定住了,最新变动后的余额为10,098.60。

“发了多少钱?”马大虾忙问道。

“一万。”赵小杰喃喃自语道。

“这么多?”马大虾也有点呆了。

很快,手机又有了短信提示,赵小杰忙打开看,同时马大虾也把脑袋凑了过来。

“收到工资了吧? 之前给你说一万,不是月薪,是日薪! 特此说明。”

“收到了!”赵小杰哆嗦着,小心回了几个字过去。

“好,那你现在来天尊大厦C区B3车库007车位一趟,有最新工作要安排。”陌生号码很快又发来了短信。

“好嘞,马上就到!”赵小杰回复完后,就起身准备出发。

“喂,杰哥,杰哥,稍等一下。”马大虾忽然喊道,语气有了很明显的变化。

“怎么了? 赶紧说!”赵小杰急着催促。

“麻烦杰哥您问一下孔律师,还招人不? 如果还招人的话,就是去当‘男公关’……我也要干!”

马大虾毅然决然地道。

“呐,这个是我平常随身带的卡,在衣服内兜里放着,就是为了应对现在这种情况。”

张一一从自己衣服内兜掏出一张卡给“小秘书”孔丽,道:“这里面有一千万,当作之后的活动经费,密码是……你刚才替我垫的一万,就从这上面自己扣吧。”

“好的。”孔丽接过银行卡,点了点头。

“赵小杰现在应该已经在路上了。”

张一一用手叩着桌子,想了想,道:“你把手机先给我,我给他编一段话,这样你跟他见面后就不用说什么了,只把我之前提到过的那些东西交给他即可。”

“等把这件事办完,我们再跟全意集团那边的郑帅联系。去吧,东西都在我办公室里,你有钥匙。”张一一吩咐道。

虽然张阳把她的手机、卡、车钥匙都扣了,并禁足在“图书馆”内,但她的一些日常办公用品还在办公室里放着,张阳应该没有动。

“好的。”

“小秘书”点点头,起身准备去执行张一一的吩咐,但忽然,她感觉有些不对劲,就停下来,跺了跺脚,撒娇道:“一一姐,你难道就不给人家一个交代吗?”

“这个说来话长,有空咱再慢慢聊。”张一一知道“小秘书”指的是什么,忙心虚地回避道。

“不,我现在就要听,你长话短说吧。”“小秘书”继续撒娇。

“我的姑奶奶呀!”张一一不禁拍了拍脑门,但毕竟是自己不对在先,怎么办呢?

忽然,张一一想到了自己和“小秘书”之前的一件事,便道:“你还记得你帮我办的那件事吗?”

“什么事?”“小秘书”孔丽问道。

“那个相亲网站,记起来了吗?”张一一提醒道。

“啊,你是说,我帮你注册账号的相亲网站,你登录了?”孔丽惊奇道。

“嗯。”

张一一强颜欢笑地点了点头,道:“就是在那上面,我遇见了他。”

张一一又指了指“小秘书”的手机,道:“他叫赵小杰。”

“噢,我明白了。”

孔丽顿时就像打了鸡血,兴趣盎然地道:“你不好意思以真面目见他,就伪装成我的样子,跟他见面了?”

“嗯。”张一一再次强颜欢笑地点了点头。

“哇哇哇！”

孔丽顿时就像被电击了似的尖叫起来，但忽然，她又冷静下来，问道：“那不对呀，为什么要代理全意集团进行相关调查呢？”

“因为。”

张一一深吸口气，道：“我发现他也是学法律的，而且还写了本书……”

张一一原本想说，因为这本书，赵小杰被公司开除了，但我觉得他有才华，有信仰，就想帮他。

但“小秘书”显然不这么认为，她急忙打断张一一，自顾自地说道：“我明白了，你发现他是学法律的，正好和咱们一个专业，你就……嘿嘿，你就想跟他进一步接触，所以就有了之后的这些事。”

“你想继续跟他交往，看看他的人品，同时也借机考验考验他的能力，对吧？”“小秘书”问道。

可爱的姑娘，逻辑思维能力确实很强，但一遇到爱情或者爱情故事，就成糨糊了！

“嗯。”张一一第三次强颜欢笑地点了点头。

“那你告诉我，你是不是已经喜欢上他了？”“小秘书”冷不丁问道。

问题思考

本章中，“小秘书”和张一一对话时，打趣地提到了“ISO质量认证”。对于企业而言，通过ISO质量管理体系认证对其发展壮大和健康成长有什么帮助和益处吗？同时，考虑到药品是一种更为特殊的产品，对于药品而言，为了确保药品质量，企业还需要申请并获得什么样的认证吗？

答疑解惑

《医规》下册→第七章－内控→7.1　质量管理体系认证与电子流程管理

34 赵小杰你变了

“啊?”

在这个问题上,张一一可不愿再含糊了,想着怎么找一个既能圆过去又不违背自己良心的善意谎言来?

“姐你不用说了,我已经知道了。”

孔丽的意识显然刹不住车了,只听她继续“浮想联翩”道:“但这件事被张老大发现了,他嫌贫爱富,棒打鸳鸯,就把你‘囚禁’在了这里?”

“什么鬼,这也可以?”张一一想着,表情已经有些欲哭无泪了。

然而这表情却被“小秘书”孔丽理解成了“默认”,便继续道:“哎,可怜天下父母心,张老板有他的苦衷,你要理解。但是,一一姐,一码归一码,在爱情上,你可一定要顶住啊!我永远都是你最忠实的支持者!”

孔丽举了举拳头,表示加油。

张一一彻底无语了,心道:“不管如何,老张觉悟还没低到这程度,他无非是担心自己女儿安危罢了。”

“那个,小秘,你参与调查这个事多少会有些危险,不如你以后就住我办公室吧,尽量不要外出。一来安全些,二来咱俩也可以相互照应,三来别人更分不出咱俩到底谁是谁了,怎么样,这个提议还可以吧?”张一一转移话题道。

“简直太可以了。”

孔丽伸出手指,摆了个“赞”的手势,激动地道:“没想到我孔丽有一天,竟也能住进高级合伙人的办公室!”

“好了好了。”

张一一忙打住,提醒道:“快去我办公室拿东西吧,赵小杰就快到了。”

“好的。”孔丽做了个 ok 的手势。

待孔丽离开后,张一一回想起刚才的对话,不禁摇了摇头,暗想,“可怜老张,被误解成嫌贫爱富的主了。但我也真是的,就这么向老张屈服,乖乖被禁足了? 虽然确实给律所带来了一些风险,但我这些年的贡献还少吗? 难道就因为他是我唯一的亲人且年事已高了吗? 哎,简直也太没原则了!”

“不好意思,我迟到了,但我绝对不是故意的!”

赵小杰狂奔到 B3 车库 007 车位旁,早已累得气喘吁吁,双手扶着膝盖,对早已经站在那里等他的孔丽解释并埋怨道:“这天尊大厦的保安是吃错药了吗? 忽然严格的不行! 盘问了我好久好久,还强行摸遍我全身……要不是给你打了个电话,说不定今天还真进不来了。”

孔丽撇撇嘴,心道,还不是因为昨天那场“生化攻击”给闹的。

“喂,这到底是怎么了?”赵小杰抬起头来,急需要一个解释地望着“小秘书”。

“这个……”

孔丽捏了捏嗓子,道:“最近发生的一些事,的确有些匪夷所思,这个稍后我会给你发邮件详细解释的。我从昨天开始就急上火了,嗓子发炎,声音都变了,你应该能听出来吧?”

“嗯。”赵小杰如实点了点头。

“所以,最好还是别说话了,呐,这个给你。”孔丽按照张一一的吩咐,把一个电脑包递给了赵小杰。

“这,就是你在短信里说的超级电脑?”

赵小杰小心翼翼地接过来,打开一看,脸上不由闪过一丝失落,道:“怎么这么宽,这么厚？厉害的笔记本不都是超薄的吗？”

“这是什么逻辑？”孔丽不禁隔着墨镜翻了个白眼,从口袋里掏出一把电子钥匙,扔给了赵小杰。

“这是？”

赵小杰接过钥匙,仔细端详了半天,才敢往旁边 007 车位上那个一开始就吸引了他的眼球,绝对让他欲罢不能的某个存在上想。

“是‘她’的钥匙？”赵小杰有些不敢相信地指了指那个存在,问孔丽道。

“嗯。”孔丽点了点头。

“这款‘哈雷’,真的归我了？”赵小杰身体开始不受控制地颤抖起来。

“我真是!”

孔丽再也忍不住,不顾张一一的嘱托,直接爆粗口道:“眼瞎了吗？明明是‘杜卡迪’,好不好？”

“杜卡迪？就是有‘大魔王’的那个杜卡迪？”

“是‘大魔鬼’!”

孔丽简直要无语了,生怕自己再忍不住骂起来,铁定要露馅,就赶紧摆摆手,催促道:“快骑回去吧,这车的车牌号在大厦里有注册,可以直接进出,停车费不用你操心。”

“这么好？”

赵小杰当即就一屁股骑到机车上,激动地拿出钥匙,但随即就愣住了。

“怎么启动？”赵小杰一脸求解地看向“小秘书”。

孔丽摇了摇头,心道,一一姐不是说你有摩托车驾照会开摩托车吗,怎么表现得这么不专业？

“啊,我想起来了。”

赵小杰灵机一动,对孔丽笑道:“我怎么这么笨呀,怎么一开始没想到呢。”

孔丽示意是什么？

“百度呀！我可以问百度呀！”赵小杰嘿嘿一笑，自我感觉很聪明地掏出手机查看起来。

终于，赵小杰搞懂了顶级机车的一切事项，按照流程启动起来，慢松离合轻加油门，驾驶机车缓缓驶出了007车位。

“头盔！”孔丽在一旁忍不住提醒道。

“啊？”

赵小杰正高度紧张着，忽然被提醒，手一抖，不小心就多加了点油，机车当即暴躁地向前飞驰，吓得赵小杰忙又松油门、踩刹车、紧离合，终于控制住了机车没有摔倒，却也硬生生地吓出了一身冷汗。

孔丽在旁看得只摇头，暗道，一一姐怎么会看上这么一朵“奇葩”？

难道有钱人的审美都很奇葩吗？

一番折腾，赵小杰终于驯服了狂躁的“大魔鬼”，一路有惊无险地开回家，停在都市村庄大杂院的一处屋檐下。

回到房间，赵小杰把“小秘书”给他的电脑摆在自己网上淘来的简易书桌上，就准备打开电脑查看邮箱里金主刚发过来的具体说明和指示。

谁知刚打开电脑，就见马大虾以经典的“终结者”姿态从卫生间里出来。他见赵小杰在，便忙道：“回来了，问得怎么样？”

马大虾是指让赵小杰求“小秘书”招他当“男公关”一事。

然而还不等赵小杰回话，马大虾就忽然抽风了似，惊讶地张大嘴，指着赵小杰面前的笔记本电脑，道：“这，这，也是孔丽给你的？”

“啊，怎么了？”赵小杰不以为意道。

“难道传说是真的？”

马大虾忙哆嗦着凑过来，道：“工作站笔记本？十万起步，拥有最清晰的显卡、最高端的处理器以及可媲美机械键盘的触感！”

说着,便情不自禁地伸手要去抚摸。

"哎,哎,打住,打住啊!"

赵小杰像往常一样用中性笔止住马大虾伸过来的手,嫌弃道:"刚在房间里那什么过…… 自觉点啊,别到处乱摸。"

然而与往常不一样的是,这次马大虾竟然反应过激起来,脸色唰地一下变得通红,委屈地说道:"赵小杰,你变了!"

"啊?"

赵小杰不禁迷茫起来,问,"什么变了?"

"你看不起我了!"马大虾玻璃心道。

"什么?"赵小杰更加匪夷所思了。

问题思考

本章中,为了最大限度地给赵小杰和奎见鹤办案提供便利,张一一为他们提供了"超级电脑"和"大魔鬼"摩托车用于办公。俗话说得好:"工欲善其事,必先利其器。"对于企业而言更是如此——开办企业需要经营场所,生产产品需要原材料,日常运营中需要形形色色的供应商提供产品、服务和解决方案,这就少不了也离不开专门的采购人员。对于企业而言,究竟应该通过什么样的制度设计,才能最大限度地实现"阳光、科学、高效率"采购呢?

答疑解惑

《医规》下册→第三章－采购→3.2　采购专家团 CEG 制度与采购流程管理

35 工欲善其事，必先利其器

“都说男人一有钱就变坏,果真一点都不假,坏人!”马大虾哀怨地看了赵小杰一眼,竟头也不回地走回房间,咣当一声关上了门。

“吃错药了?”赵小杰无语地看了眼马大虾紧闭的房门,摇摇头,继续操作起电脑来。

但就在这时,客厅的门开了,王酱军风尘仆仆地赶回来,看赵小杰在,就急忙问道:“院子里那台高调得明显过头了的摩托车,是哪个傻小子的?”

“怎么了?”赵小杰不爽地问。

“我要……”

王酱军深吸一口气,握紧拳头,脸色狰狞地道:“我要把他揪出来!”

“揪出来干吗?”赵小杰不安地问。

“我要……”

王酱军扭头看向赵小杰,一脸严肃地道:“我要认他当大哥! 不,大哥无法表达我的敬仰,应该是大爷! 大大爷!”

……

终于又打发走了这一“仙”,赵小杰得以喘口气,打开“小秘书”说的邮箱,查看她的详细解释、行动指南。

关于那天仨人被带走一事,“小秘书”根据自己已知的一切信息,推断是奎见鹤那边出了纰漏,被人给盯上了,然后设好局等他们仨聚一起,再一网打尽!

显然对方是个狠角色,既缜密又果断,比之前认为的要危险得多。

要不是我方有张阳这尊“大神”镇场,关键时刻出手,估计真要全军覆没了。

赵小杰也终于释然,“小秘书”和自己能这么快地出来,原来是有张阳这个客观存在,并不是因为自己长得帅……

但奎见鹤呢?

赵小杰不禁无语地摇了摇头。

所谓“不怕神一样的对手,就怕猪一样的队友”。

当初奎见鹤说已经展开了“独自的、悄悄的、秘密的”调查工作时,赵小杰就深表怀疑,现在来看,这怀疑不无道理。

以奎见鹤的“直男癌”晚期特征,肯定不可能悄无声息,也肯定做不到“见人说人话、见鬼说鬼话、见神不说话”,肯定是四处招摇,对谁都“秘密”,对谁的承诺都信以为真,结果成功被卖,还自始不知!

而且奎见鹤所谓的“前期调查成果”,至今也没找到。

当初奎见鹤说是在自己的电子邮箱里面,提议先吃饭,之后再分享,结果警察来了……在他被彻底控制前,曾连续对“小秘书”吼了两句话——“手机号!”“我的手机号!”

“小秘书”就让赵小杰登录一下试试。

于是,赵小杰就用奎见鹤的手机号当地址,再用手机号当密码,登录邮箱,多次尝试后,成功被锁定……

自此,赵小杰彻底无语,放弃了“调查结果”,准备执行“小秘书”的另一条“指示”。

赵小杰看看手机,已经周四凌晨了,距离下周一八点上班,还有不到四个整天加八个小时。

“先休息吧。”

赵小杰关掉电脑,躺到床上,心想,“如果接下来能一天当三天用,就能保证完成‘小秘书’的任务”！

第二天天不亮，赵小杰就强迫自己起来，匆忙洗脸刷牙后，坐到学习桌前开始制定时间表。

然而刚没写几个字，马大虾就从卧室里出来，毫无征兆地把房门咣当一声，狠狠关上！

赵小杰惊得一哆嗦，差点把笔给扔掉，刚想开口骂马大虾有病，却听隔壁王酱军一声尖叫，接着不停问道：“外面怎么了？发生什么了？是不是摩托车倒了？”

马大虾一句闭嘴，让隔壁房间重归平静。

赵小杰不禁笑着摇了摇头，却见马大虾一脸讨薪失败的表情望着他，忙又识趣地收回笑容。

马大虾继续以讨薪失败的表情站着，岿然不动……

直到他坚持不住了，才松松肩膀，却是继续板着脸，问赵小杰道：“你笑什么笑？”

“笑他。”赵小杰避其锋芒地指了指隔壁房间，低下头继续制定时间表。

“你就没什么要说的吗？”马大虾继续不依不饶。

“说什么？”

赵小杰不禁无语地挠挠头，道：“您帅一直这么横眉冷对的，叫小弟我如何开口？”

“你昨晚为什么不让我摸电脑？”马大虾“怨妇”似的问道。

“就因为这个？”

赵小杰再次无语地摇了摇头，心道原来你的点在这里，便指了指桌上还没打开的“工作站”，道：“呐，帮我开机。”

“好嘞。”

马大虾顿时就眉开眼笑了，忙跑到“工作站”旁，一脸虔诚地开机。

人们往往允许一个不相干的人一夜暴富，却不能容忍身边的人通过努力正常进步。

这便是嫉妒心带来的麻烦，若处理不善，很可能会带来意想不到的灾难！

所以赵小杰决定还是让马大虾参与进来，“分一杯羹”，譬如，一天给他一百块……

马大虾欣喜若狂地点收了赵小杰预先支付的50元红包后，又拿着他给的一千块经费去置办午餐食材了——如今日入过万，两人合计，怎么着也要把大肠和猪蹄吃够！

王酱军也很快起床洗漱完毕，匆忙赶大巴去——接下来他要休假，回老家待几天。

房间里很快就只剩下赵小杰一个人了，他不禁深吸口气，把刚制定好的时间表贴到学习桌前的墙面上，准备开始遵照执行。

所谓“工欲善其事，必先利其器”。

这次“小秘书”给了他最厉害的笔记本和最拉风的机车，又给了他最高等级的法律应用系统、最全面的知识库权限、最有效的自律方法和作息建议，以及一天一万块的活动经费支持，目的就是让他静下心来，在接下来的四天多点时间里，尽力挤出时间学习总结，务必要把奎见鹤被警方带走一事可能违反刑法、刑事诉讼法、行政法的点找出来，捋清楚，并提出可行的法律建议和操作指南。

挑战不可谓不一般！

但一想到奎见鹤那张“火云邪神”般经典的脸，在看守所或某处黑窝点内“惨遭蹂躏”的情景，赵小杰就丝毫不敢松懈，一刻不停地学习掌握法律这门武器！

问题思考

本章中，赵小杰经过分析，得出结论是奎见鹤可能在“独自的、悄悄的、秘密的”调查过程中泄露了风声，打草惊蛇，被相关企业和人员得知，最终遭受反将一军。全意集团美女医药代表门事件发生后，为了尽快度过危机，公司高层决定聘请专业人士来调查幕后可能存在的“恶意竞争者”，同时也意识到公司里出了“内鬼”。那么，我们该如何理解律师事务所、张阳、张一一的调查行为呢？

答疑解惑

《医规》下册→第八章－稽查→8.1　外部专项调查

36 酒香不怕巷子深

“有钱能使鬼推磨”。

从早上六点多开始,五个小时不到的时间,马大虾不但采购了所需的一切食材,置办了所要的一切厨具,还按照赵小杰的吩咐,开锅的开锅,磨刀的磨刀,焯水的焯水,过油的过油……总之,一切前期工作,都近乎完美地完成了。

其间还顺带给赵小杰做了份早餐。

简直完美!

对此,赵小杰也是刮目相看,没想到“终结者”马大虾不但上得卧室,还下得厨房?真是“人不可貌相,屁不能乱放”。

“杰哥谬赞了。”

马大虾竟然连说话都字斟句酌起来,但毕竟还年轻,压制不住内心的傲娇,不够老道地怀疑道:“杰哥,您确定能行吗?要不让我来做?”

之前赵小杰虽然给马、王“二仙”焖过猪蹄,但俩人一直怀疑是用买的料做的,对其厨艺并不认同。

这要放在以往,赵小杰估计也就退让了,毕竟能节约点时间就节约点,但这次做饭还有一个很重要的目的,赵小杰坚持要亲自来。

“也是,上次做饭还是‘师姐’在的时候……要不我先试试,你在旁边指导着?”赵小杰笑着谦虚道。

“你都提到那位大姐了,还敢不让你做吗?”马大虾忙表示放弃,伸手做了个请的姿势。

赵小杰指了指盘里的包菜叶子,问道:“是用手撕的吗?”

“放心,一片一片撕的。”马大虾表示这些基本功他还是知道的。

“那好,就先来个‘手撕包菜’吧,冰糖在哪呢,先炒个糖色出来。所谓‘酒香也怕巷子深’,这做菜呢,一定要注意颜色,看着新鲜漂亮,人才会有食欲。”

赵小杰一边说着,一边去翻调料架上的瓶瓶罐罐——这马大虾也真是的,买了一堆老土陶瓷罐来放调味料,就不怕弄错了吗?

行家一出手,便知有没有。

赵小杰一番操作后,看得马大虾是目瞪口呆,直言自己是拍马不及,您帅这都是从哪里学的?

赵小杰说小时候跟着爷爷混,那老中医在吃上可讲究了,但本人又懒得出奇,所以就从娃娃抓起,把他给培养出来了。

“这么悲惨?”马大虾不禁深表同情。

“可不是嘛。”

赵小杰不堪回首地摇摇头,把六菜一汤外加主食先后装到两个四层饭盒里,让马大虾赶紧打车给“小秘孔”送去,并保证报销来回的车费。

每天白得一万块活动资金,无异于天上掉馅饼,赵小杰在内心激动之余难免有所不安,便决定拿出自己的看家本领来犒劳“小秘书”,虽然耽搁了一个多小时,但换来心安,也是值了。

马大虾之前在宛阳律所工作过,也认识孔丽,让他去送,既省时又省力还省钱,最合适不过。

……

张一一虽然依旧被张阳禁足在“图书馆”里,但应她本人强烈要求,“送饭”的任务就改由孔丽来完成了,这样正好方便俩人联系。

孔丽提着俩饭盒一走进房间,就笑着道:“一一姐,你那个小男友真暖呀，一口气给你做了这么多菜。”

“什么？小男友？做菜？”

张一一从电脑屏幕（“图书馆”里的内网电脑）中抬起头来，一脸迷茫地三连问道。

“赵小杰呀，他给你做的饭。”

“小秘书”一边说着，一边把一个个小饭盒摆到桌子上，到最后，整个人都有些看呆了。

“怎么了？”

张一一放下鼠标，走到孔丽面前，一看到眼前的景象，却是忍不住皱起了眉头。

只见六菜一汤色泽亮丽，连干米饭都点缀着黄的玉米和黑的芝麻，真颇有几分大厨的神采。

“真是人不可貌相咩。”小秘孔在一旁感叹道。

“什么呀？简直就是胡闹，华而不实！”

张一一深吸一口气，回到电脑桌前，生气道：“扔了吧，咱们点外卖吃。”

“什么？”孔丽有点不敢相信自己的耳朵，很是疑惑，向来淡定的张一一怎么会忽然这么激动。

“不务正业！白瞎我那一万块了！”

张一一气得又起身坐到沙发上，双手环胸，心道：“当初为了激励赵小杰，咬牙给他一天一万块的活动经费，目的是让他梳理法律体系，取得集团认可再而营救奎见鹤，可不是让他来做饭泡妞的！‘酒香不怕巷子深’，你要是有真本事，还用得着这些邪门歪道吗？”

想到这里，张一一不禁又看了孔丽一眼，但见她也正一脸迷茫地望着自己。

“都打扮成这样了，难道还不保险吗？”张一一不禁陷入了迷茫之中。

所谓女大十八变，张一一自从“长成”以来，就受尽了作为“美女”的烦恼，身边蜂蝶不停，袭扰不断，严重影响了她作为正常人正常学习、正常生活、正常工作、正常思考的想法和努力。

所以这次假扮成“小秘书”，虽然最初是为了“忽悠”全意集团，但后期依然不怕麻烦地继续“伪装”，也是因为那些数不胜数的“前车之鉴”，她想要和“某些人”保持正常社交距离，进而正常做事。

“难道这次又要？”

张一一不禁长吁口气，扭头向孔丽处望去，心想，怎么嘱托她几句规劝赵小杰不要胡思乱想之类的话？

却见孔丽正一脸陶醉地仰着头，仿佛刚经历了人世间最美妙的事！

“喂喂，姐们儿，怎么了？”张一一忙问道。

“这猪大肠，简直太好吃了！”“小秘书”孔丽深情款款地称赞道，眼泪都快流了下来。

“什么？”

一听到那三个字，张一一也不由食指动了动，暗忖刚才怎么就没有注意到，再看孔丽，已经结束了陶醉，开始狼吞虎咽了，就连忙打断道：“喂喂，你一个都市白领，竟然去吃猪大肠？”

“我也想戒，可是戒不了呀！”

孔丽不好意思地笑了笑，道：“再说现在就咱俩嘛，又没有外人，就不用再装淑女了。”

“那真的很好吃吗？”张一一“似乎”有些心动了，表示好奇地问道。

“简直是人间美味，没有之一了！”

孔丽一边过分拔高着心爱的美食，一边循循善诱道：“要不你也试试？你那个小男友处理得很干净的，没有异味。”

“是吗？”

张一一做出“将信将疑”的样子来，用筷子夹了块儿肥肠，很“好奇”地问道：“这真的能吃？”

“真的能吃！”孔丽在一旁鼓励道。

“那好吧。”张一一似乎“终于”下定了决心，把一直夹着的肥肠放进小嘴里，轻轻咀嚼起来。

孔丽一直在旁仔细观察，暗想最好能把她也发展成爱好者，如此一来不就可以经常吃了吗？

最不济，也要让她尝一尝，至少做到不排斥，那以后也还有机会再吃……

但最令人意想不到的是，张一一竟然流泪了？

什么情况？孔丽不由慌了。

问题思考

本章中，我们的主人公赵小杰“敦敦告诫”马大虾关于“酒香也怕巷子深”的道理，并提醒烹饪时要注意色、香、味俱全，才会引起人的食欲。诚然，随着商品经济的不断发展，企业除了要有过硬的产品质量，同时也要重视并善于对产品进行宣传、推广等营销活动。那么，药品企业在营销过程中，特别是在做广告时，应当注意哪些主要法律风险？

答疑解惑

《医规》下册→第五章－营销→5.1　广告营销宣传注意事项

37 眉毛胡子一把抓

“难道是被臭着了?”

孔丽不禁打了个冷战,暗道:“这已经被处理得很干净了,我连续吃七八块都没感觉到异味……难道是,她那块儿没有被洗到?”

“完了! 完了!”

孔丽暗思不妙,忙怯生生地问张一一道:“姐,是不是不好吃呀?那我倒掉吧。”

说着,孔丽便拿起那盘肥肠准备倒掉,她想着亡羊补牢来着,至少还能挽回一些好感。

“等等。”

张一一忙伸手打断,随即掏出纸巾擦了擦眼角,道:“我只是有感而发,想起了我妈妈。”

“什么?”小秘孔不禁有些凌乱了,这都什么逻辑。

张一一笑了笑,扭头看向孔丽,眨了眨眼,道:“想不想听实话?”

“当然想了,一一姐您赶紧说吧。”

“其实我也很爱吃肥肠,欲罢不能那种。”

“啊?”孔丽感觉匪夷所思,没想到你竟然是这样的人。

“张阳张老大的出身,你应该知道吧?”张一一换了个角度。

“知道呀,不是说现在的马局还是他当年的小弟吗?”

“这有点夸张了,但俩人确实是铁哥们儿,既然如此,你想他的‘饭品’会高吗?”

“这怎么说?”

“他们几乎清一色‘肉食动物’。”

“嗨,我觉得爱吃肉纯粹是种爱好,跟品味不品味挂不上钩吧。”“小秘书”嘿嘿一笑,既替张阳又替自己辩解道。

张一一点了点头,继续道:“老张最爱吃的就是肥肠。那时候我妈妈还没有辞职当律师,时间充裕,负责干家务。她的家常菜里就有一道‘小炒肥肠’,就是这个味道!”

张一一指了指眼前的这道菜,道:“可惜后来妈妈下海,又开了这家律所,忙得不可开交,记忆中就没再做过饭了,再后来,她老人家去世,我和老张就再没机会吃了。”

张一一笑着摇了摇头,擦了擦眼角的眼泪,颇感惊奇地道:“说实话,我跟父亲这么多年吃遍了各种‘肥肠’,硬是吃不出刘宛女士做的那种味道来。没想到今天竟会以这种方式再次尝到。”

“那赵小杰是怎么知道这种味道的?”孔丽忽然觉得有些不对劲儿,不禁表示疑惑起来。

“莫非这哥们儿早就看出了一一的真实身份,对她进行过调查,然后挖空心思地设计这一切,就是为了达到自己‘不可告人的目的’?”

“小秘书”孔丽的脑洞忍不住再次大开起来。

“我之前做过背景调查。”

张一一继续道:“赵小杰跟我妈妈是一个地方的,也许他们那儿流行这种做法吧,之前倒是没有想到。”

“你就一点也不怀疑?”孔丽继续问道。

“怀疑什么?”

“他可能认出了你的真实身份,然后图谋不轨!”

“省省吧。”

张一一笑着戳了戳孔丽的小脑袋,道:“他要是真看出来了,还会给我送大肠吃?”

“也是啊。”

孔丽感觉很有道理地点了点头，但紧接着就不爽了，噘着嘴埋怨道：“他是认为，也就小秘才会吃大肠吧。”

“说不定是他自己想吃，顺便着给咱们做些呢。”

张一一笑着宽慰，接着故意打趣道：“那要不给他说说，不让他再做这个了？”

“还是算了吧。”“小秘书”忙“破涕为笑”，表示否定道。

……

“嗯，好吃，真好吃！”马大虾一边拼命往嘴里扒拉着饭菜，一边含混不清地啧啧称奇。

“好吃就多吃点儿，还占不住嘴？”赵小杰一边看着电脑上的法律解析，一边无语道。

“哎，你怎么不吃呀？”马大虾难得还能想到赵小杰。

“我都吃过了，这全是给你剩的。”赵小杰头也不抬地解释。

“嗨，你怎么不早说呀？”马大虾不禁埋怨起来。

“早说能怎么了？”赵小杰抬起头问道。

“早说，我就不客气了！”马大虾说完，又明显加快了进度。

“你说得就跟你之前客气了似的。”

赵小杰撇撇嘴，彻底从电脑上移开目光，看着马大虾，道：“讲真，有正事要说。”

“说吧，我耳朵并没占着。”马大虾头也不抬地道。

“明早五点前，必须叫醒我啊！”赵小杰吩咐道，今天早上他起床就晚了十几分钟，收拾完毕都五点半了。

“你这不是‘赶猪上树’吗？”马大虾不禁抬起头来，表示不可能完成。

“所谓‘母猪上树——大有进步’，你不试一试，怎么知道不行呢？”赵小杰鼓励道。

“那为什么是我?”

“呐,如果干得好的话,我会再给你加十块钱的奖励,如果干得不好。”

赵小杰嘿嘿一笑,盯着马大虾,威胁道:“当天的一百块钱酬劳,全部没收!”

“不能吧,你这也太黄世仁了。”马大虾当即表示抗议。

“到底能不能干? 不能干,我就给王酱军了。”

“能干,必须能干,打死也能干!”马大虾忙转移话风,举双手表示能行。

……

如此,赵小杰在马大虾的“全力”配合下,将自律(自虐)进行到底,一天只睡四个多小时,虽然中午做饭耽搁了一个多小时,但全天依然能有 18 个小时来看书学习,吃喝拉撒都还手不释卷!

终于,从周四凌晨起,90 多个小时后,赵小杰总算捋清了最后的法律关系,一看时间,也才周日晚上 7 点多些。赵小杰不禁从电脑桌上起身,对着马大虾的房间吼道:“大侠,出关了,找‘老板娘’切磋武艺去。”

马大虾一听“老板娘”,顿时就心花怒放,屁颠颠地跑了出来。

俩人意气风发,正准备打开房门出去潇洒,房门却自己开了,正诧异着,只见王酱军大包小包地走了进来,俩人正准备招呼,却见王酱军明显一惊,愣了两愣后,竟表示抱歉道:“对不起,走错房间了。”

说着,王酱军便转身离开。

“什么情况?”

俩人不禁面面相觑起来,眼看王酱军真的就要离开了,忙喊道:“喂,王多金,你小子什么情况?”

只见“王酱军”明显“犬躯一阵”,大包小包电影桥段似的掉落在地,身体僵硬地扭转过来,一脸不可思议地道:“你俩是?”

“是什么呀?”

“你大爷的!”

“路上被车撞了吗?”

赵小杰和马大虾气不打一处来,一阵狂轰滥炸,倒让王酱军倍感亲切起来,忙凑近了仔细观察一番,才确认就是他俩!

王酱军不由拍拍胸脯,长出一口气道:“哎哟我的妈呀,真的是你俩呀!这几天到底发生了什么呀,怎么这么两副鬼样?”

说着,王酱军便带俩人到自己房间,照他独有的落地镜。

一看,马大虾还好,还能看出个人样来,赵小杰整个就是“鬼斧神工”了,蓬头垢面不说,眉毛胡子都快实现“一把抓”了,不知道的,还以为去“流浪”了呢……

赵、马“二神”被王酱军这么一捋,自己也觉得如此出去实在有碍观瞻,便赶紧沐浴更衣,刮胡子、剪鼻毛,两番收拾,总算重新达到了做人的标准。

赵小杰还嚷着要去理发,但被肚子早就鸣鼓的两人一致否决,说先吃饭是正事,剪头发随后再说。

赵小杰依然坚持要“从头做起”。

王酱军就说自己有个很靠谱的理发师朋友,吃完饭后可以去找他,约到家也可以。

马大虾更是添油加醋地神秘兮兮道:“早就给杰哥准备了一件帅气逼人的机车皮衣,到时候让理发师配合着设计发型,保证杰哥成为这条街最靓的仔!”

“这么好?”

赵小杰不禁大感意外地看了马大虾一眼,道:“既然如此,那就不吃麻辣烫了,整顿豪华的。”

“什么?”俩人顿时两眼放光起来。

“大盘鸡吧。”赵小杰义薄云天地道。

“切!”

俩人当即就深表失望了,王酱军更是冷笑着提醒道:“注意素质啊,‘说鸡不说吧,文明你我他’。”

问题思考

本章中,通过张一一和孔丽的对话,我们得知张一一在决定和赵小杰一起联合调查全意集团美女医药代表丑闻事件之前,对赵小杰进行了背景调查,了解到赵小杰和妈妈刘宛同一籍贯。其实,企业在招聘核心岗位员工之前,也经常会通过第三方对中意的候选人先进行背景调查,然后再决定是否最终聘用。那么,一般来说,企业对候选人的背景调查应该注意哪些事项?

答疑解惑

《医规》下册→第十一章－员工成长→11.1　招聘和核心岗位候选人背景调查

38 为什么你被放出来了

第二天早晨六点多，仨人早早起床，闺蜜似的在王酱军房间里照镜子。

“这就是你所谓‘帅气逼人’的机皮衣？”赵小杰一边看着镜子，一边向旁边的马大虾问道。

“嗯呢。”

马大虾点点头，睁眼瞎道：“难道不帅吗？”

“跟我的外卖服有什么区别？”

赵小杰无语地指了指客厅里挂着的外卖“战袍”，又摸了摸现在穿在身上的黄色皮衣，怀疑道：“你确定这真的是羊皮，不会是鸡皮吧？”

“说得不就是‘鸡皮衣’吗？”王酱军在旁边挤眼揶揄道。

“滚蛋，我说得是机车皮衣！”马大虾忙红着脸纠正。

“嗨嗨，还好意思说他？”

赵小杰瞪了王酱军一眼，道：“说好的，非常靠谱的理发师……结果，就这杰作？”

他指了指自己的发型，简直就要哭出来了，难道和这身“鸡皮”是商量好的吗？

昨晚仨人醉得一塌糊涂，可即便如此，赵小杰仍念念不忘要去理发，说明天有很重要的人要见，很重要的事要办，所以一定要从头抓起！

王酱军就拍胸脯说这事包他身上了，他那个特靠谱的理发师朋友，估摸着也下班了，给他打电话直接约上门服务，保证给赵小杰修理得比雄鹰还要大鹏!

“然后,就成‘小鸡’了?”

赵小杰指了指自己的“鸡冠头”,道:“鸡冠两边至少还有点毛,我这倒好,直接剃光,干嘛呢? 雁过拔毛呀!”

“嘿嘿嘿!”马大虾再也忍不住,非常不厚道地大笑了起来。

见此,赵小杰顿时就怒了,道:“老马,昨晚不是说好一起理吗,怎么到最后你一动也没动?”

“这个。”

马大虾挠了挠头,道:“主要是,我没你帅!”

“真的吗?”

“这还用怀疑吗?”马大虾摆出一副明摆着的表情来。

“也是。”赵小杰点了点头,虚荣心稍得满足后,心情也好了些。

其实他哪里知道,昨晚马大虾最初是坚决要理发的,但自从那个理发师进门说了一句话后,就坚决不要理了。

那哥们儿说的第一句话就是——我保证把你剪成这条街最靓的仔……

“其实我觉得挺好呀,看多了就习惯了。”

王酱军不失时机地再次出现,手里拿着刚从客厅取下来的外卖头盔,道:“戴上试一试,说不定就来感觉了。”

“是吗?”赵小杰将信将疑地接过头盔,往头上一戴,果真,熟悉的感觉又来了。

“怎么样,没说错吧?”王酱军察言观色,忙跟进道。

“嗯,这下确实顺眼多了。”

赵小杰点点头,转过身来,对着“两仙”,问道:“怎么样,帅不帅?”

“衰!”俩人整齐划一地点头,异口同声道。

“那好,我现在就出发办大事喽! 咱们晚上再见,等我好消息,拜拜。”

赵小杰的自信永远随叫随到，当下就再次雄赳赳气昂昂起来，潇洒地转身离开，消失在了门外。

“真像一只鸡。”马大虾忍不住评价。

“三黄鸡吗？”王酱军跟着补刀。

“哈哈哈哈……”俩人不约而同大笑起来。

但很快，马大虾就止住了笑，道：“有话赶紧说。”

“你怎么知道的？”王酱军不禁表示服了。

“‘事出反常必有妖’，你这么配合着跟我一起忽悠赵小杰，难道只是因为爱我多一点？”马大虾表示不信道。

“好吧，该交房租了。”王酱军实话实说道。

“就知道没好事！”马大虾无语地掏出了手机。

“大魔鬼”的缘故，赵小杰一路引起了无数人的瞩目，地下室停好车后（“小秘书”给郑帅报过这个车牌，所以医药公司的安保系统也认），赵小杰摘下头盔，又在无数人的瞩目下，来到了老东家——全意集团。

直奔25楼，郑帅已经等候多时。

“嗨，郑董您好。”赵小杰走过来，主动跟站在电梯口等待的年轻男子打招呼道。

他之前在全意集团干过，自然认识大名鼎鼎的“二把手”郑帅。

“你是？”郑帅盯着赵小杰被头盔压扁了的“鸡冠”，疑惑问道。

“在下就是赵小杰，很高兴认识您。”赵小杰笑着伸出手，很商业范儿地求握道。

“哦……是吗？”

郑帅一边皮笑肉不笑地伸出右手回握，一边用左手掏出手机查看孔丽发过来的照片，仔细比对了半天，才彻底放心地紧握了握赵小杰的手，道：“去跟我见董事长吧，最多一分钟的路程，不过我可以安排你去下洗手间。”

“为什么?”赵小杰不解地问。

“想一个解释你发型和衣着的理由。”郑帅很认真地说道。

……

刘建军坐在办公室里正喝着茶,忽然透过玻璃墙,见郑帅带了个身着奇装异服发型怪诞的年轻人朝这边走过来,正纳闷什么人来了,郑帅打开了门,道:“董事长,人带来了。”

“什么?”

刘建军顿时就感到了一股深深地绝望,不禁将身体陷进沙发里,什么话也不想说了。

原本他对这次和赵小杰的会面还是颇为期待的,早早就嘱托郑帅亲自到电梯口去接,甚至连进办公室不用再敲门这个细节都考虑到了……

可谁曾想,迎来的竟是这“画风”。

“难道天要亡我全意集团?”

越想,刘建军的心就越冷,甚至连多年养成的客套都不会了。

一时间,办公室内充满了尴尬的寂静。

“刘总,是这样的。”赵小杰深吸口气,率先打破沉默,准备解释。

显而易见,今天这身装束是“翻船”了,无论如何责任都在他,不管怎样都该由他来解释——刚才在洗手间憋了整整有十分钟,他觉得还是实话实说吧,希望能挽回些“损失”。

“不用说了!”

刘建军却是非常不给面子地直接伸手打断,瞥了赵小杰一眼,冷笑道:“小兄弟,咱全意集团正在筹备上市,我想,你应该是知道的吧?”

“知道。”赵小杰点头。

“那现在集团面临的困境,我想,你也是清楚的吧?”

“清楚。”

“那作为集团的主要负责人,我刘建军既不是个傻瓜,他郑帅也不是个白痴,我想,你也是晓得的吧?”

“晓得。”

“那请问,把公司事关生死的大事交给您一个‘小鸡’……不好意思,我舌头的问题,d 和 j 分不清。”

刘建军冷笑着解释一句,继续道:“那能不能给我两个理由,1. 证明我没有抽风;2. 证明你们郑总脑袋没有被驴踢。”

“奎见鹤。”赵小杰答非所问道。

“什么?”刘建军的注意力被略微吸引了些。

“我和孔丽、奎见鹤是在上周二被抓的……”

赵小杰简单把事情经过说了一遍,接着继续道:“所以我准备救出奎见鹤,只有把他救出来,我们的计划才能……”

“等等。”

刘建军再一次不客气地打断赵小杰,疑惑道:“我不明白,为什么您被放出来了?难道仅仅是因为您比奎见鹤帅吗?或者用你们的话说是‘更有气质’?”

问题思考

本章中,刘建军对与赵小杰的初次见面非常失望,原因就是赵小杰的“奇装异服”。这其实就是一种典型的“晕轮效应”——刘建军因为对赵小杰的第一印象“很坏”,内心深处就“断定”这是一个难成大事的“小弟”,进而对其失去了耐心。对于企业而言,品牌形象、品牌传播更会对消费者产生正面或负面的晕轮效应。随着市场竞争的不断加剧,企业应当如何通过正向的晕轮效应来扩大品牌影响力和传播度?

答疑解惑

《医规》下册→第五章－营销→5.2 晕轮效应和刻板效应

39 一定不能是谬赞

“赵先生，去我办公室里坐坐吧。”郑帅邀请道。

“好的。”赵小杰点了点头。

刚才在董事长办公室，面对刘建军的疑问，赵小杰一时也回答不上来，因为这也是他比较困惑的地方——

“小秘书”有张阳出马，无罪释放很正常，但自己为什么没有陪着奎见鹤继续“食宿全包”，为什么？

对此，老谋深算的刘建军显然早已有了独到见解，只见他呵呵一声冷笑，道：“我来替你解释吧，那就是警察都觉得你小子太‘虾米’了，关着浪费空间、粮食，索性就给放了！”

“太不给面儿了，这解释！”

赵小杰不禁苦笑一声，嘴上没说，心里却不得不承认，这解释简直是无懈可击。

“你小子，连警察都不愿意关你！我这边，会跟你签合同？”刘建军冷笑一声，摆摆手，示意本次会谈到此结束。

……

赵小杰跟着郑帅来到他办公室，坐下后，郑帅亲自泡了杯茶端过来，态度比刘建军和气多了，道：“老刘就是这脾气，‘刀子嘴豆腐心’，你别往心里去啊，说不定他这会儿正后悔着呢。”

“后悔？后悔什么？”赵小杰自嘲地笑问道。

“你不要有情绪，我给你解释一下吧。”

郑帅笑了一下，道："上周五孔丽把我们约到了律所，正式签了合同，并说最近正在给你办理'律师助理'的手续，让周一咱们先碰个头，等'助理'手续办下来后，再签正式的合同及授权。所以，你明白了吧，这次见面并不能说明什么，而老刘之所以那么生气，说实在的，你也有原因吧。"

"我承认，主要错误在我。"

赵小杰虽然有点"二"，但绝对不傻，明白自己今天这穿着打扮、发型风貌实在有碍观赏。但他也实在是没有办法。

昨晚醉得一塌糊涂，全身上下都被自己和兄弟们吐了个遍，没办法，只能穿马九九给买的"机皮衣"；至于发型，一来早上确实没时间挽救，二来也实在没办法挽救——难不成剃光？

那岂不是更加不堪入目？

赵小杰耐心把事情的前因后果给郑帅解释了一遍，坦言说没想到刘董事长如此武断，一点也不给自己说话解释的机会，如果能像郑董这样平易近人、明事理，何愁大事不成？

千穿万穿，马屁不穿。

虽然最后这一番用力拙劣无比，却让郑帅大为受用，看赵小杰不禁更加顺眼了，问道："你之前说奎见鹤什么的，不妨继续讲讲？"

"好的。"

赵小杰点了点头，深吸一口气，道："拘留之后三件事，郑董可否知道？"

"洗耳恭听。"

"拘留之后，要在 24 小时之内完成三件事——'送看、讯问、告家属'，即送看守所，组织讯问，通知当事人家属，除无法通知或者涉嫌危害国家安全犯罪、恐怖活动犯罪通知可能有碍侦查的情形以外。"

赵小杰看着郑帅，接着讲道："我们当时面临的情形显然不是'拘传'，将来要面临的指控，即便那帮人再怎么生编硬套，也不可能是刚才我讲的那两种罪。在这件事上,他们有太多程序漏洞了,而我需要做的就是抓住漏洞,进行反击,保护奎见鹤作为公民应该享有的合法权利……”

“等等。”

郑帅忙打断赵小杰,笑着道:“问你一个问题?”

“郑董请讲。”

“你怎么就断定他们有漏洞,违反规定?”

“我的意思是说,你又不知道他们的办案细节,在如此情形之下,又是如何判断的呢?”郑帅补充问道。

“这个很简单。”

赵小杰清了清嗓子,道:“公安内部有一套非常严格的办案流程和行动规定,首先就要合法,并不是他们‘想抓谁就抓谁’,‘想拘留就不拘传’的。”

“从最基础上说,他们那天的行动太‘猛’,直接把我砸晕了,至少就违背了‘比例原则’!”

见郑帅脸露迷茫,赵小杰停了停,想了个比较通俗的解释,现身说法地指了指自己,解释道:“‘杀鸡焉用宰牛刀’‘不能用大炮打小鸡’,这意思,郑董明白吧?”

郑帅脸露微笑,表示懂了。

“但现在的重点不在这里,重点是他们继续羁押着奎见鹤,我要把他救出来,然后跟他‘双剑合璧’,查找医药领域的法律漏洞,揪出在咱们集团背后捣鬼的罪魁祸首,还李院长清白,还集团清白!”赵小杰正义凛然地道。

“说得好!”

郑帅被赵小杰成功地忽悠得热血沸腾起来,问道:“那你准备怎么办?”

“首先,要找奎见鹤的家属,说服她去找有关部门申诉,既可以是公安机关，也可以是检察机关，坚持申诉，持续给他们增压，争取达到最理想的效果。”赵小杰道。

“嗯，我明白了。”郑帅似懂非懂地点了点头。

尽管有很多疑问，譬如为什么不让家属去“委托”赵小杰？

为什么是申诉？

为什么既可以找公安又可以找检察院？

为什么不去找监察委？

但出于面子问题，郑帅不打算再一一细问了，接着，就非常霸气地许诺道：“如果这件事办漂亮了，你就是集团有史以来最年轻的法务总监！”

“什么？”赵小杰惊呼道。

“我是集团‘二当家’的，也分管法务，这点主还是能做的。”郑帅继续傲然道。

“不是郑总，您听我解释……”

“首席法务官。”郑帅继续加码。

“不是我不愿意！”

赵小杰忙抢先表明立场，跟着解释道：“法考过后我是要做律师的，国家有规定，律师不能做公司法务。”

“那副总裁，分管法务，总可以了吧？”郑帅继续加码。

“这个。”

赵小杰不禁扶住了额头，似乎陷入了激烈的“天人之战”中，一番征战后，赵小杰抬起头来，回答道：“可以考虑一下下，看能不能当个‘独立董事’……”

“你这表演天赋，都可以拿影帝了！”

郑帅不禁朝赵小杰竖起了大拇指，挤兑道：“明明是张大肉饼，却被你整得跟雷似的。”

赵小杰脸不红心不跳地笑了笑。

“但先说好了，事情要办漂亮啊，不然一切白搭。”郑帅提醒道。

“这是自然。”

赵小杰再次表态，并道：“那时候不早了，我先走了，还要去找奎见鹤家属。”

“那好，我送送你吧。”郑帅道。

“郑总您这么忙，就不用了吧。”赵小杰忙表示不用麻烦。

“没事，就送你到电梯口。”郑帅笑着起身。

“您看，您简直是太客气了。”赵小杰感谢道。

“我少年时期，最爱三样东西：美食、美景、美女！参加工作后，我又加了一项，你知道是什么吗？”郑帅一边在前带路，一边问道。

“是什么？”

“美人！”

“啊？”

“帅的和有才的，都统称美人，难能可贵的是赵先生兼而有之。”

“郑总，您真是谬赞了！”赵小杰表示谦虚道。

“不，不能是，一定不能是谬赞！你明白吗？”郑帅大有深意地道。

“这个，还是有点理解不到位。”赵小杰挠了挠头，实话实说。

“那就再聊一聊吧。”

郑帅伸手止住赵小杰准备说的“不用客气”的客气话，帮忙摁了电梯，接着道：“‘事无不可对人言’，我少年的时候也许做了些荒唐事，但自从参加工作后就一直堂堂正正的，这也是我和刘董能最终走在一起的主要原因，而不仅仅靠‘叔侄’关系。你别看刘董脾气暴躁，但做起事来却是最讲规矩，这也是为什么，跟咱同时代的大部分药企都不复存在了，而我们却能活下来并做大做强的根本原因。在最初乱象横生的时候，‘抄近道’确实能走快一些，但那是野蛮生长，最终都会再‘凭实力退回去’。而我们规规矩矩，一开始看起来似乎‘慢了些’，但我们一直在稳扎稳打地向前迈进，所以最终，我们成了最厉害的那个。”

“不用我多说，你前段时间在公司，也能感受到咱们的企业文化吧？”

“确实很讲规矩。”

赵小杰点了点头，表示认可道：“其实不光咱们公司，整个行业的形象都刷新了我之前的认知。只是有个别人……”赵小杰笑了笑，不再说话了。

“哎，‘一个老鼠坏锅汤’的问题，确实让人头疼。”

郑帅无奈地摇了摇头，道：“这也是接下来我要跟你谈的，你先前被‘辞退’的这个问题了。”郑帅把赵小杰让进电梯，正色道。

问题思考

本章中，郑帅对赵小杰表示欣赏，并郑重邀请赵小杰在“事情”办好后加盟公司，随后，赵小杰提到了“独立董事”。这个独立董事是指什么呢？我们知道，上市公司必须在董事会中设置不少于董事会成员人数1/3的独立董事，那么非上市公司董事会可以设置独立董事吗？

答疑解惑

《医规》下册→第九章－投资者关系→9.6　独立董事制度的建立和发展

40 金阿姨

不是“高峰期”，电梯里并没有别人。

郑帅便接着继续对赵小杰说道：“你是棠好马招进来的，最后‘走人’也是他决定的。棠好马这人呢，脑子够灵光，能力也很强，跟着刘董创业至今，算是元老了。但为什么一直到不了总经理这个位置，反而被我这个‘毛头小子’给‘截胡’了呢？这就是‘发展理念’的问题，他以及他手下的一些人跟咱们公司文化最终无法达成一致，所以总监这位置就是他的天花板了，将来只会慢慢淡出核心圈。所以他才不甘心，整出这么多事来！”

电梯很快到了B2层，赵小杰忙摁住“开门”键，请郑帅下电梯——他看郑帅似乎还意犹未尽，就只好继续请他到车库再“聊聊”了。

俩人走在空旷的地下停车场里，郑帅拍了拍赵小杰的肩膀，道：“你的《合规指南》确实不错，我跟刘董看了后都惊出了一身冷汗，想不到公司运营还存在这么多‘漏洞’。看来这进步还是需要有外力给‘来一脚’！还有这次‘性贿赂丑闻’的事，不发生，我们根本就不知道公司的公关能力、维权能力竟这么初级，想想之前我们还摩拳擦掌的要‘走出去’，要到‘更大的舞台上’去施展手脚，为‘世界难题的解决提供中国方案’呢，结果却连家里的事都没能好好解决。所谓‘一屋不扫，何以扫天下’？正好以最近发生的这些事为契机，我跟刘董商量，将来一定要加强内控管理的力度！只有把自己的事做好了，才能图谋别的。所以兄弟，‘一定不能是谬赞’，你明白吗？”

郑帅充满期许地看着赵小杰。

“放心吧，郑总！”

赵小杰神秘一笑，道：“有句话，叫，‘说你行，你就行，不行也行；说你不行，你就不行，行也不行’。”

“说我霸道，不讲法治了？”郑帅笑着道。

“嗨，看您说的。”

赵小杰嘿嘿笑着道：“您刚才讲的，那是大众的看法，但像您这样的精英，是应该有不同见解的。”

“哦，是吗？”

郑帅来了兴趣，问道：“那像我这样的精英，应该怎样理解？”

“大人物都有特殊能力，他们都是预言家，关于未来，他们永远判断准确，这就是所谓站在时代的潮头。”赵小杰再一次刷新下限地拍马屁道。

“哦，原来是这样。”

郑帅哈哈一笑，道：“那赵总，希望我预言成真。”

“必须滴！”赵小杰扬了扬拳头，表示一定能行。

……

离开全意集团后，赵小杰开着机车，直奔奎见鹤家而去。

类似基础信息，“小秘书”那里已经做好前期调查了——奎见鹤家属是老家介绍来的，文化程度不高。俩人育有一子，在寄宿中学上学，周末才回趟家。

因为是医院的老旧小区，安保方面比较松懈，赵小杰开着机车长驱直入，在最偏僻的一栋居民楼前停了下来。

锁好车，从步梯爬到七楼，赵小杰轻轻敲了敲奎见鹤家生锈的防盗门。

开门的是一个中年妇女，其貌不扬，但因为朴实无华，反倒令人心生好感。

“请问,你是?”中年妇女疑惑地问。

“阿姨,我叫赵小杰,是奎老的朋友。”赵小杰道。

“啥,赵小杰?”中年妇女顿时就情绪激动起来,奔跑着冲出了房间。

“怎么了阿姨?”赵小杰一边说着,一边向后退,生怕被撞下楼梯去。

“我们家老奎呢,他到底犯什么法了,怎么就被公安给抓走了?”中年妇女吼着问道。

虽然她已经意识到有些失态,停下了身体,但情绪还是不受控制,特别激动。

“阿姨,我们进屋再说吧。”赵小杰左右看了看,小声道。

“好,好,进来说,进来说!”中年妇女忙把赵小杰让进房间,同时紧紧拽着他的胳膊,生怕他再“跑了”。

“阿姨,能不能先把手松了?”沙发上坐定后,赵小杰方才尴尬地提醒道。

“好,好!”

奎见鹤家属忙松开手,不好意思道:“对不起小兄弟,攥疼你了吧?”

“没事的,阿姨。”

赵小杰一边揉着胳膊,一边好奇地问道:“阿姨,您是怎么知道我的?”

“老奎老是在家里念叨你,还有那个孔,孔?”

“孔丽。”

“对对对,孔丽,就叫孔丽。”

中年妇女脸上终于露出点笑容,道:“从前几周开始,老奎就总是在家念叨你俩的名字,说法律人了不起呀,行了一辈子的医,从来都是教育别人,没想到老来竟然被俩学法律的小年轻给教育了,还心服口服的,真是后生可畏啊!"

"奎老谬赞了。"赵小杰笑着道,他没想到奎见鹤面上"油盐不进",内心却是这么善良,尊重知识。

"小兄弟,刚才阿姨太着急了,你别介意啊。"

中年妇女搓了搓手,道:"主要是老奎,他到底怎么了?"

"阿姨,我们是被人陷害了。"

赵小杰简单地把这些天的事述说了一遍,接着随意问道:"阿姨,依您看,是谁在设计害我们?"

"肯定是他!"中年妇女咬着牙道。

"谁?"赵小杰忙问道。

"辉学兵。"

"为什么会是他呢?"赵小杰深吸一口气,继续问道。

"这个人呢,别看天天戴副金丝眼镜,文质彬彬的,但其实就是个'伪君子'!"

金阿姨长吁口气,道:"我虽然没什么文化,但好人坏人还是能分清的。不像老奎,'敌友不分',这些年被他给害惨了。"

"听说上大学的时候,奎老和那个叫辉学兵的还是室友呢,俩人关系特别好?"赵小杰问道。

"就因为这点感情,老奎才一而再,再而三地忍让他,迁就他。"

金阿姨叹口气,道:"听老奎自己说,年轻的时候自闭严重,一直吃药也不见效,反而是后来跟辉学兵成了朋友,病才慢慢好了。老奎把他病好的功劳全算在辉学兵身上,太念旧情、太记恩德,所以……"

金阿姨一边抹着眼泪,一边把这些年奎见鹤和辉学兵的"恩怨情仇"悉数说给赵小杰听。看来,奎见鹤并不是不知道辉学兵背后对他做得那些勾当,只是出于报恩心理,一直忍着罢了。

想来也有很多时候忍无可忍,就念叨给金阿姨听了,不然她也不会知道这么多。

听金阿姨说完后，赵小杰陷入了沉默，看来“小秘书”的调查结论基本靠谱，这一切事情幕后的最大黑手，极有可能就是辉学兵。

“小赵，小赵？”金阿姨忽然打断了赵小杰的思绪。

“阿姨，怎么了？”赵小杰忙问道。

“说了这么多，老奎到底该怎么办呀？”金阿姨着急地问道。

“阿姨，您先别急，咱慢慢来。”

赵小杰忙又安抚金阿姨的情绪，继续问道：“阿姨，您能告诉我，警察是什么时候告诉您奎老被抓这事的？”

“上周四，有一个陌生电话一直打我手机，后来我就接了，然后就听那边说，老奎犯了什么什么罪，正在接受调查……”

说到这里，金阿姨又忍不住哭起来，“我原本就找老奎一天多了，他手机一直关机，到医院也说没见人，就打算报警去，结果就来了这个电话，我赶紧就去派出所打听这事，结果接待的人就给我说，让我最好老实点，配合调查，不要到处打听、跑动，不然老奎就罪加一等！”

“我去，这也可以？”

赵小杰不禁苦笑着摇了摇头，接着又问了金阿姨一些问题，心中渐渐有了对策。

“阿姨，相信奎老是无辜的吗？”赵小杰小声问道。

“嗯？嗯。”金阿姨虽然有点迷糊，但还是点了点头。

“那相信我跟孔丽吗？”赵小杰继续小声地问。

“嗯，相信！”金阿姨这次倒是一点都不含糊。

“那接下来几天，我们就去公安局、检察院、政府，去申诉、申请检察监督、申请复议，怎么样？”赵小杰问道。

“这些能行吗？”

金阿姨又有些犹豫起来，道：“他们不是说，不要乱跑、乱打听？”

“阿姨，您是信‘他们’呢，还是信奎老、孔丽跟我？”赵小杰笑着问道。

“傻孩子，当然是信你们了！”金阿姨毫不犹豫地说道。

“那好，那咱们就去积极维权，为奎老讨一个公道！”赵小杰握了握拳头。

“孩子，看你这样，阿姨真是心安太多了！但是……”金阿姨叹了口气，欲言又止。

问题思考

本章中，由于奎见鹤被公安机关“带走”，至今未归，赵小杰找到奎见鹤的太太金阿姨，想要设法把奎见鹤“营救”出来。那么，赵小杰对金阿姨说的“申请复议”是指什么？是指行政复议吗？如果是，金阿姨作为被控制人身自由的公民的近亲属，应该向谁申请行政复议？对于企业来说，假如对行政机关做出的相关行政行为不服，也可以申请行政复议吗？假如这个行政机关是省级政府或者国务院部委呢？

答疑解惑

《医规》下册→第一章－研发→1.6　对国务院部委具体行政行为不服的救济

41 一切按规矩办

原来金阿姨担心自己文化程度不高,法律知识更是一窍不通,怎么去和"你们这样的人"沟通?

对此,赵小杰早就考虑好了,告诉金阿姨,"申诉状""申请书"等所有法律文书都由他来代笔,到时候金阿姨只需以家属的身份签字提交即可。

至于别的需要临场发挥的,赵小杰会一直陪伴左右,进行现场指导,只要签一份授权委托书即可。

"好!"

金阿姨这下总算彻底放心了,点了点头后,就起身向里屋走去,赵小杰还以为她要去拿纸和笔,不禁道:"阿姨,我这里有模板,不需要您再拿了。"

金阿姨回道:"没事,你先稍等一下。"

没多久,金阿姨从里屋走出来,手里拿着一个存折,放到赵小杰面前道:"大兄弟,我和老奎一辈子的积蓄都在这里了,就全都给你们当律师费了,我想应该够了吧? 密码是……"

说着,金阿姨便准备写出密码来。

见此,赵小杰眼睛不禁有些湿润,轻声道:"阿姨,我和奎老是朋友,代理费就算了吧。"

"那怎么能行?"

金阿姨却是坚持道:"朋友是朋友,生意是生意,一码归一码,阿姨怎么好意思让你白忙活呢？再说，你还年轻，这买房子，娶媳妇儿，花钱的地方多着呢！”

说着，就握笔在存折上写起密码来。

“这个……”

赵小杰不禁头大起来，暗道中年阿姨的思维，果真在这一层上比较跃进。

“阿姨，我们律所有‘公益项目’。”

赵小杰灵机一动，忙掏出手机，打开宛阳律所的官网，一边指给金阿姨看，一边编着善意的谎言：“奎老这事，我已经报给所里了，走公益这块儿……我们年轻的律师承接所里的公益项目，既能领工资，还能攒名声，一举两得，但如果私下收钱就是违规了，被所里知道后是要被开除的。”

“是吗？”

金阿姨不禁停下了笔，看着赵小杰，道：“你可不能骗阿姨呀。”

“放心，不会的。”

赵小杰摇了摇头，看着金阿姨，一本正经地斩钉截铁道：“我们法律人从来不骗人！”

……

好不容易说服金阿姨接受无偿代理后，赵小杰直奔住处，开始起草相关文书。

因为有前期近四天四夜的系统梳理，相关法律体系已建立完备，赵小杰再总结起来就轻车熟路许多，一个下午加晚上的时间，一份申诉状、两份申请书便大功告成，只留下“此致”部分，打印好后待现场填写。

这期间，赵小杰还忙里偷闲，重新修理了发型，买了个正儿八经的皮衣，深色户外裤。

所谓“人靠衣装马靠鞍”，“好评”很快就在再见金阿姨时收到了，说总算像个律师了,稳重多了!

然而俩人下楼后不久,金阿姨就又差点在“大魔鬼”前晕过去,坦言“实在是想不到交通工具会是这样的,要不我们就像正常人那样坐公交车吧?”

赵小杰带着金阿姨,开始了“信访”之路。

作为法律人,赵小杰并不愿意走这一条路,但问题是有些人“不走寻常路”,那他也只好奉陪到底了。

最先去的就是宛大一附院驻地公安分局信访大厅。

据“小秘书”可靠消息,采取行动的就是这个机关!

金阿姨起初还有些胆怯,但在赵小杰的全程陪同及不断鼓励下,胆子渐渐大了起来,收放自如许多。

用赵小杰的话说,“咱公民依法维权,有宪法和法律撑腰,怕什么”?

这么着去了区局、市局,然后是区检察院、区政府,接着准备去市、省……结果还没到市政府一级来着,金阿姨就又接到了一个电话。

“就是这个号,这个号!”金阿姨忽然激动起来,拿着手机指给赵小杰看。

“什么号?”

“上次通知我老奎被抓的号。”

“那赶紧接吧。”

“好!”

金阿姨忙接通电话,放到耳边,就听一个声音吼道:“是奎见鹤家属吗?”

“是,我就是。”金阿姨忙回答道。

顿时对方吼声就更大了,赵小杰隔着未打开的外放,都能感到一股欺凌十足的“王霸之气”,不禁从金阿姨手里拿过手机,打开外放,同时也打开了录音。

“我警告你，最好给我老实点！”

“之前给你说的都忘了吗？”

“什么脑子啊？要不要我再提醒你一下啊？”

“给我听好了，要想让奎老头在里面不受罪，你就最好给我老实点……”

一通“危言耸听”后，对面的“厉声”最后厉问道：“听明白了吗？”

“我是金阿姨的律师，你刚才说的一切我们都是外放听的，不但听得很清楚，还全程录下来了，有不懂的地方可以再听。”赵小杰“乖巧”地回答道。

嘟嘟嘟……

手机里立马传来了忙音。

“信号不好？”金阿姨凑过来查看手机信号格。

“不是咱们的问题。”

赵小杰笑着对金阿姨道：“是他们的问题，他们把电话挂了。”

“挂了？”

“对，‘挂了’！”赵小杰微微一笑，一语双关道。

不过很快，那个号码又重新打了过来，这次，金阿姨不等吩咐，就主动开了外放。

还是原来的那个声音，但听他这次说道：“你好，刚才是‘临时工’……”

扑哧！

赵小杰非常不厚道地笑了出来。

紧接着就是一阵沉默。

赵小杰再次不厚道地催促道：“说不说？不说我就挂电话了。”

“你们不是在‘信访’吗？今天下午分局的副局长会亲自到信访大厅接待来访……”

“局长接待日，不是今天呀？”赵小杰挖苦着打断道。

“临时安排的。”

“我们没有要求见局长呀，谁让你们安排了？”

“局领导重视，本着解决问题的态度，安排了这场接待，你们不会拒绝吧？”对面声音礼貌了许多，跟之前相比简直判若两人。

“那就要看你们的诚意了。”赵小杰大有深意地道。

“放心，一切按规矩办！”对方明显谨慎了很多。

“那好，几点？”

问题思考

本章中，赵小杰善意地“宽慰”金阿姨，宛阳律所内部有公益项目制度，可以不收取费用。其实，这也是律所履行社会责任的一部分。那么，对于医药企业来说，除了正常的营业、纳税、实现利润之外，又应该如何履行社会责任呢？

答疑解惑

《医规》下册→第六章 – 公关→6.4　企业社会责任 CSR 概述

42 斗争中求团结

下午三点，分局信访大厅局长接待室，副局长胡高正襟危坐，拿着赵小杰的工作证，左右看了半晌，才声音低沉地道："律师助理，还不是律师呀？"

"我说我是律师了吗？"赵小杰因为"被砸晕"一事耿耿于怀，说话是句句带刺。

"刚才在电话里，不是你说的吗？"胡高跟着脾气上来了。

"刚才在电话里的，不是临时工吗？"赵小杰当仁不让地针锋相对道。

"呵呵。"

胡高冷笑一声坐下来，似乎是妥协了，只见他不慌不忙地喝了口水，接着道："如果不是律师，那你就不能为这事辩护了呀？"

本以为是妥协，没想到是以退为进，还直奔重点来的。

赵小杰却是不慌不忙，笑着问道："谁说的？"

"《刑事诉讼法》呀，你不会是冒牌货吧，这个都不懂？"胡高看似轻描淡写地玩笑道。

"呵呵，老狐狸！"

赵小杰不禁在心中暗骂一声，胡高这句话看似轻描淡写，实则阴险至极！

若说自己"懂"的话，反而显得心虚"冒牌货"这事；若说自己"不懂"的话，不就等于直接承认"冒牌货"了吗？

以"这些人"之前的所作所为，搞不好就会以此为套，再安个"罪名"出来,整个"拘留多日游"什么的,也不是没有可能……

"以退为进是吗?看小帅怎么跟你玩。"

赵小杰在心中冷笑一声,接着点了点头,似乎是承认地说道:"确实,'侦查阶段',我不是律师不能为犯罪嫌疑人辩护。"

"原来你知道呀。"

胡高笑呵呵的,接着下套道:"既然你知道,还在这里给我胡搞乱搞,那岂不是涉嫌'妨碍公务'?"

"听我继续说嘛。"

赵小杰则是微微一笑,不慌不忙地继续解释道:"《刑事诉讼法》及相关司法解释规定,犯罪嫌疑人从'第一次讯问或者采取强制措施之日起',有权委托辩护人,这阶段的辩护人只能是律师。"

"我作为无律师证的助理,在现阶段确实无权为犯罪嫌疑人辩护。"

"但我是为犯罪嫌疑人辩护的吗?"

"警官,麻烦您搞清楚好不好,我只是金阿姨的法律顾问,是为她提供法律咨询的,这有什么不妥吗?"

"金阿姨作为近亲属,四处走访,也不过是申诉、申请复议、申请检察监督,有什么错吗?"

"难道不可以吗?"

"即便她有些做法也许欠妥,譬如申请复议……那如果不符合要求,区政府或者市局,直接答复不行不就可以了吗?她作为普通公民,又不像你们专业机关这么'懂法知法守法'的。"

赵小杰嘿嘿一笑,开始了表演:"譬如,紧急情况下,针对现行犯或重大嫌疑分子,可以先行拘留,因为拘传、取保候审、监视居住都不足以防止危害的发生!"

"所以奎见鹤这个老大夫,就这么着被您们采取了仅次于逮捕的强制措施了?"

“但拘留之后24小时之内，总是要通知家属的，为什么直到周四才通知金阿姨？”

“最关键的，现在都26号周五了，距离事情发生已经过去一个多星期了，怎么还不放人？难道奎老属于‘流、结、多’的情形，需要你们再延长至30日吗？”

“或者说，你们真的想要……”

赵小杰看了看胡高，摆出一副不可思议的表情，问道：“警官，莫非你们真的打算申请逮捕奎老？”

“如果真这样的话。”

赵小杰放低声音，十分“诚恳”地说道：“我还是劝你们善良，因为错捕的话，性质就变了，你们要面临国家赔偿的。”

“可不像拘留，你们‘想拘谁就拘谁，一言不合就拘谁’！”

“怎么说话呢？”

胡高脸色有些挂不住了，一拍桌子，道：“我们办事是有流程的，怎么能叫‘想拘谁就拘谁’呢？我警告你，‘饭可以乱吃，话不要乱说’，再胡说八道的话，我就对你不客气了！”

“你们对我客气了吗？”

赵小杰敞开双臂，道：“从一进门，我浑身上下就被你们摸了个遍，能没收的你们都没收了，可曾考虑过我的感受？”

“呐，你也说了，你不是律师，所以一些必要的安检我们还是要做的。同时，我警告你啊！”

胡高看着赵小杰，忽然冷笑一声，眯起眼睛，语速也放缓下来：“话不能乱说，那叫暂存，不是没收！”

一时间，整个房间的温度仿佛都降低了许多。

赵小杰不由倒吸一口凉气，暗忖这就是传说中的“气势”吗？“但是想吓倒小帅我，还差点火候……”

想着，赵小杰便准备继续反驳，但就在这时，金阿姨忽然从后面拉了拉他衣角，道："小赵，让阿姨来跟这位警官谈吧，你先到大厅里休息一下？"

大厅里乱糟糟的，怎么休息？

但赵小杰明白金阿姨的用心，她是怕自己"冲动"吃亏，就笑了笑，道："您确定能行？"

"放心吧。"金阿姨道。

……

俩人从安检处取回私人物品后，就乘坐公交车往金阿姨家小区赶去。

"他都跟您说什么了？"赵小杰问道。

"跟上周在电话里说的那些话差不多，让我最好安分老实，不过态度倒是和善许多。"金阿姨道。

"那您还相信吗？"

金阿姨没有说话，只是笑着摇了摇头。

过了一会儿，金阿姨忽然颇有感触地叹了口气，道："小赵呀，阿姨这些天跟着你各个部门的跑，对你最开始给我讲的那句话是越来越认可了。"

"哪句话？"赵小杰问。

"只有在斗争中求团结，才能求得真正的团结。"金阿姨学着赵小杰的样子，文绉绉地道。

问题思考

本章中，赵小杰和胡高在对话里，提到了辩护人制度。那么，对于犯罪嫌疑人、被告人而言，从哪个时间节点开始可以委托辩护人呢？辩护人必须是律师身份吗？

答疑解惑

《医规》下册→第七章－内控→7.6　辩护人制度

43 一条绳上的蚂蚱

“这句话不是我说的。”

赵小杰笑着道：“是毛主席说的，原话是这样的，‘以斗争求团结则团结存，以退让求团结则团结亡’。”

“原来是他老人家说的呀，怪不得这么有道理！”金阿姨感叹道。

“怎么有道理了？”赵小杰笑着继续问。

“小赵呀，阿姨已经不是以前的那个老金了，现在的老金已经不‘怕事’了！当然，咱也不是‘有些人’，无理取闹，净给政府添乱了。”

金阿姨想起来这些天在信访场所看到的一些个别案例，不由摇摇头，接着继续说道：“咱是合法维权，怕啥？那些‘坏老鼠’的胆子就是被咱们‘怕’大的。共产党是向着咱老百姓的，这些天我越来越信这个理了。所以千万别怕，要敢斗争，要敢对那些‘坏东西’们说不！”

金阿姨握紧拳头，有那么一丝的扬眉吐气。

看来虽然奎见鹤还没有被放出来，但发现“阳光”依旧普照大地，这个识字不多的中年妇女不由增加了很多信心和勇气。

“说得真好！”

赵小杰表示赞叹地竖起了大拇指，道：“这是宪法赋予公民的权利，我们正常使用，谁也不用怕。”

“对了，还有一句话，我觉得也很有道理！”金阿姨道。

“哪一句？”

“外表越是唬人，内心越是胆怯。”金阿姨笑着道。

“的确也很有道理。”

“是谁说的呀?”

“小赵帅。”

赵小杰清了清嗓子,正色道:“严格意义上讲,出自一个成语,叫‘色厉内荏’。”

“小赵帅是哪位名人?”金阿姨却更关心这个问题。

“现在还不是很有名,但将来他一定会很有名的!”赵小杰摸了摸鼻子,小声但却坚定地说道。

……

赵、金两人离开后,胡高回到办公室,关上门一个人待了许久,想了很多,最后从抽屉里掏出自己的另外一部手机——一部老年机,起身钻到卫生间里,径直拨通了一组号码。

“喂,老胡,又用这个手机打电话了,有什么重要事吗?”电话里,传出了一个中年男子的声音。

“今晚上老地方见。”胡高声音低沉地道。

“好的,我马上定包间。”中年男子忙道。

“嗯。”

胡高点了点头,挂断电话,走出卫生间收好老年机后,又用办公电话拨通了一个号码,直接吩咐道:“去给我查一下那个赵小杰的底细。”

下班后,胡高换上便装,打车直奔“老地方”而去。

到包间后,一个戴着金丝眼镜的中年男子已经在里面等候了,见胡高开门进来,忙迎上去道:“让我去接你不就得了,非要自己打车过来,多麻烦呀!”

“你开车去接我,然后再让所有人都看见?还不嫌乱呀!”胡高没好气地道。

“怎么了?”中年男子察言观色,忙小声问道。

“那个赵小杰。”

胡高叹了口气，道："他这几天带着奎见鹤家属四处闹访，竟添乱去了！"

"就是那个被砸晕的小子？"

"嗯。"

"我就说嘛，这小子一看就不是个好人，不让你放，你非要放！结果倒好，收不住了吧？"

"不放？你说不放就不放了？"

胡高顿时就火大起来，破口大骂道："马建新都盯上我这里了，你让我怎么办？那奎见鹤关着还有个说辞，赵小杰怎么说，难道说他也涉嫌损害商品声誉吗？你信吗？"

"那要不……"中年男子做了个割喉的动作。

"辉学兵，你到底是'白大褂'，还是'黑社会'呀？你是不是手术刀拿多了，见谁都想来一刀呀？"胡高骂道。

"我这外号不就叫'辉一刀'嘛。"辉学兵扶了扶金丝眼镜，恬不知耻地笑道。

"我呸！"

胡高当即不给面子地啐了一声，道："那奎见鹤要不是被你陷害出了胸外科，你能有这殊荣？"

"奎见鹤就是再牛，能救你胡局长的命？"辉学兵笑了笑，故意拿旧事提醒道。

"别给我提这事，一提这事老子就来气！"胡高却是更加恼怒起来。

"老胡，你今天是怎么了？"

辉学兵不禁摆出一副很是失望的表情，道："不能呀，你不是这样的人！"

"忘恩负义吗？"

"我可没这么说。"辉学兵表演天赋极佳地扭过头去，一脸的"小哀怨"不就是在说你"忘恩负义"吗？

见此,胡高不禁冷笑一声,道:"辉学兵,别表演了,看着真恶心! 你就不能真实一点吗? 这么多年戴着个面具,一直不卸甲的,累不累呀?"

"你,你说什么?"辉学兵眼中不由闪过一丝小慌乱。

"呵呵,'救我一命',你还真好意思说。"

胡高掏出中华烟,点了一根抽上,道:"当年我当刑警队队长时负了伤,差点'光荣'……是,的确是你,现如今的'辉一刀'出手救了我一命。但你不要以为我不知道,当年宛大一附院原本是计划让奎见鹤上的,结果你小子不知道从哪里知道了我是刑警队队长,硬是截了奎见鹤的'胡'!"

"老天保佑,子弹被你这个'大忽悠'最终取出来了。"

胡高拍拍自己的右胸,道:"但从此之后,我也留下了俩后遗症,那就是,(1)胸痛! (2)头疼!"

"胸外科手术后留下胸痛的后遗症,这很正常,以当年的手术条件,即便是奎见鹤也不敢保证你就不胸痛了。但是头疼,什么情况?"辉学兵不解地问道。

"什么情况? 都是你这个'饿死鬼'给闹的!"

胡高不由摇了摇头,道:"这么多年,你就吃不饱吗?"

"光我知道的,就给你善后不知道多少次了,你自己又背着我干的那些个勾当,能数过来吗?"胡高问道。

"看你,说这个干嘛? 放心,小老弟永远会记着您的恩情,永世不忘的!"辉学兵保证道。

"你是在提醒我,咱俩是'一条绳上的蚂蚱'吗?"

"没有,绝对没有!"辉学兵忙表示否定。

"哼。"

胡高不由冷笑一声,掐灭香烟,道:"你有没有的又有什么意义? 事实上,咱俩的确是脱不开关系了!"

"同舟共济嘛。"辉学兵粉饰太平地道。

“好,同舟共济,你懂就行。”

胡高瞥了辉学兵一眼,道:“实话实说,我这边压力太大了,市局那边马建新越是不吭声,越是瘆得慌,我有些顶不住了,是时候该你顶上,发挥能量了。”

“你的意思是?”辉学兵不由直视胡高。

“是的,也就这几天,我就会放人,接下来就看你的了。”

胡高又重新点上一根烟,道:“这次给我做漂亮一些,别再像上次一样,整那么大一‘炮仗’,成事不足,败事有余!”

“还,还好吧?”辉学兵目光闪烁地小声道。

“还好?”

胡高吐了口烟,冷笑一声,道:“‘炭疽杆菌’这种点子你也能想得出? 把市局都惊动了,马建新亲自带着反恐大队去现场! 你怎么不干脆安排导弹把天尊大厦轰了呢?”

“我承认,上次的动作是有点大,这不也是刚投奔过来的那俩人急于表现,我才被他们给忽悠了嘛。”辉学兵急着甩锅道。

问题思考 »

本章中,通过胡高和辉学兵在包间里的对话,我们得知,幕后黑手正是宛大一附院副院长辉学兵。而胡高之所以对辉学兵特别生气,是因为辉学兵竟然搞出“炭疽杆菌”这样的蠢事,更是惊动了自己的上司马建新。这时候的胡高,隐隐约约感觉到市局马建新对自己起疑了。俗话说“不怕兔子吃草,就怕老鼠打洞”,对企业而言,员工商业贿赂和职务侵占也是令管理层头疼不已的事。对此,在实际运营过程中,管理层应如何把握惩治与教育相结合呢?

答疑解惑 »

《医规》下册→第七章 - 内控→7.13　定期培训与专题讲座

44 房东

“谁能忽悠住你?”

胡高不由在心中冷笑一声,但面上也不点破,反倒顺着辉学兵的话,继续配合道:“‘不怕神一样的对手,就怕猪一样的队友’,所以说,以后找小弟一定要多加小心了!”

“嗯。”辉学兵忙乖巧地点了点头。

“呐,既然说到这儿了,老辉,那我就再啰唆一句,那送快递的哥们儿能确保万无一失?”

“这不‘一直戴着头盔消失在雨幕中’了嘛。”

“嗯,这段确实没问题,关键是后来又给张阳发短信那事,确定是在路边随便找民工发的?”胡高再次问道。

这确实是个风险点,如果要出问题也是出在这段儿。

“我的胡大局长,您就把心放肚子里吧!”

辉学兵不禁再一次拍着胸脯,保证道:“绝对万无一失! 这哥们儿是跟着他那‘销售总监’一起投奔过来的。据咱这‘销售总监’说,这哥们儿特别有文化,特别爱钻研,在原来公司里还针砭时弊地写了本《合规指南》,结果惹怒了老板,总是被穿小鞋,一气之下就弃暗投明到咱亦可药业来了。”

“这么说,还是个人才呀。”

“可不是嘛,来,您看看,写得还真不错!”说着,辉学兵便打开手机里的某个 pdf 格式文件,让胡高过目。

胡高接过手机,仔细看了半晌,不由赞道:“还真是不错!”

“所以说,很靠谱的。”

“不对呀。”胡高忽然想到了什么,疑惑起来。

“怎么了?”辉学兵忙问。

“今天我让手下去调查赵小杰,快下班的时候反馈了部分信息,就说这小子似乎也写了本小册子,结果就被辞退了。”胡高怀疑地望向辉学兵。

“那您见到过那本小册子吗?”辉学兵忙问道。

“这倒没有。”胡高摇了摇头。

“嗨,那不就得了。”

辉学兵冷笑一声,道:“现在随便找个人都说自己是作家,都能写能画能吹牛的,但真实水平就不敢恭维了!这还是那些真写出来的,有一大部分人没东西却还瞎吹牛,专门偷别人、盗别人的,不能排除吧?”

“确实是。”胡高点了点头。

“这本《合规指南》确定就是我那小兄弟写的,这不最近事儿有点多吗,等忙过这段时间,我还计划着请他给咱公司员工讲讲课呢。”

“是吧?”

胡高也不由地信了,道:“那如此看来,你这个小兄弟很靠谱呀!”

“可不是嘛!”

“那我就彻底放心了。”

“那,胡局,对这赵小杰,我们到底该怎么办?”辉学兵再一次问道。

“最近开展‘扫黑除恶’专项斗争,中央看来是动真格了,形势一片严峻,所以你刚才说的那个方法就别用了,小心手脚不干净,再阴沟里翻船。”

“这样吧。”

胡高招了招手,让辉学兵凑近些,道:“咱兄弟俩分个工。赵小杰就交给我,我去教他做人。而至于你的那个老朋友,你懂的,就交给你了,从别的方面再敲打敲打,务必让他老实些,不要坏了咱们的大事!明白吗?”

“明白。”

辉学兵不禁冷笑一声,道:“经历了这么多事,他应该会收敛一些,我再加把油,一定要让他彻底闭嘴!”

……

金阿姨留饭,赵小杰吃得肚歪,方才开着机车晃悠悠地回到住处。

一开门,见马、王“二仙”正坐在沙发上看《爸爸去哪儿》。

赵小杰走过去拔掉电源,坐到电视柜上道:“‘爸爸’回来了,现在开会。”

“二仙”因为之前的“鸡皮鸡冠事件”,尚处于对赵小杰的愧疚期,故而十分乖巧地没有表示反对,示意“杰哥请讲,我俩洗耳恭听”。

赵小杰就把最近一个多月的经历大概说了下,坦言自己“练功遇到了‘瓶颈’”,需要“二仙”鼎力相助,帮忙突破。

原来,白天的自信和坦然都是装出来宽慰金阿姨的,真实的情况是,赵小杰从未有过如此强烈的无力感!

既有对现实的无奈,又有对学科信念的动摇。

赵小杰看着马、王二人,直言道:“两位哥哥去年都过了法考,水平远在我之上!那就请问,那些‘正义到底还会不会来’?‘迟来的正义还算不算正义’?‘正义要不要以看得见的方式实现’……”

马、王“二仙”面面相觑,暗道这货的脑袋难不成被驴踢了?

正尴尬着,门锁忽然被转动起来,三人不禁惊呼问是谁?为什么会有我们房间的钥匙?

却见房东探头探脑地推开房门,手里拿着一串钥匙。

三人不由长舒一口气,房东见哥仨都在,便习惯性地贱笑了起来,忽然想到此行的目的,又赶紧拉下脸来,冷冰冰地道:“都在啊,那正好,省得一一通知了。”

“什么事？赶紧说!”马大虾不耐烦地吼道。

三人中就数马大虾在家待的时间长,外加别的一些原因,和房东关系最熟,所以说起话来就比较肆无忌惮。

“你们不是总嫌弃我服务态度不好、房价又贵,关键是人长得龌龊、媳妇儿还‘糟糠’、不如左邻老板娘风流、没有右舍老板他娘风情吗?”房东问道。

“是呀!”

“今儿个怎么承认得这么痛快?”

“难道要换老板娘了?”

三人你一言我一语地笑着打趣,平日不收“租子”时,大家跟房东关系还说得过去。

“呐,现在机会来了。”

房东却是答非所问地说道:“我宣布,咱们的关系到此为止,三位赶紧收拾东西,今晚就离开我这小地方,另寻‘仙境’吧。”

“你说什么?”

三人不禁有些懵了。

“三位都是聪明人,非要让我把话说得那么直白,伤感情吗?”房东态度竟颇为坚决,毫无之前有事没事坐地起价的奸商嘴脸。

见此,三人不禁你望望我,我望望你,意识到问题可能没那么简单了……但忽然这样,到底是唱哪出呢?

“老大,到底怎么了?”

马大虾放下态度,颇为诚恳地道:“你说走就让我们走呀？我们走哪里去？‘走西口’吗?”

“这个……”

房东不禁也有些为难起来,看了看马大虾,欲言又止。

马大虾见此,忙不失时机地祭出“撒手锏”,诱惑他这个“同道中人"道:"老大,今天下午我刚下了一部新片,画面很清晰,你懂的……我刚细品过一遍,回味无穷,要不也分享给你,批判性地欣赏一下?"

问题思考

本章中,据辉学兵透露,全意集团原销售总监棠好马和销售经理邵飞已经"投奔"到亦可药业了。这种跳槽是否可能违反二人与全意集团所签劳动合同中的竞业限制条款呢?假如违反,全意集团该如何应对?

答疑解惑

《医规》下册→第十一章－员工成长→11.6　竞业限制协议

45 奇葩要求

“那，好吧。”

房东似乎松口了，只见他点点头，道：“分享到小号上啊，小心你嫂子看到。”

“明白。”马大虾忙使了个我懂的眼神。

一番操作后，马大虾问道：“收到了吗？”

“收到了。”

房东查了查自己的小号，不禁满意地拍了拍马大虾的肩膀，道：“你办事，我放心。”

“您的满意就是我最大的追求。”马大虾毫无下限地乖巧说道。

“嗯。”

房东再一次满意地点了点头，道：“那好，说正事吧。”

“三贱客”忙满怀期待地洗耳恭听。

只见房东收起手机，清了清嗓子，道：“楼下的小推车，可以免费借你们一用，但记得要按时还啊。”

“什么？”马大虾彻底懵了。

“好借好还，再借不难嘛。”房东揣着明白装糊涂道。

“你小子就是在找打……”

马大虾不禁要发飙了，王酱军忙从旁边伸手拦住他，摇了摇头，接着，以“脱颖而出”的姿态走向前来，看着房东道：“你不是要说正事吗？”

“那好,咱就好好说道说道。”

王酱军深吸一口气,非常正式地道:“我们的房屋租赁合同还没有到期……”

“巴拉巴拉……”王酱军一通正义凛然,引法据律,大概意思就是,你房东现在让我们走是违反合同法规定的,是有悖人伦道德的……总之是不行的!

“哟,还跟我讲起法律来了呀。”

房东冷笑一声,不慌不忙地道:“不要以为就你们懂,我就不懂了。既然你们讲法,那我就跟你们好好掰扯掰扯。”

“说,‘这货’!”

但见房东忽然穿过马、王二人,指向赵小杰道:“这货是怎么一回事?”

“果真是冲我来的。”

赵小杰不由在心中冷哼一声,暗忖兵来将挡,水来土掩吧,当下走向前去,道:“兄弟,有话直说。”

“赵小杰,我自信待你也不薄吧,去年你被那个‘绿茶妹’给甩了,惨得像条狗,是我退掉你一个月的房租,才让你不至于饿死吧?”房东救世主似的显摆道。

“呵呵,至于这么夸张吗?”

赵小杰不由摇了摇头,道:“诚然,我要感谢你退了我的押金,而不是像对别人那样能黑则黑,让我不至于‘青黄不接’,再厚着脸皮问家里要钱。”

“但那也是咱俩协商的结果,代价是我提前半个月退房,没错吧?”赵小杰反问道。

“那接下来呢?”房东倒也不恼,继续问道。

“接下来?”

赵小杰左右看了看,苦笑道:“接下来就这现状呀,我投奔兄弟们了，睡客厅，你不会是第一次才知道吧？”

“那，问题来了！”

房东早有预谋地得意一笑，道：“‘擅自转租’，我作为房东，有权解除合同！”

“原来你是说这个呀。”

三兄弟相互看了看，几乎在同时知道了房东的意思。

“老大，你是不是经高人指点了呀？”

赵小杰挠了挠额头，道：“不然以你的法律水平，学三辈子也想不到这点。”

“这就不能告诉你了，男人要学会保密！”房东“此地无银三百两”地显摆道，生怕别人不知道他认识了一个“高人”。

“你的那个‘高人’是公安吧？”赵小杰笑着问道。

“你，你怎么知道的？”房东顿时惊了。

“猜的，不要紧张嘛。”

赵小杰嘿嘿一笑，道：“对你来说，那的确算是个‘高人’，但对我们来说，就是个……王酱军，给他进行普法教育。”

“好嘞。”

但见王酱军一捋额前乱发，新闻联播似的一本正经道：“未经出租人同意而转租的，出租人知道或者应当知道承租人转租，但在六个月内未提出异议，其以承租人未经同意为由请求解除合同或者认定转租合同无效的，人民法院不予支持。”

“呐，睁大你的狗眼，好好看看。”

马大虾不知何时出现在了房东身后，拿出手机摆在了他眼前，道：“法条依据，都在上面呢。”

“什么？”

房东慌忙接过手机，凑近看了半晌，果真，几乎一字不差……

但，似乎哪里不对呀？

“对了!”

房东终于看出了“问题所在”,忙道:“赵小杰是去年 12 月份的时候搬进来的,到现在还没过六个月,我完全可以解除合同。”

“嗯呢。”

赵小杰点了点头,道:“按你的理解,没问题。”

“那,你们为什么还要搬出这一条来?不对呀,你们怎么会帮我?”房东精明地问道。

“顺着你的思路来呀。”

赵小杰再次嘿嘿一笑,道:“不然,你怎么会说出来,我是‘去年 12 月份搬进来’这一事实呢?”

说着,赵小杰从口袋里掏出了录音笔,晃了晃。

“这,这有什么关系?”房东强装镇定地问道。

“问题大了去了。”

赵小杰狡黠一笑,道:“来,听杰哥给你解释解释。你想解除合同,依照刚才咱们说的那一条,没问题。但那条适用的前提是,我们‘未经你同意擅自转租’。”

“问题来了,我之前询问过你意见,经过你同意了。”

赵小杰重新坐到电视柜上,接过王酱军递过来的绿茶,轻抿一口,道:“过 80℃了,重新泡一杯去。”

“好嘞。”王酱军忙乖巧地照办。

赵小杰不禁满意地点了点头,看向房东,继续道:“当时我去找你,跟你谈,说提前半个月退房,接下来就住到马九九和王多金租的房子里去。软磨硬泡了半天,最后你以每月多加两百为条件,总算答应了。这,你不会忘记了吧?那就太健忘了!”

“我就是贵人多忘事,怎么了?你有什么证据呀?你咬我呀?”房东耍赖道。

“对不起,咬你我没兴趣,不过你可以求一下马大虾,也许他能满足你的奇葩要求。”

赵小杰不屑一笑，接着道：“当然有证据了，王酱军每个月给你的微信转账记录都在！从今年1月份起每月多出来的两百块，你以为法官会相信，是小爷们打赏你的微信红包？”

“你们还要打官司？”

房东不由阴笑起来，恶向胆边生道：“也许没到那一天，你们房间就会断水、断电、断燃气，彻底失去居住条件。”

“我警告你，说话要注意啊！”

赵小杰再一次晃了晃手中的录音笔，道：“有没有听说过这句话，‘从现在开始，你所说的每一句话，都将成为呈堂证供’？”

问题思考

本章中，房东受某些因素影响，前来要求马、王、赵三人搬离租赁的房屋，并以擅自转租为由要求解除租赁合同。房屋租赁是一个典型的民事法律行为，适用我国于2021年1月1日生效的《中华人民共和国民法典》调整。民法典最大的特征是调整平等主体之间的法律关系，这对我国长期以来“刑主民辅”的历史传统是一个不小的挑战。企业在运营过程中，当纠纷和争议产生后，特别是在面对负面评价时，应该如何处理好公权力和私权利的关系呢？2018年“鸿茅药酒损害商品声誉案”的教训，是否应该不再发生呢？

答疑解惑

《医规》下册→第七章－内控→7.9　避免民事纠纷刑事化

46 心有灵犀一点通

“嗨，我只是作为房东，善意地提醒罢了，水管、电线、燃气管道出现问题，也不是我能控制的呀。”房东一点也不收敛，反而更加无耻起来。

听此，赵小杰和王酱军不禁握紧了拳头，不想再动口了。

“看来你还真是长本事了呀？”

马大虾这时出面了，却是朝兄弟们使了个淡定的眼色，然后搂住房东的肩膀，道：“走，去你房间聊聊。”

“干吗？”

房东忙挣脱出马大虾的“怀抱”，道：“有什么话在这里不能说呀？我警告你，不要‘非礼’我。”

“我呸！”

马大虾朝他啐了一口，鄙视道：“非礼你？就你这熊样？”

“呐，你不是水管、电线、燃气管道吗？那走，咱们就去找‘包租婆’掰扯掰扯。”

马大虾冷笑一声，道：“就告诉她你用小号加附近的人，乱撩女房客一个遍，长期跟附近多栋楼的大妈保持不正当男女关系，上周还硬跑我房间里，逼我看你跟某位大妈充满暧昧的聊天记录……”

扑通！

一声巨响。

但见房东径直跪到地上，以迅雷不及掩耳之势抱住马大虾的大腿,道:“大哥,小弟知错了！求您高抬贵手,放小弟一马。”

“你赶紧松手!”因为位置太靠上,马大虾顿时就慌了。

“不行!”房东坚定摇头道

“那你能不能轻点,都弄疼我了!”马大虾尖叫道。

“不能!”房东继续坚持道。

“你小子到底要怎样?”马大虾生怕他一冲动,再对自己的“命根子”下手,不禁急得眼泪都差点流出来。

“除非你答应不去揭发我!”房东求道。

经济基础决定上层建筑。

房东原本是整条街有名的懒汉,没有正经工作,好吃懒做……好在经过“不懈努力”,房东终于实现了“逆袭”。

他攀上了现在的老板娘“包租婆”,摇身一变,成了一名专业的“软饭男”,惯例患上“妻管严”,别看天天在外面耀武扬威的,在家里其实还不如一条狗。

但“宁为太平犬,莫作离乱人”。

房东可不想再回到从前“朝不保夕”的生活中去,最怕的就是被“包租婆”给踹了。

所以,马大虾若真放开了“爆料”,即便“包租婆”放过他,一直以生不出孩子为借口想要“炒掉”他的“包租婆”娘家人,也不会放过他的——那还不如死了算了。

“好了,怕你了,我答应你!”

马大虾忙承诺道,他还真怕对方一时没注意,扯住他“命根子”了……

经过这一段小插曲,房间气氛缓和许多,四人不再剑拔弩张,坐下来正常交谈起来。

原来,这条街的一个地痞刚来过,“传达”了本地片警交代的“一些意思”,理由就用“擅自转租,房东可以解除合同”。

房东上网查看，竟还真有这么一条，不禁前来耀武扬威，但没想到竟遇见“真枪实刀”的了，顿时就歇了菜。

“那是你只知其然，不知其所以然，法条背后的法理依据，没搞明白。”赵小杰道。

“哦。”

房东似懂非懂地点了点头，看向三人，欲言又止。

“有话快说！”马大虾再次催促道。

“好。”

房东点了点头，开始坦言。

大概意思就是，自己只不过是个“代言人”，即便他同意了，“包租婆”也不会同意的，即便“包租婆”同意了，“那些人”也不会同意的……

“那些人”的意思已经很明白了，就是要给你们点颜色看看，既然这样，你们服个软，搬搬家表个态，就很难吗？

好，你们不服软也可以，那是你们厉害！

既然你们厉害，为什么不直接跟“那些人”斗？让我们这些平头小老百姓夹在中间，做你们“日俄的清政府”，有意思么？

……

“好，我明白了。”

赵小杰举起右手，发言道：“事出有因，原因在我，我小赵帅一个人承担，今晚上就搬走，可以吧？”

“这样最好！”

房东忙接上话，道：“‘那些人’意思很明显，就是要给你点教训，我之所以顺带着也让马大虾和王酱军搬走，一是怕他俩替你出头惹事；二是想着你们兄弟情深，一起也有个照应。”

“看不出，你还是个大善人呀。”马大虾冷哼一声，出言讽刺道。

“兄弟，人跟人是不同的。”

房东双手一摊，“破罐子破摔”地道：“你们那些个想法、做法，我其实挺羡慕的,但我就是做不到,打死也做不到!我对自己有比较清醒的认识,这也算是个优点吧?”

“这也可以?”

三人不禁摇了摇头,竟是无言以对起来。

“好了,不再废话了,我走吧。”

赵小杰站起来,干脆利落地说道:“东西先放这里,等找好了下家再过来搬吧。”

“老赵,就这样怂了?”马大虾忙问道。

“是呀,兄弟,不能呀。”王酱军也出言表态道。

“安居,安居。居住无非就是图个心安,心安才好乐业嘛。”

赵小杰拍了拍俩兄弟的肩膀,道:“咱好汉不吃眼前亏,我挪个窝表表态,省得再添麻烦……好了,这条街房子多的是,我很快就会再找个更好的,放心,咱现在不差钱!”

赵小杰炫耀地朝俩兄弟挤了挤眼,随即转身,头也不回地走出了房间。

他怕兄弟们看见他眼中已然无法再忍的泪珠,再担心起来,又是婆婆妈妈的,徒增别离的伤感,万一心血来潮,又不让他走了,岂不平白给兄弟们添堵?

……

“在吗,能聊聊吗?”

赵小杰独自走在街上,忽然有股莫名的情绪涌上心头,就给“小秘书”发了个微信。

说来奇怪,自从上次“被捕”事件发生后,“小秘书”的微信就再也没有回音了,随即又忽然多出一个陌生号码来,跟他沟通。

这陌生号码,就对应着马九九手机上的“小秘孔”。

不出所料,微信依旧没有回复,赵小杰调出陌生号码,想着是直接拨过去呢?

还是先发个短信呢？

还是……

赵小杰最终还是把手机放进兜里，什么也不想做了。

“唉。”

赵小杰不由长叹口气。

“我这，到底是怎么了？”赵小杰忍不住身体一激灵，暗忖自己不会是喜欢上她了吧？

“不能吧？”

赵小杰不由慌了，看看四周，又看看自己，暗忖，“无家可归‘流浪狗’一条，就不要再自取其辱了。”

……

因为太晚，大多数房东都睡了，少有几个“夜猫子”类型的，也都说明天再说吧。

总之，赵小杰转悠了好大一阵子，也没人愿意收留他。

“难不成真要露宿街头了？”赵小杰正思忖着，手机忽然响了。

他不禁心中一喜，想道：“莫非这就是传说中的‘心有灵犀一点通’？”

问题思考

本章中，赵小杰仓促之下离开马大虾、王酱军的租屋，去找新房子，最终悲哀地发现，恐怕要露宿街头了。这种情形提醒我们，在企业运营过程中，一定要确保供应链的稳定和健康，其对企业的正常运转和扩大再生产至关重要。由于行业的特殊性，对于药品企业来说，又该如何确保供应链的稳定和原辅料、包装材料的质量过关呢？

答疑解惑

《医规》下册→第三章－采购→3.5　原辅料、包装材料等采购溯源制度

47 鸟枪换炮

赵小杰想着要是孔丽打过来,怎么着也要斟词酌句一番吧?

但又怕时间长了让人家姑娘干等……

最后索性心一横,就正常接话吧,省得太矫揉造作,失了自然!

这么想着,赵小杰忙掏出手机,一看,顿时傻眼了。

“你大爷的,这么晚了还不睡,‘发春’呢?”赵小杰怒骂道,真是白瞎了自己刚才的一番自作多情。

“哟,还在生气呢。”

马大虾倒也不恼,贱兮兮地道:“‘少年不识愁滋味,为赋新词强说愁’,总是要去冲个头破血流,才知道家的温暖。”

“说人话!”

“别逞强了,感觉累了就回来吧,家里有‘爸爸’和你‘王阿姨’。”马大虾继续占便宜道。

“说点正常人的话,能不能?不能我就挂断了啊!”赵小杰最后通牒道。

“好了好了,不跟你闹了。”

马大虾忙在电话里嘿嘿一笑,道:“看群里我给你发的位置吧,我跟你‘王阿姨’已经在那里了,就等你了。”

“什么情况?”

赵小杰挂断电话,打开微信定位导到手机地图上一看,不禁更加迷茫了,忙发过去微信询问,“发生了什么?还是一小区?”

“来看看不就知道了。”马大虾在群里难得没有废话，言简意赅地说道。

“呐，1 号楼 3 单元 501 室啊，认清了，别瞎乱跑，再进了‘寡妇房间’，被人家给扣住了，回头又来怪我们。”王酱军却是跟着在群里调侃了一句。

“导航上显示步行要一个多小时呢，怎么过去？”赵小杰惯性底层思维道。

“你小子不会打车呀？日薪过万的傻蛋！”马大虾借机“出一口恶气”地骂道。

“真是个守财奴！”王酱军也跟着“出一口恶气”地骂道。

“天啊，发生了什么？”

赵小杰看着眼前的情景，忍不住就瞪大双眼，惊叹道：“你俩不会是都遇上富婆了吧？”

他原本对“小区”这种定位就感到有些“恐高”，不想进 501 房间一看，更是高处不胜寒——三室一厅，一百三十多平……干嘛呢？

直接“鸟枪换炮”？就不怕步子太大“摔跟头”吗？

“那个，经一致推选，就由鄙人来给你宣布这个消息吧。”

马大虾站出来，拍了拍已进入半痴呆模式的赵小杰脸蛋，示意“赶紧醒来”，然后说道：“房东大大还要急着赶回去，咱就长话短说吧。”

马大虾朝一直在沙发上坐着沉默不语的房东示了个意，然后继续看向赵小杰，一本正经道：“‘自你走后心憔悴’……”

“不是要长话短说吗？”赵小杰连忙催促。

“酝酿一下嘛，现在就直奔主题！”

马大虾看着赵小杰，道：“尽管你不够意思，挣了钱想单飞，但兄弟们岂是吃素的，岂能由着你去吃香的喝辣的？”

“怎么着也是‘一条船上的蚂蚱’了，那就得同舟共济。‘长风破浪会有时，直挂云帆济沧海’！明白吗？”

“呐。”

马大虾伸出手指在头上摇摆一圈，道：“这是房东他远房亲戚，一老太太的‘回迁房’。那老太太跟着儿女住，这房间一开始就是出租用的，原来的房客上周刚搬走，这不正好空着嘛。”

“也多亏了‘房东大大’及时提供信息，多谢了。”

马大虾说着，又朝房东挤了挤眼，对方则苦笑一下，示意收到。

马大虾继续道：“于是，我跟王酱军一合计，就先斩后奏了，拿着你的行李，让房东开车给我们送过来了，怎么样，办得是不是非常好？”

“好不好，看房租了，说吧，怎么收费？”赵小杰难得还能保持清醒，直奔主题地问道。

……

也不知马、王“二仙”使了什么手段，这么一风水宝地，竟每月只收3600元的租金，其中那个有阳台带独卫的主卧，两人一致决定，鉴于赵小杰“最帅、最高大、最有才华、最众望所归”，就由他居住。

赵小杰忙表示反对，说自己何德何能，怎能享此殊荣？

怎么着，也该由两位哥哥先来呀！

马大虾料事如神地嘿嘿一笑，道：“早就知道你会谦虚，表示受之有愧，所以，我俩就再一次‘先斩后奏’了！”

“呐，自己到主卧里看看，你的行李已经全帮你带了过来，床铺都打理好了，衣服都挂到你衣柜里了，甚至臭鞋，都按照你最爱的方式犬牙交错地扔到了地上……怎么样，办得是不是非常好？”

……

就这么着，赵小杰被迫住进了“最豪华”的主卧，房租自然也跟着最豪华——1600元。

赵小杰却长舒一口气，连连感谢兄弟们的不“宰”之恩，没有“狮子大开口”……

因为马、王“二仙”的东西实在太多，就商议着明天晚上再搬过来，到时候再用房东的车吧。

听此，房东不由得脸上肌肉哆嗦了下，终于站起身，把钥匙扔给马大虾，咬牙道："这次算你狠！"

"别呀，那一百多'G'的'资源'，可是我多年呕心沥血收集来的，一般人我根本不会给的。"马大虾表示你也没吃亏地说道。

"那你最好能兑现'承诺'！"房东咬牙说完后，转身就走了。

马大虾忙给王酱军使了个眼色，让他赶紧跟上，别让这小子偷偷溜了，回去还指着他的车呢。

王酱军跟着房东出去后，马大虾又把钥匙交给赵小杰，道："等下回去就跟他签合同，不会再给他找咱们麻烦的机会了。"

"你们是怎么办到的？"赵小杰表示非常好奇。

"嗨，还不是他那些糗事！"

马大虾抿了抿嘴，道："你小赵帅耍气出走之后，气氛就有些尴尬，我便借题发挥，声称对不起兄弟，枉为大侠，干脆就甩掉偶像包袱，彻底不要脸了，那些个房东胁迫我办的令我恶心和恶心我的事，干脆全抖出来算了，'要死大家一起死'……"

"马兄，您真乃神人也！"赵小杰不禁竖起了大拇指，由衷赞叹道。

"嗨，'见什么人说什么话，遇什么客下什么菜'嘛。"

"那，咱们会不会欺负他了？"赵小杰担心道。

"我说兄弟，你就是心太软！"

马大虾鄙视地看了赵小杰一眼，道："这孙子怎么可能吃亏？吃亏对他来说还不是比吃'翔'更难受？他那个老亲戚托他找房客，他作为'中间商'肯定会赚差价的。只不过多少的问题，但肯定不会赔的，你就放心吧！再说，我那一百多个'G'……"

马大虾摇了摇头，心疼不已地道："那可是我多年的心血呀，就这么说分享就分享了。"

"好了，好了。"

赵小杰忙打住,问道:“那明天再见了?”

“嗯。”

马大虾点了点头,转身准备离开,但忽然,他又回过身来,抖了抖眉毛,道:“你之前问的问题,我们有答案了。”

“什么?”

“‘正义虽然会迟到,但一定不会缺席’！兄弟,尽管拿起法律之剑,去行侠仗义吧！我跟王多金都会支持你的,我们是永远的‘三贱客’！”

问题思考

本章中,马大虾引用了一句非常经典的法律谚语来为赵小杰打气——“正义虽然会迟到,但一定不会缺席”。其实,我们关于正义的标准,历来区分为实体正义和程序正义。对于企业采购部门来说,招投标制度这个“程序正义”,能够实现采购物品物美价廉这个“实体正义”吗?

答疑解惑

《医规》下册→第三章－采购→3.4　项目招标投标制度

48 奎见鹤归来

第二天五点多，马大虾就又拎着大包小包早早跑过来，咚咚咚敲门，把昨晚一直打扫到凌晨十二点多，还没睡多久的赵小杰叫醒，说是乔迁新居，中午无论如何也要庆祝庆祝——做一顿大餐，给"小秘孔"送一份过去吃，咱俩也顺便开开荤，吃四份……

说着，便指着大包小包让赵小杰看，做饭的家伙他都带过来了！

赵小杰睡眼蒙胧地看着马大虾明显激动过分的眼，心道："是'小秘书'顺便还是你顺便？"又看了一眼马大虾兴奋过度的脸，忽然灵机一动，抓住他道："正好，上午帮我一起打扫卫生。"

"那老地方的卫生怎么办？"马大虾不禁尖叫着表示抗议。

昨晚微信上三人简单做了分工，王酱军因为周六要加班就耍起了"光棍"，甩手不干，赵小杰跟马大虾就一人一片，赵小杰负责新居的整体打扫，马大虾负责老地方的行李整理。

"你上午先配合我在新家打扫卫生，等差不多了，下午再回老地方收拾行李，晚上跟王酱军一起押着房东把行李搬过来，不就得了。"

赵小杰笑着捏了捏马大虾的肥脸，道："正好我也能腾出点空，给你做好吃的。"

"这还差不多。"马大虾瞬间败下阵来。

俩人简单吃了个早餐，找了家老板勤奋早起的小卖店买齐清洁用品，正准备大干一场，赵小杰的电话忽然响了。

"今儿个是周六，不是说好不出去了吗？"

赵小杰看着手机上的来电名称，嘀咕了一句，随即接通，还不待说话，手机里就传出来金阿姨语无伦次的声音，“小赵！老奎！老奎……”

赵小杰好不容易说服马大虾在没有“午餐”的情况下一个人负责打扫新居，然后拦了一辆出租车，直奔奎见鹤家去。

开门的是金阿姨，但见她一脸憔悴外加担忧的，赵小杰不由在心中疑惑起来，“不应该呀？”

金阿姨朝屋里努努嘴，道：“小赵，你自己去看吧。”

“哦？”

赵小杰捏了捏下巴，走进房间，一眼就见沙发上坐着一个人，看那背影，不禁心中更加疑惑起来，待绕到前面，彻底看清坐着那人的面目后，顿时就大叫道：“我的妈呀，发生了什么？”

只见奎见鹤整个人不但精神了一圈，原本秃兀的脑门，竟还有些“草肥叶茂要变绿洲”的趋势。

如果说当时是“火云邪神”现在是“小鲜肉”会有些夸张，但整体变化绝对称得上“穿越级”——类似于经典小品表演中“光头胖子丑角”和“秀发帅气小生”之间的变换，让人深感不可思议！

“老奎，到底发生了什么？”赵小杰搬了个凳子坐下，小声问道。

“你家有地方吗？”奎见鹤却是答非所问地反问道。

“啊？”赵小杰不禁有些愣。

“没有算了。”

奎见鹤自言自语道：“那走，咱们找‘小秘书’去。对了，我刚打她电话怎么打不通？你能联系上她吗？”

“这个。”

赵小杰清了清嗓子，道：“还是去我那里吧。”

俩人在路边买了五斤手切羊肉，又包了些鲜菇时蔬，搬着两箱啤酒,回家拦住刚收拾完毕准备离开的马大虾,让他赶紧麻溜地收拾停当,中午涮火锅吃。

马大虾一听有美食,阴霾的情绪当即烟消云散,笑着去厨房忙活了。

赵小杰沏了两杯茶,端过来递给奎见鹤一杯,道:“我爷爷亲自打理的,今年第一批明前,尝尝鲜?”

“你还懂这个?”

奎见鹤冷哼一声,不屑一顾地轻抿了一口,却是瞬间就两眼放光起来,心情跟着大好,不由语气也和蔼了很多,问道:“小赵,你这茶叶还有多少?”

“怎么了?”赵小杰忙警觉地反问道。

“叔叔要的也不多,就一斤,一斤,哈哈哈。”

……

马大虾手脚麻利,很快就收拾停当,在客厅支上电火锅,三人围坐着开涮起来。

不知是好久没喝酒的缘故,还是气氛太美妙,总之没几杯下肚,奎见鹤便晕乎乎地有些飘飘然起来,道:“小马也不是外人,我就把这些天的经历给大家说说吧。”

马大虾还不以为然,赵小杰却忙支起耳朵认真听讲起来。

据奎见鹤自述,那天他见赵小杰被砸晕,第一时间就开始伸张正义(大吵大闹),那帮人不懂规矩(忍无可忍),就准备使用器械。他见此,就两眼一白“晕”过去了!后来实在尿憋不住了才“悠悠”醒来,第一时间跑卫生间里放松完事。

后来,尽管不断有人前来“骚扰”,不乏“威胁利诱循循善诱”,但他都坚称自己“脑袋有问题,逼急了就会晕倒”,也的确又成功地“表演”了几次。

“然后就……”

奎见鹤嘿嘿一笑,问道:“你们猜怎么着?”

“怎么着了?”

赵小杰和马大虾同时询问道。

“后来,他们就给我换了一个地方,说是‘看守所’。结果,那里的‘主要负责人’是我之前的一个患者,命都是我从阎王手上夺回来的。”

奎见鹤这边说着,还不忘在锅里挑挑拣拣,终于逮着了一块儿肥的,忙放到嘴里“滋溜滋溜”地吃起来,又喝了一口啤酒,接着继续说道,“那位一看,好家伙,救命恩人来了,当时就差点把我迎到办公室喝茶去了,愣是把押送我的那几个‘小屁孩’惊得一愣一愣的。”

“因为‘刑侦’上的原因,那位也不好意思直接放我,但待遇上确实没得说——单间,空调房,病号餐,还不用劳动,硬是把我养得呀,你们看,神清气爽的,都年轻十几岁了!”

奎见鹤说得是满嘴喷油,直吓得马大虾一个劲儿地护着火锅,生怕再喷进去了。

赵小杰看他这么开心,想来不是在吹牛,便接着打趣道:“喂,老奎,你救的那位,就没给你这个‘救命恩人’安排个‘女保姆’?当初你可是给他安排有‘女护士’的呀。”

“去去去!”

奎见鹤不禁老脸通红起来,道:“那能一样吗?净拿老头开涮了。”

“那你为什么非要背着金阿姨,在我这里讲呀?”赵小杰继续打趣道。

“嗨,还不是怕她担心嘛。”

奎见鹤又喝了一杯酒,道:“她什么都不懂,咱俩说着,她听着,不懂又不会问,净在心里瞎琢磨了,瞎琢磨换来瞎操心,瞎操心导致瞎担心,还不是劳神费力?”

“那可不一定。”赵小杰摇了摇头,表示否定。

问题思考

本章中，公安机关最终因证据不足将奎见鹤释放。奎见鹤在赵小杰新租的住处涮火锅时，和赵、马讲述起自己在看守所里的种种经历。在我国，公民被国家司法机关或者特定部门限制人身自由后，一般会被羁押在哪些专门的羁押场所？

答疑解惑

《医规》下册→第七章－内控→7.4　警示教育：拘留所、看守所、监狱、未成年犯管教所

49 猪队友

赵小杰把这些天他跟金阿姨一起信访投诉的事情简单说了下，尤其着重描述了昨天下午金阿姨一个人跟分局那位胡副局长“斗智斗勇”的事，表示金阿姨都快成半个法律专家了。

“这么厉害?!”

奎见鹤惊讶地横着筷子，有那么三秒钟，都忘记了吃喝，白便宜了马大虾一通“风卷残云”，把这一轮的肉片全部消灭干净。

赵小杰一边往火锅里重新加羊肉，一边道：“那必须的！哦，对了。”

赵小杰忽然想到了什么，把公筷放下，问道：“那您老这事儿准备怎么办?”

路上听奎见鹤说，他是一大早被那些人送回来的，当时只告诉他“经调查发现没有问题”，所以，打扰见谅。

“嗨，我的事没关系!”

奎见鹤大手一挥，顺势用筷子敲了敲马大虾差点就要伸进火锅里的“爪子”，道：“咱们还是办正事吧！想着，怎么把辉学兵那老小子给‘正法’了。”

“那不能呀。”

赵小杰和马大虾几乎是异口同声地道：“‘法律不保护躺在权利上睡觉的人’！自己的事儿自己都不上心，别人还怎么给你维权?”

“但是，‘天公不作美’呀。”

奎见鹤摇摇头，放下筷子，踱步到窗前，望着窗外，叹了口气，欲言又止。

“山雨欲来风满楼吗？”马大虾忍不住问道。

“不。”

奎见鹤转过身来，看着两个“小朋友”，道：“‘五一’小长假，马上就要到了。”

今年“五一”四天假，机关单位都放假，上哪里申诉还的确是个问题。

饭后，马大侠“马不停蹄”地回“家”收拾东西。

赵小杰这边洗碗刷锅完毕，躺床上午休了好一阵子才回过神来。起床，叫醒沙发上鼾声如雷的奎见鹤，商量道，为他申诉的事情等节后再说，“当前和今后一个时期，要把工作重心重新转移到披露辉学兵‘丑行’上去”。

时不我待！

据内部消息，辉学兵的院长任前公示要在 4 月 30 号，也就是下周二下午正式下达。

五天的公示期虽然要从节后才开始正式计算，但利用“五一”这几天时间造势，正是时候！

奎见鹤再次走到窗前，一拍窗户，怒道：“等节后第一天，我就要拿着材料去卫生主管部门实名举报！”

“你就不怕吗？”赵小杰笑着问道。

刚才奎见鹤还透露了一个消息，也是他坚持要来赵小杰这边的主要原因，就是，早上那些人把奎见鹤放出来，他自己打车回来，在小区楼下竟遇见了辉学兵！

辉学兵开门见山地指出，虽然法律上没有结果，但院里面慎重考虑起见，还是作出了对奎见鹤留院查看的决定，让其暂时不用再来上班了，以观后效吧。

威胁的意味很浓，即便奎见鹤回到了家，还觉得萦绕不散。

所以,他最终决定还是到赵小杰这边来,免得"引火烧家"……

"怕,怎么不怕!"

奎见鹤呵呵冷笑一声,道:"但你们年轻小伙子都能克服恐惧,继续'捣蛋',那我这个年过半百的老家伙,又何惧哉?"

赵小杰刚才也给奎见鹤说了他们昨晚的事,表示很有可能就是辉学兵一伙干的!

"说得好!"

赵小杰不禁一挥拳,站起来,道:"心中有光,何惧道阻且长!那接下来,我们就……"

他本想说我们就赶紧看你邮箱里的"前期调查结果"吧,却不料奎见鹤忽然又往沙发上一躺,道:"接下来,我们就住一起吧,这个沙发我包了。"

"什么?"

赵小杰傻眼了,问道:"你自己没家吗?"

"你放心把一个老头和一个老太太搁一起吗?那万一家中再失个火,煤气再中个毒什么的,找谁说理去?"奎见鹤很直白地道。

"这个。"

赵小杰一时也不好拒绝了。

虽然俩人经历了"错拘风波之磨难",感情显著升华,这奎见鹤竟然能跟他"油嘴滑舌"地交流便是证明……但就这么收留了这"糟老头儿",开什么玩笑?

忽然,赵小杰灵机一动,道:"这沙发是我们仨公用的,我一个人也做不了主,不如等他们俩回来再商议?"

就在这时。

咣当!

门被推开了。

只见马大虾和房东各扛着一堆行李走了进来,还不等赵小杰开口,马大虾就自己先说道:“回去简单收拾了下,发现光我的东西都需要一车,就不等王酱军了,先紧着我的搬,等晚上了再搬他的。呐,你的‘行军床’我也顺带给你捎过来了,够意思吧?”

……

“猪队友”马大虾的“神助攻”简直无懈可击,让赵小杰只好摇着头,看着奎见鹤欢天喜地地从一脸懵逼的马大虾手中接过了“行军床”。

“哎,办正事了。”

赵小杰捏捏下巴,喊了喊正哼着小曲铺着床的奎见鹤,道:“你那个电子邮箱,到底怎么打开?”

“什么电子邮箱?”

奎见鹤撅着屁股扭过头来,一脸的迷茫。

“你之前说的,那个保存‘调查结果’的邮箱……你不会忘了吧?”赵小杰心悸地问道。

“什么?”奎见鹤惊呼了起来。

“什么什么的?”赵小杰跟着急了,难不成真忘了?

“不是给你们说过地址和密码吗?‘手机号’,‘我的手机号’!你们不会一直没打开吧?”

奎见鹤忍不住就爆起了粗口,“怪不得老子在里面一直待着,放不出来;怪不得辉学兵一直顺风顺水,考察公示!敢情你俩这段时间一直什么都没做呀?真是‘猪队友’!”

“试过了,打不开呀,最后都被锁住了!”赵小杰也急了。

“当时我不是一直在吼‘我的手机号’吗?”

“是呀,你的‘手机号’呀,试了好多次,就是不行!”

“都是猪脑子吗?”

奎见鹤不由摇了摇头,跑过来道:“赶紧的,电脑在哪里?我亲自登录!”

“好!”

赵小杰连忙带着奎见鹤来到主卧电脑桌旁,打开电子邮箱登录页面,道:“你来,你自己试试。”

奎见鹤深吸一口气,白了赵小杰一眼,开始操作。

赵小杰忙睁大双眼,力争不错过任何一个细节,看他奎见鹤到底怎么搞?

邮箱地址没问题,问题确实是出在了密码上,只见奎见鹤在输入一串数字之前,还输入了几个拼音……随后一点“登录”,直接畅通无阻地弹出了个人邮箱主页面。

“怎么样,没错吧?”

奎见鹤指着网页,兴师问罪地道:“你俩是怎么搞的?是不是脑子被砸坏了?难道‘小秘书’的脑袋也被砸了吗?”

问题思考

本章中,辉学兵看见奎见鹤被释放回家,便以单位领导的身份通知奎见鹤“暂时不用再来上班了”。在我国,员工被公安机关采取刑事强制措施,或者被检察院提起公诉的,用人单位可以直接单方面解除与尚没有审判结果的涉事员工的劳动合同吗?假如涉事员工的权利被侵犯,他又有什么途径救济呢?

答疑解惑

《医规》下册→第十一章－员工成长→11.5　员工劳动争议解决

50 还得靠自己

“什么怎么搞的?”

赵小杰也怒了,愤愤然道:“不是说只有手机号吗,怎么又加了几个拼音?”

“谁说只有手机号了?”

奎见鹤更加愤怒地道:“我说过了,是‘我的手机号’!”

“是呀,你的‘手机号’,不就是只由数字组成吗?为什么又在前面加了几个拼音?”

说到这里,赵小杰忽然一愣,想到了什么,不由一脸不可思议地问道:“难不成,你的手机号是由数字和拼音组成的?这是什么号?移动还是联通?”

“还是你大爷呀!”

奎见鹤气得都语无伦次了,颤抖着手指着赵小杰的鼻子,骂道:“‘我的手机号’,就是拼音‘wo de’,再加上‘手机号码’……你是不是傻呀?”

“你才傻呢!”

赵小杰一听这解释,顿时就上火了。

……

俩奇葩好不容易才缓过劲儿来,你看看我,我看看你,最终达成共识:今后一定要加强沟通,加强交流,防止类似事件再次发生!

随即,俩人摒弃前嫌,凑到电脑前开始一条条梳理辉学兵的

“罪状”。

虽然奎见鹤在法言法语的表达上几乎零分，但洞察问题的能力却非常独到，把问题梳理得明明白白，清清楚楚，不说法律人了，就连普通人一眼都能看明白。

“这辉学兵简直就是……”

赵小杰深吸口气，扭头再看向奎见鹤，觉得他能“出淤泥而不染”，真是太可以了。

奎见鹤却是头皮直发麻，提醒道：“喂，别这样‘色眯眯’地看着人家，怪难受的。”

俩人分工合作，一个“说事实”，一个“讲道理”，持续奋战了一个半的白天加两个大半夜，一本“超有料”的，“超真实”的内幕题材小册子，终于横空出世了。

也多亏早些时间书写《合规指南》，近些时间梳理法律体系，肚子里有墨水，脑子里有思想，“知识储备”可谓十足充分，写起来自然是信手拈来，游刃有余。

赵小杰还想继续斟词酌句，奎见鹤却哈欠连连，说算了吧，都已经好出天际线了，关灯眯一觉吧，都快五点了，上午还要见“记者朋友”呢。

“记者朋友”是小秘孔联系的，让他俩材料写好后，周一上班亲自送过去，剩下的就不用管了。

这也是原本就制订好的计划，要不是上次意外被警方给“端了”，关于辉学兵的“新闻”，现在估摸着都满天飞了。

但“好饭不怕晚”，现在抖出去也不迟。

至于奎、赵提议的由他俩人亲自行动的计划，直接就被小秘孔给否了。

“那个辉学兵什么事都干得出来，你俩不要贸然行动，免得再遭不测！”

这是短信原话。

……

赵小杰咬着牙,愣是坚持到了八点来钟,愣是把标点符号都改得完美无缺,才叫醒口水都快把自己淹死了的奎见鹤。

两人匆忙洗漱一番,早餐都顾不上吃,便要骑车去报社见那位“朋友”,不想刚启动发动机,手机就提示来微信了。

赵小杰掏出手机一看,忍不住就爆了句粗口。

“怎么了?”奎见鹤在身后探头探脑地问。

“呐,自己看。”赵小杰把手机递了过去。

奎见鹤接过来一看,更是气得不得了,顿时就开始了滔滔不绝地破口大骂。

原来,那个昨天在微信上反反复复给他俩明确,今天上午要有结果的“记者朋友”,竟以临时有任务为由,提前二十分钟把见面给推了!

什么“狗屁任务”?

十有八九是出去玩了!

而且很有可能昨天就已经走了,所谓的今天见面,不过是在“逗你玩”!

“这家伙也太不可靠谱了!现在怎么办?”奎见鹤终于骂够了,想起来还要办正事,便向赵小杰问道。

“还能怎么办,用电脑微信把电子版传给他呗。”赵小杰回到楼上,摆弄起电脑来。

那位“记者朋友”也没有说死,而是让他们先把电子版发到微信上,并解释说现在都是无纸化办公了,手机上也能高效工作……

赵小杰把小册子的电子版发过去后,又搜肠刮肚一番,炮制出一篇几百字的感谢信发过去,中心思想是赞美记者这个职业的伟大,内涵意思是希望多多重视,尽早有个结果。

一个多小时后,那位老兄才微信回过来两个字:好的。

“大爷的！”

赵小杰不由一拍桌子，坐到沙发上，把马大虾买的早餐以“迅雷不及掩耳之势”，极其夸张地消灭干净。

奎见鹤在一旁看得是目瞪口呆，半晌不敢言语，赵小杰不禁打了个饱嗝，道：“有屁快放。”

“您这一番‘风卷残云’，想要表达什么？”奎见鹤不确定地问。

“从来就没什么救世主，要想办大事，还得靠自己！”赵小杰眼里放光，嘴里喷饭道。

“道理是没错，但……”

奎见鹤继续不解地问道：“那您狼吞虎咽的，是跟谁置气呢？”

“你这不废话吗？”

赵小杰白了奎见鹤一眼，解释道：“我这是吃饱了，好干活！”

“干什么活？”

“干倒辉学兵！”

“小秘孔不是说了，不要贸然行动吗？”奎见鹤忙“善意”地提醒。

“怎么了？”

赵小杰揶揄道：“你怕那个不择手段的辉学兵，再把你‘反杀’了？”

“怕？”

奎见鹤不由冷哼一声，道：“大爷什么阵仗没见过，看守所里都横过，会怕这个？”

“好，够英雄！”赵小杰伸出大拇指表示赞扬。

“但是。”

奎见鹤话锋一转，在赵小杰鄙视眼神的注视下，苦笑着解释道：“我们现在是给小秘孔打工，她一天一万地给咱发着工资，咱总要识好歹，‘有所为有所不为’嘛。”

“嗨，说到这里了，那咱就掰扯掰扯。”

赵小杰跷起二郎腿，道："人小秘孔和张阳关系特殊……"

"哎哎哎。"

奎见鹤不愿意了，忙打住道："无凭无据的，得亏还是学法律的，都不讲究个实事求是？"

"那好，咱换个用语。"

赵小杰看着奎见鹤，道："'关系不一般'好吧？人小秘孔和张阳'关系不一般'，出手阔绰，日薪一万地给我发着工资，周末也不例外！兄弟我苦尽甘来，怎么着也不会忘记这尊'活菩萨'的恩德。"

赵小杰朝天空某个方向作了个揖，随即话锋一转到奎见鹤身上，道："至于您老呢，'活菩萨'更是大度，不但也给您日薪一万的工资待遇，就连在看守所里'享福'的那几天也给您补上了，平白多出十几万来！您说，这'狗屎运'简直也太亨通了吧？"

奎见鹤撇撇嘴，问道："你这一波挤兑，不会就是为了拿我开心吧？"

"当然不是了。"

赵小杰摸摸下巴，直奔主题道："问题的关键是，您让小秘孔转我账上，几个意思？咱不说别的，就算是'无因管理'，也要收点辛苦费吧？"

"嗨，小赵，你也知道叔叔的难处。"

奎见鹤搓搓手，不无尴尬地道："我所有的卡都在你金阿姨手里，要是打到我卡上，岂不是'羊入虎口'？叔叔存个'私房钱'容易吗？"

"看看，被我猜中了吧，你个'老贼'！"赵小杰早就知道似地冷哼了一声。

问题思考

本章中，经过两天两夜的“强强联手”，赵小杰和奎见鹤终于把针对辉学兵的举报材料撰写完毕，并准备在上午和“记者朋友”见面时转交新闻媒体，从而想借助媒体监督的功能，达到惩治辉学兵为非作恶的目的。在企业运营过程中，我们应该如何正确看待媒体监督和舆论监督的作用呢？

答疑解惑

《医规》下册→第六章－公关→6.2　正确对待媒体监督和舆论监督

51 大胆去创作

“什么什么?”奎见鹤懵了。

“我告诉你,我跟金阿姨关系铁着呢,你竟然敢背着她藏私房钱?你看我不揭发你!”说着,赵小杰便掏出手机,作势欲打。

见此,奎见鹤不禁慌了,忙道:“兄弟,差不多得了啊,可别太过了!‘凡事留一线,日后好相见’……”

“关键是我跟金阿姨当初为了救你,也是患难与共!你这样让我情何以堪呀?”赵小杰颇显难为情地道。

“那怎么办?你说吧。”

“怎么着,一天也要给我分个……千儿八百的吧?”赵小杰扭扭捏捏地原形毕露道。

“你干嘛不去抢呀?”

“这不商量着来嘛。”

“那好,一天三百,再多我就不干了,哪怕被你金阿姨收了,也是‘肉烂到锅里’。”奎见鹤咬牙道。

“成交!”

……

“嗨,这都说哪里了?”

赵小杰一脸不耐烦地看了奎见鹤一眼,道:“净被你给打岔了。”

“你这个小流氓,简直了。”

奎见鹤无语地了摇了摇头,道:“刚说到,‘干倒辉学兵’!”

“对，干倒他！”

赵小杰捏了捏下巴，问道：“哎，奎老，您刚才说那‘老小子’的任前公示要明天，也就是4月30号下午才能下来？”

“嗯，院里面的老人都知道了。”

“那咱这几天就休整休整，等‘五一’再开始大干特干，大闹天宫！”

说着，赵小杰竟回到房间，往床上一躺准备补觉。

“为什么呀？”奎见鹤非常不解地跟了进来。

“你想呀。”

赵小杰坐起来，分析道：“那辉学兵这几天势必严防死守着咱俩呢，这时候贸然行动，不定会招来什么，再说，现在还没任前公示，万一弄得动静大了，卫生主管部门干脆在公示出具前撤回，那辉学兵再聪明些跟着咬牙‘隐退’，说不定就更难弄他了。”

“但是！”

赵小杰抬头看向奎见鹤，道：“等公示出来了，咱‘五一’假期再大闹特闹，把声势做足了，一上班，你就向公示上注明反映有关问题的‘电话’、‘部门’去实名举报……到时候有关部门骑虎难下，感觉被打脸了，那还不是？”

赵小杰单手对着空气一抓，嘿嘿笑道：“搞定辉学兵，还不是手到擒来。”

“听你这么一说，还真有几分道理呀。”

奎见鹤不禁“刮目”看向赵小杰，道：“真是‘人不可貌相’呀！”

“去去去，你骂谁呢？”

赵小杰不答应了，道：“我小赵帅最是表里如一了，所谓秀外慧中，便是如此。”

……

主要是记者不靠谱，让两人把原本等媒体消息的时间拿出来，被迫“休整”起来。

“上线”小秘孔那里，在得到消息后也是再次指示：原地待命，不要轻举妄动！

两人呵呵一笑，直接把“不”字给去了。

对于小秘孔一直不露面一事，奎见鹤也是颇为不解，猜测难不成是被吓住了？

“有可能。”

赵小杰点了点头表示同意，紧接着竟有些酸溜溜起来，道：“也可能是张阳怕自己的‘小秘’再遭不测，就让咱俩在外面晃悠。当枪使呗！你说是不是？”

“嗨。”

奎见鹤不予置评，接着摇了摇头，道：“不管怎么说这都是我的事，倒是让小哥你费心了。”

“别介呀……但你要实在过意不去，就一天再加两百吧？”赵小杰厚颜无耻地提议道。

“自古人生何其乐，偷得浮生半日闲。”

奎见鹤鄙视地看了赵小杰一眼，背手走向客厅，边走边说道：“难得有空，就好好净化一下心灵吧，别净去想那些‘粪土’了！”

说完，就坐到沙发上喝起茶来。

赵小杰一看，好家伙，喝我的茶还骂我，顿时就气不打一处来，抓主要矛盾地回讽道：“有本事就别存‘私房钱’呀？真是的，表里不一，假惺惺，说一套做一套，伪君子！”

……

所谓“偷得浮生半日闲”，是指那些整天瞎忙活的仁兄们，偶尔从烦琐中解脱出来，便最是难得。

但赵小杰这有计划、有步骤，为理想、为事业忙里忙外的有为青年，忽然急刹车，还真有点不适应，在床上翻来覆去的，“觉”是补不了了。

奎见鹤见此，便让赵小杰给他网购一个“超级录音笔”，体积越小越好，内存越大越棒，不用考虑价格！

“干吗？”赵小杰问。

“以备不时之需。”奎见鹤故作神秘地道。

赵小杰摇摇头，懒得再搭理他，按要求下了单后，便起床去菜市场溜达。

他想着，既然睡不着，就不如给“东家”做点好吃的，自从上周一开始就再没给她送过饭了。

一打电话，惯例被挂断，赵小杰摇摇头，发了个短信过去问，“今儿个有没有在所里，在的话就送点饭菜过去？”

“在的在的，都在的，赶紧吧！”小秘孔这次竟是回复迅速。

“都在的？”

赵小杰不禁嘀咕起来，难不成给你做的饭菜，你又拿给张阳吃了？

哎，这张阳也真是的，就不让人休息休息？

周末两天，发短信也都说在所里加班……这既拼了命地“疼”，又把人往死里用，难道这就是传说中的“心理变态”吗？

“五一”小长假很快就到来了。

赵小杰和奎见鹤早早起床，洗漱一新，雄赳赳气昂昂地要去“工作”，马大虾在后面哭着喊着求带，希望“共创伟业青史留名”！

鉴于机车座位实在有限，赵小杰便忽悠马大虾在家里重新拾起手中的笔，就以他小赵帅为“男主”，以老奎为“女……男二号”，以他们这些天的光荣事迹为素材，去大胆创作，未来必将属于你马大虾！

……

俩人风驰电掣，很快就来到宛大一附院正大门处，赵小杰骑在车上，扭头吩咐道：“呐，本着分工合作，有条不紊的原则，你下去发传单。”

“为什么又是我?”奎见鹤不爽地问。

“1.你会开机车吗?咱们这可是‘机械化部队’,万一情况不对,我一加油门就跑了……当然,我是不会抛弃你的,我对天发誓!”

“2.我长得太帅,有些不合时宜。不像你天生一张‘苦大仇深’的脸,太容易博取群众同情了。”

赵小杰有条有理地解释道。

“这话说得,我简直太不爱听了! 好了,我发就我发,那?”

奎见鹤看看左右,有些疑惑地道:“就在这正大门前发,不合适吧?万一被保安给盯上,再把咱俩给一窝‘端’了?”

“放心,我都‘安排’好了。”赵小杰一副成竹在胸的自信表情。

“原来你小子有‘内鬼’!”

奎见鹤不禁恍然大悟地点了点头,道:“怪不得当初,你小子轻轻松松每天都能进我办公室。我还纳闷呢,难不成你小子属鼠的?现在终于想通了,是有人接应。”

“那时候还不是,但就是经过那几次的事后,有位老哥被我成功‘策反’了。”赵小杰不无得意地笑道。

问题思考

本章中,奎见鹤和赵小杰得知辉学兵的院长任前公示将于4月30日下午发布后,相应调整了行动时间表。我们知道,对于企业内部重要岗位的任命,一般都是有任前公示的。那么,我们能否借鉴这个公示制度,将“阳光采购原则”在更大的范围内适用于企业的采购过程中呢?

答疑解惑

《医规》下册→第三章－采购→3.3　阳光采购公示制度

52 军功章上有您的功劳

时间如白驹过隙，一眨眼就5月4号了。

晚上，“老地方”的一个包间里，新鲜的刺身躺在白白的薄冰上，桌两边，辉学兵和胡高俩人光脚坐在榻榻米上，各怀心事，谁也不说话。

气氛有些尴尬。

最后，辉学兵忍不住了，率先打破沉默道：“老胡，您看，您在电话里是说约我们俩来的，咱们仨一起聊聊，结果您又临时不让老白来了。”

见胡高抬头不高兴地白了自己一眼，辉学兵连忙又改口道：“您是大哥，您怎么决定都行，小弟听您的！这不，小弟我过来就是要听您教诲的，您怎么反倒‘沉默是金’起来了？”

“哼。”

胡高鼻子里出气，道：“让白总过来，还不是听大辉总您指挥吗？”

“哥，看您说的。”

辉学兵摆出一副非常坦诚的样子，道：“您永远是我俩的大哥，我俩只听您的。”

“嗨，看这话说的。”

胡高忍不住就笑了起来，随即点点头，道：“也对，至少在面上我还是大哥。”

“‘实力让尘埃落定’嘛，您实至名归，不管是面上还是实际上，都是大哥！”

“好了好了,我知道了。”

胡高忙打断辉学兵的表演,把“实力让尘埃落定”小声重复了一遍,颇为细品地道:“说得没错,幸好我还有点本事,这么多年不停地给你‘擦屁股’,不然的话,别说这面上的‘大哥’了,就连普通小弟估计都没资格当吧?”

“大哥,您这是什么话呀?”

辉学兵不禁摆出一副“受了委屈要跟你着急”的样子给胡高看,却见胡高只是似笑非笑地望着自己,索性心一横,使出了“撒手锏”。

只见辉学兵从桌子下面抽出脚来,顺势往榻榻米上一跪,道:“哥,小弟事情没有办好,您要打就打,要罚就罚,怎么我都认了!但您这样说话,让小弟实在有些受不住,心里就像有一万只马蜂,在不停飞舞,蜇得我……”

“是有一万头‘草泥马’在不停奔腾吧?”胡高冷笑着问道。

“哥,您这样,小弟我就不起来了!”辉学兵把头扭到一边,做出“心里有苦但就是不说”的表情来,让胡高看。

胡高见此更是厌恶,生怕他继续演下去耽搁了正事,忙制止道:“好了好了,你先起来坐好!听我给你絮叨絮叨。”

“不起来。”辉学兵继续“撒娇”道。

“到底要不要我说?”

“您说,我跪着听就是了。”

“你这样逼我是吧?那好,我走!”

说着,胡高便起身欲走,辉学兵见此忙伸手阻拦,表态道:“听哥的,听哥的!”

只见他一只手支着桌子,麻溜地把自己从跪姿变成了坐姿,道:“哥,您看行了吧?行了您就请讲吧。”

“先说好,你不要打断,更不要‘撒泼’啊。”

胡高提前打了个“预防针”,接着就呵呵一笑,道:“辉学兵,读研究生时你们寝室就四个人，三个都跟你有仇吗？至于把他们都往死里整吗？”

见辉学兵又要插嘴，胡高忙伸手指着他，眼神“警告”一下，接着继续道：“李明、奎见鹤、白驰、辉学兵，你们四个，目前来看，也就李明和白驰算是个正常人。”

“听说当初，你跟奎见鹤关系最好，是有名的两大‘奇葩’！呵呵，结果，就你害得奎见鹤最惨。”

胡高笑着摇了摇头，继续道：“李明，比你们几个都要大，别的老师带的研究生，补漏才被安排到你们宿舍的，对吧？”胡高问道。

辉学兵点了点头，刚想说话，又被胡高伸手制止了，补充之前的要求道：“就像刚才那样，对了就点点头，错了就摇摇头，别说话，你小子一说话，就‘满嘴跑火车’，让人很不爽！”

“白驰，算是你们四个中最小的吧？”

辉学兵点点头，欲言又……止住了。

“以白驰的性子，想来也最老实，这老实人有老实福，从上学到毕业后的前几年，一直没有瞎折腾，老老实实的，直到后来你又找上门来。”

胡高呵呵一笑，颇为无奈地摇摇头，继续道：“白驰是名校毕业生，家里的原因，毕业后就心甘情愿地进到了原宛州市第六制药厂，从小技术员做起，一直任劳任怨，踏踏实实的，老厂长早就看中他了，把他调到身边做了秘书。然后，你这孙子就‘出现’了！”

胡高长叹一口气，再次苦笑着摇了摇头，道：“‘时也，势也’。这老国企当年举步维艰，工人工资都发不下来，又恰逢当时改革不得人心……你小子‘横空出现’，用以宛大一附院胸外科‘最年轻有为’的青年医生的名头勾结来的一些大型药企的资金，上来就承诺‘砸’多少多少钱，当时就把老厂长和白驰给‘砸’晕了！”

胡高喝了杯清酒，润润嗓子，继续道："你小子也确实有些本事，靠那些资金和设备以及一些管理团队，愣是把一个半死不活的药厂给盘活了，从此老厂长和白驰更是视你为'救星'，对你就渐渐言听计从起来。后来老厂长退休，不再问事。也就是那时候，你把我'拉下了马'。"

"对！就是那时候，你给我拉下马的！"

胡高不接受反驳地看了辉学兵一眼，继续道："你我合力，硬是把白驰扶上了药企'一把手'的位置，白驰自此视你为'伯乐'，对你完全信任，什么事都不反对。接下来，你就开始了让我至今也深感'眼花缭乱'的操作。"

胡高陷入了回忆之中，不可思议地问，"你是怎么从一个外科'半吊子'专家变成一个'老谋深算'的商战高手的？用现在流行的话来说，就是'一通操作猛如虎'，硬生生把一个老牌国企'掰'成了你一个人的药业公司？"

"当然，面上我还是大哥，每年有不少'分红'，孩子上学，老婆美容，都没让我操心。而白驰作为名义上的董事长，因为公司效益好，新人旧人都说好，活得也很滋润。说起来，这一切都还要感谢你，我的辉大院长！"

"这一切无论如何我也不敢独占功劳啊！"

辉学兵冒着即使被胡高骂，也要说话的风险说道："没有您在后面给我们撑腰，帮我们摆平那么多事，我们也不可能办成这么多事。'军功章'上有您十分之九的功劳！"

"所以我刚才说嘛，我被你'拉下了马'！"

问题思考

本章中,辉学兵和胡高在对话中提到了"实力让尘埃落定"。其实,对于相关市场的经营者而言,与其想尽各种办法搞不正当竞争,不如认真做好自己的产品,让公司产品的品质和消费者的口碑来说话。而关于不正当竞争,它的主要危害和法律后果又有哪些呢?

答疑解惑

《医规》下册→第十二章-竞争态势→12.2 不正当竞争的危害和处罚

53 臭味相投

胡高自然听得出辉学兵的“弦外之音”，也不否认也不“破罐子破摔”，继续道：“‘人为财死，鸟为食亡’，这是自然法则。我既追求政治进步又追逐经济红利，‘两手都要抓’嘛！直到现在，我也没觉得我有什么错。”

“但是你！”

胡高话锋一转，整个人气势就凌厉了起来，“属猪的吗，喂不饱吗？”

“怎，怎么了？”辉学兵小心翼翼地问道。

“你能不能不要再给我‘装无辜’了，自然点好不？”

胡高恶心地看了辉学兵一眼，颇为不解地问道：“按理说咱俩一条船上的，我又每年收你那么多‘孝敬’，怎么着也该看你顺眼才是。可为什么，我怎么看你都不顺眼呢？”

“我到底哪里长得不好？我去整容！”辉学兵企图逗乐子地缓解气氛道。

“你小子是心坏了，你该去换心！”胡高骂道。

“那对您的这一片忠心，就这么给换了？就是我舍得，您舍得吗？”辉学兵继续恬不知耻道。

“呵呵，对我一片真心。”

胡高那表情就像听到了一个天大的笑话，继续挖苦道：“咱亦可药业的前身就是市第六制药厂，后来被你改成了‘亦可’。亦可，亦可，就是什么都可以呗?”

“所以你就控制公司,大肆生产‘伪劣产品’,以你胸外科副主任、主任、宛大一附院副院长的身份为桥梁,源源不断地把这些破烂玩意儿推销到宛大一附院以及全市、全省其他医院!”

“那滚滚的股东分红,你都嫌不够,还要‘高管’工资?”

“更不要脸的是……”

胡高喝口水,气急败坏地接着骂道:“你还向公司要‘回扣’,那可是咱自己的公司呀,咱自己的公司,自己的钱呀!”

“你去要‘回扣’,不就是向我和白驰要的吗?”

“这还是明面上我知道的,那些背地里黑着的,不定还有多少呢!”

“都不怕噎死?”

胡高非常无语地再次摇了摇头,道:“你不但贪财,还好色。一个大俗人的两项指标——贪财好色,不但被你占齐了,还被你玩出花样来了,都花出天际了!”

胡高直接呸一口,当是到了让他最恶心的环节。

“你小子养情妇,一下就是十几个的同时养。你在全市整整买了十几套房子,让你的十几个情妇住到里面,一人一套,腻歪了你就让人滚蛋,随时换新!”

“养情妇还不够,你还要去骚扰有夫之妇,听说医院里稍有姿色的女员工,几乎都被你骚扰个遍了。”

“这还不算恶心,更恶心的是,你还不时到郊区租别墅搞‘多人运动’!”

“你这样搞,就算群众同意,公司同意,组织同意,‘前列腺’同意吗?”

“你热爱‘运动’,但也不至于‘用生命去运动’呀?”

胡高长出一口气,深呼吸,想把激动的情绪慢慢稳定下来,但忽然又想到了什么,不禁呵呵冷笑一声,道:“在这种情况下,你还每周坚持做一台手术……你真是个‘神人’呀!”

“那我这不想着精益求精嘛,吃饭的手艺无论如何不能丢。”辉学兵很自恋地说道。

“啊呸!”

胡高当即就打脸道:“打死老子,老子也不相信那些手术对象是普通老百姓。你小子就是想多攀扯点关系,能攀你就攀,各种攀! 当初你不就是靠这招算计老子的吗? 嘿嘿,‘害人者终害己’,这不,你也被人给‘盯上’了吗?”

“什么,老胡?”

辉学兵顿时就被吓得脸色苍白,颤抖着都快哭出声来,“您是说,纪检已经开始立案调查了?”

“你大爷的!”

看着辉学兵那不堪一击的熊样,胡高就忍不住想左右来两巴掌,但转念一想,现在这个敏感时期,他这样联想也情有可原,说不定还真被自己说中了……这么一想,胡高也不由倒吸一口凉气,暗忖自己跟这“货”早就脱不开干系了,而且自己还有公职在身,以现在中央反腐的力度,万一事情败露,自己只会比他更惨,还有什么资格笑话人家……

“嗨,怎么净吓唬自己!”

胡高猛然反应过来,不由摇了摇头,暗道自己这是怎么了?

再看辉学兵,更是一脸期待地看着自己,想必环境所限,不然早就尿了……胡高不禁笑了笑,既是宽慰辉学兵,也是宽慰自己地道:“怎么可能? 别瞎想了,净自己吓唬自己,真是可笑!”

“呐,我说的你被人给盯上呀,指的是……”胡高清清嗓子,看着一脸无语的辉学兵,娓娓说道。

原来,他指的是全意集团市场总监棠好马“投怀送抱”一事。

以胡高的理解来说，辉学兵野心太大，想要的太多，但公司里毕竟还有“老胡”和“小白”掣肘，不能太恣意妄为，于是就想着招兵买马，发展自己的实力，以便能“贪更多”！如此情形下，就和棠好马等人眉来眼去“勾搭”上了。

尽管俩人身份不同，公司更是敌对，但所谓臭味相投，只要够“臭”，距离永远不是问题！

棠好马确实为全意集团的发展立下过汗马功劳，身上自然也沾满了原始资本积累的“血”，想必是擦不掉了，估摸着也不愿意擦——这就跟全意集团的新发展理念背道而驰了。

“良禽择木而栖”，棠好马于是选择背叛老东家，投奔良主辉学兵，就像“狗吃屎”一样，自然而然就发生了。

“投名状”就是全天下所有男人都抵挡不了的诱惑和都会犯的错误——“权、色”。

棠好马先是利用那个叫王珞的美女医药代表，去诱惑宛大一附院原副院长李明，然后再组织‘记者’抓奸，利用当今社会一些人的“戾气”，把李明用“道德审判”的方式先定罪了。

接着，棠好马和辉学兵再联合宛大一附院里的“自己人”，勾结卫生部门里的“自己人”一起做掉李明！

这一招，真是厉害，杀人于无形，够狠！

“据说，那个美女医药代表也顺带着被你们搞定，现在已经成为你大辉总的‘禁脔’了？”

胡高问道，见辉学兵眼神飘忽不定，也不给个回话，便笑了笑，接着问道：“还有几个问题深思不解，辉总能不能一并给我答疑解惑下？”

问题思考

本章中，胡高在包间里数落、责骂辉学兵时，提及辉学兵最贪得无厌的地方就是“甚至还要向自己的公司要回扣”！什么是回扣？回扣、佣金、折扣、Rebate 是一回事吗？

答疑解惑

《医规》下册→第三章－采购→3.1　回扣、佣金、折扣、Rebate、小额广告礼品

54 机械化部队

辉学兵抿嘴看着胡高，也不知道在想些什么。

胡高可不会跟他客气，径直问道：

“1. 李明到底‘搞了没搞’？如果真‘搞了’，你大辉总会吃‘剩饭’？当然了，大辉总‘剩饭’吃起来也是不亦乐乎，也没少吃……但李明‘吃剩下的’总该不会吃吧？”

“2. 李明为什么会对这个王姓女子情有独钟？按理说没道理呀，他李明科室主任、副院长、常务……这么多年走来，什么‘诱惑’没见过？怎么会在这个岁数，这个节骨眼上‘阴沟里翻船’？”

“3. 宛阳律所的主任张阳大律师，怎么会去帮李明？”

胡高看着辉学兵，等着他来解答。

“你问我，我问谁去呀？”辉学兵今晚还是第一次没好气起来。

这个问题的确是他们这些天感觉匪夷所思又头疼不已的事，张阳竟然在“五一”节前高调宣布为李明代理，打名誉侵权的官司！

4 月 30 号下午还专门召开了记者会，可谓“盛况空前”，一下子就把“辉”和“胡”的全部注意力吸引了过去，反而忽略了赵小杰和奎见鹤这边，最终放任他俩四处“点火”，直接造成如今的“燎原之势”！

意识到自己态度出了问题，辉学兵忙又恢复到“鹌鹑”模式，做出小心翼翼的姿态来，既是表态，又是试探地道：“胡哥，我一直把您当亲大哥来看，所以您刚才说的那些我也不否认，我都有参与。因为这都是些鸡毛蒜皮的小事儿，不值得您劳神费心，也就没有让您知道……

嗨,既然说到这里了,小老弟就不得不表示佩服了!"

辉学兵觍着脸,献媚地问道:"大哥您都是怎么知道这么清楚的?"

"我是怎么知道的?"

胡高抬起眼皮,瞥了辉学兵一眼,接着低下头,看着盛满清酒的小杯子,用手指头攥起来,往左捻了捻,又往右捻了捻,最后一饮而尽。

啪!

胡高把小酒杯重重摔到桌上,脾气再也控制不住,破口大骂道:"这些都是'小事儿',那什么才是'大事儿'?"

"偷'炸弹',搞'恐怖袭击'吗?"

"你简直太贪,就跟猪一样,永远都吃不饱!还蠢!蠢到家了!"

胡高气急败坏地指着辉学兵,脖子上青筋暴起,骂道:"你吃太多,手脚太不干净,露的'马脚'都能拼凑出一队骑兵了!你还问我怎么知道的,你当我也是猪吗?"

"告诉你,但凡有点本事,手里头有点资源,想调查你那些'破事儿',那都是这样的!"

胡高伸出手来,翻转了两次,让辉学兵看。

"您是说'易如反掌'吗?"辉学兵问。

"行,不算太笨,还有点脑子。"

胡高深吸口气,多少控制住了脾气,接着问道:"既然有点脑子,那为什么在奎见鹤的事儿上,就没见你发挥呢?"

"让他这些天跟个猴儿似的上蹿下跳!他老小子'破罐子破摔',你能陪着他摔呀?"

"这个……"

辉学兵深吸口气,也是郁闷至极。

原本以为奎见鹤被留职察看,赵小杰被警告搬家,这"俩货"多少会消停一阵子,而"五一"前那几天,俩人确实也没了动静,却不曾想,"俩货"竟是在闷声发大招!

光“五一”这一天，俩人就在医院大门口一刻不停地发了一整天的传单——小册子！

刚开始只是一个人发，后来干脆俩人一起发，中间一个人还骑机车回去又拉了一箱过来。

后来看监控，辉学兵都快“炸”了！保安就在俩人一米远处，竟然全程无动于衷，“睁眼瞎”吗？

5 月 2 号，辉学兵就赶忙给保卫科下指示，让保安们务必打起精神来，杜绝此类事件再次发生！

结果倒好，第二天这俩人干脆在北门口发了起来，北门口客流量仅次于大门口，俩人硬是又发了一上午！

辉学兵再次被监控气炸，赶紧打电话过去骂……还真有“效果”，俩人又去东门口发了！

又是一下午。

辉学兵气得要吐血，连夜召集保卫科开会，会上他“大骂四方”，吓得保卫科科长“瑟瑟发抖”，连连表态保证“类似事件绝不会再发生”。

5 月 3 号，果真类似事件没有再发生。

而是变成了 8：00～10：00 俩人在正门口发，然后保安出来赶；10：00～12：00 在北门口发，然后保安出来赶；14：00～16：00 在东门口发，然后保安出来赶；16：00～17：50 又到了大门口发，然后不等保安再出来赶，俩人就“收工回家”了。

事到如今，辉学兵要是再看不出里面的猫腻就真是个傻子了！

然而他并不傻，相反他很精明能干。

5 月 3 号晚上，他就给一家保安公司的朋友打了电话，临时抽调一批新的保安过来，要在 5 月 4 号这天给俩人点颜色看看。

然而并没用。

5 月 4 号一大早，俩人就从“内鬼”胖保安那里得了信儿，直接转战到医院家属小区，在那里发了一上午。

得到消息的辉学兵气急败坏,带着众“打手”匆忙赶来,誓要把俩人逮住,当时也确实差一点就成功了……

但就差那么一点,俩人驾驶着拉风的机车“一骑绝尘”而去!

更可恶的是,俩人来到了市里最繁华的一处过街天桥,一股脑儿把剩下的传单发了个干净。

等永远“慢半拍”的辉学兵再次带着众人赶来时,俩人早已没了踪影!

时间还不过下午四点。

辉学兵抬头看了眼半悬在天的太阳,低下头时,忽然瞥到一个散落在地的小册子,便走过去拾起来,顺便问旁边卖红薯的大妈,发传单那俩人呢?

不想大妈还真知道,撇撇嘴道:“刚走还没两分钟呢,怎么你认识?”

“不是太熟。”辉学兵很勉强地保持住微笑。

“那我就直说了啊!”

没想到大妈竟来气了,叉着腰道:“就俩发传单的,都那么‘横’。当着我的面显摆说,今天就‘OK’了,收工回家吃最辣的火锅,喝最贵的啤酒去!”

“还说晚上要搞个‘二场’,‘找姑娘’……还有天理吗?”大妈气冲冲地问。

“的确是天理难容!”

辉学兵脸色狰狞地道,身体都快气散架了。

……

“嗨,你大爷的,倒是放个响呀?净在那里演表情戏了,你以为是哑剧呀?”胡高拍了拍桌子,提醒陷入回忆中的辉学兵。

“说什么呀?”辉学兵没好气地问道,他一想到下午那一幕,心情就很不好。

“说奎见鹤呀,难不成还是赵小杰?”胡高冷笑一声。

“为什么就不能说赵小杰?”辉学兵竟然来胆了,反问道。

问题思考

本章中,赵小杰和奎见鹤在“五一”小长假期间通过“发传单”的方式,将举报辉学兵的材料分发给了社会大众。对此,辉学兵尽管气急败坏,却也无计可施。当然,我们也要认识到,运营企业毕竟不能和自然人一样去发传单。在现实中,有比发传单效果更好的传播方式,来让更多的消费者或者下游企业认识自己的产品吗?

答疑解惑

《医规》下册→第五章 -营销→5.3　药品交易会和药品展览会

55 危险点

“他是空气吗?”

“要不是他开着个破机车,老子今天上午就把他摁住了,还至于让他们又跑天桥一趟吗?”

“还至于让他们‘吃着火锅唱着歌,搂着姑娘喝啤酒’吗?”辉学兵咆哮道。

“你到底想要表达什么?”胡高斜眼看着辉学兵,问道。

“你说我没搞定奎见鹤,那你呢,你把赵小杰搞定了吗? 那些传单‘字字暴力’,能是奎见鹤写出来的吗? 我看‘杀伤力’最大的,还是这个姓赵的笔杆子,还真是没看出来啊!”

辉学兵也喝了一大口酒,润润嗓子,接着道:“他骑着个摩托车,招摇过市,我们老百姓看着白生气,没办法! 你们呢? 你们也没办法吗? 你们一枪就能把他们给‘撂倒’了,至于这么磨叽吗?”

“你小子懂个屁!”

胡高呸了一口,道:“你以为我想抓谁就抓谁吗? 我告诉你,之前的事还没完呢,都是你小子给老子捅的娄子!”

“呐,说到赵小杰了,咱就再掰扯掰扯。”

胡高冷声一笑,道:“之前你说的那本《合规指南》,还有印象吗?”

“我还没老年痴呆呢,怎么了?”辉学兵问道。

“怎么了?”

胡高冷笑着道:“那真是投奔你来的姓邵的那个小子写的吗?”

“废话,不是他写的,难道是我写的?”辉学兵感觉很好笑地反问道。

“你真的没骗我?”胡高盯着辉学兵的眼睛,问道。

“老胡,有话你直说,不要这样好不好。”辉学兵颇为真诚地说道。

“这么说,你小子还真是被骗了!果真,老子最担心的事情还是发生了!”胡高一拍脑门,懊恼地躺到靠背上,一脸摊上“猪队友”的悲伤表情。

“老胡,你这是几个意思?”辉学兵不由地也有些慌了。

“来,我给你发个东西,你拜读一下。”说着,胡高打开微信转发了一个文件过去。

“pdf 版本的?”

辉学兵点击接受,打开一看顿时就懵了。

“你怎么也有这个?印象中我只给你看过,没有给你发过呀?”辉学兵匪夷所思地问道,刚刚胡高给他发的文件正是那本《合规指南》。

“你以为就你有呀?”

看着辉学兵那一脸迷茫的表情,胡高就来气,他努力压住火,解释道:“这本《合规指南》就是赵小杰写的,当时他给了邵飞,结果邵飞当场就撕了,后来又给了棠好马,棠好马直接就给藏起来了……再后来,全意集团的刘建军又得到了这本册子,经赵小杰同意,现在已经开始在他们公司内部印发学习了,就等着赵小杰什么时候有空去亲自培训一番呢。”

“你是怎么知道的?”

“上次你走后,我让手下的人继续调查赵小杰,得到的最新信息。”

“那这么说,我是被那俩人给骗了?连我都敢骗,看我怎么收拾他们!”辉学兵咬着牙,恶狠狠地道。

“收拾谁呀!”胡高见辉学兵依旧不得要领,顿时就火大了。

“现在问题的关键是,那次给张阳发威胁短信,到底是不是在路边随便找的民工,用民工手机发的?”

胡高给辉学兵指出真正的危险点,解释道:“这才是最关键的! 要是那小子用自己的或者跟自己有关系的人的电话,那咱们就真的完蛋了!”

“没那么严重吧?”辉学兵心怀侥幸地问。

“没‘你妹’的!”

胡高火更大了,使劲拍了拍桌子,用自己的专业素养教训辉学兵道:“只要有线索,顺藤摸瓜,就没有破不了的案! 你还心存侥幸,你以为你是空气呀,还无影无踪?”

“说就说,你老扯我妹干什么?”辉学兵不满了。

“怎么了?”

“我有个妹妹,你老‘你妹’‘你妹’的叫,我听着别扭。”

“你大爷的。”

胡高不禁无语了,憋了半天,才想出来一个合理解释,道:“这‘你妹的’跟‘你妈的’一样,都是语气助词,没有实际意义!”

“那也不行。”辉学兵较起真来了。

“那我问你,你有老母吗?”

“你这不废话,难道你是你爹生的?”辉学兵没好气地回道。

“那为什么我骂‘你妈的’你没感觉,骂‘你妹的’你就来劲儿了?”胡高挖苦道。

“我不管,反正‘你妹的’我听着别扭,不许你再这样骂了。”辉学兵正色相告。

“你妹的!”胡高第一时间就打脸。

“老胡,你再这样骂,我就真翻脸了啊。”辉学兵警告道。

“你妹的!”胡高偏不信邪。

“你他妈才你妹的呢!”辉学兵终于忍不住,爆发了……

两人在包间里开始了轰轰烈烈的泼妇骂街似的大吵大叫，吵得胡高直上头，四处找枪说要“崩”了辉学兵！

辉学兵就说你找呀，找到就崩了你爷爷我，找不到，你就是个孙子！

胡高就继续四处找，找得辉学兵都烦了，提醒说这里不是你办公室，不是你想拔枪就有枪可以拔的。

一语提醒了胡高，他当即掏出手机，说给下属打电话送枪过来，再“崩”了辉学兵。

辉学兵继续撑着他，说那你赶紧打吧，谁不打谁是孙子！

胡高还真拨了下属的电话，直到对方在电话里喊了一声胡局，胡高才反应过来，足足愣了有好几秒钟。

“胡局？”下属第二次问道。

“没事，拨错电话了。”说着，胡高挂断电话，恍惚地把手机放进兜里。

再抬起头，发现辉学兵正看着自己，两人四目相对，都定住了。

不一会儿，俩人便齐齐大笑起来，直笑得一个人腰都抬不起来，一个人泪都流了下来。

“还要拔枪。”辉学兵笑着挖苦。

“对不起呀兄弟，老糊涂了。”胡高伸出手来，主动求握道。

两只手又紧紧地握在了一起，顿时，房间的气氛和好如初，甚至更胜之前。

“兄弟，老哥有个不情之请，不知当讲不当讲？”胡高表情很扭捏地道。

“哥您尽管说，自家兄弟还有什么不好意思的。”辉学兵样子很忠义地道。

“兄弟，那老哥就说了啊？”

“哥哥请讲。”

“真的说了啊？”

“嗯,说吧。”

“不生气?”

“不会的。”

“生气不?”

“不敢的。”

问题思考

本章中,胡高和辉学兵为了亦可药业的事,互相责骂对方。我们知道,白驰虽然是亦可药业的董事长,但实际上辉学兵和胡高才是真正的“大佬”,他们很有可能以“股权代持协议”的形式,实际控制着亦可药业。那么,在我国境内,股权代持协议有效吗?它有什么例外?在股权代持协议里,实际出资人和名义股东各自享有哪些权利?

答疑解惑

《医规》下册→第九章 – 投资者关系→9.4　股权代持协议的法律效力

56 鸡犬不宁

“咱这个院长能不能不干了?”胡高一边小声说着,一边小心观察着辉学兵的反应。

只见辉学兵杵在了原地,半晌后方才幽幽地道:“行,一切听哥的。”

“你明白就好。”

胡高真诚地看着辉学兵,语速缓慢,语言诚恳地道:“当这个院长,一来确实光宗耀祖;二来也实实在在能给公司带来真金白银。若是‘鸡不鸣狗不叫’的,你干我没意见。但现在‘鸡犬不宁’的,你再干就真没有必要了。”

“‘小心驶得万年船’,咱急流勇退,大浪会让,才是真的英雄。”胡高真诚地劝说道。

“好,一切听哥的。”辉学兵也很有所思、很有所感、很有所悟地点了点头。

“好,你有拿得起放得下的觉悟和勇气,在大势面前能够很好地审时度势,我很欣慰!我想,经此一役,你我兄弟都会有很多收获的,也会更加紧密团结,将来的发展只会更快、更高、更强!”

“是的,一切都会过去的。”辉学兵喃喃地道。

“那兄弟你能不能‘百尺竿头,再进一步’?”胡高期许地望着辉学兵。

“哥哥尽管讲,只要不违背‘江湖道义、党纪国法’,我就一定照做!”辉学兵表态道。

“嗯。”

胡高点了点头,再次看向辉学兵,几乎是请求地道:“你能不能给奎见鹤道个歉?”

“啊?”

辉学兵顿时就愣住了,十几秒后才心不甘情不愿地道:“可以是可以。但是,即便我能咽下这口气,哥哥您能咽下?”

“有什么不能的呢?”

胡高事不关己、冠冕堂皇地道:“就是道个歉,姿态放低些,说话好听些,能复职的赶紧复职,要承诺的一点都不能少,只要让他回心转意,不再死咬着咱们不放就行。哪怕你给人家磕个头、下个跪,态度诚恳些,虽然面子上输了,但实际里咱不还是赢了吗?”

“也行,没问题!”

辉学兵强笑着点了点头,然后看着胡高道:“哥,只要是为了组织好,我吃点苦受点委屈没关系。那另外一件事也是为了组织好,我提个议仅供您参考,不知可行否?”

“兄弟你尽管说。”

“赵小杰那块儿,您能不能也努把力,把问题彻底地、一劳永逸地解决了?”辉学兵也特别真诚地看着胡高道。

空气瞬间凝固下来,场面变得很尴尬。

“好,没问题。”

片刻后,胡高终于松口答应,接着笑道:“你提的意见非常好,所谓‘鸡犬不宁’,光宰了‘鸡’,‘狗’还在叫,依旧是不得安生……那这样吧,我这里一边想办法搞定赵小杰,一边看怎么着合适把卫生部门的领导约出来谈谈,就说在你主动退出的情形下能不能‘大事化小,小事化了’,把这一篇给翻过去。”

“哥哥真是太好了!”

辉学兵深吸一口，双手合十作揖道："大恩大德，小弟没齿难忘!"

"嗨，看你说的，言重了啊!"

胡高装作不高兴地拉下了脸，道："都是兄弟，那么客气干什么。"

"是的，是的。"

辉学兵忙点点头，道："哥哥尽管放心，老奎头那边，我会尽力的。"

"你看，这个态度转变就很好嘛!"

胡高不禁朝辉学兵竖了竖大拇指，接着顺势向前拍了拍他肩膀，道："辛苦啊，兄弟!"

"没事的，哥哥!"辉学兵也十分义气地回道。

老规矩，辉学兵先离开。

待他前脚刚离开包间，胡高就抄起电话拨打了刚才的号码。很快，对方接通。

"喂，胡局?"

"嗯。"

"刚才您不方便说话?"

"刚才'他'还在身边，我还要装装样子。"胡高小声道。

"明白。"

"直接开始启动'第二套方案'吧。"胡高想了想，最终决定道。

"好!"电话那头沉默了差不多三秒钟。

"去执行吧。"胡高深吸一口气，挂断了电话。

……

辉学兵坐在自己的公车里，想了又想，最后冷笑一声，心中也有了"决定"!

只见他悄悄把手机卡从一直用的智能手机上抠出来，换到司机座后面兜里一个早就备着的老年机上，然后将该机设置成"静音模式"，重新又放回司机座位后面。

接着，辉学兵对自己那位一直专心开车的司机道："就在附近找个地方停下吧,我想自己散散步。等下有个朋友来接我,我俩聊聊,晚上就让他送我去机场。我要去外地开一个会,刚临时接的通知,可能需要个三五天时间。这段时间你就放个假吧,开着我的车回老家看看父母。什么时候再去机场接我,就等具体通知吧。”

司机听令,找个合适地点把辉学兵放下,说了声院长再见,便自己开车离开。

待司机远去后,辉学兵又在路边伸手拦了辆出租车,告知去宛大一附院。当出租车要穿过一条内城河时,他让师傅在桥上停下来,自己下车走到桥边,毫不犹豫地把先前的那个智能手机扔进了河里。

“怎么,跟媳妇儿吵架了?”回到车内,司机师傅透过后视镜笑着打趣道。

“专心开车,保持安静,等下我会多给你一百现金的。”辉学兵冷着脸道。

“好嘞,您坐好了。”司机师傅笑着一踩油门,再次启动了汽车。

在医院停车场现金结完账后,辉学兵戴上一个大口罩,把自己捂得严严实实的,小心翼翼地走进自己办公室,首先关掉了办公室里自己额外安装的那套录音录像设备,最后从特殊位置拿出一把钥匙,打开房间最靠里的一个柜子,只见里面有一套棒球服、一双深色运动鞋、一个运动双肩背包。

运动双肩背包颇显巨大,鼓鼓的,不知道装着什么。

辉学兵沉着脸,换好棒球服和运动鞋,吃力地把背包拎到办公桌上,从背包一侧的侧兜里掏出一本护照和身份证,仔细看了看,确认无误后,又放到了身上棒球服的内兜里面。

接着,他从背包另一侧的侧兜里掏出一款特殊的“定制手机”,用配套充电线冲上电后稍等开机,调出里面唯一的号码拨打出去。

嘟……

电话开始响,一直持续了十几秒,最后提示:无法接听。

辉学兵皱皱眉，准备继续再打过去时，一个陌生号码回过来了。辉学兵不由心中一喜，忙接通放到耳边。

“辉哥，好久不见，怎么样了？”电话那头传来一道不带任何感情的沙哑声。

“遇到大麻烦了。”辉学兵和那人似乎很熟，直接开门见山道。

“那还能飞吗？不能飞的话，我今晚上就带两个兄弟过去，就坐距离现在最近的那班飞机，明天凌晨三点多些就到宛州市了。然后，再带您‘出来’！”电话那头的沙哑声音依旧是毫无感情。

“目前还能飞，还没问题。但你还带俩兄弟过来一趟吧，我有点私事走之前想做个了结。”辉学兵冷声道。

“好！需要带些什么装备？”沙哑声音的主人丝毫不废话地问。

“就是处理两个人，带些干活的工具，还有那些防定位、防窃听的玩意儿，不用我说，你是专业的都懂！”

“好，辉哥！”

沙哑声音的主人直接答应，接着像是征询意见道：“我现在就让‘蛇头’安排飞机，我带俩兄弟，仨箱子，所有东西都能带齐全了！您只需要把想处理的人的信息给我说一下，就早点休息吧。明早您一觉醒来，就什么事情都搞定了，我再开车去接您坐中午的飞机。您看好吗？”

“不行！”辉学兵却是直接表示了否定。

问题思考

本章中，胡高要求辉学兵向奎见鹤道歉，实现和解，避免赵小杰和奎见鹤不依不饶的“疯狂举动”，给亦可药业带来更多潜在隐患。辉学兵不好驳胡高面子，只好忍气答应了。现实中，当企业发展到一定程度，就有开拓国际市场继续实现新增长的需求。在企业走向海外市场的过程中，务必要做到风险预知、风险管控，避免因意气用事而导致纠纷扩大化，最终不得不投入更大的人力、物力、财力来应对各种诉讼、仲裁等。对于国际市场而言，多元化纠纷解决机制是指什么？相较于传统的仲裁、诉讼，多元化纠纷解决机制项下的不同争议解决方式，又各自有哪些优缺点呢？

答疑解惑

《医规》下册→第十章 - 走出去风险→ 10.6 多元化纠纷解决机制 ADR

57 神预感之二

“我要亲自动手!”

辉学兵咬着牙,恶狠狠地说道:“我这次栽了个‘大跟头’,都是被这俩人给闹的! 要是让他俩就这么‘走’了,又有什么意义? 我要当着那俩人的面,告诉他们,我不但会‘成功跑路’,还会继续‘飞黄腾达’,然后再在他俩的求饶中,亲手宰了他俩!”

“辉哥,说句不当说的话,这方面您毕竟不是专业的,我怕节外生枝。”三卖哥提醒道。

“不然我难消心头之气,就是出去了,也不会舒坦的!”辉学兵继续咬着牙恨恨地说道。

“那好吧。”

三卖哥顿了顿,最终道:“前面的步骤不变,早上我开车带上您,由您亲自‘主刀’。”

“你们还带着车?”

“下了飞机后随便搞一辆。”

“不,这个风险太大!”

辉学兵摇了摇头,接着在电话里说道:“我一直准备了一辆车,套牌的,明天你们下飞机后就直接打车来找我,我带你们去地方开车,一起行动。”

“等下我把酒店的位置发给你,没事就先挂了吧。”说完,辉学兵直接挂断电话,放下继续充电。

接着他拉开办公桌抽屉，从最里面找出一沓便利贴，每页上面都写有一个电话号码。

辉学兵一边翻着便利贴，一边在心里不停思索，“到底哪个合适呢”？

最终，他把目标定位到了一个便利贴上，心道：“这个目前来看是最老实的，话不多，不该问的不问……就她了！”

辉学兵“主意已定”，就抄起办公电话，拨通了这个便利贴上面的号码。

不久，电话里响起一个年轻女性的声音，“喂，请问哪位？”

“王珞，是我。”辉学兵嘿嘿笑着道。

“你还敢用座机打？就不怕事情败露，坏了你辉大院长的名声？”王珞小声道。

“小宝贝，我一直都是单身，咱俩在一起又不违反组织纪律、工作作风，再说，等过了这段时间我就会跟你结婚的，还怕什么？”辉学兵“深情款款”地道。

“嗯。”王珞言简意赅地回道。

“小宝贝，真听话！”

辉学兵表扬了一句，接着继续嘿嘿一笑，道：“你去‘老地方’开个房间，我马上过去。”

“好的，知道了。”王珞轻轻应一声，挂断了电话。

辉学兵放下办公电话，把那沓便利贴装到衣服口袋里收好，看定制手机充电也差不多了，便拔掉电源线和手机一起放进背包侧兜里。

他慢慢走到镜子前，一边整理着衣装，一边咬牙发狠道：“就再最后狠狠‘疯狂’一把吧！”

……

然而仅仅三秒钟，辉学兵就猝不及防地闷哼一声，趴到王珞身上，

“死猪”一样地动弹不得了。

要是胡高在肯定又要骂了:“大爷的,就这水平,还养十几个?合起来还不够一分钟折腾呢,真是有病!”

“哎呀,今天有点累。”辉学兵从王珞身上翻下来,平躺到床上,望着天花板,千篇一律道。

王珞撇撇嘴,扭头问道:“你要不去洗洗?”

“等会儿吧。”辉学兵说完就闭上了眼睛,很快便鼾声大震起来。

王珞厌恶地起身,准备去清洗一番,忽然,她看到床头柜上辉学兵新换的“定制手机”正在充电,不由疑惑起来,他怎么突然用起这种特别的手机来了?难道是不想被人定位吗?

为什么不想被人定位?

难道是要跑路?

不得不说,女人的第六感往往准得让人头皮发麻!

有了这种心理暗示,王珞便开始仔细回忆辉学兵今天的所有细节来——首先,用办公电话跟她联系,很不正常;其次,穿棒球服、运动鞋,前所未有;再次,用特殊定制手机……

最终,王珞把目光定在了那个大得出奇的双肩包上,暗忖,这辉学兵说是要去打高尔夫,怎么不拎一个长包,而是背着一个大包?

里面到底装的什么?鼓鼓的,像纸堆子似的……难道?

王珞忽然想到了什么,不禁惊得张大嘴,忙拍拍胸脯平复一下情绪,然后在怎么也按耐不住的好奇心的驱使下,就要打开背包来一探究竟。

但没想到的是,背包竟然是“锁着”的。

“真是‘老奸巨猾’!”王珞小声骂了句。

正好这时,辉学兵转了个身,梦呓了几句,王珞忙蹑手蹑脚地回到床上,装作继续睡觉。

很快,辉学兵便再次鼾声大起,而王珞却怎么也睡不着了,回忆起以往种种，小心思开始不断翻涌。

"到底要不要帮那个律师？"王珞内心陷入了挣扎……

不知不觉就到了午夜，忽然，床头的定制手机响了起来，震耳欲聋。

辉学兵用手抹抹脸，起身靠到床背上，拿起手机，还没完全清醒过来地大声应道："喂，怎么了？"

"辉哥，我们已经坐上飞机，马上就起飞。关机前再跟你确认一下，没问题吧？"

"暂时不会有事的。那个，你们从东南亚过来记得多带几件衣服，北方冷。"辉学兵迷迷糊糊地说道。

"辉哥，现在是夏天，气温都差不多，短袖就可以了。"三卖哥道。

"哦，下了飞机就打车来接我，咱们一起去找车，然后收拾赵小杰和奎见鹤那两条狗！"辉学兵打了个哈欠，挂断了电话。

忽然，辉学兵意识到了什么，忙扭头望向身旁的王珞，一时间睡意全无！

只见王珞闭着眼睛，呼吸均匀，当是还沉浸在睡梦之中。

辉学兵不禁摇摇头，暗笑自己真是有点多虑了，接着困意袭来，又呼呼睡了过去。

黑暗中，王珞忽然睁开了眼！

5月5号一大早，赵小杰和奎见鹤两人便起床洗漱，简单吃了早餐，就要骑着机车直奔当地卫生主管部门。

昨晚俩人吃完火锅后直接回来休息，就是要今日能早起，早点去实名举报辉学兵！

然而关键时刻，奎见鹤却躲到卫生间里不知道在忙活什么。

十几分钟后，奎见鹤才趔着腿出来，脸色苍白无比。

"怎么感觉就像被'强奸'了似的？"电梯上，赵小杰纳闷地问。

"做个小事，以防万一。"奎见鹤有气无力地说道。

“防什么万一?”

“我有预感,今天的行程可能不会那么顺利。”奎见鹤神叨叨地若有所思道。

“赶紧快闭上您的乌鸦嘴吧!”

赵小杰连忙打了一个停的手势,道:“上次在茶馆,就是您有‘预感’,结果咱就被警察给端了! 您就省省吧,别再‘预感’了,这‘朗朗乾坤,岁月静好’的,会有什么不测?”

“嗨,小心驶得万年船嘛。”奎见鹤跟着赵小杰走出电梯,小声嘟囔道。

“行了,赶紧上来吧,再不走就下班了!”赵小杰启动机车,朝后座努了努嘴,催促道。

“好嘞。”奎见鹤赶紧往上骑,却不想在落座时,忽然尖叫了一声。

“怎么了?”赵小杰不耐烦地问。

“屁股疼。”奎见鹤实话实说道。

“能不能忍?”

“还行。”

“那坐好了。”

赵小杰拧紧油门,“大魔鬼”轰的一声就冲了出去。

一路畅通无阻,人人见之侧目。

赵小杰忍不住就飘飘然起来,想着胜利就在眼前,心情不禁更加舒畅,索性哼起了小曲。奎见鹤在后排也跟着乱哼,看来屁股是不疼了……

忽然,一道“银光”闪过!

只见一辆“中华神车”冷不丁从路边窜出,试图超越赵小杰他们。

“嘿,是想找刺激吗?”

赵小杰不由在心里暗骂,一辆“破面包”竟还敢超我“大魔鬼”?是可忍孰不可忍?

当下，赵小杰便一加油门准备轻松反超，从此不见！

却不想面包车不按套路出牌，猛然一个左切，直接就把赵小杰前进的路给封死了！

赵小杰赶紧松开油门，摆直车身，前后一起刹……

好在面包车最后让出了路，“大魔鬼”也稳定性出众，赵小杰和奎见鹤才没有翻车，却是平白被吓出来一身冷汗，杵在马路旁，一脸惊恐地惊魂未定着。

面包车竟去而复返，停到了他俩身旁。

“妈的！”

赵小杰气不打一处来，当即就下车，带上“愣头青”奎见鹤，要去找面包车主的麻烦。

却见从面包车里齐刷刷跳下来三个彪形大汉，都戴着口罩和墨镜，很快就把赵、奎二人围了起来。

赵小杰赶紧给奎见鹤使了个眼色，后者随即点点头，表示“我明白了”！

紧接着，两人就异口同声地求饶道：“好汉息怒，我俩不是故意的！”

但那三人却不予理睬，径直走上前来，拿东西朝赵小杰俩人脸上喷洒。俩人躲闪不及，纷纷中招，不一会儿便都晕了过去。奎见鹤在彻底昏迷之前还喊了个“乙”字……

问题思考

本章中，在赵小杰和奎见鹤开着机车去主管部门实名举报辉学兵的路上，被一辆神秘的面包车挡住去路，随即被人用乙醚迷晕——赵小杰和奎见鹤竟然被绑架了。我们知道，随着中国企业全球化进程的不断深入，越来越多中方员工会被派驻到世界各国常驻工作，但这个世界上并不是每个国家都治安良好。许多中方员工在国外可能会面临着勒索、绑架、盗窃等风险，甚至还会有因为触犯当地宗教、习俗禁忌而被当地政府逮捕的危险。作为全球化运营的企业,究竟该如何应对和管理员工在海外的人身、财产安全呢?

答疑解惑 《医规》下册→第十章 - 走出去风险→ 10.4　常驻海外员工人身、财产安全

58 专业人士

“你们用的到底是不是‘乙醚’?”奎见鹤瞪着眼前站立的三人,不停吼问道。

三人却仿似机器人一般,一动不动。

“大爷,是不是‘乙醚’很重要吗?”赵小杰首先表示了不耐烦,感觉耳朵都听出了茧子!

自从俩人被冷水泼醒之后,奎见鹤就一直在问这个问题,偏执得可笑。

“当然很重要了。”

奎见鹤扭头白了赵小杰一眼,道:“如果是‘乙醚’,就表明他们是专业的,咱们就要认真应对了。”

“这都是什么脑子?”

听此回复,赵小杰忍不住仰天一声长叹,接着低头咬牙切齿道:“肯定是专业的了!还用问吗?”

“你怎么知道的?”奎见鹤继续不明就里地问。

赵小杰用嘴努了努“五花大绑”着自己身体的麻绳,让好奇的奎见鹤彻底闭了嘴,便解释道:“麻绳绑犯人,是个手艺活,你看咱俩被伺候得,丝毫都动弹不成,难道还不够专业吗?”

俩人被死死绑在两个椅子上,除了脖子以上,全身都动弹不得。

“有道理。”

奎见鹤不禁点了点头,但随即又叫道:“不对,没道理呀?”

“又怎么了?”赵小杰头大地问。

“我们平白无故的,怎么会得罪这么专业的犯罪团伙?”

“这不会就是传说中的‘医患纠纷’吧?”

赵小杰问道:“你老小子是不是乱开‘高价药’,得罪了不该得罪的人?”

“你是不是傻呀?”

奎见鹤好像忽然聪明过来,说道:“你忘记辉学兵了呀?”

“他？不应该呀?”

赵小杰表示怀疑道:“他有这能耐?”

“小子,我怎么就没这能耐了?”

忽听一道阴冷的声音从俩人背后传来。

只见一个穿着棒球服的男子,戴着金丝眼镜,从两人身后走了过来,站到三个打手身前,似笑非笑地望着他俩。

“辉学兵!”

“辉学兵?”

奎见鹤和赵小杰一前一后地惊呼道。

“对,正是在下!”

辉学兵用中指顶了顶眼镜,凑到赵小杰面前,道:“我跟奎见鹤‘感情深厚’,即便我‘化成灰’,他也能认出我来。但你是怎么认出我来的？我俩从未谋面呀,莫非今天这身棒球服让我玉树临风的气质更显无遗?”

“首先,别自作多情了,我根本就没认出来你,只不过是跟着奎见鹤喊的。”

“其次,还是别自作多情了,你穿上这身棒球服看着就跟傻子似的,还没奎见鹤帅……”

啪!

不等赵小杰说完,辉学兵就一巴掌下去,打得他直接把脸扭到了一边,脸上很快就显出一道血红的掌印来。

“你小子到底有没有审美?”辉学兵骂道。

赵小杰顿时不敢再“随便说话”了,如果说刚才他还是“如梦如幻”,那现在就绝对“如梦初醒”了——这可真不是闹着玩的!

“辉学兵,你个畜生!”

奎见鹤却似乎还“如梦如幻”着,忍不住发声道:“我警告你啊,千万别玩火,‘玩火者必自焚’!你现在反悔还来得及,我跟小赵是朋友,等下我跟他说说,请他原谅你。”

“哟,是吗?”

奎见鹤看看左右,和自己的三个朋友互动一笑,接着问奎见鹤道:“那怎么个原谅法呢?”

“刑事责任我们就不追究了,但民事赔偿……咱们可以商量。”奎见鹤半吊子地说道。

“那我偏要‘玩火’,你又能把我怎么样?”辉学兵继续玩味地笑着问。

“如果你非要玩,那就冲我来吧!”奎见鹤把头一扭,视死如归地道。

“好,如你所愿!”辉学兵当即就弯下腰来,开始解奎见鹤的皮带。

“你,你要干吗?”奎见鹤不禁慌了,脸色变得煞白。

后面那三个彪形大汉见此,也是明显一愣,赵小杰更是惊讶得张大了嘴,心道这俩人如此“你死我活”,到现在了奎见鹤还敢“斗嘴”,难不成竟是“为情所困”?

啪!

一皮带下去,打得奎见鹤脸上顿时起了“反应”,在旁观看的赵小杰被吓得赶紧“闭嘴”,再也不敢“胡思乱想”了!

“妈的,还是用皮带打着舒服!爽!”

辉学兵一边骂着,一边“左右开弓”不停抽打,很快就把奎见鹤打成了“猪头”。

赵小杰在旁边看得胆战心惊，同时也敬佩至极，都十几分钟了，这老奎头自始至终都没吭一声，真是“牛掰”……

嗯？

赵小杰忽然想到了什么，忙喊道：“赶紧住手！”

“怎么，你也想‘吃鞭’吗？”辉学兵笑着走了过来。

“不不不，这‘VIP’服务还是留给最‘牛掰’的人吧。”

赵小杰朝奎见鹤的方向努了努嘴，接着提醒辉学兵道：“他该不会是晕过去了吧？以前在看守所里就晕过。”

“是吗？”

辉学兵踱到奎见鹤面前，用皮带挑起下巴一看，不由皱起了眉头。

“不会是真晕过去了吧？”

赵小杰忙再次关心地问道，生怕万一真晕过去了，就只剩他一个“发泄点”了，岂不更惨。

“晕过去了？”

辉学兵呵呵冷笑一声，接着猛抬起脚，就要朝奎见鹤狠狠踹去。

“啊——”

却听一声尖叫，辉学兵忽然抱着腿躺到地上，“抽搐”了起来。

三个彪形大汉最中间的那个一看这情况，忙跑过来问道：“辉哥，怎么了？”

辉学兵强忍着痛，说道：“抽筋了……你先别管我，先把那老小子给我踹远点。”

“好。”

彪形大汉点点头，深吸口气，看了奎见鹤一眼，接着就是一记脚踢。只听“噼里啪啦”一通响，奎见鹤连人带椅子滚出去好几米远，最后躺倒在地上，不动了。

房间里只剩下了辉学兵的呻吟声。

赵小杰原本充斥脑海的恐惧,被辉学兵这顿“抽筋”给一闹,不禁散去大半。他当即开始在心里想,“看这‘麻绳的样子’就不是闹着玩的,搞不好会被‘灭口’! 可该怎么办呢?”

赵小杰悄悄深呼吸,让自己冷静下来,同时不停思索对策。忽然,他想到了一个人,不由心中一安。

这边,辉学兵终于结束了“抽筋”,站起身来见奎见鹤还连人带凳躺在地上,一动不动,顿时气不打一处来,抄起皮带走过去,朝奎见鹤就又抽了起来,嘴里还不住骂道:“让你装! 让你孙子装!”

“在分局里你装死,那帮‘怂蛋’不敢把你怎么着,老子也是束手无策! 到这里了,你还给老子装?”

“装! 你继续给老子装?”

“有本事,你就一直装下去,老子就一直打,看谁能坚持到最后!”

啪啪啪——

皮带就像雨点般不停落在奎见鹤身上,赵小杰听得是心里直发瘆,暗忖老奎头这次真是“失策”了,难道就准备这么一直硬撑着?

……

辉学兵不住抽打,累得是虚汗直流,忽然怕又扭住腰了,就赶忙停下来,直起身一边喘着粗气,一边对刚才的彪形大汉喊道:“三卖哥,给哥拿口水喝。”

这“三卖哥”就是昨晚辉学兵电话另一头“沙哑声音”的主人。

三卖哥拿起一瓶矿泉水,打开递给辉学兵,同时问道:“辉哥,他不会是真晕过去了吧?”

辉学兵接过水咕噜噜一饮而尽,擦了把脸上的汗,道:“就是真晕过去了,这一番打也该打醒了。放心吧,这老东西就是在装!”

辉学兵把皮带递给三卖哥,道:“兄弟,要不你替我活动活动?”

“没问题。”

三卖哥接过皮带,转了转头,狞笑道:“我就怕手重,不小心再给打死了!”

“是吗?”

听对方这么一说,辉学兵也不由皱起眉头,心道这奎见鹤不会真因为刚才那一脚,就“翘辫子”了吧?

问题思考

本章中,在赵小杰、奎见鹤被绑架之初,赵小杰怀疑“是不是因为奎见鹤乱开高价药,得罪了人?”在现实生活中,医患之间的矛盾和紧张关系,主要表现为看病难、看病贵,而药品价格虚高便是其中一个重要的症结点。面对未来,我们该如何避免和化解医患纠纷?我国又该如何有效解决药品价格虚高问题呢?

答疑解惑

《医规》下册→第四章－销售→4.1　药品销售渠道观察:医院、批发、零售、网络

59 治晕的法子

“要是真‘翘辫子’了，那就太没意思了！”

辉学兵生怕自己精心准备的，即将进行的“演讲”，缺了最重要的观众，不由连忙止住三卖哥，示意先别打了，再想个别的什么法子，再试试这老小子。

“要不，这样？”

三卖哥在辉学兵耳边耳语一番，嘿嘿一笑道：“现成的，我们都有。”

“不错！非常不错！”

辉学兵不由对三卖哥竖起了大拇指，道：“还自带‘盐分’呢，撒到伤口上刚刚好。我先来吧，正好有感觉了。”

说着，辉学兵解开裤带，掏出“家伙什”就对着奎见鹤哗啦啦“滋”了起来。

片刻后，辉学兵“污水”撒尽，竟还意犹未尽，又让三卖哥和另外两个打手轮番来。三人正有此意，忙排队进行。

赵小杰在旁边听那“水声”，感觉就像小溪换了瀑布，不但“汹涌”还“绵长”了许多……不由心疼起来，大声喊道：“停！赶紧停下来！”

“你小子是不是活腻歪了？还想着‘英雄救丑’不成？”辉学兵走过来，不由分说便扬起皮带，准备开打。

“等等！”

赵小杰忙道：“我不是让你们停，我是让老奎停下来！”

“什么?”辉学兵举着皮带的手不禁停在了半空。

赵小杰忙扭头去看奎见鹤。

这不看不知道,一看吓一跳,但见“小流”都快积成“江河”了,那奎见鹤整个后脑勺都浸在了“水”里!

赵小杰赶紧劝道:“老奎,停停吧,别再装了! 再装,你就是不被这些‘瀑布’拍死,也要被这些‘污水’给淹死。”

然而奎见鹤依旧“无动于衷”。

“不会是真死了吧?”三卖哥挠挠头,怀疑道。

辉学兵眯缝着眼,嘴上虽然不说话,心里却颇为懊恼。他也怕奎见鹤万一就因一脚加几鞭子就死翘翘了,那为此精心准备的这出“大戏”,岂不成了笑话?

“呐,兄弟,你是‘专业’的,你去确认一下这老小子到底是真死还是假死?”辉学兵指了指奎见鹤处,对三卖哥道。

“好!”

三卖哥点点头,走向前蹲到“污水区”里,把手放到满脸“污水”的奎见鹤鼻孔处,片刻后,对着辉学兵摇了摇头。

“Shit!”

辉学兵不由一跺脚,骂道:“这老东西也太不经打了吧,我还没过瘾呢,这可怎么办?”

辉学兵不住搓着拳,气急败坏。

他原本是可以直接用假护照飞东南亚然后黑起来的,之所以“舍简求繁,去稳求险”地安排今天这出戏,要亲手“解决”奎、赵二人,一来自然是要消心头之恨;二来跟争强好胜的性格不无关系。

他从不承认自己是个失败者,为了成功一直不择手段!

但做梦也想不到的是,自己这次会栽这么狠,而始作俑者竟是一直都没正眼瞧过的菜鸟医药代表——赵小杰?

难道天要亡我吗?

老子就是不信这个邪!

辉学兵紧握双拳,心里充满了戾气。

“那个辉总,节哀啊。”赵小杰忽然很“及时”地插话进来。

“节哀?”

辉学兵眯眼看向赵小杰,忽然皮笑肉不笑起来,问道:“要不你下去陪陪他吧。”

“什么?”赵小杰不由身体一哆嗦。

“直接割喉吧,然后跟奎见鹤放一起烧了。”

辉学兵就像杀鸡似的对三卖哥点点头,接着抬手看了看表,道:“做完后咱们就直奔临市的机场,时间虽然还比较充裕,但也要抓紧了。”

说完,辉学兵便转过身子,似乎不想看接下来“残忍的一幕”。

三卖哥微微一笑,给杀手A使了个眼色。

杀手A当即拔出匕首,朝赵小杰走去。

“等一等!我要爆料!爆料!”

赵小杰连忙大声喊了起来,他看这可真不像是玩的。

但辉学兵和三卖哥一直无动于衷,杀手A就动作不停地继续执行既定任务,径直来到赵小杰身后,掰住他下巴用力往后一拉,整个脖颈就露了出来。

“奎见鹤没有死!真的没有死!”

赵小杰是真的慌了,忙使出吃奶的劲声嘶力竭地吼道。

“等等!”

辉学兵听此忙转过身来,走到赵小杰面前,拍了拍他脸蛋,道:“小兔崽子,你要是敢骗老子,老子让你生不如死!明白吗?”

“明白!”赵小杰从杀手A手中挣脱出来,深吸一口气道:“奎见鹤肯定没有死,他之前跟我说过,在看守所里那次就是装的。”

“看来我没猜错。”

辉学兵扭头看了眼依旧躺在污水中的奎见鹤，冷笑一声，再次问赵小杰道："你不会只告诉我他没死吧？"

"当然不是了。"

赵小杰忙道："我有个专治'装晕'的法子！"

"说来听听。"

"但怎么说都逃不过一个死吧？"赵小杰深吸口气，强迫自己赶紧冷静下来。

"死有一万种方法，但我可以保证给你留个全尸。"

"不行！我还不想死！"

"就一个'治晕'的方法，还不一定奏效，就想换一条命？"

辉学兵笑着再次拍了拍赵小杰的脸，道："你是觉得自己的命太贱，还是觉得我这个人太闲？"

"当然都不是。"

赵小杰摇摇头，道："这只是我一个'投名状'，接下来还会有'大礼包'。"

"还有'大礼包'？说来听听。"

"一步步来，别急。"

"那你就先说'投名状'吧。"

"你答应了？"

"看心情，更看疗效。"

"那好，我就给你说个方子吧，保证药到病除。"

赵小杰清了清嗓子，吐出一口血痰，然后大声问道："你们刚才撒尿，就没有想'更进一步'的吗？"

"小破孩你恶心不恶心？"三卖哥忍不住打断道。

"等等。"

辉学兵忙伸手止住三卖哥，倒是听出了点"意思"，不禁赞许地拍了拍赵小杰的脸蛋，笑着道："请继续。"

问题思考

本章中,通过辉学兵的"自述",我们得知,辉学兵打算作案后直接拿着假护照飞到东南亚,逍遥法外。近年来,电信诈骗、网络赌博等愈演愈烈,这些骗子的"大本营"往往在东南亚某些国家。对于这些跨国型网络犯罪案件,我们该如何防范和打击?

答疑解惑

《医规》下册→第十章 –走出去风险→ 10.3　跨国犯罪和电信诈骗防范

60 最失败的事

“你们‘滋尿’,那液体一流就没了,奎见鹤忍忍也就过去了,但‘便便’的话。”

赵小杰嘿嘿一笑,道:“你们直接用那玩意儿堵住他口鼻,还怕他不醒?”

“果真,朋友是用来出卖的!”

辉学兵很满意地朝赵小杰竖了个大拇指,接着问三卖哥等人,“你们谁有这个意思?”

“我来吧。”

三卖哥第一个响应,摸摸肚皮道:“从下飞机起就一直忍着呢!”

说着便朝奎见鹤走去。

“喂,老奎,这个一脸横肉的最丑了,我保证他的也是最臭的!”

赵小杰隔空喊话道:“你还不赶紧醒来,难不成真的要吃‘翔’?”

“小兔崽子,真不是个东西!”

只见奎见鹤竟真的“醒”了过来,嘴里骂骂咧咧地道:“你能想出这种损招来整我,良心就不会痛吗?”

“你先‘装死’,就够朋友了吗?”赵小杰一点也不示弱地回骂道。

“行了,都给我闭嘴!”

辉学兵怒吼一声,接着对三卖哥示了个意,后者当即抓住奎见鹤的椅子腿,把他整个拽了回来,并排放到赵小杰旁边。

赵小杰扭头一看奎见鹤的惨状,不由倒吸一口凉气,道:“失策了吧？”

奎见鹤冷哼一声，不搭理他，抬头看向辉学兵，问道：“你是疯了吗？”

“那要看由谁来定义了？”

辉学兵阴冷一笑，道：“对老子来说，这还只是开始，更疯狂的还在后头！”

“大不了一死！还能怎么更疯狂？难不成你还会放了老子们？”奎见鹤冷笑道。

“这可真不好说。”

辉学兵用中指顶了顶眼镜，对奎见鹤道：“怎么着，聊聊吧？兴许我一高兴，就把你们给放了呢。”

“你是哄三岁小孩呢？”

奎见鹤不禁冷笑一声，道：“都到这步田地了你还会放我们？你信吗？就是你信，你后面的三条‘狗’会信吗？”

“不试试，怎么知道不会呢？”辉学兵撇开奎见鹤，“诱惑地”看着赵小杰道。

“好，我聊！我来聊！”

赵小杰忙应道，接着咽了口唾沫，道：“辉总，您给开个题吧。”

“孺子可教也。”

辉学兵赞赏地看了赵小杰一眼，道：“我倒还真有一个‘命题’，就怕你太年轻，接不住。”

“辉总，所谓‘有痔不在年高’，不试试，怎么知道不会呢？”赵小杰反将道。

“好，那就听仔细了！”

辉学兵清了清嗓子，道：“请小杰兄弟回忆一下，迄今为止自己的人生中，经历过的最失败的事情是什么？”

“就这个？”赵小杰颇感意外地问。

“怎么了?”辉学兵明显有些情绪了。

“您确定?”赵小杰继续表示意外。

“怎么了?”辉学兵明显很有些情绪了。

“好！辉总喜欢听什么咱就说什么。”

赵小杰忙点点头,接着长叹一口气,似乎有些“不堪回首”地道:“所谓‘少年不识愁滋味’的废话,全是成年人站在自己角度自以为是的结论,用自己的视角定义别人的问题,本身就是个问题。”

“赶紧切入正题!”辉学兵催促道。

“好,言归正传。”

赵小杰深吸一口气,道:“迄今为止,我感觉‘最伤心、最难受、最失败’的事,都跟女人有关。”

“还是个多情种子哈。”

辉学兵和三卖哥不由相视一笑,表示有些兴趣了。

“大学毕业之前的那些‘陈芝麻烂谷子’,咱就不提了,只说毕业后的事吧。”

赵小杰看着辉学兵,无比真诚地道:“有三段感情,让我刻骨铭心,心痛欲绝!”

“小杂种,还很滥情啊?”三卖哥鄙视地骂了一句。

辉学兵眼睛也抖了几抖,最终忍住没有打断。

赵小杰清了清嗓子,继续道:“刚毕业的时候,鉴于‘维护正义,拯救世界的理想’,同时又本着‘脚踏实地,深入群众的理念’,我就在城中村租了个房子,准备法考……”

“穷就是穷,找不到工作就是找不到工作,老实承认很难吗?”三卖哥忽然打断,无情揭露道。

“大哥,您再这样,我就真没法说了。”赵小杰不禁翻了个白眼。

“好了。”

辉学兵对三卖哥摇摇头,然后对赵小杰道:“你可以继续了,但记着，接下来一定要言简意赅，那些能不用的形容词就不要再用了。”

“你不要试着挑战我的耐心，更不要耍花样！懂吗？”辉学兵扬了扬手中的皮带。

“我懂，我懂！”

赵小杰再次很配合地点了点头，接着继续言行不一地白话道：“我原本想图个清静，一心求学，却不料‘树欲静而风不止’，原因还是太优秀了……”

“哦，总之就是被人给盯上了。”

见辉学兵扬起了皮带，赵小杰忙加快语速，直入主题道：“一个高我一届的学姐，在一个月黑风高的晚上不请自来，夺走了我的‘清白’！”

啊呸！

三卖哥虽然不说话，却用一口痰表达了实际想法。

赵小杰装作没看见，继续恬不知耻道：“还是我太帅，太金玉其外，‘硬件设施’太超前了……”

“好好好，不用形容词！”

赵小杰赶紧又表态，见辉学兵最终放下了皮带，方长舒一口气，继续道：“我被那个学姐白白‘玩弄’三个多月还殊不知，还自以为是真爱，既‘卖身卖艺’又‘卖灵魂’，更悲哀的是还自掏腰包给她发工资。”

“最后‘山穷水尽，资源枯竭’，就被她一脚给踹了！”

“你们说惨不惨？失败不失败？”赵小杰大吼着问道，做足了气势。

啪！

辉学兵直接一皮带下去，给了最干脆的回答。

“你这傻子就是话太多！活该你挨打！”三卖哥直击要害地评价道。

“那我还有两段感情，要不要听？”赵小杰强忍着疼，继续申请。

“好呀，我算是看出来了，这小杂种就是在拖延时间！”

三卖哥恍然大悟地指了指赵小杰，随即拔出匕首横到他脖子上，问辉学兵道:“辉哥,这小杂种在耍花招,要不要我现在就结束了他?”

辉学兵深吸一口气,沉默不语起来。

赵小杰不禁就感觉一股寒气透彻脖颈,吓得冷汗直流,一个字也不敢再说了。

“先给个小教训吧。”辉学兵忽然开口笑了笑。

“好嘞。”

三卖哥点点头,用匕首拍了拍赵小杰的脸蛋,随即竖起匕首,猛力向下一插,顿时整个刀柄就没入了赵小杰的大腿。

啊!

赵小杰当即忍不住大叫起来。

刷——

三卖哥又干脆利落地拔出了匕首。

啊!

赵小杰再次大叫起来,扭头面目狰狞地对奎见鹤大喊道:“老奎,你看看是不是扎住大动脉了?我是不是很快就会失血过多,光荣了?就是现在不光荣,将来万一碰上辉……那些假冒伪劣药品,还不是照样要牺牲?”

问题思考

本章中,赵小杰提到了“假冒伪劣药品”,并担忧自己万一不幸碰上了假冒伪劣药,很可能会“小命不保”。现实生活中,假药和劣药是一回事吗?我国《刑法》对生产、销售、提供假药和劣药又规定了哪些惩罚手段?假如因假药、劣药而致人死亡或者有其他特别严重情节的话,可以适用死刑吗?

答疑解惑

《医规》下册→第二章 - 生产→2.5 生产、销售、提供假药罪;2.6 生产、销售、提供劣药罪

61 只为真理代言

“看你这反应就不会了。”

奎见鹤扭头瞥了一眼赵小杰的伤口，道：“这哥们儿手法不错，没碰着动脉，暂时不会死的。但你要是再乱动乱叫导致失血过多的话，就是再有疗效的药，我也不敢保证了。”

赵小杰听此，忙闭嘴，强忍住疼痛不喊叫了。

“时间不多了，该你说了。”辉学兵走到奎见鹤面前，用皮带敲了敲他脑袋。

“说什么？”奎见鹤很有骨气地抬头，白了辉学兵一眼。

啪！

辉学兵直接不废话，一皮带打下去，又要来第二鞭。

“慢着。”

奎见鹤忙出言打断，道：“我想起来要说什么了。”

“那就说吧。”辉学兵笑着放下皮带。

“说实在的，我感觉很好，到目前还没什么失败的经历。”奎见鹤实话实说道。

“是吗？”

辉学兵冷笑一声，道：“讨了‘金大牙’那么丑的女人当老婆，你难道就不觉得失败？”

“哼，‘丑妻是个宝，娇妻杀人刀’，老子自得其乐！”

奎见鹤被触“逆鳞”，也不怕再挨打了，紧着反击，并挖苦辉学兵道:“你个‘单身狗’,有什么资格评价老子?”

“你就是一条圈在家里的狗!全‘吃屎’了!”

辉学兵不由分说就又是一鞭子,接着用皮带指着奎见鹤道:“老子睡过的女人比你看过的病人都多,你还有自信在这里笑话我?”

“你到底是要听我自白,还是要听你自夸呀?”奎见鹤冷笑一声,反问道。

“说!你赶紧说吧。”辉学兵压住火,摆了摆手示意继续。

“我说了,至今都很成功,没感觉有什么失败的。”奎见鹤傲娇道。

“今天被老子抓住,都折磨成这样了,还不算失败吗?”辉学兵循循善诱道。

“这能叫失败吗?”奎见鹤反问辉学兵道。

“你像条狗一样被我打,被我折磨,难道算成功?”辉学兵继续笑着挖苦。

“不成功,就一定很失败吗?”奎见鹤再次反问。

“对我来说,不成功就是失败。”辉学兵收起笑容,很认真地回答道。

“那是你的逻辑。”

奎见鹤冷笑一声,道:“有些人坐着飞机,结果飞机失事了;有些人坐着邮轮,结果撞到冰山了;有些人自驾旅游,结果碰上泥石流了……我走着路,遇上劫道的,只能算是倒霉!明白吗孩子?”

“要是劫匪‘撕票’了呢?”

“那也只能算是很倒霉。”

“老奎,咱们认识这么多年,你知道我最受不了你哪点吗?”辉学兵忽然道。

“这倒是让我来了兴趣。”

奎见鹤笑了笑,道:“那就请辉大院长说说吧,这么多年您一直孜孜不倦地整我,是不是就是因为这一点?”

“我最讨厌的就是你的虚伪了！天天假惺惺的，好像不食人间烟火。就你这‘熊样’，都不觉得很‘出戏’吗？”

“有没有考虑过观众的感受？”辉学兵吼叫着问道。

“首先，声音大并不表示有理。”

奎见鹤看着辉学兵，一板一眼地指正，“其次，真就是真，假就是假。什么梁上君子？即便包装再好，也还不过是偷！”

“所以这么多年，你就一直像得道的‘唐僧’一样，身披正义的袈裟，处处对我显示着‘慈悲’‘宽容’‘关怀’，哪怕我在事业上再远超于你，也永远是你道德光辉下的一个‘侏儒’，对吗？”

辉学兵越说越激动，到最后竟然流出眼泪来，顿时让在场大部分人，都感到了诧异。

只有奎见鹤似乎明白了什么，但见他摇了摇头，冷声道：“小辉，自始至终，其实都是你在在意这件事，而我，说实话早就把它给忘了。”

“你说什么？”

辉学兵止住“哭泣”，就像听到了一个天大的笑话，道：“你骗谁呢，三岁小孩吗？”

“你爱信不信。”

奎见鹤冷冷地看了辉学兵一眼，并不苛求他能够理解，只是自顾自地说道：“人们总会‘高估自己的仁慈，放大别人的刻薄’，习惯性‘双标’——大多数人皆如此，那我也不怪你。所以这些年来，虽然你对我做了‘很多事’，但念着你以前对我的‘那些好’，我并没有怎么恨你。”

辉学兵把眼睛望向别处，不说话了，也不知道在想些什么？

奎见鹤也不在意辉学兵在想些什么，继续道：“‘人非圣贤，孰能无过’？是我没犯过错？还是白驰、李明没犯过错？大家都是人，犯错了，知错能改就行了！而且……”

奎见鹤抬起头来，看着辉学兵的侧脸，一字一句道：“我喝酒喝得

‘贲门撕裂’,导致大出血,这个完全不能怪你!”

辉学兵听此,终于忍不住抖了抖眼睛,但依旧不回头,一句话也不说。

奎见鹤似乎也不指望他能有什么变化,继续道:“要怪就怪那时太年轻,太不懂收敛了!”

“当时我科研有了‘重大突破’,你工作有了‘可喜收入’,‘双喜’之下,那晚的聚会就属咱俩最‘放得开’!尤其是我,贪吃,从一开始起就没停过筷子。要是搁以前呢,我不喝酒还能知道个饥饱,鬼使神差的是,那晚上从来滴酒不沾的我竟开始跟你们‘对瓶吹’起来了,这不,整个胃都被酒精给‘麻醉’了,也不知道个饱,只顾拼命吃,拼命喝!中间都吐过一回了,还不知道收敛,回来继续拼命吃,拼命喝……”

奎见鹤摇摇头,看辉学兵一眼,见他背了个身过去,也不说话,便继续回忆道:“当时我让你帮忙照看小白鼠,也实在是没办法,因为科研到了最后攻坚阶段,不能停呀!而我当时就只有你这一个朋友,咱俩更是一个专业的,同时你学术造诣也很不错,虽然比李明差了点,但比白驰是要好的。所以,我就只能求你了!”

“其实那时候你已经工作了,而且还干得不错,不出意外,毕业就能转正。但为了我,虽然过程犹犹豫豫的,但最终还是同意了。”

“我坚信,就是在那时候,你也根本没动过我那‘研究成果’的心思!对吗?”奎见鹤看着辉学兵的背影,问道。

“对,你说得很对!”

辉学兵终于开口说话了,同时转过身来,走到奎见鹤面前道:“然后我家里忽然出了状况,工作也被人给‘挤’了,万般无奈之下,我就动了你‘科研成果’的心思!但你扪心自问。”

辉学兵把手压到奎见鹤心脏位置,道:“这个‘科研成果’在我手里怎么样?给你丢人了吗?”

“而且!你刚才的那番话,为什么一直不告诉李明和白驰?为什么一开始不说呢？结果让他们一直认为，是我最开始就设计好了这一切！你‘贲门撕裂’，也是我拼命灌酒的原因，你知道那时候所有人看我的眼光吗？你知道有多难受吗？你为什么不早说呢？！”

辉学兵抓着奎见鹤的肩膀，拼命摇晃着，看来这么多年也是“委屈极了”！

“我说过，‘偷就是偷，即便包装再好，也还不过是偷’！”奎见鹤冷笑一声，道。

“所以你就搞我，把我搞得当不成院长，甚至还会身败名裂……你是不是感觉很爽？很开心？很有成就感？”辉学兵声嘶力竭地吼问道。

“如果非要让我说说迄今为止，经历最失败的事情是什么？”

奎见鹤自嘲地摇了摇头，看着辉学兵，道：“那么我可以告诉你了。就是直到赵小杰和孔律师找上我之前，我还一直把你当作兄弟，以为你最终能‘回头是岸’……现在想想，真是失败到家了！”

奎见鹤盯着辉学兵，继续冷笑道：“‘看别人不顺眼是自己修养不够’，但是，如果一直以来都觉得是所有人都对不起自己，自己永远都没有错，那这个人就真的是‘无药可救’了！”

“我为什么要搞你？直到现在你还没搞清楚吗，还以为我是因为我自己吗？”

奎见鹤深吸一口气，道：“我一直觉得你‘孜孜不倦’地整我，是因为咱俩之间有误解！但后来我发现是我错了，你整个就是一个混蛋！李明得罪你了吗？他跟你有过什么瓜葛吗？我记得上学那会儿，除了我跟你玩得好之外，李明也一直很照顾你呀，总是请吃饭，要不然你那些年就‘抱着馒头睡’了！所以，你整我，我还能接受，因为我得罪你了，你小子整李明，我就真的失望透顶了，因为你这叫‘恩将仇报’！你还是人吗？”

说着，奎见鹤还扭头看了赵小杰一眼，那意思分明就是，禽兽不如！

“真是找打！”

辉学兵忽然“暴起”，抄起皮带就狠狠抽了赵小杰一鞭！

“喂喂喂！”

赵小杰强忍着疼痛和屈辱，抗议道：“你俩的互动环节，关我什么事呀，为什么要打我？”

“因为他刚才看了你一眼，让我很不爽！”辉学兵一边蛮横地说道，一边扬起皮带作势要继续打。

“你想不想听实话？想不想听实话？！”

赵小杰忙喊叫道，见辉学兵把“鞭子”停在了半空，便继续大声道：“奎见鹤说的都是‘假话’，辉总难道听不出来吗？”

“是吗？”

辉学兵似乎来了兴趣，把皮带放下来，一边把玩似的敲着自己左手，一边道：“那就请小杰哥，说来听听。”

“他就是‘死鸭子嘴硬’，硬撑着罢了！难道辉总看不出来吗？”赵小杰咽了口唾沫，表情真诚地说道：“昨天之前，我们做得很成功，也很开心，不然就不会去喝酒吃火锅了。但今天一早，形势就急转直下，说实话到现在我还懵着呢，感觉就像是在做梦！”

“所谓‘由俭入奢易，由奢入俭难’！现在我们‘身陷囹圄’，我还好点，敢于面对现实，‘认栽就认栽’。但是他。”

说着，赵小杰还扭头对着奎见鹤呸了一口，然后继续真诚地看着辉学兵，道：“他就是‘死鸭子嘴硬’，硬撑着罢了！如此‘自欺欺人’，您不觉得很好笑吗？”

“你小子不但油嘴滑舌，还一套一套的，说实话我很不喜欢！但是你的‘道理’我很喜欢，说到我心坎上了！”

辉学兵用皮带左右摆弄着赵小杰的脸，在对方明显讨好的眼神中，笑着问道：“那你为什么就不嘴硬呢？”

“不好意思，我这人就是这臭脾气。”

赵小杰一甩寸头，傲然道：“我永远只为真理代言。”

啪!

皮带紧随其后地落下,很是不合时宜。

“为什么又要打?”赵小杰忍不住就要哭了。

问题思考

本章中,通过奎见鹤和辉学兵的对话,我们得知,辉学兵其实对自己将奎见鹤的学术论文“据为己有”一事,一直无法坦荡处之。奎见鹤的宽容和关怀,却让他“如坐针毡”,总感觉在奎见鹤面前“抬不起头来”。在现实生活中,侵犯知识产权或窃取商业秘密,时有发生。假如医药公司的商业秘密受到了侵犯,应该如何维护自己的合法权益呢?同时应该承担哪些举证责任呢?

答疑解惑

《医规》下册→第一章－研发→1.5　商业秘密保护

62 自我剖析

“又一伪君子,呸!”

辉学兵朝赵小杰啐了一口,接着走到奎见鹤面前,道:“不过他说的话还是挺有道理的,是不是呀?”

一边说着,辉学兵一边用皮带敲着奎见鹤的脑袋,极尽侮辱。

“就算他说得是对的,那又怎么样?”

奎见鹤不以为然地笑了笑,道:“你不还是当不了院长?你不还是照样身败名裂?而且,现在你已经不单纯是经济问题了,还涉嫌刑事暴力犯罪,数罪并罚之下,我估摸着,你就是不吃枪子,也要把牢底坐穿了。”

“那就看中国警察能不能抓到我了。”

辉学兵也学着奎见鹤刚才的样子,不以为然地笑了笑,然后对三卖哥道:“兄弟,露一手让这俩乡巴佬见见世面。”

“好嘞。”

三卖哥得令,摸了摸枪套和匕首套,确定都是牢固的后,就身体微微下蹲,接着双腿猛地发力,一个漂亮的后空翻便干净利落地完成了。

杀手A、B跟着就鼓起掌来,辉学兵也叫了声好,问奎见鹤和赵小杰道:“怎么样,身手不凡吧?”

“你没事耍什么猴呀?”奎见鹤一点也不给面子地毒舌道。

“傻子!”

正沾沾自喜的三卖哥听此,瞬间就怀疑人生了,不禁拔出手枪,安上消声器就要爆了奎见鹤的狗头。

“等一等,让我把话说完再灭他不迟。”辉学兵忙阻止道。

啪!

三卖哥气得把手枪尾部猛砸到奎见鹤嘴上,顿时就让他掉了好几颗门牙,整张脸都血肉模糊起来。

“辉哥,你这俩朋友都话太密了,这次就是你不杀他们,我也要杀了他们!”三卖哥气急败坏,朝辉学兵吼道。

“好的,兄弟。”

辉学兵忙拍拍三卖哥的肩膀,安慰道:“等老哥把最后的心里话说完,咱就把这俩货给剁了!”

“嗯。”三卖哥抿嘴点了点头。

辉学兵也回点了点头,随后走到奎、赵俩人面前,道:“我这兄弟是云南边境‘道上’有名的人物,主要做‘毒品买卖、器官买卖、人口买卖’三大生意,人称‘三卖哥’,手下能人云集,账上日入斗金!”

“这么个英雄人物,今天还带来两位同样豪杰的人物,组成三把牛刀宰你俩‘鸡犬’,简直就是‘豪华 VIP 服务’了,你俩到了阴间地府,都够吹 18 层的了!”

“这当然是看我面子了,所以说‘吃水不忘挖井人’,你俩可不能忘了我的大恩呀。”

辉学兵用皮带分别侮辱性地抚了抚奎、赵两人的脸,继续道:“看在你俩将再也见不到这世界的份上,我就当回好人,给你们说些实话吧。”

辉学兵把目光移向奎见鹤,忍不住忿忿道:“就算当年我用了你的论文,后来又指挥‘病人’找你麻烦,让你被赶出了胸外科……但那都是悠着来的呀,我有把你往死里整吗?”

“那你为什么非要把我往死里整?啊?”

说着,辉学兵就气不打一处来,抄起皮带就又对着奎见鹤不停鞭打起来,嘴里还不停骂着,“我让你发传单！让你发小册子！发啊!”

奎见鹤不知是性格确实够坚强,还是嘴巴确实说不出,总之任凭辉学兵再怎么逼问,就是一声不吭。

到后来,反使辉学兵又累又乏又无味起来,不禁朝奎见鹤啐了口痰,重新把目光转向赵小杰。

“辉总,不关我事呀。”赵小杰忙求饶道。

“不关你事?”

辉学兵呵呵冷笑一声,道:“你们发的传单,难道不是你‘主笔’?”

“这个,料都是奎见鹤挖的。”

赵小杰“出卖”朋友到底地说道:“我只是稍微润色一下罢了。”

“稍微润色一下罢了?”

辉学兵冷笑着重复了一遍,接着就扬起皮带狠狠甩了赵小杰一鞭,骂道:“你当我是猪吗?”

“不敢!”赵小杰忙大叫着否定。

“不敢?”

辉学兵反手就又是一鞭,厉声道:“那个传单上的话,法言法语,‘字字诛心’,说理分析,‘句句如刀’,能是奎见鹤写出来的?”

“一个‘白脖’,坐了十几天的牢,就摇身一变成法律精英了?”

“你以为法律素养都是揠苗助长出来的吗?”说着,辉学兵就举起皮带欲要再打。

“辉总英明！辉总明智！辉总睿智!”

赵小杰忙大叫着喊道:“辉总高屋建瓴,深入浅出……总结得非常到位！概括得非常全面！不愧是胸外科最年轻的科室主任,即将成为史上最年轻院长的青年才俊,辉一刀!”

“呵呵,‘即将’?”

这边,辉学兵抓着赵小杰话里让自己不爽的部分,啪地一下,从右上往左下就给赵小杰猛然来了一鞭。

“妈的，‘即将’！”

辉学兵越想越生气，接着又啪地一下，从左上往右下来了第二鞭。

“要不是你发小册子！”

辉学兵咬着牙，回到右上左下，又抽了第三鞭。

“未来就已经来了！”

辉学兵深吸一口气，以左上右下结尾，狠狠地抽了第四鞭。

一连四鞭，打得赵小杰整个人都开始怀疑人生了，不禁大吼道：“你不是要让说实话吗？怎么净打起来了？”

“我气不打一处来！”辉学兵也吼道。

“你气不打一处来，就紧着一个人来呀，这样才解气！”

赵小杰朝旁边努了努嘴，道：“他是你事业‘滑铁卢’的罪魁祸首，你不打他，天理难容呀！”

奎见鹤冷哼一声，懒得再说话。

辉学兵却表示“看不下去了”，挖苦奎见鹤道：“老奎，你小子‘招黑体质’吗，怎么净遇到些卖友求荣的败类？”

奎见鹤抬头瞥了辉学兵一眼，忽然咧开嘴呵呵一笑，牙齿“漏风”地讥讽道：“你是在自我剖析吗？”

辉学兵深吸一口气，憋着不说话了。

“怎么，噎住了？”奎见鹤继续“顶着风”，表示挖苦。

“想明白了一个道理。”辉学兵道。

“哟，难得呀，说来听听。”奎见鹤继续“顶风作案”。

“‘夫妻本是同林鸟，大难临头各自飞’，何况兄弟呢？真是沧海横流，方显‘狗熊’本色！”

辉学兵冷笑一声，把目光移向了赵小杰。

后者顿时又被吓得浑身一疼，下意识地朝旁边努了努嘴。

辉学兵再次冷笑一声，道：“你不是想听实话吗？”

赵小杰赶紧点了点头，又怕错了再挨打，又赶紧摇了摇头。

“那就是想继续挨打了?”辉学兵作势扬起皮带。

赵小杰觉得点头不是摇头也不是,只好道:“想听实话!”

“那我就给你们说说吧。”

辉学兵一边用皮带敲着自己的左掌心,一边嘲笑地说道:“市局、省厅,把胡高大局长塑造成了英雄,但在我看来,他……”

问题思考

本章中,辉学兵十分愤懑于赵小杰和奎见鹤撰写的举报材料给自己的事业带来了“滑铁卢”,于是在绑架赵、奎之后,对俩人施以私刑以泄愤。实际上,也的确得益于赵小杰和奎见鹤的精诚合作:一个人负责事实层面,一个人负责法律层面,最终才有了翔实、有力的举报材料,这便是“1 +1 >2”的有效实践。现实中,相关调查工作一般也都是由两个人来完成的。具体就企业而言,我们该如何理解,内部稽查工作一般会要求由两个人共同负责完成呢?

答疑解惑

《医规》下册→第八章 – 稽查→8.2　内部稽查注意事项

63 知识就是力量

辉学兵本想说连我都不如,但又怕奎见鹤笑话,就改口道:“他就是一个贪得无厌又胆小如鼠的‘鼠辈’!”

“孙子,这么多年,喝了老子多少‘灯油’,睡了老子多少‘二手’,结果一遇见事,就翻脸不认人了!”

“真是‘狗东西’,翻脸比翻书还快!”

辉学兵呸了一口,继续道:“一个小小的‘传单’就能把他给‘炸’了,吓得他竟让我主动退出院长选任,还让我给你奎见鹤道歉,哪怕下跪?”

“这可能吗?”

辉学兵看着奎见鹤,吼道:“打死我都不可能,这辈子永远不可能的!”

“再说,就算我真的向你负荆请罪,你会偃旗息鼓吗?”辉学兵笑着表示怀疑地问道。

“我说过了,这件事跟咱俩的恩怨没有一丝一毫关系!”奎见鹤咧着“豁嘴”,一字一句地认真道。

“所以说,胡高就是‘猪脑子’! 吃力不讨好的事,张张嘴就让我干了? 而我让他搞定赵小杰,屁大点事,就支支吾吾地说不行,真是成事不足,败事有余!”

说着,辉学兵对赵小杰喊道:“喂,你不是在‘小册子’上说老子作为亦可药业的实际控制人,和官员勾结吗?”

“他说的。”赵小杰忙朝旁边奎见鹤处努了努嘴。

“哼,事实上老子就是‘官商勾结’了,这个‘官’就是胡高这老小子!”

辉学兵把自己这些年跟胡高的勾当简单说了说,最后总结道:“我作为‘杂牌军’,不勾结他胡高当靠山,能做大做强吗?”

“我只不过是运气不好,所托非人罢了,是纯粹的天作孽!”

……

赵小杰一边听着辉学兵的“歪理邪说”,一边在心中直冷笑,暗忖人家全意集团不就一直中规中矩的,还不是一直蒸蒸日上,越做越强?

所谓“人穷不能怪政府”,你自己以为法不责众就去违法乱纪,被法纪给“摁”住了又怪选择性执法?

人治的时候没人,你要求法治;法治的时候违法,你又去求人情?

你自认为自己永远都有理,说明你自己就是一个“悖论”!

“喂,你笑什么?”辉学兵忽然问道。

“有吗?”

赵小杰忙抬起头来,一脸不解地道:“我可是一直都在很认真地听您讲话呀。”

“那你为什么嘴角上扬?”

“我只是觉得您讲得简直‘太有道理了’。”赵小杰瞪着“无辜”的小眼睛,显得无比真诚。

“嗨,其实我还说错了一点。”

辉学兵把皮带递给三卖哥,接着从兜里掏出香烟点上,自嘲一笑道:“‘天作孽犹可恕,自作孽不可活’!我输,还是输在了猪队友身上。”

“原本想着胡高能做‘靠山’,结果靠山山倒,还险些被‘乱石’砸住脚了!我算看明白了,那胡高就是一‘怂蛋’,别说帮你平事了,不坏事都是不可能的。”

"'往往最坚强的阵地都是从内部瓦解的',这胡高既是你们这些人的叛徒,也是我们这些人的叛徒,整个一'双面叛徒',叛徒到家了!"

辉学兵夹着香烟,又对胡高进行了一番道德宣判,接着又往他身上"拉仇恨"地对赵小杰说道:"其实你们现在这样,最该怪的,就是他胡高。"

"是他让您这样干的?"赵小杰忙问。

"是他逼我这样干的!"辉学兵大吼了一声。

"了解。"赵小杰小声了一句。

"孙子!"

辉学兵猛地把烟头扔到地上,使劲用脚踩了踩,又用脚摁着摩擦了一番,看来是把烟头当成胡高了,最后对着已然不成形的烟头呸了一口,才解气地长吸一口气,看向赵小杰,继续解释道:"你们的'传单'的确威力十足,至少把他胡高给'炸尿'了。这孙子面儿上跟我说什么风雨同舟,背地里肯定已经开始使坏了。也或许,早就'小动作,不断了!"

"往往出卖你最狠的都是你身边最近的人!我明白这个道理,他胡高自然更明白这个道理!"

"如果我去跟'见鹤哥'求情,效果明显,那他胡高肯定还会继续让我找你'小杰哥'求情的,如果你们两位哥都讲理、讲面、讲规矩,咱们有共同语言,谈得来,那还好,他胡高兴许还会放过我一马。但问题是你俩都是'倔头驴',想让你们通情达理,那是不可能的!"

辉学兵看着已然血肉模糊,却还硬撑着不吭一声的奎见鹤,不由无语地长叹道:"这辈子都是不可能的了!"

赵小杰本想说"他是,我不是的",但又怕岔开话题,平白耽搁了"办正事"——用"大礼包"来诱惑辉学兵的时间,便最终没说话。

"所以不得已,我只能走这一步。"

辉学兵悲凉地看着赵小杰,道:"他胡高肯定会出卖我的!这么多年，我中有他，他中有我，他知道我太多事了。”

“只要他愿意，随便让手下经侦的家伙们动一动，便是大功一件，到时候他又是英雄，我却成了阶下囚，找谁说理去？最不济，他牵扯进来，大不了引咎辞职嘛，以他的手段，上下翻飞、左右操作一下，不坐牢完全是有可能的。”

辉学兵自以为很了解地自我想象道：“以他的人脉，只要不坐牢，哪怕被开除公职了，也照样能够混得风生水起。何况，他手里面还有公司这么多年的‘红利’，足够他几辈子花的了！”

“而我呢？说不定还要吃一辈子牢饭……”

辉学兵不由身体一颤，当是想到了什么可怕的画面。

这边，三卖哥一边听着，一边很随意地看了下手表，不由一惊，连忙叫道：“辉哥，辉哥！”

辉学兵扭过头来，三卖哥忙指指手表，示意时间差不多了。

“好的，我知道了，长话短说！”

辉学兵朝三卖哥“OK”了一下，随即又拍了拍赵小杰的脸蛋，道：“所以说兄弟，我也是迫不得已，只能跑路了！临跑之前，找你们说说话，也是因为太念旧呀。等会儿到了地下，见到阎王他老人家，就说是胡高害了你们，可千万别怪我呀。关于我的未来，你们也不要太担心，等下我就直接飞到东南亚去。凭我‘辉一刀’的本事，在‘知识就是力量’的这个美好时代，‘混口饭吃’总还是可以的！”

“何况亦可药业这么多年的收入，大部分都被我跟三卖哥联手‘捣腾’到国外去了，到时候省着点花，养一支队伍出来，想也不是什么难事。”

“对了，差点忘记告诉你们，我是怎么跟三卖哥关系这么铁的。”

问题思考

本章中，辉学兵不无得意地向赵小杰、奎见鹤炫耀说，亦可药业这么多年的收入大部分都被自己“倒腾”到国外去了，所以才会有恃无恐。其实，这个所谓的“倒腾”，就是侵占。我们知道，公司是一个营利法人，有着独立的法人财产。假如公司股东、实际控制人、采购、财务等人员通过各种不正当手段将公司的财产据为己有，就侵犯了法人的独立财产权，是一种侵占行为，假如达到特定数额的话，还会涉嫌构成犯罪。对于公司而言，应该通过怎样的制度设计来防范这种侵害呢？

答疑解惑

《医规》下册→第八章 – 稽查→8.3 SACA 自检防御体系

64 第二个悲惨的故事

辉学兵也不询问赵、奎两人到底愿不愿意听，就自顾自地道："三卖哥虽然发迹在云贵高原，却是土生土长宛州市的人，当年环境有限，怎么蹦跶也蹦不出'混混的圈子'，最后还被人崩了一枪，差点就以小混混的名号终此一生了。"

"还好有我辉一刀接私活，一刀下去，子弹便被取出来了，不但捡回了命，身体还更胜从前，比那胡高简直高太多了！"

"后来康复痊愈，三卖兄弟就一个人去边境发展，从此天高任鸟飞，一发不可收拾！五年前，三卖兄弟衣锦还乡，联系上我，从此我俩便再也分不开了！"

辉学兵深情地看了三卖哥一眼，接着就冷声命令道："拉到锅炉房里杀了，烧成灰，咱们就走。"

这个厂房是亦可药业曾经的一个"制售窝点"，后来荒废了。辉学兵了解这里的情况，前不着村后不着店的，最方便"做事"。

"好！"

三卖哥点点头，给杀手A、B使了个眼色。

杀手A、B得令，一人一个"椅子"扛起来，跟着三卖哥就往锅炉房走去。

这时候奎见鹤再也不绷了，当即张开"豁嘴"大喊大叫道："辉学兵，'冤有头，债有主'，这事都是我一个人干的，你要杀就杀我，为什么要牵扯赵小杰？你'滥杀无辜'，就不怕遭报应吗？"

这边,赵小杰也是彻底慌了,原本设计好的“套路”全乱了,只顾语无伦次地不停喊“请辉总饶命!”“饶命!”……

忽然,他听到奎见鹤刚才的那番话后,脑子一震,灵光乍现道:“辉总,让我亲手杀了奎见鹤吧! 求您了,一定要让我亲手宰了他!”

“什么?”奎见鹤顿时就不说话了,瞪大眼睛吃惊地看着赵小杰。

“等一等!”

辉学兵也忙喊停,似乎来了兴趣。

“辉哥,时间不多了!”三卖哥不禁再次指了指手表,提醒道。

辉学兵忙摇了摇头,道:“先放下吧,看他还能耍什么花招?”

杀手 A、B 在三卖哥授意下,又把奎、赵俩人放了下来。

“杰哥,我没听错吧?”

辉学兵走到赵小杰跟前,表示很不可思议地道:“你刚才说,要亲手宰了奎见鹤?”

“是的!”

赵小杰咬牙点了点头,看着辉学兵,道:“辉总,我刚才说‘投名状’又说‘大礼包’的,您当时说要看‘疗效’! 结果‘疗效’很好,你不会忘了吧?”

“是,我说过。”辉学兵点了点头,表示认可。

“既然这样,那你就不能不讲‘面儿’呀? 还没听我讲‘大礼包’,就直接把我杀了吧?”

“既然你都讲到‘面儿’了,那好,你赢了!”

辉学兵冷笑着朝赵小杰竖了个大拇指,接着颇为不解地问道:“但是你所谓的‘大礼包’,不会就是要亲手宰了奎见鹤吧?”

“当然不是!”

赵小杰吐口血痰,道:“辉总,您能不能凑近一些听?”

“怎么,你想咬我呀?”辉学兵皱眉道。

“辉总,您真是多虑了! 像我这么聪明的人,怎么会干那种吃力不讨好的傻事呢，我又不是奎见鹤。”赵小杰咧嘴笑了一下。

“确实，你比他聪明一点点，但也聪明不到哪里去。”

辉学兵冷笑一声，道：“好了，别废话了，最多再给你一分钟，有屁赶紧放！”

辉学兵看了三卖哥一眼，后者随即打开秒表，开始计时。

“好，辉总够敞亮！”

赵小杰竟还有时间和心情拍了个马屁，接着就直奔主题道：“辉总，您刚才讲我俩都是‘倔驴’，讲不通道理……其实这个，您只说对了一半。”

“为什么只说对了一半？”辉学兵眯着眼问道。

“他是头‘倔驴’，我不是。他谈不通，我谈得通呀！”

赵小杰看着辉学兵，无比认真地道：“当初您为什么不跟我谈呢？如果最开始大家就能在一起，开诚布公地谈一谈，也许结果就不是今天这个样子了。”

“你是由胡高负责的，他没跟你谈过吗？”

“一直让人在传话……但，为什么就不提钱的事呢？”赵小杰继续表示“很不解”地反问道。

“你的意思？”辉学兵有些认真起来了，同时示意三卖哥先暂停计时。

“所谓‘有钱能使鬼推磨’，何况我本身就是头‘驴’来着，给点钱让干‘本职工作’，怎么可能会不干呢？”

赵小杰深吸一口气，强迫自己镇定，接着继续悄悄带节奏道：“给谁干不是干呢？你们这边不给钱，还一直打压，首先就是一门板给我砸晕，后来又让房东赶我出去……‘泥菩萨还有三分土性’，你们这样干，我被‘逼上梁山’，也是情有可原吧？”

见辉学兵面色有松动，赵小杰便继续再接再厉地白话道：“当然，‘人为财死鸟为食亡’，虽然我已经‘上了梁山’，但说到底还是为了钱财,即便是现在,只要你们价格给得够,我还是会迷途知返,弃暗投明的!"

"现在? 给你钱?"

辉学兵跟三卖哥几人不由哈哈大笑起来,就像听到了一个天大的笑话。

"我当然不会白拿了!"

赵小杰却是无比认真地继续说道:"首先,我会亲手宰了奎见鹤,以表衷心。然后,我会送出'大礼包',相信辉总一定会感兴趣的。"

"是吗?"辉学兵止住了笑,示意说出来听听。

赵小杰却是看了看左右,有些神秘兮兮地道:"辉总,'废话大声说,要事悄悄讲',这个道理,您不会不懂吧?"

辉学兵不由闭上眼睛,两秒钟后睁开,凑到赵小杰跟前,小声道:"说吧。"

"辉总,您听仔细了。"

赵小杰小声在辉学兵耳边道:"事到如今,您难道还绝对相信朋友吗?"

"直接说重点。"辉学兵小声命令道。

"您虽然在国外的账户上有很多钱,但手头上要是不多带一些的话,万一到了国外,兄弟翻脸了,那岂不是会非常的惨?"

辉学兵不由扭头看了赵小杰一眼。

赵小杰见此,便继续"加火"道:"您想想,您和胡高,我和奎见鹤,奎见鹤和您……这种'兄弟出卖兄弟的桥段'还少吗?"

"说得好!"

辉学兵忽然又重新站直了身子,大声道:"那就尽情大胆地说吧。"

见此,赵小杰不由心中暗笑,外表表现得越是大方,越说明心里已经有了"小九九"。

赵小杰便朝辉学兵微微一笑,示意我懂,接着继续捡话"扇风"道:

“就从我说起吧，长话短说！我其实就是个贪财好色的俗人，所以当初在全意集团的时候，邵飞让我去勾搭鑫鑫大药房的女老总‘肥姐’的时候，我考虑都不考虑就去了。”

“什么，就那种货色，你都下得去手？”辉学兵显然也认识“肥姐”，不由被吸引了注意力。

“这就是我最开始要讲的第二个悲惨的故事，实际情况是人家‘肥姐’压根儿就看不上我，不但不给我机会，还……”

问题思考

本章中，我们的主人公赵小杰为了想办法拖延时间，故意虚构了自己曾经“勾搭”鑫鑫大药房女老总“肥姐”的故事。我们知道，对于患者来说，除了在医院就诊时根据医生处方直接在医院药房买药外，还可以在社区大药房里买药。那么，社区大药房的法律性质是什么呢？现在我国正在试点的两票制改革，和社区大药房有什么关系吗？

答疑解惑

《医规》下册→第四章－销售→4.6　两票制改革与社区大药房

65 局中局

赵小杰深吸一口气，道："还给公司告状说我'性骚扰'她，结果我就被'是非不分'的全意集团给开除了！"

"这的确是个很悲伤的故事。"辉学兵深深表示同情。

"但你说这些故事有什么用？"

三卖哥却是狠狠瞪了赵小杰一眼，再次向辉学兵手表示意，时间真的有限了！

辉学兵对三卖哥点点头，表示我自有分寸，然后顺着话问赵小杰道："对呀，你说这些故事有什么用？"

"我说这个故事的目的，就是为了引出第三个悲伤的故事。"

赵小杰看辉学兵没有打断的意思，便无视三卖哥都快喷出火来的眼神，继续白话道："被全意集团开除后，我一时生活无着落，便送起了外卖，累得像条狗……就是在这时，奎见鹤出现了，威逼利诱，非要让我跟着他一起陷害您，说不但报酬大大的有，就连身份地位也会有质的改变！"

"说实话，我是一直看不起奎见鹤的！"

赵小杰看着辉学兵，无比真诚地道："就他那德行，和我讲报酬和地位，您觉得我能信吗？"

"但最终你不还是信了？"辉学兵冷笑道。

"那是因为！"

赵小杰咬了咬牙，继续自编自演地说道："奎见鹤告诉我，他之所以敢跟您对着干,就是因为背后有张阳撑腰!”

“因为张阳跟李明是十几年交情的好朋友了,他要帮李明扳回这一局! 因为李明不方便出面,就找到奎见鹤,让奎见鹤出面来跑整件事。”

见辉学兵露出原来如此的恍然大悟表情,赵小杰顿时更加来劲,继续加油编排道:“当时奎见鹤为了表示诚意,还带我去见了张阳的秘书。我也为能见到本市第一大律的贴身秘书而深感荣幸,然而没想到的是。”

赵小杰深吸一口气,道:“这才是我真正噩梦的开始!”

见所有人都屏住呼吸,被吸引了进来,赵小杰便更加声情并茂地说道:“他们俩当晚拼命地灌我喝酒,终于,我不省人事了……再醒来的时候,就发现自己‘一丝不挂’地躺在床上。”

赵小杰像是想到了多么不堪回首的往事似的,竟然眼泪都流了出来!

只见赵小杰继续咬牙切齿地表演道:“事后,张阳的秘书孔丽给了我三千块钱,让我买一身好看的衣服,说什么‘男人是女人的脸,以后带我出去也能给她长面子’……她提出要‘包养’我,条件是保证我当上宛阳律所的律师助理。”

“怪不得,你一个考试都没过的人还能当上宛阳律所的助理,我跟胡高之前还一直在纳闷,原来点儿在这里呀!”辉学兵恍然大悟,表示佩服地竖起了大拇指。

“被别人的‘小三’包养,是件很有面儿的事吗?”赵小杰大吼道,做足了表演。

“什么,就孔丽那长相,竟然还能被包养?”辉学兵表示不可思议。

“不然她怎么能有那么大的底气,说让我当助理,想不到吧,她的‘干爹’就是张阳!”赵小杰“大笑”着说道。

“本以为我们的圈子已经够乱了,却不想贵圈更乱!”辉学兵忍不住感慨道。

……

三卖哥把辉学兵叫到了另外一个房间。

“辉哥，这个叫赵小杰的家伙油嘴滑舌的，一看就不是个好人，我觉得还是不要相信他，省得夜长梦多！”

说着，三卖哥做了个“咔嚓”的姿势，劝辉学兵早做决断。

“你以为我会相信他？”

辉学兵不由冷笑一声，道：“这小兔崽子想跟我斗，还嫩着点呢。”

刚才，赵小杰继续给众人白话，说因为自己“秀外慧中”，孔丽是越来越离不开他了，不信你们可以查看我的银行账户，一天一万的“包养费”就是证明。

然后，杀手们就用自带的卫星通信设备，登录专业的便携电脑，到赵小杰的银行账户一查看，果真最近一段时间每天都有一万多的进账。

“为什么中间有一天一下子多出了十几万，后来就变成了一天两万？”三卖哥在这时还扭头表示了一些不解。

“是这样的。”

赵小杰看看左右，“坦白”道：“我是一个有节操的人，在孔丽给我办好律师助理手续后，我就表示‘不干’了，希望大家好聚好散。孔丽不同意，不但一次性给了我十几万的挽留费，还承诺之后的包养费上调至一天两万……的确，她很讲信用。”

赵小杰表示赞扬道。

……

“那个‘小秘书’其实就是张阳的女儿张一一假扮的，当初就是胡高让人抓的，后来知道是张阳的女儿后才放掉的。”

辉学兵给三卖哥解释道：“张一一小时候花生过敏，是李明给治好的，所以她就感激李明，替李明出头也是情理之中的事。”

“这您都是怎么知道的呀?”三卖哥不由敬佩地问道。

“嗨,单位里能有什么秘密?只要你稍微用点心,再‘陈芝麻烂谷子’的事,都会有闲人给你扒出来并分析个一二三四的。”

辉学兵冷笑一声,道:“但这事儿胡高就不知道了,一直还百思不得其解,为什么张阳会帮李明打官司?我之所以一直没告诉他,就是怕他这个‘怂蛋’知道后更加害怕。想来张一一也没有把这事情告诉赵小杰。又是一个自以为很聪明的‘蠢蛋’,到现在还蒙在鼓里呢,还以为编这么一出,能骗得了我?”

“那这么说,你答应带他当小弟,也是假的了?”三卖哥问道。

“这是自然,带这么个靠不住的小崽子,这不是养白眼狼吗?”辉学兵鄙视地说道。

刚才,赵小杰在一通白话之后,终于说出中心目的,那便是让辉学兵跟“小秘书”孔丽联系,告诉她自己被绑架一事,以对方对自己的“痴情”,肯定会义无反顾地交赎金并且不报警的。

鉴于张阳宛州市第一大律的身份,办公室里放个几百万现金什么的,还不是很简单的事?

而孔丽作为张阳的小三儿,掌握办公室兼保险柜钥匙,去把这几百万挪出来,自然更是“很简单的事”了……

……

“三卖兄弟,原本我是想能看着奎见鹤绝望、羡慕、懊悔、求饶等一系列表情,然后再把他做掉,开开心心地离开的。”

“但没想到的是。”

辉学兵一脸不忿地摇摇头,道:“这老小子不但面无表情,竟然还嘲笑我?不但嘲笑我,竟然还挖苦我?不但挖苦我,竟然还鄙视我?不但鄙视我,竟然还可怜我?”

问题思考

本章中，赵小杰为了进一步迷惑辉学兵、三卖哥等人，故意虚构了全意集团以涉嫌性骚扰为由“开除”自己的故事。在现实生活中，性骚扰是指什么？为了杜绝职场性骚扰，企业应该通过什么样的制度设计来预防和禁止职场性骚扰呢？2020 年 5 月 28 日《民法典》制定通过后，关于职场性骚扰的预防和制止又有哪些新变化？

答疑解惑

《医规》下册→第八章－稽查→8.5　职场性骚扰预防与调查

66 神秘访客

“这真是,太让我不开心了!”

“所以,刚才我就临时起意,将计就计答应了那个‘小兔崽子’,还让你的人给他包扎了一下伤口,防着他早死,等跟他嘴里的‘小秘书’联系上后,咱们再……”

辉学兵阴笑着把自己的计划和盘说给了三卖哥。

“辉哥,还是你这个呀。”听完后,三卖哥不禁发自肺腑地竖起了大拇指。

“哼,到时候不管来的是真秘书还是假秘书,都足够他张阳喝一壶的了!”辉学兵一想到即将发生的某个场景,就忍不住大笑起来。

接着,辉学兵又让三卖哥把另外两个杀手叫过来,四人一番合计,明确好分工和注意事项后,一起走了出来。

赵小杰和奎见鹤还在空旷的厂房里待着,见辉学兵带着三人又走进来,赵小杰就忙问道:“辉总,考虑得怎样了?所谓‘富贵险中求’,何况这次又是稳赚不赔的事情,‘小秘书’肯定害怕你们‘撕票’从而失去我,肯定是不会报警的,所以就不要再犹豫了!”

“的确是富贵险中求,这话没问题。但?”

辉学兵抿抿嘴,道:“但是我总感觉心里不踏实,要不你就先把这次的‘投名状’交上吧。”

说着,辉学兵朝奎见鹤方向看了看。

“这个不行的。”

赵小杰忙摇了摇头,解释道:"'小秘书'是知道我俩在一起的,到时候交赎金的时候,肯定会问奎见鹤的情况……要不您再忍忍? 等确定拿到赎金后我再手起刀落,亲手砍掉他的狗头,孝敬您如何?"

辉学兵刚才所谓这次的"投名状",就是赵小杰答应,"要亲自杀了奎见鹤,以表绝对跟辉学兵大哥走的忠心"!

赵小杰"坦言",自己今天听到了辉总这么多的"掏心窝话",再不做出点"实际行动"来,自己都不敢保证,出去后会不会出卖辉总?

毕竟,公安部的"天网行动"也不是吃素的……

"这个不行的?"

辉学兵不由在心中冷笑一声,暗道:"你小子压根就没想着行吧,不过我也没想着现在就杀了奎见鹤,不然不就索然无味了吗?"

"那好吧。"

辉学兵点了点头,顺着赵小杰的话说道:"那就按你说的办,现在就跟你那'小秘书'联系吧! 怎么联系?"

"您只要给这个号码发一个短信即可。"

赵小杰说出来一串数字,然后接着道:"短信内容就是——亲爱的'串串香',你的帅气的无与伦比的爱吃麻辣烫的小赵帅,遇到大麻烦了,需要你的帮助。收到请赶紧回复!"

话音刚落,辉学兵就忍不住一脸嫌弃地道:"需要用这么多形容词吗?"

"需要!"

赵小杰忙一脸真诚地解释道:"辉哥,请相信小弟,只有这样'小秘书'才会确信无疑,真的就是我。"

"好吧,真是服你了!"

辉学兵无语地摇摇头,接着对三卖哥使了个"你懂的"眼神。

三卖哥点点头,然后爽快地拿出自己的高级卫星电话,一边恶心地编写着赵小杰刚才说的那几句话,一边对赵小杰嫌弃道:"早知如今,当初就不扔你手机了。"

绑架之初,他们就把赵小杰跟奎见鹤所有的移动设备扔到了河里。

不扔当然是不可能的,不然不就被警方给定位了?

三卖哥之所以这样说,无非是过过嘴瘾罢了。

宛阳律所。

孔丽正在无所事事地照着镜子,自从上午刚上班时接待了一个行色匆匆的年轻女子后,就没其他事了。

"不愧是本市最好的美容医院,技术就是过硬。"

孔丽对自己的眼综合手术非常满意,术后恢复也非常满意,自我欣赏一番后,便放下镜子,看了看张阳紧闭的房门,不由又摇起头来。

今天上午那个奇怪的女子,一进律所就给所有人说要找孔丽,还给大家看孔丽的名片。当孔丽急忙赶到后,发现自己并不认识她,然而她却似乎认识自己,开口就夸道:"孔律师,您不戴墨镜的样子更好看呀!"

"是吗?"

孔丽当即就被"俘获"了,便带着她进了会客室。俩人一聊,孔丽便知道大概了,果真又是张一一大小姐之前干得好事!

鉴于张阳的"严令",孔丽不敢把她直接带给张一一,只好打发给张阳了事,却不想之后两人就再也没有出来过。

"难不成又出什么大事了?"孔丽不由遐想起来。

正在这时,手机忽然来了条陌生短信,孔丽暗忖这骚扰电话竟还有漏网之鱼?正想加入黑名单来着,却不小心瞟见了"串串香"三个字,顿时来了兴趣。

"好啊张一一,你个'渣女'!"

孔丽鄙视地想,你俩都干过"一起吃麻辣烫"这种"龌龊事"了,还在我面前一个劲儿地否认,说什么只是一般朋友啦,还没有牵过手啦,还要继续观察啦……

张一一,枉我还把你当作姐妹,你竟然骗我,不给我说实话!

孔丽越想越生气,不禁拿起手机,找张一一兴师问罪去了。

而这边,三卖哥在用“专业工具”发出短信后,左等右等,也不见对方回话,不禁奚落起赵小杰来,问道:“喂,哥们儿,你是不是太过自信了?”

赵小杰当即白了他一眼,忽然感觉有人在看他,便扭过头去。

只见奎见鹤正一动不动地瞅着他,那意思分明就是在说,“编!让你瞎编!翻车了吧?”

赵小杰正想说话,却听辉学兵不耐烦地道:“再等五分钟,还不回的话就不用等了,执行原计划。”

“不能呀,辉哥!”

赵小杰不干了,道:“要再过五分钟不回的话,那就直接打过去嘛,万一人晚起或者早午休了,没听到短信也很正常呀……”

正在这时。

“嘎嘎嘎……”

“专业工具”忽然响起了独特的铃声,震惊了在场所有人,三卖哥硬着头皮拿起来一看,就赶紧对辉学兵汇报道:“辉哥,对方的回电。”

“知道怎么应答吧?”辉学兵道。

“知道。”

三卖哥点点头,对众人做了个“嘘”的手势,随即接通电话并打开外放。

“喂,赵小杰?赵小杰是你吗?你在吗?”

电话那头,顿时传来了张一一急切的呼叫声。

问题思考

本章中，辉学兵尽管诡计多端，但对“天网行动”还是有所忌惮。那么，这个“天网行动”是指什么呢？它又能够起到何种作用？另外，假如中国人向外国公职人员或者某国际公共组织的官员行贿，构成犯罪吗？

答疑解惑

《医规》下册→第十章－走出去风险→10.5 “天网行动”& 对外国公职人员、国际公共组织官员行贿罪

67 女大不中留

张一一拉着孔丽,带着后者从未见过的紧张和慌乱神情,一头冲进张阳办公室,然后又在张阳的目瞪口呆中,哭着道:“爸爸,帮帮我,是小杰,还有奎老,他们……他们都被绑架了!劫匪只给我五分钟的时间,不然就要‘撕票’!”

“劫匪?”

张阳不由皱起了眉头,瞟了眼沙发上坐着的年轻姑娘,然后安慰张一一道:“一一,你先别急,先冷静下来。慢慢说,到底发生了什么事?”

张一一毕竟是经历过大风大浪的孩子,在父亲的安慰下,很快就平静下来,简明扼要地把事情复述了一遍。

原来劫匪给五分钟的时间,是要确切看到“现金”,不然就打断奎见鹤一条“狗腿”。

“这么严重?”

张阳不由也慌了,忙从办公桌旁边的抽屉里拿出两沓 A4 纸,接着从衣柜里搬出一个 20 寸大小的箱子,在张一一和小秘孔的目瞪口呆下,打开箱子,把刚才的 A4 纸埋到箱子里面的人民币下面,简单摆了摆,就对还在发愣的张一一吩咐道:“赶紧拍照,发给辉……匪徒。”

“好的。”张一一也顾不上问为什么,忙照做了。

发过去后,对方一时也没有回信。

“张老师,您怎么有这么多现金?”孔丽忍不住好奇问道。

“咱这么大一个律所,临时用钱的地方多了去了,平常多备一些,有备无患嘛。"张阳笑着解释道。

"那为什么您要塞进去两沓 A4 纸呢?"孔丽"事不关己",继续"好奇猫"地发问。

"我这个专门装现金的箱子有 20 寸,满打满算能装近 300 万现金,这一点专业的人都明白。但现在这里面只有 160 多万现金,我塞 A4 纸,也是为了显得真实点,像两百万的样子。"张阳继续笑着解释道。

"笑?"

"你还能笑得出来?!"

张一一忍不住就发飙了,"奶凶奶凶"地训斥自己的父亲道:"他们俩都这样了!你还能笑?你到底有没有同情心呀!"

张阳忙正色起来,准备解释,忽然对方打过来了电话。

张一一赶紧做了个噤声动作,接着接通电话,打开外放。

"很好,挺讲规矩嘛,我喜欢!那好,初步合作意向已经达成,接下来希望你们能继续保持这份诚意,拿着现金去……"

三卖哥按照辉学兵的指示,说了一个地方,让"小秘书"一个半小时后把钱放到那里。

"现金一分也不能少,时间要刚刚好,不能早到更不能迟到,否则我们就'撕票'!听明白了吗?"三卖哥在电话里吼道。

"明白。"

张一一一边强行让自己镇定下来,一边照着张阳的唇语,说道:"我已经让你们看过'货'了,那希望你们也让我看看人。如果人不在了,我们送钱还有什么意义?"

"好。"对方答应,随即就挂断了电话。

三秒钟后,孔丽的手机收到了一条图片信息。张一一打开一看,不禁又哭了起来,张阳接过来看了看,也忍不住皱起了眉头。

但他很快就又把手机还给张一一,并命令道:"赶紧,给匪徒发个短信!”

“就说图片已经收到,那就从……”

张阳看了看手表,道:“现在是十点三十九分,就从十点四十分开始计时吧。告诉他们,‘我们既不会报警,也不会少一分多一分时间的,钱更是会给足!希望你们也信守诺言,不要撕票!否则,哪怕追到天涯海角我也要把你们都揪出来’!”

张一一含着眼泪,把短信内容一字不差地发了出去。

很快对方就回过来信息:讲究!开始吧。

张一一擦掉眼角的泪水,拿起拉杆箱就准备去楼下银行,再取四十万出来,然后到指定地方“交货”。张阳赶紧叫住了她,朝她轻轻摇了摇头,接着拿起手机,拨通了一个电话。

“喂,我刚才看到他们发过来的图片了,绑人的手法很专业,一看就是受过专业训练的,你们那边要小心了!”张阳小声但清晰地说道。

“知道了。”对方随即就挂断了电话。

“你在给谁打电话?”张一一不由疑惑起来。

“真是‘女大不中留’呀!”张阳答非所问地嘀咕了一句,颇有“深意”地看着女儿。

“老张,都什么时候了,能不能正经说话?”张一一小脸一红,忍不住就又“训斥”起来。

“好,正经说话。”

张阳无奈地摇摇头,提醒道:“一一,你来我办公室已经这么长时间了,就没有发现沙发上还坐着一个人吗?”

“什么?”

张一一忙扭头向沙发上望去,当看到坐着那人时,忍不住就惊呼了起来,“王珞,怎么是你?”

“哼,还追到天涯海角,也要把老子揪出来!你以为你是老鹰呀?”

三卖哥给众人读完信息后，就不屑地啐了一口，扭头看向辉学兵，发现他正在意味深长地笑。

“不错，不错。”

辉学兵嘿嘿笑着道：“这说明那个‘小秘书’真的很上心，如此一来，我们的计划十有八九就要成功了。”

“简直就是完美呀！”

辉学兵和三卖哥相视一笑，后者接着拿出一串钥匙，扔给杀手 A。杀手 A 接过钥匙，从自己的拉杆箱里掏出一个质感很好的黑色袋子，提着走了。

赵小杰认出来那串钥匙正是自己“大魔鬼”的，不禁问道：“我的机车也被你们开来了？”

“不然让它就那么横在街头，报警呀？”辉学兵笑着道。

“辉总真是英明！”赵小杰顺势就拍了个马屁。

“小赵哥你也挺厉害呀。”

辉学兵阴笑一声，道：“能让一个女人这么死心塌地对你，也算是死而无憾了。”

“死而无憾？”

赵小杰听出了不好的话音，当即就表示疑问道：“死？为什么要死呀？小弟活得好好的，还要跟着辉总一起大展宏图呢！”

“人总有一死，有一个人陪着去死，黄泉路上不寂寞，多好的事呀。”辉学兵重新拿起皮带，走了过来。

“辉总，我这个人胆子小，您可不要吓我呀。”

赵小杰忙苦笑了一下，随后又看了眼奎见鹤，道：“辉总，您是说有他陪着吗？这算哪门子好事呀，所以，您是在逗我玩吧？”

啪！

辉学兵的“鞭子”不由分说就打了下来，一下就让赵小杰闭嘴了。

“逗你玩？我很闲吗？”

辉学兵大吼一声，凑到赵小杰面前，厉声道：“给老子看清了，老子这张脸,看着很像穷人吗？很像‘劫匪’吗？”

“说呀!”辉学兵大声吼道。

赵小杰别过脸去,小声说道:“辉总,小弟不是很明白您的意思。”

问题思考

本章中,为了稳住绑匪,张阳快速启用了办公室柜子里储备的现金,也正是这样的“有备无患”,使得绑匪们暂时打消了伤害人质的念头。我们知道,企业在走向海外的过程中,存在诸多方面的不确定性,因此需要对可能涉及的法律风险做到“有备无患”。对于准备参与国际竞争、实现全球化的中国企业而言,主要会遭遇哪些法律风险?

答疑解惑

《医规》下册→第十章－走出去风险→10.1　中国企业全球化法律风险地图

68 神预感之三

“不是很明白我的意思？那我就好好给你说说吧。”

辉学兵用皮带把赵小杰的脸挪正了，用左手指向九点钟方向，问道：“看见那个背包了吗？”

赵小杰顺着辉学兵手指的方向望去，只见在三个拉杆箱旁边，有一个很大的包，便点点头，表示看到。

“知道里面是什么吗？”辉学兵继续问。

赵小杰摇了摇头。

“那里面全是‘美刀’，足足有两百万‘美刀’，都是老子的，知道吗？”

“知道。”赵小杰又机械地点了点头。

“所以，老子根本不缺钱！懂吗？”

“懂。”

“那你这小杂种还用两百万人民币来恶心我，是打发要饭的吗？”辉学兵厉声质问道。

赵小杰不禁长吸一口气，闭上了眼。

辉学兵冷笑一声，继续道：“不过也好，这样我正好可以把你们‘三贱客’给一网打尽了！”

“你以为刚才那兄弟骑着你的摩托车，是去收钱的吗？错了，他是去收命的，收孔丽的命去的！”

“我指定的那个交货地点——那个公园的那处藤椅，距离我一个房子客厅的窗户不远也不近。我前一段时间跑步,从房子楼下走到公园那处藤椅休息,网络软件显示正好1.2公里多点。”

“我曾经从窗户里用望远镜望过那处藤椅,一路上无遮挡,视野非常好。所以,这对一个拥有高级狙击步枪的职业杀手来说,‘爆头’足够了!”

“知道我为什么了解得这么清楚吗?”辉学兵用皮带敲了敲赵小杰的脑袋,忽然笑了起来。

赵小杰虽然已经睁开了双眼,却只是一动不动地望着辉学兵,并不说话。

“因为那个房子是我用来‘养情人’的,而我那个‘情人’又偏偏喜欢收藏望远镜……你说这是不是很凑巧?”

“不,这就是天意!”

辉学兵嘿嘿一下,继续道:“因为我这个情人这几天刚好回老家了,房子正好空着,而我那房子又是‘密码锁’……所以你懂的。”

辉学兵越说越感觉自己是个天才,不由大笑了起来,问道:“怎么样?惊不惊喜?意不意外?开不开心?”

“为什么是一个半小时之后?”赵小杰问。

“因为。”

辉学兵挠了挠心门,又自我感觉很良好地解释道:“一个半小时之后就是12:10分,正好是三卖哥联系的带我跑路的飞机起飞时间!你想,我飞机刚一起飞,就听‘砰’的一声……”

“飞机爆炸了吗?”许久未发声的奎见鹤冷不丁接话道。

“爆你大爷的!”

辉学兵扭头骂了一句,就懒得再搭理他了,接着继续折磨赵小杰道:“‘砰’,你那‘小秘书’的头就被‘爆’了!”

辉学兵一边变态地比画着,一边嘿嘿笑着继续“解释”道:“为了达到这个‘完美’的效果,我就‘将计就计’,顺着你假扮‘劫匪’!哪怕耽搁了很多的时间,哪怕接下来就只能我跟三卖哥先走。”

“剩下他们俩兄弟,在送你们仨最后一程后,就只能各想办法,独自回边境了。”

“的确,平白增加了很多风险和麻烦,但只要能把你们仨一网打尽,一切就值了!”

“怎么样?惊不惊喜?意不意外?开不开心?”辉学兵狞笑着,再次问道。

赵小杰看着辉学兵,一句话也不说,眼泪却止不住地往外流!

他“出卖”朋友也好,“巴结”敌人也罢,挖空心思地联系上“小秘书”,无非就是要博得一线生机,因为“小秘书”背后有张阳,张阳又“神通广大”!

但现在来看,自己这个自以为是的计划,显然失败到家了!不但没能救出自己俩人,还把“小秘书”给搭进来了……

“哭什么哭?”

却见许久未动的奎见鹤忽然“来劲儿”了,就像“中邪”似的,咧着“豁嘴”,“漏着风”地大声训斥道:“事情不到最后一步,永远不要言败!说实话,我有预感……”

……

“怎么流这么多呀?”

一个女声惊呼道:“这怎么能行?要赶紧想个办法呀,不然就……”

“来来来,我这里有卫生纸!”

赵小杰不耐烦地喊道,顺势把一卷卫生纸扔给了正四处找纸的金阿姨。

“谢谢了,小杰兄弟。”

金阿姨笑着说道,接着撕下一片纸巾,就给奎见鹤擦起嘴来了——刚才老家伙喝牛奶,一不小心就顺着缺牙的地方流出来好多。

赵小杰在旁边病床，看老夫妻两人恩恩爱爱的，不由心中一酸，一股“单身狗”的落寞涌了上来……

金阿姨走后，奎见鹤对着赵小杰不好意思地笑了笑，嘴里“漏风”道：“这女人就是这样，‘烦得不行’，让你见笑了哈。”

赵小杰鄙视地看了奎见鹤一眼，道：“你不生我气了？”

“嗨，我又没有老糊涂，当然能看出来你那都是‘缓兵之计’，虽然……”

奎见鹤咳了咳，竟然还能把不好听的话给打住，颇为“圆滑”地说道：“虽然过程艰辛了些，但结果是好的！先前我给你那些‘臭脸’纯属玩笑，你还真当真呀？不会吧，你小子这么小气？”

赵小杰忍不住冷哼了声，心道要不是“小秘书”亲自来解释了一番，你老小子不定还要跟我怎么着呢。

俩人指的是被辉学兵拘禁后，赵小杰“出卖”奎见鹤一事，不但设计把他“逼”醒，还“卖友求荣”地表示要亲手宰了他……

刚开始，奎见鹤可是矫情着呢，“充耳不闻”了赵小杰好几次的主动招呼。

赵小杰看奎见鹤咧着“豁香肠嘴”一脸讨好的笑，不由一阵喜感，便忍不住显摆起来。

“嗨，我给你说吧，我去年毕业实习就是在公安局，那几个月，整个分局的大案要案都是我办……额，我‘参与’办的！你说我不身经百战，谁身经百战呀？嘿，辉学兵那几个‘小毛贼’，都不够我正眼瞧的！他们那些个小伎俩，在我看来就是‘过家家’。小爷我全程‘稳如老狗’，只不过是在陪他们‘玩’，略施小技，就把他们整个给拖住了！”

“是吗？”

奎见鹤有些不相信地看着赵小杰，问道：“听说你们实习不都是爱往法院去吗？”

“谁告诉你的？”赵小杰红着脸反问道。

“只是听说，然后又加了点自己的瞎猜。”奎见鹤老实回答道。

“哼。”

赵小杰白了奎见鹤一眼，表示鄙视道：“‘门外汉’了吧？只知其一，不知其二！”

“确实不懂呀。”

奎见鹤瞥了赵小杰一眼，“咧”着嘴含混不清地道：“看来我以后也要对实习生好些，多教些技术，不能只让干杂活，说不定将来也能破个大案要案嘞。”

“不，你有绝招！”

赵小杰看出来奎见鹤是在讽刺自己，便笑着回讽道：“你可以教他们‘装晕’。”

“嗨，你这小子，刚不是给你讲过了吗？”

奎见鹤一听这话就急了，老脸再次通红起来，解释道：“谁会想到辉学兵会那样呀？刚开始我还想着，他最多是找人‘教训’咱们一顿。所以就‘装晕’，想着跟他也无话可说，万一说多说少或说不好了，岂不更要挨打？”

“结果……”

奎见鹤不好意思地看了赵小杰一眼，道：“结果，打也没少挨，还差点被他扔锅炉里烧了！”

“确实有些想不到！”

赵小杰也摇了摇头，对辉学兵能做出这样的事来表示很不可思议。末了，他看了奎见鹤一眼，见他满脸“伤痕”的，不忍心再挤兑。但有件更加“不可思议”的事，却怎么也忍不住不去想了。

“喂，老小子！”

赵小杰喊了声奎见鹤，然后看着他，“满眼小星星”地道：“讲真，你的预感，还真是邪乎呀！”

赵小杰一想起不久前的那一幕，就觉得简直太匪夷所思了，已经完全超出了人类的认知范畴。就在当时,奎见鹤刚说出"我有预感"四个字后,奇迹便发生了。

只听三声枪响,三枚狙击弹丸呼啸而至,几乎在一瞬间便让辉学兵三人丧失了战斗力,紧接着一队特警仿佛从天而降,很快就控制住了局面……

然后赵小杰两人就被送上了救护车,在关上车门的一瞬间,赵小杰还瞥见了杀手 A 被俩警察反绑着押进了警车。

赵小杰和奎见鹤全程"懵逼",一路被"抬"进了医院,面面相觑,都不知道说些什么了。

然后就是金阿姨跑过来哭,哭完奎见鹤那边哭赵小杰这边……

好在没过多久,"小秘书"便骑着"大魔鬼"来看望(拯救)他俩了,先是安慰住金阿姨不再哭,接着便把整个事情的经过简要说了下,随后就又急着离开,说还要配合警方做后续工作……

原来,5 月 4 号当晚,辉学兵害怕胡高出卖他,便恶向胆边生,连夜联系了东南亚一个犯罪集团的"首要分子",要"结果"了奎、赵两人出气,然后再跑路。

但是"狗改不了吃屎",当晚辉学兵没忍住又去找王珞"发泄兽欲",被王珞发现了一些端倪,便悄悄往他装现金的背包侧兜里塞进去了一个指甲盖大小的定位仪。

那王珞并非"傻白甜",相反还很聪明,只因爱慕虚荣,再加上"原生家庭"的一些原因,被棠好马抓住软肋加以利用,最终和李明一样被"做局"了——这之后,面对铺天盖地的网络暴力,王珞的心理防线一下子就崩溃了!

棠好马借机带辉学兵去见她,两人紧着又是一番威逼利诱,成功把王珞发展成了辉学兵的情人。

但王珞并没有就这么稀里糊涂地沉沦下去。

事后平静下来,她开始回忆、反思,渐渐就发现不对劲儿了——"我竟然是被人下套了"?

没有一个正常的灵魂会心甘情愿地“吃瘪”。

王珞便伺机“复仇”,她开始格外用心地留意“终极大 BOSS”辉学兵,悄悄准备了很多“专业设备”,以便关键时刻能派上用场。

也多亏张一一假扮的“小秘书”曾经找过王珞,让她知道有人正在调查辉学兵。

于是在那天凌晨,辉学兵前脚刚一离开酒店,王珞就赶紧给“小秘书”名片上的号码打电话过去。

问题思考

本章中,我们得知,曾经引发舆论哗然的美女医药代表王珞,最终因不甘心自己被棠好马、辉学兵联合设计陷害,而在辉学兵的行李包中悄悄放入定位装置,为公安机关锁定、抓捕犯罪嫌疑人提供了巨大帮助。常言道:“人非圣贤,孰能无过。”王珞最终迷途知返,为抓捕犯罪嫌疑人立了功。那么,对于药品行业而言,我们是否可以通过相应制度设计,来促使相关知情人士,向药品监管部门举报相关违法线索呢?

答疑解惑

《医规》下册→第二章－生产→2.4　涉药品违法行为举报人奖励制度

69 千万不要剧烈运动

然而却无法接通。

王珞心一横，干脆就亲自来宛阳律所了，要见孔律师……

也多亏了那个定位仪，让警方及时从辉学兵之前设的局中抽出身来，重新定位，重新掌控了局面。

不然，他们估摸着到现在，还“跟着”辉学兵的司机在乡下转悠呢。

要说辉学兵也确实聪明，自当从胡高那里听到那本《合规指南》并不真是由邵飞所写后，马上就意识到被骗了。

骗子恒骗人！

那么上次用民工手机发短信一事，十有八九也是假的了。而且辉学兵一直不敢告诉胡高的是，邵飞的确已经“失联”好久了，最近一次有音信还是好些天前，发来短信说，老家有急事，要回去一段时间……

其实邵飞早就被警方给控制了。

自从上次张阳接到“威胁”短信后，警方就顺着那个手机号，“顺藤摸瓜”找到了邵飞的一个远房老表，一询问，什么都招了——就是邵飞指示他发的短信！

敌人太笨，让好人的正义很快就以看得见的方式实现了。

当然，我们还不能忘了奎见鹤这尊“大神”，除了神迹“我有预感”外，还有一件“丰功伟绩”，不能不表。

那就是，自从上次被错拘之后，奎见鹤“吃一堑长一智”，养成了随身“携带”录音设备的好习惯，正好把辉学兵的“实话”全部录了下来。

那录音设备还是赵小杰给他网购的，价格不菲，虽然内存很大但体积超小，被“奎一刀”随身“携带”，竟是躲过了三卖哥等人非常专业的搜身！

藏得自然是很“诡异”了。

最终，警方请来“专业人士”，费了九牛二虎之力，才把那录音设备给掏了出来。虽然全程一直“很小心”，但还是把老奎的“肛门”给戳伤了……

下午刚到饭点，金阿姨就又来送饭，虽然也有赵小杰的份，但那是“一人份”的。旁边，老金和老奎又是腻腻歪歪地，净在“喂狗粮”了。

赵小杰一声长叹，放下饭盒说，“我找护士小姐姐谈谈理想去，您俩要不要关门？”

……

从护士站回来后，赵小杰便准备收拾东西回去，理由是晚上给老奎两口“腾地方”！

但收拾了半天，却发现没什么东西可供收拾，无非是把病号服脱下来换上正常点的衣服，但之前那身衣服早都不成样子了！还怎么换呀？

奎见鹤看出了赵小杰的窘迫，就从旁边拿出一个袋子扔到赵小杰床上，道：“中午你金阿姨回去给你新买的衣服，还洗干净了，这天热，几个小时就干了。她正好拿过来，本想当面给你的，结果你小子出去‘泡妞’了，就让我转交给你。”

“是吗？”

赵小杰喜出望外，拿出来一试，正好合身，不由奇了，问道：“金阿姨怎么买得这么到位呀？”

“嗨，这女人呀就是这点好，细心，比男人会过日子。”

奎见鹤说着，看了赵小杰一眼，道：“你金阿姨还张罗着给你介绍女朋友呢,被我给堵回去了,怎么样,够意思吧?"

"够意思个'毛线'!"

赵小杰佯怒道:"多好的事儿呀,就这么被你搅黄了?"

"你小子呀,就别在这里给我'装蒜'了!"

奎见鹤"老奸巨猾"地看了赵小杰一眼,故意问道:"那'小秘书'我感觉就不错,怎么样,考虑不?您小赵哥要是同意,只需点点头,剩下的就交给老夫……和你金阿姨了。"

"这个。"赵小杰不禁犹豫了起来。这段时间跟"小秘书""孔丽"不断接触,赵小杰渐渐对她产生了好感——这女孩儿不但"俏皮机灵很有个性",还"礼貌大度很知进退",的确是非常难得。

不像那个张一一,脾气暴、嗓门大,简直就是个"母老虎"……

这边,不等赵小杰说个所以然出来,奎见鹤"不靠谱"的本性就又表露无疑了,只见他摇摇头,自顾自地道:"嗨,这'小秘孔'呀,哪哪都好,就是丑了点。"

"但丑妻是个宝呀。"

奎见鹤看着赵小杰,现身说法道:"你看你金阿姨,对我多好?而且人家'小秘孔'为了你,也是真没得说!要不你就别挑了,开个金口,我们来撮合?"

"谁说人家丑了?"

赵小杰不耐地白了奎见鹤一眼,接着叹了口气,道:"人家是张阳的'小秘',我指的是那层关系,你懂吗?"

奎见鹤冷笑一声,道:"猜的吧?"

"不管是不是猜的,人家'小秘书'肯定看不上我的。"赵小杰惆怅地道。

"'精诚所至,金石为开'嘛。"

奎见鹤仰头望着天花板,喃喃道:"没有女人不会对真情动心的。所以,你小子就自己看着办吧。"

“不会吧老家伙，说不管就不管了？”赵小杰有些急了。

“等你自己想明白了，再说吧。”

奎见鹤白了赵小杰一眼，忽然想起了什么，忙正色道：“说真的，那卡上的钱，我跟你金阿姨商量了一下，就不要了，全给你！”

“你都这样了，我还怎么好意思占你便宜。”赵小杰心花怒放地口是心非道。

“我怎么样了？”

奎见鹤当即表示不忿了，道：“你可不要有岁数歧视啊！而且……”奎见鹤看看左右，把赵小杰召到床头，小声道：“告诉你一个秘密啊。”

“李明马上就要复出了，我很快就能‘沉冤昭雪’，想着即便不会官复原职，重新回胸外科也是没问题的。到时候那专家坐诊费、手术补助……收入会少吗？你那账上的二十来万，老奎我会看得上？还是你自己留着讨媳妇儿去吧。”奎见鹤装作很大方地说道。

“既然你这么‘装’，我就成全你吧。”

赵小杰抿嘴一笑，接着问道：“你刚才的消息都是听谁说的？”

“你金阿姨呀，下午的时候听她那几个老姐妹说的。”奎见鹤一本正经地道。

“这你都信？”赵小杰深表怀疑。

“嗨，你这小子。”

奎见鹤伸手拍了拍赵小杰的脑袋，道：“你还是不了解女人呀！话说在中国有大妈们搞不定的事情吗？”

“也对呀。”

赵小杰思路一变，整个人就有了“重大发现”，忍不住称奇道：“按理说，你都是她救出来的，顺带着还把李明也‘救出来’了。”

“照你这么说，辉学兵和胡高也是她扳倒的了？”奎见鹤冷哼一声，表示有些“夸张了”。

“总之，‘人不可貌相’，不要小瞧任何人就对了。”赵小杰道。

“是呀！”

奎见鹤点点头，感慨道：“谁能想，辉学兵会变成这个样子。”说着，还长叹了一口气，显得颇为惋惜。

赵小杰皱了皱眉，很是不解道：“他害你这么惨，你还替他想？”到最后，更是忍不住骂道：“你是不是脑子有病呀？”

“对，就是有病。”奎见鹤看着赵小杰，不但没反驳，还很坦诚地表示承认。

赵小杰不由一愣，忽然想到了什么，便不再说话了。

奎见鹤看了赵小杰一眼，接着继续道：“我是单亲家庭，辉学兵也是单亲家庭。所以上大学的时候，我俩比较投缘。”

赵小杰张了张嘴，没说话，心想原来还有这层关系。

奎见鹤继续看着赵小杰，就像他肚子里蛔虫似的“了解”心思地道：“还有一层关系是，我父亲是教书的，他父亲也是教书的，然后都英年早逝了。”

赵小杰再次张了张嘴，没说话，心想，“好巧”！

“唯一不同的是。”奎见鹤挪了挪身子，不再看赵小杰了。

“我母亲是大学教授，他母亲在老家务农。”奎见鹤望着天花板说道。

赵小杰撇了撇嘴，暗忖这个“不同”真是好不同！

“所以。”

奎见鹤又扭过头来，真像会“读心术”似的看着赵小杰，道：“别人都认为是我一直在照顾他，一直在‘救济’他。但何曾不是他也一直在照顾着我，一直‘救济’着我？”

“就因为大学里有了朋友，我的‘孤僻症’才慢慢好了。当初我‘贲门撕裂’卧病在床，他帮我照看小白鼠，无暇顾及工作，结果名额就被人给挤了！祸不单行，他妈妈忽然患了重病，需要做手术……他既需要钱，也需要时间！再去重新找工作挣钱，显然‘远水解不了近渴’，而且肯定会忙得没时间陪伴。当时唯一‘两全其美’的办法，同时又摆在眼前的机会，就是发表那篇论文！”

“会有钱？”赵小杰表示怀疑道。

“你以为呀？”

奎见鹤白了赵小杰一眼，道：“那时候，那篇论文的稿费可高了！以他的名义发表后，既能得一大笔稿费给母亲看病，又有‘暑假’陪伴，回来后还可以继续读博士，帮导师干活挣钱……”

奎见鹤本想问赵小杰你会怎么选？但转念一想，这样问也太不合适，而且境遇不同，不能“同日而语”。便改口道：“谁会不心动呢？谁又会不犯错呢？”

“何况读博士后，他也一直在做这个课题，发表了一系列论文，其中有一篇还刊登到了《自然》上。作为一个承担有调研任务的教育工作者，同时又要救死扶伤的大夫，其实从那时起，我就已经不恨他了，甚至还为他感到自豪。但为什么他就一直出不来呢？为什么耿耿于怀呢？结果步步错，直接导致……”

“喂喂喂，老头，打住啊！”

赵小杰一看奎见鹤这架势，显然又要被自己的感情给“带偏了”，就忙帮他扶正道：“一个人要飞翔，你怎么打压都不行；一个人要沉沦，你怎么助推也没用！他辉学兵走到今天，不能说跟您奎见鹤没一点关系，但即便有，那也是基本可以忽略不计的。所以，你就不要自作多情了，好不好？”

“也许吧。”

奎见鹤叹了口气，颇为感慨地说道：“你永远无法叫醒一个装……”奎见鹤不好意思地看了赵小杰一眼，不无尴尬地继续道：“装睡的人。”

赵小杰倒是很给面子地装作没听见，转移话题道：“‘太阳底下没有新鲜事’，各行各业都一样，既有精英，也有败类。诚然，监管不可或缺，但自律更为重要！你看同样是大夫，人家李明不就样样俱全的优秀？你呢，虽然比李明差了点，但跟辉学兵比，还是要好那么一点点的。”

“谢谢‘表扬’！”奎见鹤扭头白了赵小杰一眼。

“说实话，你们当医生的都很不容易，虽然有时候有些人脾气会急一些。”

赵小杰看着奎见鹤，嘿嘿一笑，接着很真诚地说道：“但整体上，行业素质很高，是一群‘不可或缺’的人。”

“说实话，你们医药代表……”奎见鹤看着赵小杰，顿了下来，在对方皱起眉头后，忽然咧嘴一笑，道：“其实也都挺不容易的。我以前对你们有偏见，后来通过跟你的不断交流，发现是我错了！这些年你们整体有了很大进步，而我总是‘两耳不闻窗外事’的，却是有些落伍了。”

“嘿嘿，你不是‘两耳不闻窗外事’，你是喜欢‘装晕’。”赵小杰笑着打趣道。

奎见鹤冷哼了一声，懒得说话。

“其实更确切地说，我是属于‘法律行业’的。”赵小杰清清嗓子，颇为“恬不知耻”道。

“是吗？”

奎见鹤瞥了赵小杰一眼，也懒得点破“法考”的事，接着叹了口气，道：“你刚才说得对，每个行业都良莠不齐。但我想，只要是一个正常发展的行业，整体都还是积极向上的。只是普通人囿于见识，难免总会有偏见。就譬如你们‘法律行业’的人吧，一开始我就以为都是一群冷冰冰的家伙，但后来发现不是这样的。”

“那是什么样的？”赵小杰问道。

“还是挺有人情味的。”奎见鹤实话实说道。

“切。”赵小杰白了奎见鹤一眼,问道:“说完了吗?说完了我就走了哈。”

“额,差点忘了说正事。”

奎见鹤忙道:“这次确实太凶险了,谁料到辉学兵会这样,看来以后还是要听‘小秘书’的,凡事都不能‘轻举妄动’。这世界上永远不缺亡命之徒,需要专业的人用专业手段去对付,而不是像咱俩这样干的。哎,咱俩就是太‘愣头青’了,这次就算是个小教训吧,以后无论如何,不能再这样了。”

“是吧?”

赵小杰呵呵一笑,看着奎见鹤嘴上刚缝好的伤口,道:“您老都这样了,还只是‘小教训’?您是不是对‘小’有误解呀?”

“好了好了,就别再挤兑我了。”

奎见鹤瞥了赵小杰一眼,道:“你非要回去,我也不拦你。但说实在的啊,你那伤口虽然没伤着动脉,也没伤着骨头,但毕竟是‘刺穿伤’,尽量给我小心点,就打个车回去吧。晚上在家老实点,千万不要做剧烈运动!明天一大早再回来打吊针。”

“知道了。”

赵小杰笑着看了奎见鹤一眼,道:“您老也注意些,尽量少说话,不要以为伤口缝住了就万事大吉了,要完全愈合,还且等着呢。”

“知道了。”

奎见鹤摆摆手,表示“你就少在我这个医生面前废话了”,接着再次指指赵小杰的大腿,警告道:“千万不要做剧烈运动!”

……

赵小杰架着双拐离开病房,在医院门口约了辆车,很快就回到“新家”,看时间都八点多了,“二仙”怎么都不在?

赵小杰便在他们仨的“在宛合伙人”群里发了个微信,问仙人们都去哪云游了,怎么不在洞府?

很快，王酱军回过来信息，说约妹子出去吃饭了，如果进展顺利的话，今晚上就不回来了，省得老被你们偷听！

接着很快，马大虾也不甘示弱地回到，已经约上了，等下看心情给兄弟们发几张自拍，“独乐乐不如众乐乐”嘛。

问题思考

本章中，我们得知，邵飞的落网也对公安机关破获这起绑架案件起到了关键作用。邵飞这个人，也许其本质并不坏，但因为放松了对自己的要求，他逐渐变得越来越目光短浅、急功近利，最终滑向了违法犯罪的深渊。而对于医药从业人员来说，我们又该通过哪些举措，实现“严管厚爱”呢？

答疑解惑

《医规》下册→第十二章－竞争态势→12.1 政府监管与行业自律

70 精诚所至，金石为开

赵小杰一边扶着拐杖，一边悲伤地煮着面，心想别人“偷腥”，我却不能吃荤，只能整这些清汤寡水，不就是狗粮吗？

还真是应景……

“嗨，都受伤了还一个人煮面呀？”背后忽然传来一道熟悉的声音。

“什么？”

赵小杰不由身体一颤，忙扭过头来，惊喜万分地道：“孔律师呀，你怎么来了？啊，对了。”

赵小杰古怪地看了“小秘书”一眼，道：“你是怎么知道我住这里的？怎么有我家钥匙的？”

“因为我是小秘孔呀！”“小秘书”比了个胜利的姿势，调皮地笑道。

“因为你找奎见鹤了吧？”赵小杰“毫不留情”地拆穿。

“讨厌了。”

“小秘书”嘟嘟嘴，道：“你是怎么知道的？莫非是奎老告诉你了？”

“那老小子才没这么好呢。”

赵小杰嘴上虽然说着，心里却是对奎见鹤给钥匙这一手赞不绝口。当下，他把煮面条的火关掉，对“小秘书”道：“你先去客厅看电视吧，我下去买点菜给你拾掇俩豪华的。”

说着，便夹起拐杖准备行动。

“好了好了。”

“小秘书”忙喊停，扬了扬手中的袋子道：“我都买好了，你就别再演‘铁拐李下凡’了，能不能消停会儿呀？”

“这么好？”

赵小杰接过袋子放到柜台上，正准备打开看都买了些什么，却被“小秘书”摁住了封口，道：“说过了，你都受伤了，就别忙活了，今天就由本小姐亲自下厨，给你做好吃的！”

说着，就连哄带劝地把赵小杰推出了厨房。

“什么情况？”

赵小杰看着很快被“小秘书”关上的厨房门，不由摇摇头，坐到沙发上，看起了电视。

厨房里，“小秘书”轻轻拍了拍胸口，心道好险呀，幸好没有被他看出来。

原来，“小秘书”是从夜市摊上买的那种用保鲜膜裹在盘子里的半成品，调料也让师傅给调好了，回来只用热锅下油炒一炒，再撒上调料就好了，整个过程非常简单。

但是调料的师傅并没给她加盐，说这个要根据自己的口味来定夺，你可以一边尝着一边加着，感觉差不多就可以出锅了，很简单的。

“是呀，这能有什么难的？”“小秘书”也感觉很简单。

但其实，他们两个都犯了脱离实际的错误，师傅是“手高眼低”，“小秘书”是“眼高手低”——当真正开始操作的时候，她甚至一时间找不到盐在哪里？

“到底在哪里呢？”

“小秘书”看着调料架上一堆的瓶瓶罐罐，顿时就犯愁了，暗叹当年留学的时候怎么就只顾着学习，不像人家李明还会炒个鸡蛋……

“应该是这个吧？”

“小秘书”顺手把距自己最近的一个陶瓷罐拿过来，打开一看，里面全是白色的粉末状颗粒。

“就是这个了。”

“小秘书”记得盐是白色的，不由莞尔一笑，拿起料勺轻轻挖了一小勺放进锅里，然后再重新开火翻炒了一番。

“小秘书”关火，用筷子夹了一块儿尝了尝，感觉没有味道，就又挖了两大勺放进去，再重复一番刚才的动作，感觉还是没味道？

“小秘书”咬咬牙，又挖了三大勺放进去，再重复一番刚才的动作，怎么感觉还是没味道？

“哦，对了！”

“小秘书”忽然拍了一下脑门，骂自己猪脑袋，竟然忘记放调料包了，怎么可能有味道。

当下，她就忙把调料包放进去，再重复一番刚才的动作，顿时就感觉还可以嘛。

其实调料里多少都会有点盐，只是她不知道。

接下来第二道菜的时候，“小秘书”就直接加了六大勺“盐”，然后再放调料包……再一尝，感觉也还可以嘛。

自此，她信心大增，开始了第三道、第四道菜的创作……

终于，在赵小杰饿得前胸就快贴后背的情况下，“小秘书”创作好了四道菜，全部端上来后，又盛了两碗早就买好的饭，方才娇羞地道：“第一次做没什么经验，希望‘赵大厨’不要嫌弃人家。”

赵小杰一动不动地坐在沙发上，惊得目瞪口呆。

不说别的，单说菜品，这没个几年的刀工根本就下不来！再一尝，嗯？

怎么有股药味？

赵小杰更加惊讶地看向“小秘书”，暗忖难道连药膳都会做了吗？

“小秘书”顿时就不自信地低下了头，但在赵小杰看来这分明就是谦虚嘛！

而且更难能可贵的是，知道我受伤了，就把菜做得这么清淡……简直太体贴了！

赵小杰大受感动，再加上确实饿了，饥不择食下很快就狼吞虎咽起来。

“小秘书”看他怎么也不像是装出来的，便恢复了自信，再加上“自己做的怎么都觉得好吃”，不知不觉间也吃了好多。

俩人很快把桌上的食物消灭干净，“小秘书”很是满意，哼着小曲去厨房里洗刷了起来。

赵小杰一个人坐在客厅里，忽然感觉身体很热，不由想道：“这吃饭太快的毛病，以后要改改了！”

很快“小秘书”这边也收拾完毕，只见她又哼着小曲走了出来。

“那个……孔律师，要不要开下空调？”赵小杰感觉已经热得不行了，不禁征询“小秘书”意见道。

“就是呀，我也感觉好热，难道是干活的缘故吗？”“小秘书”奇怪地问道。

空调打开后，房间温度降了下来，俩人不禁感觉凉快了许多。

“小秘书”又拿出来买好的水果，俩人一边吃一边开始闲聊。

也是从闲聊中赵小杰得知，张阳之所以会帮李明，是因为李明救过他女儿张一一的命，而李明之所以会对王珞“情有独钟”，是因为王珞的眼睛特别像他的亡姐。

这的确有些难以想象，但更难以想象的是，棠好马是怎么知道的？

“李明对他亡姐非常怀念，办公室里一直放着小时候他跟他亡姐的唯一合照。所以只要用点心，就不难发现李院长的这个‘软肋’。你再想，棠好马是什么样的人，能不用心吗？”“小秘书”解释道。

“也是。”赵小杰深表认可地点了点头。

“嗨，可怜了老李，平白遭此一劫。”“小秘书”同情地摇了摇头。

“你说为什么，李院长明明没有那个，大家却一开始都认为他那个了?”赵小杰忽然小声地问道。

“哪个?”“小秘书”不解地问。

“那个。”赵小杰眨了眨眼,身体下意识地往“小秘书”这边挪了挪。

“到底哪个呀?”“小秘书”似乎有些明白赵小杰的意思了,但还不是很确定……同时,她也身体不受控制地往赵小杰身边挪了挪。

“就是……”赵小杰再次往“小秘书”身边挪了挪,眼睛里都快喷出火来了。

“什么?”“小秘书”仰起头,并没有往后退,眼神也非常地迷离。

“就是‘精诚所至,金石为开’。”

赵小杰想起了奎见鹤的话,决定不再犹豫。

呜——

“小秘书”忽然瞪大双眼愣在了原地,紧接着她就听到了自己扑通扑通的心跳声,吓得赶紧闭上了眼睛。

问题思考

本章中,我们得知,李明之所以会对王珞“情有独钟”,是因为思念自己的亡姐。而这个“软肋”,恰好被棠好马和辉学兵抓住了,并加以利用。为此,李明付出了不小代价,差点名誉扫地,好在真金不怕火炼,最终清者自清。但假如真的有问题呢?他还能再“翻身”吗?此外,在现实中,我国政府相关监管部门有着“飞行检查”的制度,假如发现某类、某批或某件产品飞行检查不合格,医药公司又将面临什么样的后果?

答疑解惑

《医规》下册→第二章 –生产→ 2.3 “飞行检查”制度和产品召回

71 母老虎下山了

两人很快就彻底放飞自我,深情亲吻了起来。

但就在这时,“小秘书”的手机响了,铃声渐渐加大,很快就传遍了整个房间。

两人不禁都稍微冷静了一些,停了下来。

“小秘书”拿过来手机,一看是“老张”,不禁更加清醒了,连忙接通,问道:“亲爱的‘爹地’,怎么了?”

“你跑哪里去了,怎么还不回家?”张阳在电话那头很是关心地问道。

“我去看望我小伙伴了。”“小秘书”清了清嗓子,答道。

“下午不都已经去看过了吗? 怎么还看呀?”张阳不解地问道。

“下午是代表我自己,这次是代表您,我亲爱的张阳张大主任。”“小秘书”不高兴道。

“那好吧,谢谢你啊。”张阳生怕再吵架,便忙挂断了电话。

原来就在下午的时候,父女俩还吵了一架。起因就是,张一一觉得既然已经确定了歹徒的方位,就应该立即采取行动,为什么还要等那么久? 自己的俩“小伙伴”平白被折磨得那么惨!

张阳解释说警方在寻求最佳时机,所以……

“所以你就不管了吗?”张一一质问道。

张阳颇为无奈地说道:“我又不是局长,怎么管?”

张一一就继续质问道:“那你为什么还替他们说话? 总之,就是你张阳的错，张阳对不起我的‘小伙伴’……”

……

“你叫他‘亲爱的’？”赵小杰忽然红着眼质问道。

“啊？有吗？”

张一一不禁慌了，暗忖自己一时不注意，就这么露馅了？天啊！张一一顿时就又清醒了许多。

“你还叫他‘爹地’？”赵小杰气得眼珠子都快爆出来了。

张一一对赵小杰莫名其妙地发火深感莫名其妙，经过了好一番交流，才总算弄明白，原来他是误认为“小秘书”孔丽跟老张存在不正当男女关系……

扑哧～

张一一忍不住就笑了出来。

“你竟然还笑！”

赵小杰都快哭了，感觉自己好不容易鼓起勇气给你说了这些话，卑微如斯，容易吗？

你装作不明白倒也罢了，还笑？

难道真情就真的很好笑吗？

张一一看着赵小杰明显“好笑”的过激反应，忽然心中一凛，暗忖，“莫非他”？

再看看赵小杰眼中的深情，张一一不由叹了口气，确定他的确是喜欢上了这个“我”。

为什么呀？

想着想着，张一一的思绪就飘到了刚才的“热吻”上面，小脸唰地一下就红透了，这小脸一红，身体就又感觉燥热起来。

“赵小杰，你不感觉有些奇怪吗？”张一一慌忙问道。

“感觉到了！”赵小杰忙收拾起情绪，慎重地点了点头。

刚才在毫无防备的情形下，两人情不自禁，差点一发不可收拾。

但现在都冷静下来了,细细一品,忽然就感觉到了恐怖——毕竟身体的反应不会骗人,现在还在不停地“燃烧”着,到底是怎么了?

猛然间赵小杰想到了什么,连忙问张一一道:“‘孔丽’,不会是你的药膳出了问题吧?”

“药膳,什么药膳?”张一一明显愣住了。

“什么?”

赵小杰一看她这反应,不禁就更慌了,连忙又问道:“你刚才的饭菜里面,到底都放了什么?”

“放了什么?”

张一一想着想着,就打了个寒战,忙冲进厨房抱出来一个陶瓷罐,问道:“这不是盐吗?”

“我的天呀!”

赵小杰一看这罐子,差点就晕了过去。

“这三孙子马大虾,真是成事不足,败事有余!”

赵小杰一边骂着,一边赶紧借用“小秘书”的手机,拨打了一个电话号码。

“兄弟,赶紧接呀!”

赵小杰夹着拐杖在房间里来回踱着步,心中不停催促着,终于,在即将“您拨打的电话暂时无法接听”前,对方接通了电话。

“喂,请问是哪位美女?”电话那头响起了一个略显俏皮的声音。

“老顽童,是我!”赵小杰连忙说道。

“什么?”

被叫作“老顽童”的那人明显一愣,道:“那我怎么会预感是一个美女呢?难道我的预感错了?”

“没有错,的确是一个……”

赵小杰看了“小秘书”一眼,咬牙道:“的确是一个美女的手机。”

“去你外公的,你怎么不用自己手机给我打呀?”“老顽童”骂道。

“先不解释这个了，爷爷，您听我说。”

赵小杰因为身体一直在“燃烧”，不禁直奔主题道：“我和我这个同事不小心误食了您独家秘制的春……神药，而且量还很大，足足……”赵小杰看了“小秘书”一眼，道：“足足24勺！所以我俩现在的反应，您比谁都清楚！现在我到底该怎么办？”

“好好的怎么会误食呢？”赵爷爷反问道。

“马九九不是‘慢性前列腺炎’犯了吗？我就按照您的吩咐让他每天早晚各兑水喝一指甲盖的量。结果这小子懒，为了省事，用完就直接把罐子扔到厨房里，也不收起来。我今天一个同事来家里做饭，把它误当成盐给食用了。”赵小杰忙解释道。

“什么，这也可以？”

赵爷爷不禁惊叹了一声，接着就嘿嘿一笑道：“那看来这姑娘一定是个‘傻白甜’了？”

赵小杰看了“小秘书”一眼，对着电话道：“这有什么关系？”

“嘿嘿，你不如趁机把她拿下，正好可以结束你‘单身狗’的生活，爷爷我抱重孙的美梦不也就更进一步了吗？”赵爷爷为老不尊地给孙子支招道。

“千万别，爷爷，您可不要害我呀！”

赵小杰也不管“小秘书”能不能听到了，直接说道：“根据我学的法律知识，这迷奸也是强奸，判刑上最少三年起步，上不封顶，你说我还要不要？”

“这么严重？”

赵爷爷一听这样，忙改口道：“那孙子你一定要守住本心，不要乱来啊。爷爷现在教你一招，保证管用。你就赶紧去冲一个凉水澡吧，让她也去冲一个，但可千万不能在一起冲啊！冲完之后，就赶紧相互离开，再忍一忍，最多一夜就过去了。”

“那还有没有别的办法？”赵小杰问道。

“暂时没有了。”

“我的腿……我的腿今天上午刚被一条疯狗给咬了，洗不成澡呀！”赵小杰急了。

“什么？”

赵爷爷不禁慌了，问道：“不严重吧？”

“没这个严重！赶紧说怎么办吧。”赵小杰催促到。

“那……为今之计，只能这样了。”赵爷爷叽叽咕咕地在赵小杰耳边说出了一个“土方子”。

“好吧！”

赵小杰一咬牙挂断电话，把手机还给“小秘书”，简单给她解释了一下，就建议她不如去冲个凉水澡吧，我卧室里就有一个单独卫生间可以用。

张一一也是当断则断的人，当下不再犹豫，进到赵小杰卧室里，反锁上房门就开始冲起凉水澡来。

这边，赵小杰也赶紧开始执行爷爷说的那个“土方子”了。

只见他一咬牙，推开马大虾的房门走了进去。

马大虾房间的一堵墙上挂满了各色美女的照片，其中最多的就是张一一的各种照片，既有工作证件照，又有学生自拍照，但更多的还是“他人”的偷拍照。

赵小杰一直知道马大虾暗恋张一一，但不知道他竟然收藏了这么多的照片？不过现在也不是欣赏的时候，赵小杰还有其他“重要的事”要办。

只见他在马大虾挂在墙上的众多“飞机杯”中挑来挑去，总算找到了一个看上去还算干净的，当下不再犹豫……

这边，张一一冲过凉水澡之后，身体燥热消失大半，心情也平静了很多。一照镜子发现妆都花了，不由摇摇头，找来赵小杰的一件干净衬衣穿上，去客厅拿来自己的包，干脆全部卸了妆。

张一一想，是时候以真面目示人了，不能再欺骗小伙伴了！

她的确已经对赵小杰产生了好感，具体什么时候开始的，她也不知道。

是看了他写的文章？吃了他做的饭菜？还是，今晚早些时候听奎老给她讲的，当面对歹徒时他是多么勇敢……

亦或，日久生情呢？

张一一摇了摇头，决定不再想了，因为感情的事谁也说不清楚，强求不得，自然也深究不得。

末了，她看着镜子里那个“不施粉黛轻娥眉，淡妆素裹总相宜”的自己，莞尔一笑，暗忖“这个我，你应该会更喜欢一些吧”？

……

马大虾房间里，赵小杰终于重新“心静如佛”起来。他长吁一口气，对着张一一的照片挥了挥手，道：“多谢了‘母老虎’，以后有空了……算了，还是不要再见了，因为我已经有姑娘了。对了，不知道她好了没？可别再感冒了。”

赵小杰夹着拐杖，一瘸一拐地走进客厅，见自己房门虚掩着，当是洗完了……赵小杰咬牙进到房间，只见床上还放着“小秘书”的衣服，却不见其人。

“哪里去了？”

赵小杰左右寻觅，忽见阳台上有一个纤细的身影，似乎穿着自己的衬衣……他不由挠挠头，深吸一口气，夹着拐杖走了过去。

微风拂面，夜色撩人。

“好点了吗？”赵小杰在旁边问道。

“嗯。”

张一一轻轻应了声，微转颔首，见赵小杰正抬头望着月亮，在发呆。

她不由微微一笑，就这么看着他，不说话。

“你说这月亮上，到底有没有仙女呀？”赵小杰傻笑着，低头问身边的女孩儿道。

随即，他整个人就呆住了，就像个傻瓜似的，一动也不动起来。

“当然有仙女了，还会下凡呢。”

张一一狡黠一笑，问道：“怎么样？惊不惊喜？意不意外？开不开心？”

然而赵小杰的脸色却渐渐惊恐起来。

张一一见此，不禁黛眉微蹙，不高兴了，“喂，你这表情，到底什么意思呀？”

“妈呀，母老虎下山了！”赵小杰再也忍不住，大声惊呼了起来。

问题思考

本章中，张一一为表诚意，要亲自下厨给赵小杰“露一手”，不曾想却因“才疏学浅”，误将赵小杰爷爷调制的“补药”当成食盐放进了菜肴里，随即就给俩人带来了不小的“考验”！好在最后关头，俩人在“老中医”的专业建议下，各自克服“困难”，化解了这场“误食危机”。那么在现实中，医药企业一般会通过什么样的方法，来保证生产过程中，药品的原材料调配准确、生产工艺无误、药品品质合格呢？

答疑解惑

《医规》下册→第二章－生产→2.2　药品生产质量管理规范与药品 GMP 证书

72 小结

王酱军叹口气，暗道煮熟的鸭子又飞了，真失败！

他打开房门，见马大虾竟然也在，不禁心里好受了许多，看来这货也没有成功嘛。

马大虾正靠在赵小杰的主卧门口，鬼鬼祟祟的，见王酱军进来，便贱兮兮一笑，朝他招了招手。

王酱军会意，忙轻轻关上房门，悄悄挪到马大虾旁边，顿时不用再交代，便知道什么原因了？

……

鉴于孔丽律师对全意集团“功不可没”，郑帅便在刘建军示意下请她吃饭。两个星期后，孔丽终于答应出来了。一见面，郑帅顿时懵了，还以为自己看错人了？

只见孔丽双眼一眨一眨的，甚是好看，那嘴角的大痦子也没了踪影。

原来张一一为了“堵住”孔丽的嘴，便又请她做了激光点痦的手术。

孔丽没想到的是，她那句“有钱人的审美观都是奇葩”竟一语成谶——郑帅很快便向她发起了“进攻”，两人随即就坠入“爱河”，比王酱军和肥姐“失足”的还早……

……

是的，王酱军和肥姐“失足”了！

当初,赵小杰见到“肥姐”,发现她并不像棠好马描绘得那样“龌龊”,而是很真诚、热情,极富同情心。赵小杰觉得卑鄙的人看什么都是卑鄙,所以自己还是要做一个向上的人,这跟工作、职务、位子什么的,真心没什么关系。

而王酱军不玩游戏也有好几个月了,一直在专心备考,最终竟然还真通过了考试,转成了正规军。

恰逢俩人都还单身,赵小杰便做起了月老,从中撮合。

果真是,“卤水点豆腐——一物降一物”……俩人很快也坠入了爱河。

……

剩下就不用多说了。

多行不义必自毙,辉学兵、胡高、棠好马等人,都得到了应有的惩罚,锒铛入狱。有个小插曲,就是辉学兵和胡高,在法庭上又吵了起来,互骂猪队友……

对了对了,还有一事,差点忘交代了。

赵小杰作为全意集团的董事,因为要急着备考,只好把讲课、培训等任务扔给了自己的“小秘书”——马大虾。

马大虾毕竟科班出身,很快就把那本《合规指南》融会贯通,更兼能吹擅侃之本事,竟硬生生把枯燥乏味的法律课讲得风生水起,好评如潮!

马大虾暗道这也能行?便萌生了一个想法——把他们的那些糗事写成故事,然后再把《合规指南》有所增删地杂糅进来,出一本书,岂不妙哉?便把这个想法告诉了赵小杰,想要征询一下他的意见。

彼时,赵小杰白天奔命备考,晚上疲于恋爱,比谁都忙,焦头烂额之下想都不想就同意了,但最后还是多了一句嘴,问道:“叫什么名字?”

马大虾嘿嘿一笑,道:“《医规行事》,怎么样?”

“怎么这么一般?”赵小杰忍不住失望道。

“那再加个副标题吧，就叫——菜鸟代表逆袭记？”

……

问题思考

本章中，作者就这段一波三折的故事里各位主要人物的结局，向读者朋友们做了交代。对于本书上册而言，我们衷心希望读者能够通过欣赏赵小杰、奎见鹤、张一一等人心系正义、勇闯天涯的故事，提升法律意识，提高法治思维。各位读者朋友们，经历了这场“法律故事”之旅，是否有所感悟呢？

答疑解惑

详细了解《医药行业合规法律指南》，敬请关注本书下册。

写在上下册之间的话

大家在开车的时候，有没有遇到被副驾驶位上某个“老司机”教做人的情形？那种指指点点，比你还急的嘴脸，是否令你印象深刻？我和杰哥儿开车的时候，就遇到过好几波类似热心肠人士，在副驾驶位上，大嘴一刻都没停过，气得你直牙痒痒，真心想把他们踹下去，让整个世界清静些。回想起来，不只是在开车的时候，还有在下象棋的时候，打斯诺克的时候，“捡月光宝盒”的时候……所以说“观棋不语真君子，把酒多言是小人”，古人诚不欺我也。

但话又说回来，作为副驾驶，假如真的一句话不说恐怕也不合适吧。比如参加拉力赛的时候，副驾驶就必须一直“说”个不停。在长途旅行的时候，若有个人在旁边叨叨不止，似乎也还不错。但又有几个人的人生会有拉力赛？那些平凡的人生也不尽然全是长途旅行。

所以问题来了，副驾驶究竟是要沉默寡言，还是要喋喋不休呢？就像秩序和自由，我们到底该如何取舍？

秩序、自由、正义是法的基本价值，其中，秩序是法的基础价值，即“自律带来自由”；自由是现代法最本质的价值，让自由来评价法律进步与否，也是体现了人性最深刻的需要。

其实，秩序和自由都很重要，但也都存在冲突。问题的关键不是它们是否存在矛盾，而是如何妥善处理矛盾。对此，法律人给出了两条处理建议：(1)价值位阶原则；(2)个案中的比例原则。前者讲的是优先性问题，即谁牛听谁的。后者则强调个案情境，讲究具体问题具体分析，追求伤害最小。而前者的优先性问题也要求环境适用。譬如，在民法领域，就民事主体而言，“法无禁止即可为”；但到了行政法领域,就行政主体而言,则要求"法无授权不可为";而在刑事诉讼中,当惩罚犯罪与保障人权相冲突的时候,应当首先保障人权。所以说归根结底,还是"具体问题具体分析"这一马克思主义哲学的基本原理最管用。

在实践中,公司法务部门和各其他部门之间或多或少都存在矛盾,只是大小不同而已。但我想,法务部门和销售部门、市场部门之间的矛盾,不敢说最大,也至少属于"大"这一范畴吧。销售部、市场部的同志们会说:"如果不做事,永远没猫腻,但只要做事,就要讲技巧。你这层层设卡,处处设限的,有意思吗? 连孙猴子还讲究七十二般变化呢! 灵活,懂不懂呀,'孙子'?"法务部的同志们则是微微一笑,在心中暗骂道:"等着瞧吧,'孙子'……"

作为管理者,不要害怕公司各部门之间存在矛盾,更不要忌讳内部摩擦。那些表面的一团和气才最可怕,就像航船,最危险的往往是暗流。管理者要正视矛盾和摩擦,同时避免"一统就死,一放就乱"的管理怪相,要具体问题具体分析,定好方向,分清主次,明确谁是主力部队,谁是服务部门。最后,在不同的历史时期做不同的切换。

具体到公司各部门来说,孰主孰辅,我不是公司管理者,不能替管理者作决定。但就法务部的职能定位倒是可以提一些浅识陋见,供各位大佬参考。诚如任正非之前在一次讲话中所言,"法务要学会分享利益、妥协、灰度";"做好'防火'建设";"胜利的标志就是火车在高铁路上运行,一直保持合理速度"。① 就法务部在公司的定位而言,实际上和法律在社会中的定位一样,不是万能的:只能以社会为基础,不能超脱于社会;只是众多社会规范之一,必然受其他规范、环境和条件的制约;调整社会关系的范围和深度有限;受自身条件的制约等。鉴于此,法务部在公司日常工作中,应该做好"防火墙"建设,切忌作茧自缚、束手束脚,但更切忌没有底线,一定要守住节操,并不惜为此而战。

至于底线,有人会说,有些人的底线高过发际线,让你只能膜拜,

---

① 搜狐网文章:https://www.sohu.com/a/323653561_120056924。

而有些人虽然天天把底线挂在嘴边，却最没有底线，令人不齿！那到底什么是底线？

这里我想要说的是，法律规定就是底线要求。因为法律这一社会规范，是具有国家强制力的，通俗点说就是，不服就强制你服！

综上，法务官要有所为有所不为，副驾驶要有所说有所不说。而本书亦遵循这个道理。下册不奢望能给大家提供一切实际工作的指导，“教大家做事做人”那是不可能的，也是不负责的，更是要害人害己的！就像本书序言部分所言，下册力争进一步能使大家：提升法律思维、增强法治意识、明确法律底线。

大家都是成年人，医药行业从业者更是人中龙凤，翘楚中的翘楚，不能等闲视之。面对法律知识，一点即通那是标配，面对实际问题会举一反三，最后反过来教导作者，也实属正常。但毕竟隔行如隔山，那些浩瀚如烟的法律条文，别说大家了，就连我这个常年耕耘在司法改革前线的壮丁，看着都发怵，读着都犯晕。所以，本着“有所为”的精神，我们集中耕耘年余，从几百万条法规库中苦苦寻觅、精心挑选出近千条与医药行业最具有联系的法律、法规、部门规章等规范性条文以及政策性文件，并在理论与实践相结合的基础上对其进行编辑、整理、归纳和总结，最终形成下册《医药行业合规法律指南》，①以飨读者。

下册将重点围绕药品这一特殊产品，对医药企业在全生命周期中可能面临的主要法律风险进行择要阐述，并按照“研发、生产、采购、销售、营销、公关、内控、稽查、投资者关系、走出去风险、员工成长、竞争态势”十二个维度，对上册各章提出的问题进行系统化解答。

马九穗

2021 年 3 月 15 日

① 每一场旅途都有一段思考，每一段思考都有若干心得。将这些心得系统输出、汇编成册，便有了下册《医药行业合规法律指南》。合规项目（compliance system）是企业内部的战略防御体系，能在有效防护力度内，防止公司发生系统性、崩溃性风险。

医药行业合规法律指南

马九穗
赵文杰 著

法律出版社 LAW PRESS · CHINA
北京

图书在版编目(CIP)数据

医规. 医药行业合规法律指南 / 马九穗，赵文杰著
. -- 北京：法律出版社，2021
ISBN 978-7-5197-5876-9

Ⅰ. ①医… Ⅱ. ①马… ②赵… Ⅲ. ①卫生法－中国
－指南 Ⅳ. ①D922.16

中国版本图书馆 CIP 数据核字(2021)第 171369 号

医规
——医药行业合规法律指南
YIGUI
—YIYAO HANGYE HEGUI FALÜ ZHINAN

马九穗　赵文杰　著

策划编辑　朱海波
责任编辑　朱海波
装帧设计　鲁　娟

出版发行 法律出版社
编辑统筹 法律应用出版分社
责任校对 邢艳萍
责任印制 吕亚莉
经　　销 新华书店

开本 A5
印张 9.625　**字数** 300 千
版本 2021 年 10 月第 1 版
印次 2021 年 10 月第 1 次印刷
印刷 固安华明印业有限公司

地址：北京市丰台区莲花池西里 7 号(100073)
网址：www.lawpress.com.cn
投稿邮箱：info@lawpress.com.cn
举报盗版邮箱：jbwq@lawpress.com.cn
销售电话：010-83938349
客服电话：010-83938350
咨询电话：010-63939796

书号：ISBN 978-7-5197-5876-9
定价(全两册)：88.00 元
凡购买本社图书，如有印装错误，我社负责退换。电话：010-83938349

序　言

2019年，大约在冬季，我忽然“抽风”了，变得特别爱学习，天天独自一人躲在房间里看书，为此还买了各种各样的书籍。朋友们颇为费解，都说这人是怎么了，不但不再张罗着组局，就连别人的场子也是能推则推，长此以往，还想不想混了？其实我也一度怀疑自己是不是患上抑郁症了。那时我还特怕冷，在别人还是一件短袖走天涯的时候，我早早就把秋衣掖到了秋裤里，把秋裤掖到了袜子里……这无疑增加了我对病情的怀疑。不过后来，我才明白过来，那不过是岁数大了，再也不能“忘穿秋裤”罢了，而年龄增长的附加症，便是不愿意再去凑热闹，更想一个人待着，更想静静。

“静静是谁？”杰哥儿（赵文杰）笑着打趣道。

杰哥儿是和我“穿一条裤子”的兄弟，作为当年京城朋友圈里颇为著名的表面型奋斗男之二，我俩在间歇性努力、持续性混吃等死中梦游多年，到最后双双落到了买不起秋裤的田地。痛定思痛，我俩决定合谋“干一票大的”！

彼时，杰哥儿刚放弃“百万年薪”，从某上市公司辞职，原因不是世界太大想去看看，而是世界太大，想帮国内的企业去看看。作为曾在华为、中兴公司任职，有多年外战实践经验的法律人，他筹划成立一家咨询顾问公司，服务于“一带一路”倡议，为国内更多的中小企业“走出去”保驾护航。对于如此高端的理想，我怎能不予以精神支持？于是，我就告诉杰哥儿，“我上面有人，是谁谁谁”。当听到吴总名号后，杰哥儿当即表示膜拜，随即就决定自掏腰包带我“出差”，去拜访之，当面聆听教诲。其实在此之前，杰哥儿已经拜访过很多法律圈大佬，众老大对其想法均表示赞同,有几家大型律所(包括红圈所)也都表示了合作的意向。但对于圈外人士,这还是第一次拜访。不曾想正是这次拜访,彻底改变了我们的一些想法。

吴总(吴兴海)是苏州方度投资管理有限公司董事长,著名营销专家……光环太多,为低调起见,此处不再着墨。作为医药行业资深人士,吴总对行业的部分前车之覆深感痛心,本着更好服务行业发展的初心,服务行业更好发展的私心,他一直在想,如何为提高行业人员的整体法律意识贡献自己的力量。为此,他曾计划写点东西,以大家喜闻乐见的形式,讲好法律。但苦于掌舵之责,一直抽不开身。这次见面,吴总把他的想法告诉我俩,并希望我们能写本法律书籍以帮助医药行业合规。

受此重托,我俩自然受宠若惊,当下想也未想就答应了。但后来到了具体开写的时候,我们犯难了。

到底该如何以喜闻乐见的形式,讲好法律?

不言而喻,法律是冰冷的,法条是乏味的——“天若有情天亦老,人学法律头发少”,前辈法律人的“血泪”可都不是白流的。要想在冰上擦出火花来,谈何容易?好在我们都是说干就干的人,讲究在斗争中求团结,在解决中谋发展——就是干,没问题了要干,有问题了就一边干一边解决。

经过对医药行业从业者现状的深入探讨,吴总、我、杰哥儿我们三人达成了以下四点共识:

1. 一些行规已达极限。医药行业发展至今,之所以能够持续全面地造福于人类社会,其行业内部的一套规则,厥功甚伟。但同时也要清醒地认识到,有一些行规已然无法适应新的社会情形,若还坚持用陈旧思维来考虑现实问题,难免走向歧途。

2. 个别医药人士并不懂法。现实中,有一些医药从业者确实“不知法、不懂法、不解法”,因而在工作生活中,会不自觉地去“笑法、拒法”,进而“困于法”。这显然与“全面推进依法治国,建设社会主义法治国家”已经成为基本国策的当下社会是有些不够融合的。

3. 别无他法。如今的中国,长期稳定是完全可以预见的未来,精细化管理和科学发展势在必行。若还固执于野蛮发展模式,必将重蹈已然不鲜的覆辙。因此,别无他法,只能守法!在未来,也只有“知法、懂法且会用法”的人,才能真正立于不败之地。

4. 用法是门艺术。法的具体运用,有时更像一门艺术,我称之为“法艺学”——如何在茫茫书海中找到那一本规定,然后在成百上千的法条中找到那一条具体规定,再在那一条具体规定中看懂隐藏在法条背后立法者真正的立法意图……本书下册《医药行业合规法律指南》即运用这门“手艺”,从浩瀚如烟的规定中找出与医药行业最具有联系的部分,整编成册。

基调已定,正当我们准备继续探讨,以期找到解决前述“喜闻乐见”问题之方法时,一场突如其来的全球疫情大流行打乱了所有人的节奏。

本着“静卧在家也是为抗疫做贡献”的精神,疫情期间,我一个人待在宿舍里,过足了“宅瘾”,也过足了“书瘾”。与此同时,抗疫工作持续向前,我不断被感动着——感动于医药从业者的伟大!这在同期我给吴总写的信中,有充分体现:“当前,我们正面临着抗击新型冠状病毒肺炎疫情的艰巨任务,举国上下,万众一心,众志成城。医务工作者白衣执甲,逆行出征,不负人民。医药从业者争分夺秒,研药制器,实力护国。‘沧海横流,方显英雄本色;青山矗立,不坠凌云之志。’关键时刻,医药行业的重要性越发凸显,对于保护和增进人民健康、救灾防疫等工作具有不可替代的重要意义,是国家和民族永不可缺的重要行业。”

当情当景当时之感动,发自肺腑,现在回想起来,依旧难以自已。

这时期,还有一个意想不到的收获,便是我们找到了解决前述“喜闻乐见”之问题的方法:通过写故事的形式,讲好法律。这种想法的产生,亦得益于我国伟大的抗疫斗争:正是一个个鲜活生动的人物,一件件感人至深的事迹，一篇篇引发共鸣的报道，让我们意识到，最能打动人心的东西，往往源于生活，而“一个讲故事的人即是一个生活诗人”。①

通过“源于生活，高于生活”的创作过程，将“法律经验”转化为“故事情节”讲与众人听——通过“移情”这一故事最具有的魔力，让读者对主人公的遭遇感同身受，进而去欣赏、学习主人公的所思所想，最终达到增加生活深度的目的——这不正是我们所需要的“喜闻乐见”的形式吗？

以故事的形式讲好法律，正是本书最大的写作特点：在上册《菜鸟代表逆袭记》中，我们会讲述一个故事，以期使大家“提升法律思维、增强法治意识、明确法律底线”，同时引出医药领域相关的法律问题。而关于这些问题的答案解析就在下册《医药行业合规法律指南》里面。

具体表现为：

1. 上册以故事形式，引出医药领域相关的法律问题及解答；

2. 故事篇共 72 章，每章结尾处会向读者提出思考问题；

3. 思考问题之答案解析构成下册《医药行业合规法律指南》的重要组成部分。

天佑中华，我国的抗疫斗争取得了骄人的成绩，人民的生活日渐恢复正常——我们的作品也在这个特殊时期里，几经增删，修改无数，终于得以成稿并和大家见面。

需要指出的是，尽管我们已经尽了最大努力，让规整的法律故事俏皮幽默，让冰冷的法律条文通俗易懂，但下册和上册在读起来时，难免还会有冰火两重天之感，这也实属无奈，万望包涵。同时，本书的这种写作模式尚在探索时期，若各方面反映不错，我们还会继续精进内容和形式，为大家推出更多更优秀的作品。另外，囿于人手和精力有限，本书在编纂过程中难免会有疏漏之处，但不会影响法条原意和本

---

① 《故事》——[美]罗伯特·麦基。

质,请大家放心阅读。

本书由马九穗、赵文杰合力完成,其中,马九穗负责上册故事写作,赵文杰主要负责下册合规指南写作。本书从写作立意到最终成稿,吴总、汤振宇博士给予了我们极大的精神支持和经验指导,并提出了大量有益建议,赵文杰的前同事逄琳女士,以其特有的认真负责态度,对本书进行了详尽的校对工作,在此对他们表示衷心的感谢。

马九穗

2021 年 3 月 10 日

目录

第一章　研发

——研究创制行路难，守法保密需相伴

只要有人的地方，就有江湖。有江湖的地方，虽未必会有大侠，但一定会有大夫。因为江湖大部分年月是风平浪静的，这时候大夫就比大侠可靠并可爱多了。即便偶尔血雨腥风那么几次，也需要大夫给大侠们吃颗定心丸，给少侠们来颗还魂丹，不然跌下悬崖那一刻就成了全剧终了那一时，还有什么乐趣可言？

所以说，大夫们按病下药，可比大侠们舞枪弄棒有现实需要多了。关于这点，金庸大侠在其名著《笑傲江湖》中有精彩论述，感兴趣的朋友们可以查阅。①

接下来，请大家暂时放下武侠，回归本我，来研究一个现实问题，这世上什么药最贵？

金疮药？不是。毒药？还不是。中成药？当然更不是。

那到底是什么旷世神药？有关答案，本章下文部分，我们会给您提供。

现在言归正传，先来研究一下医药行业的主要法律主体。

① 详见金庸武侠名著《笑傲江湖》第十四章《论杯》开头部分，岳不群与夫人及众弟子就“名医平一指”的精彩对话。

1.1 医药行业主要法律主体概述

为了便于读者朋友们快速对医药行业进行初步了解，本章仅介绍五个法律主体——以取得药品注册证书为起点，分为药品上市许可持有人、药品生产企业、药品经营企业、医疗机构、药品监督管理部门，分别对应药品的研制、生产、经营、使用、监管五个阶段。

1.1.1 药品上市许可持有人

根据《中华人民共和国药品管理法》（以下简称《药品管理法》）规定，药品上市许可持有人，是指取得药品注册证书的企业或者药品研制机构等。

在现实生活中，医药公司①或者药物研究所②研制某种药物，经过药品监督管理部门审评审批，取得药品注册证书后，便成为该药品的“药品上市许可持有人”。如果某药品上市许可持有人为境外企业③的，应当由其指定的在中国境内的企业法人履行药品上市许可持有人义务，并与药品上市许可持有人（境外企业）承担连带责任。

药品上市许可持有人依法对药品研制、生产、经营、使用全过程中药品的安全性、有效性和质量可控性负责，对药品的非临床研究、临床试验、生产经营、上市后研究、不良反应监测及报告与处理等承担责任。其他从事药品研制、生产、经营、储存、运输、使用等活动的单位和个人，依法承担相应责任。药品上市许可持有人的法定代表人、主要负责人对药品质量全面负责。

---

① 如中国医药集团有限公司、上海医药（集团）有限公司、广州医药集团有限公司、哈药集团有限公司等。

② 如中国科学院上海药物研究所、中国医学科学院药物研究所、北京生物医药研究所等。

③ 如 Pfizer 辉瑞公司、Novartis 诺华公司、Merck&Co 默克公司、Hoffmann Roche 罗氏公司、Sanofi 赛诺菲－安万特公司、GlaxoSmithKline 葛兰素史克、AstraZeneca 阿斯利康公司、Merck Sharp Dohme 默沙东公司、Bayer 拜耳公司等。

1.1.2 药品生产企业

药品生产企业,是指依法取得药品生产许可证,进行药品生产活动的相关企业。

《药品管理法》明确规定,无药品生产许可证的,不得生产药品;① 药品生产许可证应当标明有效期和生产范围,到期重新审查发证。同时,该法也从"从事药品生产活动应当具备的条件"和"依法从事药品生产活动"两方面对药品生产企业相关活动进行了限制,具体为:

第42条规定:"从事药品生产活动,应当具备以下条件:(一)有依法经过资格认定的药学技术人员、工程技术人员及相应的技术工人;(二)有与药品生产相适应的厂房、设施和卫生环境;(三)有能对所生产药品进行质量管理和质量检验的机构、人员及必要的仪器设备;(四)有保证药品质量的规章制度,并符合国务院药品监督管理部门依据本法制定的药品生产质量管理规范要求。"

第43条规定:"从事药品生产活动,应当遵守药品生产质量管理规范,建立健全药品生产质量管理体系,保证药品生产全过程持续符合法定要求。药品生产企业的法定代表人、主要负责人对本企业的药品生产活动全面负责。"

关于药品生产活动,还需要注意以下两点:(1)药品上市许可持有人既可以自行生产药品,也可以委托药品生产企业生产,具体按照相关规定办理;(2)除国务院药品监督管理部门另有规定外,血液制品、麻醉药品、精神药品、医疗用毒性药品、药品类易制毒化学品不得委托生产。

1.1.3 药品经营企业

关于药品经营企业的概念,此处不再赘述,其经营方式主要包括

---

① 涉案企业未取得药品生产许可证而生产药品的,由药品监督管理部门责令关闭,没收违法生产的药品和违法所得,并处违法生产药品货值金额15倍以上30倍以下的罚款;货值金额不足10万元的,按10万元计算。(具体参见《药品管理法》第115条)

药品批发和药品零售两方面:①从事药品批发活动的,应当经所在地省级人民政府药品监督管理部门批准,取得药品经营许可证;从事药品零售活动的,应当经所在地县级以上人民政府药品监督管理部门批准,取得药品经营许可证。无药品经营许可证的,不得经营药品。② 药品经营许可证应当标明有效期和经营范围,到期重新审查发证。

根据《药品管理法》的相关规定,需要注意以下几点:(1)药品上市许可持有人既可以自行销售其取得药品注册证书的药品,也可以委托药品经营企业销售,具体按照相关规定办理;(2)药品上市许可持有人从事药品零售活动的,亦应取得药品经营许可证;(3)药品经营企业的法定代表人、主要负责人对本企业的药品经营活动全面负责。

1.1.4 医疗机构

《医疗机构管理条例实施细则》第 2 条对医疗机构进行了定义,指出,医疗机构是依据《医疗机构管理条例》及其实施细则的规定,经登记取得《医疗机构执业许可证》的机构。

该实施细则第 3 条对医疗机构的类别进行了细化,具体为:(1)综合医院、中医医院、中西医结合医院、民族医医院、专科医院、康复医院;(2)妇幼保健院、妇幼保健计划生育服务中心;(3)社区卫生服务中心、社区卫生服务站;(4)中心卫生院、乡(镇)卫生院、街道卫生院;(5)疗养院;(6)综合门诊部、专科门诊部、中医门诊部、中西医结合门诊部、民族医门诊部;(7)诊所、中医诊所、民族医诊所、卫生所、医务室、卫生保健所、卫生站;(8)村卫生室(所);(9)急救中心、急救站;(10)临床检验中心;(11)专科疾病防治院、专科疾病防治所、专科疾

---

① 药品批发企业,是指将购进的药品销售给药品生产企业、药品经营企业、医疗机构的药品经营企业。药品零售企业,是指将购进的药品直接销售给消费者的药品经营企业。(具体参见《中华人民共和国药品管理法实施条例》第 77 条)

② 涉案企业未取得药品经营许可证而销售药品的,由药品监督管理部门责令关闭,没收违法销售的药品和违法所得,并处违法销售药品货值金额 15 倍以上 30 倍以下的罚款;货值金额不足 10 万元的,按 10 万元计算。(具体参见《药品管理法》第 115 条)

病防治站；(12)护理院、护理站；(13)医学检验实验室、病理诊断中心、医学影像诊断中心、血液透析中心、安宁疗护中心；(14)其他诊疗机构。

医疗机构主流的药品来源是从药品上市许可持有人、药品生产企业、药品经营企业处采购药品。医疗机构购进药品，应当建立并执行进货检查验收制度，验明药品合格证明和其他标识；不符合规定要求的，不得购进和使用。①

同时，根据《中华人民共和国药品管理法实施条例》(以下简称《药品管理法实施条例》)第27条的规定可知：(1)医疗机构向患者提供的药品，应当与诊疗范围相适应，并凭执业医师或者执业助理医师的处方调配；(2)计划生育技术服务机构采购和向患者提供药品，其范围应当与经批准的服务范围相一致，并凭执业医师或执业助理医师的处方调配；(3)个人设置的门诊部、诊所等医疗机构，不得配备常用药品和急救药品②以外的其他药品。

1.1.5 药品监督管理部门

国务院药品监督管理部门(国家药品监督管理局③)主管全国药品监督管理工作。国务院有关部门在各自职责范围内负责与药品有关的监督管理工作。省、自治区、直辖市人民政府药品监督管理部门，负责本行政区域内的药品监督管理工作。设区的市级、县级人民政府

---

① 药品使用单位使用假药、劣药的，按照销售假药、零售劣药的规定处罚；情节严重的，法定代表人、主要责任人、直接负责的主管人员和其他责任人员有医疗卫生人员执业证书的，还应当吊销执业证书。

② 常用药品和急救药品的范围和品种，由所在地省级人民政府卫生行政部门会同同级人民政府药品监督管理局部门规定。

③ 国家药品监督管理局(National Medical Products Administration，NMPA)，是由国务院直属机构国家市场监督管理总局管理的国家局，负责对药品(含中药、民族药)、医疗器械、化妆品进行监督管理。同时，国家中医药管理局(National Administration of Traditional Chinese Medicine，NATCM)，是由国务院组成部门国家卫生健康委员会管理的国家局，承担中医医疗、预防、保健、康复及临床用药等监督管理。

承担药品监督管理职责的部门,负责本行政区域内的药品监督管理工作。

县级以上地方人民政府,对本行政区域内的药品监督管理工作负责,统一领导、组织、协调本行政区域内的药品监督管理工作以及药品安全突发事件应对工作,建立健全药品监督管理工作机制和信息共享机制。县级以上地方人民政府,应当将药品安全工作纳入本级国民经济和社会发展规划,将药品安全工作经费列入本级政府预算,加强药品监督管理能力建设,为药品安全工作提供保障。

事实上,除以上五类外,医药行业还存在其他许多主体,如药物非临床安全性评价研究机构、药物临床试验机构、药品专业技术机构、药品检验机构、学术机构、行业协会、药品检查员队伍等。而医药行业的监管部门也并非只有国家药品监督管理局。在医药企业的实际运营过程中,会涉及方方面面的政府监管部门,同时还存在自律性质的行业协会等。关于涉医药管理的政府监管部门及其组织机构调整、职责划分等,我们将在本书第十二章“竞争态势”中的“12.1　政府监管与行业自律”进一步详述。

现在,我们再回到之前的问题,这世上什么药最贵?

1.2　药品研制与注册上市

答曰:第一粒药最贵!

为什么这么说?请仔细阅读以下部分,了解一款药物从开始研制到注册上市,都要经历哪些环节?

1.2.1　境内企业药品注册上市流程概述(以化学药创新药为例)

1. 药品研制单位申请药物非临床研究质量管理规范认证,并获得药品 GLP 证书;

2. 制定针对某疾病或罕见病等的新药研究项目;

3. 具备与研究项目相适应的人员、场地、设备、仪器和管理制度;

4. 根据《药物非临床研究质量管理规范》开展药物非临床研究；

5. 药品研制单位请药物临床试验质量管理规范认证，并获得药品GCP证书；

6. 药品研制单位根据《药物临床试验质量管理规范》制定药物临床试验方案；

7. 药品研制单位将药物临床试验方案提交临床试验机构的伦理委员会审查同意；

8. 向国务院药品监督管理机构提交药物临床试验申请，并如实报送研制方法、质量指标、药理和毒理试验结果等有关数据、资料和样品；

9. 国务院药品监督管理部门应自受理临床试验申请之日起六十个工作日内决定是否同意；

10. 向受试者或其监护人如实说明和解释临床试验目的和风险等详细情况；

11. 取得受试者或其监护人自愿签署的知情同意书；

12. 在具备相应条件并经国务院药品监督管理部门、国务院卫生健康主管部门备案管理的临床试验机构开始实施药物临床试验；①

13. Ⅰ期临床试验报告；

14. Ⅱ期临床试验报告；

15. Ⅲ期临床试验报告；

16. Ⅳ期临床试验报告；

17. 生物等效性试验报告；

18. 药物临床试验期间，发现存在安全性问题或其他风险的，应及时调整临床试验方案、暂停或终止临床试验，并向国务院药品监督管

① 根据2020年7月1日起正式施行的《药品注册管理办法》(2020年版)第21条规定，药物临床试验分为Ⅰ期临床试验、Ⅱ期临床试验、Ⅲ期临床试验、Ⅳ期临床试验以及生物等效性试验。根据药物特点和研究目的，研究内容包括临床药理学研究、探索性临床试验、确证性临床试验和上市后研究。

理部门报告；

19. 对正在开展临床试验的用于治疗严重危及生命且无有效治疗手段的疾病的药物，经医学观察可能获益，并且符合伦理原则的，经审查、同意后可以在开展临床试验的机构内用于其他病情相同的患者（同情用药）；

20. 药品研制单位认为研制的药物安全、有效、质量可控后，可以向国务院药品监督管理机构提出药品注册申请，并提供真实、充分、可靠的数据、资料和样品，证明药品的安全性、有效性和质量可控性；

21. 对申请注册的药品，国务院药品监督管理部门组织药学、医学和其他技术人员进行审评；

22. 对药品的安全性、有效性、质量可控性进行审查；

23. 对药品注册申请人的质量管理、风险防控和责任赔偿等能力进行审查；

24. 在审批药品时，对化学原料药一并审评审批；

25. 在审批药品时，对相关辅料、直接接触药品的包装材料和容器一并审评；

26. 在审批药品时，对药品的质量标准、生产工艺、标签和说明书一并核准；

27. 国家药品监督管理局药品审评中心应当进行药品注册生产现场核查和上市前药品生产质量管理规范检查；

28. 符合条件的，由国务院药品监督管理部门颁发药品注册证书；

29. 对治疗严重危及生命且尚无有效治疗手段的疾病，[①]以及公共卫生方面急需的药品，药物临床试验已有数据显示疗效，并且能预测其临床价值的，可以附条件批准，并在药品注册证书中载明相关事项；

30. 国务院药品监督管理部门应当将批准上市药品的审评结论和依据进行公开，接受社会监督；

---

① 例如，本次来势汹汹，并造成全球疫情大流行的新型冠状病毒引起的肺炎（COVID－19）。

31. 药品研制单位取得药品注册证书后成为该药品的药品上市许可持有人；

32. 药品上市许可持有人根据《药品生产质量管理规范》自行生产或委托药品生产企业生产药品，从事药品生产活动的企业必须具有药品 GMP 证书；

33. 药品生产企业应当根据建立的药品出厂放行规程，对药品进行质量检验，经质量受权人签字后方可放行，不符合国家药品标准的不得出厂；

34. 药品上市许可持有人根据建立的药品上市放行规程，对药品生产企业出厂放行的药品进行审核，经质量受权人签字后方可放行；

35. 国务院药品监督管理部门指定药品检验机构进行检验；

36. 药品经过指定的药品检验机构检验合格后，药品上市许可持有人可以自行销售或委托销售药品；

37. 从事药品经营的企业应当取得药品经营企业许可证，同时取得药品 GSP 证书；

38. 药品上市许可持有人零售药品的，应当取得药品经营企业可证；

39. 药品上市许可持有人应当开展药品上市后不良反应监测，主动收集、跟踪分析疑似药品不良反应信息，对已识别风险的药品及时采取风险控制措施；

40. 药品上市许可持有人对已上市药品的安全性、有效性和质量可控性定期开展上市后评价；

41. 经评价，对疗效不确切、不良反应大或者因其他原因危害人体健康的药品，应当注销药品注册证书；

42. 已被注销药品证书的药品，不得继续生产、销售和使用；

43. 药品上市许可持有人的法定代表人、主要负责人对药品质量全面负责。

1.2.2 进口药品在我国注册上市流程概述

1. 我国禁止进口疗效不确切、不良反应大或者因其他原因危害人体健康的药品；

2. 进口麻醉药品和国家规定范围内的精神药品，进口企业应事先申请国务院药品监督管理部门颁发的进口准许证；

3. 医疗机构因临床急需进口少量药品的，申请国务院药品监督管理部门或国务院授权的省级人民政府批准，批准后可以进口，且进口的药品应当在指定医疗机构内用于特定医疗目的；

4. 对于我国的短缺药品，必要时国务院可以扩大进口，保障药品供应；

5. 进口其他药品的我国进口企业应当向我国允许药品进口的口岸所在地的药品监督管理部门进行备案，并获得进口药品通关单；

6. 我国进口企业持进口药品通关单向海关申请办理通关手续，无进口药品通关单的进口药品，海关不得放行；

7. 口岸所在地药品监督管理部门应通知药品检验机构依照国务院药品监督管理部门的规定对进口药品进行抽查检验；

8. 对于进口首次在中国境内销售的药品或者国务院药品监督管理部门规定的生物制品以及国务院规定的其他药品，国务院药品监督管理部门应当指定药品检验机构进行检验，未经检验或者检验不合格的，不允许进口；

9. 境外企业药品注册申请人应当指定在中国境内的企业法人履行药品上市许可持有人义务，并与药品上市许可持有人承担连带责任；

10. 境外企业药品注册申请人向国务院药品监督管理部门申请境外企业药品注册证书；

11. 国务院药品监督管理部门经审核后，符合条件的，颁发进口药品注册证书；

12. 取得进口药品注册证书后，药品上市许可持有人可以自行销售或委托销售进口的药品；

13. 药品上市许可持有人应当开展药品上市后不良反应监测，主动收集、跟踪分析疑似药品不良反应信息，对已识别风险的药品及时采取风险控制措施；

14. 药品上市许可持有人对已上市药品的安全性、有效性和质量可控性定期开展上市后评价；

15. 经评价，对疗效不确切、不良反应大或者因其他原因危害人体健康的进口药品，应当注销进口药品注册证书；

16. 已被注销进口药品注册证书的药品，不得继续进口、销售和使用。

通过以上详细了解，我想，读者朋友们应该能够理解新药之所以贵的原因了吧？“科学技术是第一生产力”，解决人类因疾病带来的痛楚，离不开科学技术的进步，而科学技术进步则离不开各种前期投入。同时，在取得有益成果后，相关人员因此享受技术进步带来的红利，也是无可厚非的。（相关论述，具见下文：“1.4　药品知识产权保护”）

至于“吃得上药、吃得起好药”等问题，本身和“相关人员享受技术进步带来的红利”并不相悖，而且想要切实解决此类问题，还需要依靠基础医学研究和加强创新药的研发投入。同时在国家层面，亦要有相应的制度安排，“药品上市许可持有人制度”是一次有益的尝试。

1.3　药品上市许可持有人制度

2018 年 7 月 15 日，吉林长春长生公司①问题疫苗案件发生后，为了切实解决实践中存在的一些问题，我国在总结之前试点经验基础上，于 2019 年第二次修订《药品管理法》时开始全面实施药品上市许可持有人制度，并明确了药品上市许可持有人对药品的安全、有效负责，对药品的研制、生产、经营、使用全过程依法承担责任。

---

① 2015 年 12 月，高某某、张某豪、张某奎成为深圳证券交易所中小企业板上市公司黄海机械 002680 的公司控股股东和实际控制人。2016 年 3 月 17 日，黄海机械证券代码变更为长生生物，公司证券代码为 002680。2018 年 7 月 15 日，国家药品监督管理局通告长生生物全资子公司生产冻干人用狂犬病疫苗存在记录造假等严重违反《药品生产质量管理规范》行为。2019 年 11 月 27 日，长生生物公司股票正式被深圳证券交易所摘牌。

2019年12月1日，新修订的《药品管理法》开始正式施行。根据该法规定，药品上市许可持有人主要义务如下：

1. 遵守药品非临床研究质量管理规范、药物临床试验质量管理规范、药品生产质量管理规范、药品经营质量管理规范。

2. 应当从其他药品上市许可持有人或者具有药品生产、经营资格的企业购进药物。

3. 依法对药品研制、生产、经营、使用全过程中药品的安全性、有效性、质量可控性负责。

4. 对药品的非临床研究、临床试验、生产经营、上市后研究、不良反应监测、报告与处理等承担责任。

5. 法定代表人、主要负责人对药品质量全面负责。

6. 应当建立药品质量保证体系，配备专门人员独立负责药品质量管理。

7. 应当建立药品上市放行规程，对药品生产企业出厂放行的药品进行审核，经质量受权人签字后方可放行。不符合国家药品标准的，不得放行。

8. 应当建立并实施药品追溯制度，按照规定提供追溯信息，保证药品可追溯。

9. 应当建立年度报告制度，每年将药品生产销售、上市后研究、风险管理等情况按照规定向省级人民政府药品监督管理部门报告。

10. 应当制订药品上市后风险管理计划，主动开展药品上市后研究，对药品的安全性、有效性和质量可控性进行进一步确证，加强对已上市药品的持续管理。

11. 应当对附条件批准的药品采取相应风险管理措施，并在规定期内按照要求完成[1]相关研究。

---

① 对附条件批准的药品，如逾期未按照要求完成研究或者不能证明其获益大于风险的，国务院药品监督管理部门依法处理，直至注销药品注册证书。（具体参见《药品管理法》第78条）

12. 应当全面评估、验证药品生产过程中的变更事项对药品安全性、有效性和质量可控性的影响，并实行分类管理——属于重大变更的，应当国务院药品监督管理部门批准，其他变更应当按照国务院药品监督管理部门的规定备案或报告。

13. 应当开展药品上市后不良反应监测，主动收集、跟踪分析疑似药品不良反应信息，对已识别风险的药品及时采取风险管控措施。

14. 应当经常考察本单位所生产、经营的药品质量、疗效和不良反应，发现疑似不良反应的，应当及时向药品监督管理部门和卫生健康主管部门报告。

15. 应当对存在质量问题或其他安全隐患的药品立即停止销售，告知相关药品经营企业和医疗机构停止销售和使用，召回已销售的药品，及时公开召回信息，必要时应当立即停止生产，并将药品召回和处理情况向省级人民政府药品监督管理部门和卫生健康主管部门报告。

16. 应当对已上市药品的安全性、有效性和质量可控性定期开展上市后评价。

17. 应当对实行市场调节价①的药品，按照公平、合理和诚实信用、质价相符和原则制定价格，为用药者提供价格合理的药品。

18. 应当遵守国务院药品价格主管部门关于药品价格管理的规定，制定和标明药品零售价格，禁止暴利、价格垄断和价格欺诈等行为。

19. 应当依法向药品价格主管部门提供其药品的实际购销价格和购销数量等资料。

20. 禁止在药品购销中给予、收受回扣或者其他不正当利益。

---

① 根据2015年5月4日国家发展改革委、食品药品监管总局等部门联合发布的《关于印发推进药品价格改革意见的通知》(发改价格〔2015〕904号)，自2015年6月1日起，除麻醉药品和第一类精神药品外，取消原政府制定的药品价格，完善药品采购机制，发挥医保控费作用，药品实际交易价格主要由市场竞争形成。麻醉、第一类精神药品仍暂时由国家发展改革委实行最高出厂价格和最高零售价格管理。

21. 禁止药品上市许可持有人或者代理人以任何名义，给予使用其药品的医疗机构的负责人、药品采购人员、医师、药师等有关人员财物或其他不正当利益。

22. 进行药品广告应当经广告主所在地省级人民政府确定的广告审查机关批准，药品广告内容应当真实、合法，不得含有虚假的内容。药品广告不得含有表示功效、安全性的断言或保证。药品广告不得利用国家机关、科研单位、学术机构、行业协会或专家、学者、医师、患者等名义或形象作推荐、证明。非药品广告，不得有涉及药品的宣传。

23. 应当在停止生产短缺药品前向国务院药品监督管理部门或省级人民政府药品监督管理部门报告。

24. 应当对国务院有关部门采取限制或禁止出口、组织生产、价格干预、扩大进口的短缺药品按照规定保障药品的生产和供应。

25. 应当对受托药品生产企业、药品经营企业的质量管理体系进行定期审核，监督其持续具备质量保证和控制能力。

26. 应当制定本单位的药品安全事件处置方案，并组织开展培训和应急演练。

27. 自行生产药品的，应当取得药品生产许可证。

28. 自行从事药品零售活动的，应当取得药品经营许可证。

29. 委托储存、运输药品的，应当对受托方的质量保证能力和风险管理能力进行评估，逾期签订委托协议，约定药品质量责任、操作规程等内容，并对受托方进行监督。

30. 经国务院药品监督管理部门批准转让药品上市许可的，应当履行谨慎义务。

31. 直接接触药品的工作人员，应当每年进行健康体检；患有传染病或其他可能污染药品的疾病的，不得从事直接接触药品的工作。

32. 通过网络销售药品的，不得销售疫苗、血液制品、麻醉药品、精神药品、医疗用毒性药品、放射性药品、药品类易制毒化学品等国家实行特殊管理的药品。

33. 境外企业作为药品上市许可持有人的,应当由其指定的在中国境内的企业法人履行药品上市许可持有人义务,并与药品上市许可持有人承担连带责任。

34. 中药饮片生产企业履行药品上市许可持有人的相关义务,对中药饮片生产、销售施行全过程管理,建立中药饮片追溯体系,保证中药饮片安全、有效、可追溯。

药品上市许可持有人制度与药品注册许可制度最大区别在于对药品质量自始至终负责的主体更为明确,更有利于确保和提升药品质量,对鼓励新药创制,促进产业升级,优化资源配置,落实主体责任,都具有十分有益的促进作用。

1.4　药品知识产权保护

众所周知,药品的研发成本[①]非常高,即使全球最领先的医药公司也可能几年、几十年研发不出一种新药。正因如此,我们更应该树立为药品知识产权"埋单"的意识,切实增强科学家、药剂师、药物研究机构研制药物和创新疗法的决心和动力。

1.4.1　专利权保护基本制度

《中华人民共和国专利法》[②](以下简称《专利法》)所称的发明创造,是指发明、实用新型和外观设计。发明,是指对产品、方法或者其改进所提出的新的技术方案。实用新型,是指对产品的形状、构造或者其结合所提出的适于实用的新的技术方案。外观设计,是指产品的

① 药品的研发成本包括资金成本、人力成本、时间成本等。

② 《中华人民共和国专利法》于 1984 年 3 月 12 日制定通过,自 1985 年 4 月 1 日起施行。1992 年 9 月 4 日进行第一次修正,2000 年 8 月 25 日第二次修正,2008 年 12 月 27 日第三次修正,2020 年 10 月 17 日第四次修正。其中,第四次修正版自 2021 年 6 月 1 日起施行。

整体或者局部的形状、图案或者其结合以及色彩与形状、图案和结合所作出的富有美感并适于工业应用的新设计。

根据《专利法》第42条第1款规定，发明专利权的期限为20年，实用新型专利权的期限为10年，外观设计专利权的期限为15年，均自申请日起计算。

同时，《专利法》第64条规定，发明或者实用新型专利权的保护范围以其权利要求的内容为准，说明书及附图可以用于解释权利要求的内容。外观设计专利权的保护范围以表示在图片或者照片中的该产品的外观设计为准，简要说明可以用于解释图片或者照片所表示的该产品的外观设计。

专利权的精髓在于"知识公开，换权利垄断"。药品研制机构在研制成功后，往往会通过申请专利权的方式，来保护自己的发明创造成果，并取得对同行业竞争者的优势。

国务院专利行政部门①对于发明专利申请，会经过实质审查，没有发现驳回理由的，将会作出授予发明专利权的决定，发给发明专利证书，同时予以登记和公告。发明专利权自公告之日起生效。

国务院专利行政部门对于实用新型和外观设计专利申请，会经过初步审查，没有发现驳回理由的，将会作出授予实用新型专利权或者外观设计专利权的决定，发给相应的专利证书，同时予以登记和公告。实用新型专利权和外观设计专利权自公告之日起生效。

同时，如果国务院专利行政部门经过审查后，驳回了专利申请人的申请，那么专利申请人可以自接到通知之日起三个月内，向国务院

---

① 国家知识产权局（National Intellectual Property Administration，PRC），是由国务院直属机构国家市场监督管理总局管理的国家局。主要负责实施专利审查、商标注册、集成电图布图设计登记，以及专利、商标、集成电路布图设计的复审和无效等行政裁决。

专利行政部门专利复审部门①请求复审。专利复审部门经过复审后，作出决定，并通知专利申请人。如果专利申请人对专利复审部门的复审决定不服，可以自收到通知之日起三个月内向人民法院提起行政诉讼。

1.4.2 申请专利权无效和专利实施的强制许可

自国务院专利行政部门公告授予专利权之日起，任何单位或者个人认为该专利权的授予不符合法律规定的，可以请求专利复审部门宣告该专利权无效。专利复审部门接到宣告专利权无效的请求后，应当及时审查和作出决定，并通知请求人和专利权人。宣告专利权无效的决定，由国务院专利行政部门登记和公告。

如果对专利复审部门宣告专利权无效或者维持专利权的决定不服的，可以自收到通知之日起三个月内向人民法院起诉。法院受理后，应当通知无效宣告请求程序的对方当事人，作为涉案第三人参加诉讼。

在现实生活中，考虑到专利权的成立与宣告给专利权人带来的巨大利益前景，同一行业的不同竞争者经常会因为专利权的申请、宣告、实施、许可、交叉许可、无效等产生争议，有的甚至还会形成长达数年的法律纠纷诉讼。例如，华为和中兴专利权纠纷案、迈瑞医疗和理邦仪器专利权系列纠纷案，就是典型。

值得医药行业同仁注意的是，根据《专利法》第 55 条规定，为了公共健康目的，对于取得专利权的药品，②国务院专利行政部门可以给予

---

① 国家知识产权局专利局复审和无效审理部(Reexamination and Invalidation Department of the Patent Office，CNIPA)，原名国家知识产权局专利复审委员会。2019 年知识产权机构改革后，从原来的国家知识产权局直属事业单位，变更为目前的国家知识产权局专利局内设机构，名字也变更为国家知识产权局专利局复审和无效审理部。

② 这里是指解决公共健康问题所需的医药领域中的任何专利产品，或者依照专利方法直接获得的产品，包括取得专利权和制造该产品所需的活动成分以及使用该产品所需的诊断用品。

制造并将其出口到符合我国参加的有关国际条约规定的国家或地区的强制许可。

根据本条规定,对取得专利权的药品授予的强制许可,应当遵守以下条件:(1)为了公共健康的目的;(2)强制许可的内容仅限于对专利药品的制造和出口;(3)进口实施强制许可的药品的国家或地区,应当符合我国参加的有关国际公约的规定。①

当然,根据《专利法》规定,取得实施强制许可的单位或个人,应当付给专利权人合理的使用费,或者依照中国参加的有关国际条约的规定处理使用费问题。付给使用费的,其数额由双方协商确定;如果双方不能达成协议的,由国务院专利行政部门裁决。

专利权人对国务院专利行政部门关于实施强制许可的决定不服的,专利权人和取得实施强制许可的单位或个人对国务院专利行政部门关于实施强制许可的使用费的裁决不服的,可以自收到通知之日起三个月内向法院提起行政诉讼。

1.4.3 商标专用权注意事项

根据《中华人民共和国商标法》第 4 条第 1 款和第 39 条的规定,自然人、法人或其他组织在生产经营活动中,对其商品或者服务需要取得商标专用权的,应当向商标局申请商标注册。不以使用为目的的恶意商标注册申请,应当予以驳回。② 注册商标的有效期为 10 年,自核准之日起计算。

---

① 这里主要是指 TRIPs 的有关规定。根据 TRIPs 的规定,有资格进口实施强制许可的药品的成员,是指任何最不发达成员(截至 2019 年 12 月 31 日,最不发达国家共计 47 个,覆盖人口 7.5 亿)以及任何已向 TRIPs 理事会通报(但不需要理事会批准)表明希望使用此项制度作为进口方的成员。对于非最不发达国家成员,如果引用该制度,同时需要证明两点:(1)其在所需药品的生产领域制造能力不足或没有制造能力;(2)确认该药品已经在其地域内授予专利权,其已经或计划颁发强制许可。

② 2019 年 4 月 23 日,第十三届全国人大常委会对《中华人民共和国商标法》进行了第四次修正。修正后的《中华人民共和国商标法》第 4 条第 1 款明确规定:“……不以使用为目的的恶意商标注册申请,应当予以驳回。”2019 年 11 月 1 日,修正后的《中华人民共和国商标法》开始施行。

企业一旦申请商标专用权并被核准后，其他人未经商标注册人许可，不得在同一种商品上使用与注册商标相同或近似的商标，也不得在类似商品上使用与注册商标相同或近似的商标，更不得伪造、擅自制造他人注册商标标识或销售伪造、擅自制造的注册商标标识。

根据《中华人民共和国反不正当竞争法》（以下简称《反不正当竞争法》）第 6 条之规定，经营者不得实施混淆行为，引人误认为是他人商品或者与他人存在特定联系。混淆的其中一个情形，就是擅自使用与他人有一定影响的商品名称、包装、装潢等相同或近似的标识。

此外，对于药品行业而言，需要注意的是，根据《药品管理法》第 29 条规定，列入国家药品标准的药品名称是药品通用名称，已经作为药品通用名称的，该名称不得作为药品商标使用。

在现实生活中，由商标专用权引发的法律纠纷并不少见，也给陷入商标专用权争议的企业带来了不小的困扰和麻烦。近年来，广药集团和加多宝集团关于“王老吉”的商标专用权纠纷，以及江苏红牛公司和泰国天丝公司关于“红牛”的商标专用权纠纷，甚至还在一定程度上影响了各相关市场的竞争格局。

1.4.4　药品说明书与著作权保护

考虑到新药研制成本高、风险大、成功率低的特点，药品研制单位往往会通过申请发明专利，来获得专利法上的保护。但是，专利权的保护，毕竟还有法定保护期限的限制。于是，不少医药公司希望通过主张“药品说明书著作权受到侵犯”为由提起诉讼，借此达到某种延长特定保护期并增强企业竞争力的目的。

在实践中，关于药品说明书是否受著作权法保护的争议比较大，法院倾向认为药品说明书不受我国著作权法保护。理由主要如下：（1）药品说明书是经国务院药品监督管理部门审批的许可证件，属于具有行政性质的文件；（2）药品说明书不具有作品的独创性。

其实，在制药领域，药品的知识产权具有专门的保护途径。比如，符合《专利法》规定的药物及其制备方法，可以获得专利保护；符合法定条件的保密信息,可以作为商业秘密获得保护;符合数据保护规定的新药试验数据,可以获得数据保护。对于企业而言,选择正确的、合适的保护和救济渠道,是非常重要的。

1.5 商业秘密保护

对于传统的知识产权,其根本特征是具有公开性——其制度设计初衷,就在于通过知识公开,来促进社会的整体技术提升和文明进步,并保护作品创作的独创性,以及商品和服务的可区分性。

但是,在企业的实际运营过程中,尤其在研发阶段,一定会有许多不希望外界(特别是竞争对手)所知悉的商业信息。对于这些商业信息,我们怎么来进行保护呢?这时,就需要引出另外一个法律概念——商业秘密。

什么是商业秘密?商业秘密需要具备哪些基本特征?

1.5.1 商业秘密定义、特征及表现形式

根据《反不正当竞争法》第 9 条第 4 款规定,商业秘密,是指不为公众所知悉、具有商业价值并经权利人采取相应保密措施的技术信息、经营信息等商业信息。

换言之,商业秘密有三个特征:(1)秘密性;(2)有价值性;(3)权利人采取了相应的保密措施。

在现实生活中,商业秘密既可以表现为研发阶段的保密项目进展、设计图纸等,也可以表现为生产阶段的工艺流程、技术诀窍、独特配方等,甚至还可以表现为在日常运营阶段的管理方法、内控机制、产销策略、销售渠道、客户名单、货源情报、竞标出价等。

1.5.2 商业秘密可能泄露的途径

通过调研现实生活中发生的实际案例,我们发现,对于企业而言,商业秘密往往会通过以下几个途径泄露:

其一,缺乏商业秘密保护制度,导致商业秘密自然外泄;

其二,员工在离职过程中,故意或因重大过失将商业秘密带离公司;

其三,被竞争对手安插商业间谍,导致商业秘密被竞争对手所获悉;

其四,网络黑客进行恶意攻击,获得商业秘密后向公司索取赎金;

其五,在诉讼过程中,因缺乏保密意识未申请不公开审理而泄露商业秘密;

其六,签署保密协议的合同另一方,未遵守保密义务而导致商业秘密泄露;

其七,行政机关及其工作人员,未遵守对调查过程中所知悉的商业秘密的保密义务。

1.5.3　侵犯商业秘密的法律后果

经营者侵犯他人商业秘密,给他人造成损害的,应当依法承担民事责任,同时也要承担行政责任。构成犯罪的,还要依法承担刑事责任。侵权人财产不足以支付的,优先用于承担民事法律责任。

(一)民事法律责任

根据《反不正当竞争法》第 17 条规定,经营者的商业秘密受到他人侵犯行为损害的,可以向人民法院提起诉讼。受到损害的经营者的赔偿数额,按照如下规则进行确定:

1. 原则上按照因被侵权所受到的实际损失确定;

2. 实际损失难以计算的,按照侵权人因侵权所获得的利益确定;

3. 恶意实施侵犯商业秘密行为,情节严重的,可以在按照前述方法确定数额的一倍以上五倍以下确定赔偿数额;

4. 权利人因被侵权所受到的实际损失、侵权人因侵权所获得的利益难以确定的,由人民法院根据侵权行为的情节,判决给予权利人五百万元以下的赔偿;

5. 赔偿数额还应当包括经营者为制止侵权行为所支付的合理开支。①

① 合理开支包括公证费用、律师费用等。

（二）行政法律责任

《反不正当竞争法》第21条规定，经营者以及其他自然人、法人和非法人组织侵犯商业秘密的，由监督检查部门责令停止违法行为，没收违法所得，处10万元以上100万元以下的罚款；情节严重的，处50万元以上500万元以下的罚款。

同时，根据《反不正当竞争法》第26条规定，侵权人受到行政处罚的，还要由监督检查部门计入信用记录，并依照规定予以公示。①

（三）刑事法律责任

《中华人民共和国刑法》（以下简称《刑法》）规定了侵犯商业秘密罪及其处罚。根据该法第219条之规定，行为人有下列侵犯商业秘密行为之一，情节严重的，处三年以下有期徒刑，并处或者单处罚金；情节特别严重的，处三年以上十年以下有期徒刑，并处罚金：

1. 以盗窃、贿赂、欺诈、胁迫、电子侵入或者其他不正当手段获取权利人的商业秘密的；

2. 披露、使用或者允许他人使用以前款手段获取的权利人的商业秘密的；

3. 违反保密义务或者违反权利人有关保守商业秘密的要求，披露、使用或者允许他人使用其所掌握的商业秘密的。

明知前款所列行为，获取、披露、使用或者允许他人使用该商业秘密的，以侵犯商业秘密论。本条所称权利人，是指商业秘密的所有人和经商业秘密所有人许可的商业秘密使用人。

需要注意，侵犯商业秘密罪规定了单位犯罪。根据《刑法》第220条之规定，单位犯该法第219条规定之罪的，对单位判处罚金，并对其直接负责的主管人员和其他直接责任人员，依照该法第219条的规定处罚。

---

① 由国家市场监督管理总局主办的"中国市场监管行政处罚文书网"已经于2020年1月9日正式开通，网站地址为http://cfws.samr.gov.cn。

此外,《中华人民共和国刑法修正案(十一)》[①]还规定了为境外窃取、刺探、收买、非法提供商业秘密罪。根据《刑法》第219条之一规定,行为人为境外的机构、组织、人员窃取、刺探、收买、非法提供商业秘密的,处五年以下有期徒刑,并处或者单处罚金;情节严重的,处五年以上有期徒刑,并处罚金。该罪名也规定了单位犯罪。

1.5.4 商业秘密侵权民事诉讼注意事项

根据《反不正当竞争法》第32条规定,在侵犯商业秘密的民事审判程序中,商业秘密权利人提供初步证据,证明其已经对所主张的商业秘密采取保密措施,且合理表明商业秘密被侵犯,涉嫌侵权人应当证明权利人所主张的商业秘密不属于本法规定的商业秘密。

商业秘密权利人提供初步证据合理表明商业秘密被侵犯,且提供以下证据之一的,涉嫌侵权人应当证明其不存在侵犯商业秘密的行为:

1. 有证据表明涉嫌侵权人有渠道或机会获得商业秘密,且其使用的信息与该商业秘密实质上相同;

2. 有证据表明商业秘密已经被涉嫌侵权人披露、使用或者有被披露、使用的风险;

3. 有其他证据表明商业秘密被涉嫌侵权人侵犯。

值得注意的是,尽管长期以来侵犯商业秘密案件普遍存在发现难、取证难、审理难的现象,但随着我国保护和鼓励创新的力度日益加大(例如,侵权举证规则优化、惩罚性赔偿制度、鼓励追溯侵权源头、差别化侵权赔偿标准、以侵权为业的企业的法定代表人承担连带责任等),我们有理由相信,侵犯商业秘密的侵权人必将付出更为沉重的代价。

1.5.5 对企业保护商业秘密的建议措施

有一则法谚广为流传:"法律不保护躺在权利上睡觉的人。"

---

① 《中华人民共和国刑法修正案(十一)》于2020年12月26日通过,自2021年3月1日起施行。

诚然，我国法律对于侵犯商业秘密的行为规定了法律责任，但同时，法律也要求商业秘密权利人要对自己的商业秘密“采取了相应的保密措施”。

那么，企业在实际运营过程中，应该如何对自己的商业秘密采取哪些相应的保密措施呢？我们的建议是：

1. 日常运营过程中，企业应对内部信息采取分级分类保护机制，[①]切忌笼统“一刀切”将所有信息都视作保密信息。

2. 对于企业经过分级分类保护机制识别、认定的商业秘密，应当采取合理、恰当的保护措施和规章制度。[②]

3. 和合作伙伴签署《保密协议》前，应对合同另一方的资信进行合理的尽职调查。

4. 如果涉及诉讼，提前预判是否需要向法庭递交涉及商业秘密的保密信息？如有，则第一时间申请法庭不公开审理。

1.6 对国务院部委具体行政行为不服的救济

如前文所述，药品行业具有政府强监管的特征。那么，在现实生活中，如果医药企业对行政机关作出的行政行为不服，应该如何保护和救济自身权利呢？

简单来说，有两种途径：其一，申请行政复议；其二，提起行政诉讼。

---

① 企业信息可以按照保密要求不同划分为：(1)社会公开信息；(2)内部公开信息；(3)保密信息；(4)绝密信息等。对于四种不同等级的信息，企业应当采取不同的保护措施和限定信息流通要求。

② 商业秘密保护措施和规章制度可以参考如下：(1)划定企业研发区域，非研发相关人员限定进入；(2)对企业办公用笔记本电脑实施写保护，禁止保密信息向外网发送；(3)组织对全员进行关于保密制度的例行和临时培训，提升全员保密意识；(4)员工离职流程中，设置脱密期规定、信息安全审查环节、竞业限制条款。

1.6.1 行政复议制度概述

为了防止和纠正违法的或者不当的具体行政行为，保护公民、法人和其他组织的合法权益，保障和监督行政机关依法行使职权，我国于1999年4月29日制定通过了《中华人民共和国行政复议法》①（以下简称《行政复议法》）。根据《行政复议法》第9条规定，公民、法人或者其他组织认为具体行政行为侵犯其合法权益的，可以自知道该具体行政行为之日起60日内向行政机关提出行政复议申请，法律规定的申请期限超过60日的除外。因不可抗力或者其他正当理由耽误法定申请期限的，申请期限自障碍消除之日起继续计算。

表1-1 行政复议被申请人和复议机关观察

序号	被申请人	复议机关	复议机关说明
1	对县级以上地方各级人民政府工作部门的行政行为不服的	该部门的本级人民政府，或上一级主管部门	申请人可以选择
2	对海关、金融、国税、外汇管理等实行全国垂直领导的行政机关的行政行为不服的	上一级主管部门	垂直领导机关复议
3	对省级以外的地方各级人民政府的行政行为不服的	上一级地方人民政府	上级行政机关复议
4	对地方政府设立的派出机关的行政行为不服的	设立该派出机关的政府	设立机关复议

① 《中华人民共和国行政复议法》于1999年4月29日通过，2009年8月27日进行第一次修正，2017年9月1日进行第二次修正。《行政复议法》施行后，1990年12月24日国务院发布、1994年10月9日国务院修订的《行政复议条例》同时废止。

续表

序号	被申请人	复议机关	复议机关说明
5	对国务院部门或者省、自治区、直辖市人民政府的行政行为不服的	作出该行政行为的国务院部门，或者省、自治区、直辖市人民政府	原行政机关复议
6	对政府工作部门依法设立的派出机构依照法律、法规或规章的授权作出的行政行为不服的	设立该派出机构的部门或者该部门的本级地方人民政府	申请人也可以向具体行政行为发生地的县级地方人民政府提出行政复议申请
7	对法律、法规授权的组织的行政行为不服的	直接管理该组织的地方人民政府、地方人民政府工作部门或者国务院部门	
8	对两个或两个以上行政机关共同作出的行政行为不服的	共同上一级行政机关	
9	对被撤销的行政机关在撤销前所作出的行政行为不服的	继续行使其职权的行政机关的上一级行政机关	
10	对根据国务院或者省级人民政府对行政区划的勘定、调整或者征收土地的决定，地方人民政府确认土地、矿藏、水流、森林、山岭、草原、荒地、滩涂、海域等自然资源的所有权或者使用权的行政行为不服的	省级人民政府①	省级人民政府的行政复议决定最终裁决

① 《中华人民共和国行政复议法实施条例》第25条规定：申请人依照《行政复议法》第30条第2款的规定申请行政复议的，应当向省、自治区、直辖市人民政府提出行政复议申请。

1.6.2 行政诉讼制度概述

在我国,诉讼主要分三类:刑事诉讼、民事诉讼、行政诉讼。

刑事诉讼,即传统所说的“吃官司”,法律意义上是指刑事案件发生后,在刑事诉讼参与人①的参与下,由各专门机关②依法行使侦查权、检察权、审判权等的系列诉讼活动。

民事诉讼,即传统所说的“打官司”,法律意义上是指公民之间、法人之间、其他组织之间以及他们相互之间因财产关系和人身关系而发生的诉讼活动。

行政诉讼,③即传统所说的“民告官”,法律意义上是指公民、法人或者其他组织认为行政机关和行政机关工作人员的行政行为④侵犯其合法权益,而向人民法院提起的诉讼活动。

具体而言,行政诉讼就是指,法院通过审判方式进行的,以“控制公权力,保护私权利”为目的,主要对行政行为的合法性进行审查的司法活动。行政诉讼较为鲜明的特点是当事人地位特殊:原告恒定为作为行政管理相对一方的公民、法人或者其他组织;被告恒定为作为行政主体的行政机关或授权组织。即只能“民告官”,不能“官告民”。另外,在起诉期限和地域管辖方面,行政诉讼也有自身的特点,因为篇幅所限,此处不展开论述。

对于行政案件级别管辖而言,我国各级法院管辖范围具体如下:

---

① 刑事诉讼参与人,是指当事人(包括被害人、自诉人、犯罪嫌疑人、被告人、附带民事诉讼原告人、附带民事诉讼被告人、单位犯罪嫌疑人、单位被告人、单位被害人),以及其他诉讼参与人(包括法定代理人、诉讼代理人、辩护人、证人、鉴定人、翻译人员)。

② 专门机关是指公安机关、其他侦查机关(国家安全机关、军队保卫部门、监狱、中国海警局等)、人民检察院、人民法院等。

③ 《中华人民共和国行政诉讼法》于1989年4月4日通过,自1990年10月1日起施行。2014年11月1日第一次修正,2017年6月27日第二次修正。

④ 该处所称的行政行为也包括法律、法规、规章授权的组织作出的行政行为。

表 1 – 2　我国法院受理行政案件的级别管辖范围

序号	法院层级	管辖范围
1	基层人民法院	基层人民法院管辖第一审行政案件
2	中级人民法院	中级人民法院管辖下列第一审行政案件： (1)对国务院部门或者县级以上地方人民政府所作的行政行为提起诉讼的案件； (2)海关处理的案件； (3)本辖区内重大、复杂的案件； (4)其他法律规定由中级人民法院管辖的案件
3	高级人民法院	高级人民法院管辖本辖区内重大、复杂的第一审行政案件
4	最高人民法院	最高人民法院管辖全国范围内重大、复杂的第一审行政案件

1.6.3　行政复议与行政诉讼的关系

关于行政复议和行政诉讼的关系，《中华人民共和国行政诉讼法》(以下简称《行政诉讼法》)第 44 条规定，对属于人民法院受理范围的行政案件，公民、法人或者其他组织可以先向行政机关申请复议，对复议决定不服的，再向人民法院提起诉讼；也可以直接向人民法院提起诉讼。法律、法规规定应当先向行政机关申请复议，对复议决定不服再向人民法院提起诉讼的，依照法律、法规的规定。

上述法条第 2 款的规定为“行政复议前置”的情形，主要包括：

1. 自然资源权益的确权行为。根据《行政复议法》第 30 条第 1 款之规定，公民、法人或者其他组织认为行政机关的具体行政行为侵犯其已经依法取得的土地、矿藏、水流、森林、山岭、草原、荒地、滩涂、海域等自然资源的所有权或者使用权的，应当先申请行政复议；对行政复议决定不服的，可以依法向人民法院提起行政诉讼。

2. 税收征收管理法中关于纳税争议的规定。根据《中华人民共和国税收征收管理法》第 88 条第 1 款之规定，纳税人、扣缴义务人、纳税担保人同税务机关在纳税上发生争议时，必须先依照税务机关的纳税决定缴纳或者解缴税款及滞纳金或者提供相应的担保，然后可以依法申请行政复议；对行政复议决定不服的，可以依法向人民法院起诉。

3. 禁止或限制经营者集中的行为。根据《中华人民共和国反垄断法》第 53 条第 1 款之规定，对反垄断执法机构作出的禁止或附条件同意经营者集中的决定不服的，可以先依法申请行政复议；对行政复议决定不服的，可以依法提起行政诉讼。

还有一种“选择终局”的情形，需要注意。根据《行政复议法》第 14 条之规定，对国务院部门或者省、自治区、直辖市人民政府的具体行政行为不服的，向作出该具体行政行为的国务院部门或者省、自治区、直辖市人民政府申请行政复议。对行政复议决定不服的，可以向人民法院提起诉讼；也可以向国务院申请裁决，国务院依照《行政复议法》的规定作出最终裁决。

这里包含三层含义：其一，行政相对人对国务院部门或者省级人民政府的具体行政行为不服的，可以申请行政复议，也可以直接提起行政诉讼；其二，如果行政相对人先申请行政复议，并对行政复议决定不服的，则应当在提起行政诉讼或者申请国务院最终裁决之间选择其中一个；其三，行政相对人如果申请国务院最终裁决的，之后不得再提起行政诉讼。

最后，还有“绝对复议终局”和“绝对行政终局”的情形，需要我们注意。在特定的情形下，当事人对行政行为不服的，必须先申请行政复议，且复议决定具备终局效力，不得再提起行政诉讼；或者相关行政行为一经作出即终局，不得复议、诉讼。具体情形包括：

1.《行政复议法》第 30 条第 2 款规定，根据国务院或者省级人民政府对行政区划的勘定、调整或者征收土地的决定，省、自治区、直辖市人民政府确认土地、矿藏、水流、山岭、草原、荒地、滩涂、海域等自然资源的所有权或者使用权的行政复议决定为最终裁决。

2.《中华人民共和国出境入境管理法》（以下简称《出入境管理

法》)第64条规定,外国人对依照本法规定对其实施的继续盘问、拘留审查、限制活动范围、遣送出境措施不服的,可以依法申请行政复议,该行政复议决定为最终决定。其他境外人员对依照本法规定对其实施的遣送出境措施不服的,申请行政复议的,适用前款规定。

3.《出入境管理法》第36条规定,公安机关出入境管理机构作出的不予办理普通签证延期、换发、补发,不予办理外国人停留居留证件、不予延长居留期限的决定为最终决定。

4.《中华人民共和国外商投资法》(以下简称《外商投资法》)第35条规定,国家建立外商投资安全审查制度,对影响或者可能影响国家安全的外商投资进行安全审查。依法作出的安全审查决定为最终决定。

1.6.4 一般地域管辖和法院跨行政区域管辖

根据《行政诉讼法》第18条第1款规定,行政案件由最初作出行政行为的行政机关所在地人民法院管辖。经复议的案件,也可以由复议机关所在地人民法院管辖。值得注意的是,《行政诉讼法》在2014年11月1日进行第一次修正时,其中第18条增加了第2款:“经最高人民法院批准,高级人民法院可以根据审判工作的实际情况,确定若干人民法院跨行政区域管辖行政案件。”

我们以上海市为例:2016年6月15日,上海市高级人民法院发布了《关于开展行政案件集中管辖改革试点的公告》,根据该公告内容,上海市高级人民法院决定自2016年7月1日起由上海铁路运输法院集中管辖:(1)原由静安区、虹口区、普陀区、长宁区人民法院管辖的一审行政案件;(2)原由上海铁路运输法院管辖的上海市轨道交通运营区域内发生的一审行政案件;(3)上级法院指定管辖的其他一审行政案件。

2018年6月29日,上海市高级人民法院发布了《关于调整基层法院知识产权案件、行政案件和未成年人刑事案件集中管辖的公告》,对集中管辖作出了详细规定,并于2018年7月1日起正式实施。其中,上海市在行政案件集中管辖方面，除知识产权案件实行民事诉讼、行政诉讼、刑事诉讼“三合一”审判机制外，上海铁路运输法院管辖原由徐汇、长宁、虹口、普陀法院管辖的第一审行政案件，上海市浦东新区人民法院管辖原由闵行、黄埔、崇明、宝山法院管辖的第一审行政案件，上海市闵行区人民法院管辖原由静安、松江、奉贤、金山、青浦法院管辖的第一审行政案件，上海市静安区人民法院管辖原由浦东、杨浦、嘉定法院管辖的第一审行政案件。

表 1-3　上海市行政案件集中管辖表：一审

序号	一审法院	一审案件行政区域
1	上海铁路运输法院	徐汇区、长宁区、虹口区、普陀区
2	上海市浦东新区人民法院	闵行区、黄浦区、崇明区、宝山区
3	上海市闵行区人民法院	静安区、松江区、奉贤区、金山区、青浦区
4	上海市静安区人民法院	浦东新区、杨浦区、嘉定区

表 1-4　上海市行政案件集中管辖表：二审

序号	二审法院	一审法院
1	上海市第三中级人民法院	上海铁路运输法院
2	上海市第一中级人民法院	上海市浦东新区人民法院、 上海市闵行区人民法院
3	上海市第二中级人民法院	上海市静安区人民法院

1.6.5　行政诉讼行政机关负责人出庭

所谓“告官要见官”。行政诉讼法作为“民告官”的制度安排，其最核心的价值在于保护公民权、控制行政权。我国在 2014 年 11 月 1 日对《行政诉讼法》进行第一次修正时，为了破除“立案难、审理难”的民告官困局，《行政诉讼法》第 3 条专门作出规定：人民法院应当保障公民、法人和其他组织的起诉权利，对应当受理的行政案件依法受理。行政机关及其工作人员不得干预、阻碍人民法院受理行政案件。被诉行政机关负责人应当出庭应诉。不能出庭的，应当委托行政机关相应的工作人员出庭。

《行政诉讼法》第66条第2款规定，人民法院对被告经传票传唤无正当理由拒不到庭，或者未经法庭许可中途退庭的，可以将被告拒不到庭或者中途退庭的情况予以公告，并可以向监察机关或者被告的上一级行政机关提出依法给予其主要负责人或者直接责任人员处分的司法建议。同时，该法第96条还规定，行政机关拒绝履行判决、裁定、调解书的，第一审人民法院可以采取包括“对该行政机关负责人从期满之日起按日处五十元至一百元的罚款”的措施，拒不履行判决、裁定、调解书，社会影响恶劣的，可以对行政机关直接负责的主管人员和其他直接责任人员予以拘留；情节严重构成犯罪的，依法追究刑事责任。

2020年6月22日，最高人民法院公布了《关于行政机关负责人出庭应诉若干问题的规定》（法释〔2020〕3号）。[①] 其中，第4条第1款明确规定，对于涉及食品药品安全、生态环境和资源保护、公共卫生安全等重大公共利益，社会高度关注或者可能引发群体性事件等的案件，人民法院应当通知行政机关负责人出庭应诉。

同时，根据该规定第11条第3款、第14条之规定，行政机关负责人出庭应诉的，应当就实质性解决行政争议发表意见。人民法院可以通过适当形式将行政机关负责人出庭应诉情况向社会公开。人民法院可以定期将辖区内行政机关负责人出庭应诉情况进行统计、分析、评价，向同级人民代表大会常务委员会报告，向同级人民政府进行通报。

---

① 《最高人民法院关于行政机关负责人出庭应诉若干问题的规定》于2020年3月23日由最高人民法院审判委员会第1797次会议通过，2020年6月22日公布，自2020年7月1日起施行。

第二章　生产

——货真价实明镜悬，守住匠心是关键

2018年7月15日，国家药品监督管理局在官方网站上发布《关于长春长生生物科技有限责任公司违法违规生产冻干人用狂犬病疫苗的通告》（2018年第60号）。[①] 该通告称，根据线索，国家药品监督管理局组织对长春长生生物科技有限责任公司开展飞行检查，发现该企业冻干人用狂犬病疫苗生产存在记录造假等严重违反《药品生产质量管理规范》的行为。

同时，国家药品监督管理局要求吉林省食品药品监督管理局收回该企业的《药品GMP证书》（证书编号：JL20180024），责令停止狂犬疫苗的生产，责成企业严格落实主体责任，全面排查风险隐患，主动采取控制措施，确保公众用药安全。吉林省食品药品监督管理局调查组进驻该企业，对相关违法违规行为立案调查。国家药品监督管理局派出专项督查组，赴吉林省督办调查处置工作。

疫苗作为一种更为特殊的药品，其安全性毫无疑问更加牵动着千家万户，特别是为人父母的心。长春长生公司问题疫苗案件的爆发，极大刺激了社会公众对于药品安全的敏感神经，一时间，舆论为之哗然。

---

① 国家药品监督管理局《关于长春长生生物科技有限责任公司违法违规生产冻干人用狂犬病疫苗的通告》（2018年第60号），载http://www.nmpa.gov.cn/WS04/CL2138/329592.html。

2019 年 6 月 29 日，我国制定通过《中华人民共和国疫苗管理法》[①]（以下简称《疫苗管理法》）。2019 年 8 月 26 日，我国又对《药品管理法》进行了第二次修订。无论是首次制定通过的《疫苗管理法》，还是 2019 年修订的《药品管理法》，均大幅提高了对药品违法行为的行政处罚力度，并规定了惩罚性民事赔偿机制。

2.1 我国药品的分类与用途概述

根据不同的专有属性和划分方法，药品有着不同的分类。接下来我们将重点介绍常见的药品分类和用途。

2.1.1 中药、化学药、生物制品

《药品管理法》第 2 条第 2 款规定，本法所称药品，是指用于预防、治疗、诊断人的疾病，有目的地调解人的生理机能并规定有适应症或者功能主治、用法和用量的物质，包括中药、化学药和生物制品等。

2.1.2 国家实行特殊管理的药品

《药品管理法》第 61 条第 2 款规定，疫苗、血液制品、麻醉药品、精神药品、医疗用毒性药品、放射性药品、药品类易制毒化学品等国家实行特殊管理的药品不得在网络上销售。

《药品管理法》第 49 条第 3 款规定，麻醉药品、精神药品、医疗用毒性药品、放射性药品的标签、说明书，应当印有规定的标志。

2.1.3 处方药和非处方药

《药品管理法》第 54 条规定，国家对药品实行处方药和非处方药分类管理制度。[②]

---

① 《中华人民共和国疫苗管理法》于 2019 年 6 月 29 日制定通过并公布，自 2019 年 12 月 1 日起施行。

② 具体办法由国务院药品监督管理部门会同国务院卫生健康主管部门制定。

《处方药与非处方药分类管理办法(试行)》[①]规定，根据药品品种、规格、适应症、剂量及给药途径不同，对药品分别按处方药和非处方药进行管理：

1. 处方药必须凭执业医师或执业助理医师处方才可调配、购买和使用；

2. 非处方药[②]不需要凭执业医师或执业助理医师处方即可自行判断、购买和使用；

3. 国家药品监督管理局负责非处方药目录的遴选、审批、发布和调整工作；

4. 处方药、非处方药生产企业必须具有《药品生产企业许可证》，其生产品种必须取得药品批准文号；

5. 经营处方药、非处方药的批发企业必须具有《药品经营企业许可证》；

6. 经营处方药、甲类非处方药的零售企业必须具有《药品经营企业许可证》；

7. 经省级药品监督管理部门批准的其他商业企业可以零售乙类非处方药。

表 2－1 处方药和非处方药比较研究

序号	药品分类	广告宣传	购药途径	备注信息
1	处方药 Recipe，Rx	只准在专业性医药报刊进行广告宣传	必须凭执业医师或执业助理医师处方才可调配、购买和适用	不带 OTC 标志的药品，全部是处方药

① 《处方药与非处方药分类管理办法(试行)》于 1999 年 6 月 11 日经原国家药品监督管理局局务会审议通过，1999 年 6 月 18 日发布，自 2000 年 1 月 1 日起施行。

② 非处方药的标签、说明书，应当印有规定的标志。其中，甲类非处方药必须印有红色 OTC 标志，乙类非处方药必须印有绿色 OTC 标志。

续表

序号	药品分类	广告宣传	购药途径	备注信息
2	非处方药 Over-the-counter, OTC	经审批可以在大众传播媒介进行广告宣传	不需要凭执业医师或执业助理医师处方即可自行判断、购买和使用	根据药品的安全性,非处方药又进一步区分为甲、乙两类

2.1.4 内服药品和外用药品

根据《药品管理法》第49条第3款之规定,外用药品的标签、说明书,应当印有规定的标志。

内服药品和外用药品是根据用药方式的不同来划分的。在实践中,外用药品的专用标志为红色包围的白色“外”字。没有外用药品专用标志的药品,都是内服药品。

2.1.5 基本药物和短缺药品

根据《药品管理法》第93条之规定,国家实行基本药物制度,遴选适当数量的基本药物品种,加强组织生产和储备,提高基本药物的供给能力,满足疾病防治基本用药需求。

同时,根据《药品管理法》第94条、第95条、第96条、第97条之规定,国家建立药品供求监测体系,及时收集和汇总分析短缺药品供求信息,对短缺药品实行预警制度,采取应对措施。国家实行短缺药品清单管理制度,具体办法由国务院卫生健康主管部门会同国务院药品监督管理部门等部门制定。药品上市许可持有人停止生产短缺药品的,应当按照规定向国务院药品监督管理部门或者省级人民政府药品监督管理部门报告。国家鼓励短缺药品的研制和生产,对临床急需的短缺药品的新药予以优先审评审批。

对于短缺药品,国务院可以限制或者禁止出口。必要时,国务院有关部门可以采取组织生产、价格干预和扩大进口等措施,保障短缺药品供应。药品上市许可持有人、药品生产企业、药品经营企业应当按照规定保障短缺药品的生产和供应。

2.1.6　儿童用药品、罕见病用药品、[1]防治重大传染病用药品

根据《药品管理法》第 16 条第 3 款之规定，国家采取有效措施，鼓励儿童用药品的研制和创新，支持开发符合儿童生理特征的儿童用药品新品种、剂型和规格，对儿童用药品予以优先审评审批。

同时，《药品管理法》第 96 条规定，国家鼓励短缺药品的研制和生产，对临床急需的短缺药品、防止重大传染病和罕见病等疾病的新药予以优先审评审批。

2.1.7　国家医保目录药品、非国家医保目录药品

1998 年 12 月 14 日，国务院发布《关于建立城镇职工基本医疗保险制度的决定》（国发〔1998〕44 号），要求在全国范围内进行城镇职工医疗保险制度改革。根据该决定，国务院要求建立城镇职工基本医疗保险的制度工作从 1999 年年初开始启动，1999 年年底基本完成。自此，我国开始正式建立起基本医疗保险制度。

2000 年 6 月 15 日，原劳动和社会保障部、原国家药品监督管理局等七部门共同组织制定的《国家基本医疗保险药品目录》正式发布。这是我国第一次发布国家医保目录药品清单，之后经历过部分调整。[2]

2019 年 8 月 20 日，国家医疗保障局、人力资源和社会保障部联合发布《关于印发〈国家基本医疗保险、工伤保险和生育保险药品目录〉的通知》[3]（医保发〔2019〕46 号）。该药品目录是基本医疗保险、工伤保险和生育保险基金支付药品费用的标准。该药品目录分为凡例、西药、中成药、协议期内谈判药品、中药饮片五部分。同时，为了提高医

---

① 罕见病用药品（Orphan Drug），在实践中又被称为“孤儿药”。

② 如 2009 年 11 月 27 日，人力资源和社会保障部《关于印发〈国家基本医疗保险、工伤保险和生育保险药品目录〉的通知》；2017 年 2 月 21 日，人力资源和社会保障部《关于印发〈国家基本医疗保险、工伤保险和生育保险药品目录（2017 年版）〉的通知》等。

③ 国家医疗保障局、人力资源和社会保障部《关于印发〈国家基本医疗保险、工伤保险和生育保险药品目录〉的通知》，载 http://www.nhsa.gov.cn/art/2019/8/20/art_37_1666.html。

保基金的使用效益，该药品目录对部分药品的医保支付范围进行了限定。

该药品目录自2020年1月1日起正式实施，人力资源和社会保障部《关于印发〈国家基本医疗保险、工伤保险和生育保险药品目录（2017年版）〉的通知》（人社部发〔2017〕15号）同时废止。

2019年的药品目录调整，是国家医疗保障局自2018年新组建以来首次全面调整，也是我国自2000年第一版药品目录发布以来对原有目录品种的一次全面梳理。根据国家医疗保障局公布的信息，本次调整共调出150个品种，其中约一半是被国家药品监督管理部门撤销文号的药品，其余主要是临床价值不高、滥用明显、有更好替代的药品。

表2-2　2019年版国家医保药品目录

国家医保药品目录	序号	部分	说明
《国家基本医疗保险、工伤保险和生育保险药品目录》（2019年版）	1	凡例	对《药品目录》的目录构成、编排与分类、名称剂型规范、限定支付范围等内容的解释和说明
	2	西药部分（共1322个）	包括化学药品和生物制品
	3	中成药部分（共1321个）	包含中成药和民族药(93个)
	4	协议期内谈判药品部分（共128个）	初步确定128个药品①纳入拟谈判准入范围，包括109个西药和19个中成药

① 据国家医疗保障局对于《国家基本医疗保险、工伤保险和生育保险药品目录》解读，这些初步确定纳入拟谈判准入范围的药品，治疗领域主要涉及癌症、罕见病等重大疾病、丙肝、乙肝以及高血压、糖尿病等慢性病等。许多产品是近几年由国家药品监督管理局批准的新药，亦包括国内重大创新药品。

续表

国家医保药品目录	序号	部分	说明
	5	中药饮片部分①（共纳入892个）	同时列出了不得纳入基金支付的饮片范围（如阿胶、白糖参、朝鲜红参、冬虫夏草、西洋参等）

对于纳入国家医保目录的药品，即属于国家医保目录药品；对于未纳入国家医保目录的药品，则为社会公众常说的"自费药"。

2.1.8　创新药、改良型新药、仿制药②等

2020年1月22日，国家市场监督管理总局发布2020年第27号令，公布已于2020年1月15日经国家市场监督管理总局2020年第1次局务会议审议通过的《药品注册管理办法》，③自2020年7月1日起正式施行，2007年7月10日原国家食品药品监督管理局令第28号公布的《药品注册管理办法》同时废止。

根据《药品注册管理办法》（2020年版）第4条规定，药品注册按照中药、化学药和生物制品等进行分类注册管理。④ 中药、化学药和生物制品等药品的细化分类和相应的申报资料要求，由国家药品监督管理局根据注册药品的产品特性、创新程度和审评管理需要组织制定，并向社会公布。境外生产药品的注册申请，按照药品的细化分类和相应的申报资料要求执行。

---

① 2019年版本里对中药饮片采取准入法管理，共纳入有国家标准的中药饮片892个。2017年版本对中药饮片采取排除法规定了基金不予支付费用的以及单味使用不予支付费用的饮片。

② 仿制药（generic drugs），在实践中又被称为"非专利药"。我国自2020年起，每年年底前会发布鼓励仿制的药品目录。

③ 《药品注册管理办法》（2020年版），载 http://www.gov.cn/gongbao/content/2020/content_5512563.htm。

④ 根据《药品注册管理办法》（2007年版）第11条第1款规定，药品注册申请包括新药申请、仿制药申请、进口药品申请及其补充申请和再注册申请。

表 2－3　药品分类注册管理制度观察

主管机构	分类管理	药品大类	细化分类
国家药品监督管理局	药品分类注册管理 2020 年 7 月 1 日	中药	中药创新药
			中药改良型新药
			古代经典名方中药复方制剂
			同名同方药
		化学药	化学药创新药
			化学药改良型新药
			仿制药
		生物制品	生物制品创新药
			生物制品改良型新药
			已上市生物制品（含生物类似药）

表 2－4　《药品注册管理办法》版本变迁

序号	规章名称	制定部门	审议通过	颁布日期	施行日期	失效日期
1	《药品注册管理办法》（试行）	国家药品监督管理局	2002 年 10 月 15 日	2002 年 10 月 30 日	2002 年 12 月 1 日	2005 年 5 月 1 日
2	《药品注册管理办法》	国家食品药品监督管理局	—	2005 年 2 月 28 日	2005 年 5 月 1 日	2007 年 10 月 1 日
3	《药品注册管理办法》	国家食品药品监督管理局	2007 年 6 月 18 日	2007 年 7 月 10 日	2007 年 10 月 1 日	2020 年 7 月 1 日
4	《药品注册管理办法》	国家市场监督管理总局	2020 年 1 月 15 日	2020 年 1 月 22 日	2020 年 7 月 1 日	—

2.1.9 国家药品标准和2020年版《中华人民共和国药典》[①]

中华人民共和国成立后，我国于1953年颁布了第一版《中华人民共和国药典》（以下简称《中国药典》）。此后，陆续颁布了1963年版、1977年版。自1985年开始，我国开始每五年更新一个版本，至今有1985年版、1990年版、1995年版、2000年版、2005年版、2010年版、2015年版、2020年版。

不同版本《中国药典》客观反映了我国不同历史时期医药产业和临床用药的水平，它们对于提升我国的药品质量控制水平发挥着不可替代的重要作用。根据《药品管理法》第28条第1款规定，药品应当符合国家药品标准。[②] 经国务院药品监督管理部门核准的药品质量保证高于国家药品标准的，按照经核准的药品质量标准执行；没有国家药品标准的，应当符合经核准的药品质量标准。

2020年6月24日，国家药品监督管理局和国家卫生健康委员会联合发布2020年版《中国药典》（2020年第78号）。根据该公告，2020年版《中国药典》已于2020年12月30日正式实施。自实施之日起，所有生产、上市药品应当符合该版《中国药典》的相关技术要求。

《中国药典》是国家药品标准的重要组成部分，是药品研制、生产（进口）、经营、使用和监督管理等相关单位均应遵循的法定技术标准。

---

① 《中国药典》主要由凡例、品种正文、通用技术要求构成。

② 国务院药品监督管理部门颁布的《中国药典》和药品标准为国家药品标准。国务院药品监督管理部门会同国家卫生健康主管部门组织药典委员会，负责国家药品标准的制定和修订。

表 2－5 《中国药典》2020 年版观察

国家药典	药典分部	收载内容	收载范围	新增部分	修订部分
《中国药典》2020 年版	药典一部（中药）	药材和饮片、植物油脂和提取物、成方制剂和单位制剂等	2711 个中药标准	117 个	452 个
	药典二部（化学药）	化学药品、抗生素、生化药品以及放射性药品等	2712 种化学药	117 种	2387 种
	药典三部（生物制品）	生物制品	153 个品种标准	新增 20 个品种标准	修订 126 个已收载品种标准
	药典四部（药品辅料）	通则和药用辅料	—	—	—

2.1.10 药品、医疗器械、化妆品

需要注意的是，根据国家药品监督管理局的职责，除了对药品进行监管以外，该局还对医疗器械和化妆品进行监管。

医疗器械，根据《医疗器械监督管理条例》①规定，是指直接或者间接用于人体的仪器、设备、器具、体外诊断试剂及校准物、材料以及其他类似或者相关的物品，包括所需要的计算机软件。医疗器械的效用，主要通过物理等方式获得，不是通过药理学、免疫学或者代谢的方式获得，或者虽然有这些方式参与但是只起到辅助作用。

我国对医疗器械按照风险程度实行分类管理。第一类是风险程

① 《医疗器械监督管理条例》于 2000 年 1 月 4 日由国务院令第 276 号公布。2014 年 2 月 12 日进行修订，2017 年 5 月 4 日再次修订。

度低，实行常规管理可以保证其安全、有效的医疗器械；第二类是具有中度风险，需要严格控制管理以保证其安全、有效的医疗器械；第三类是具有较高风险，需要采取特别措施严格控制管理以保证其安全、有效的医疗器械。

医用口罩（Medical Mask），即属于第二类医疗器械。

表 2－6　我国医疗器械分类以及对境内生产企业管控要求

<table>
<tr><th>分类等级</th><th>风险程度</th><th>管理措施</th><th>管控等级</th><th>备案或注册</th><th>生产条件</th></tr>
<tr><td>第一类</td><td>低风险</td><td>实行常规管理可以保证其安全、有效</td><td>实行产品备案管理</td><td>向设区的市级人民政府药品监督管理部门提交备案材料</td><td>向设区的市级人民政府药品监督管理部门备案</td></tr>
<tr><td>第二类</td><td>中度风险</td><td>需要严格控制管理以保证其安全、有效</td><td rowspan="2">实行产品注册管理</td><td>向省级人民政府药品监督管理部门提交注册申请资料</td><td rowspan="2">向省级人民政府药品监督管理部门申请生产许可</td></tr>
<tr><td>第三类</td><td>较高风险</td><td>需要采取特别措施严格控制管理以保证其安全、有效</td><td>向国务院药品监督管理部门提交注册申请资料</td></tr>
</table>

化妆品，是指以涂擦、喷洒或者其他类似方法，施用于皮肤、毛发、指甲、口唇等人体表面，以清洁、保护、美化、修饰为目的的日用化学工业产品。化妆品的作用温和，只是起到辅助作用。对于化妆品，不得夸大效果，也不得明示或者暗示具有医疗作用，或者使用颇具煽动性的宣传用语。

2.2 药品生产质量管理规范[①]与药品 GMP 证书

为了规范药品生产企业管理生产和质量,我国于 1992 年 12 月 28 日由原卫生部制定了《药品生产质量管理规范》,作为药品生产企业管理生产和质量的基本准则,适用于药品制剂生产的全过程及原料药生产中影响成品质量的各关键工艺。之后,该规范经历了 1999 年、2011 年两次修订。

《药品生产质量管理规范》(2010 年修订)对药品生产企业的质量管理、机构与人员、厂房与设施、设备、物料与产品、确认与验证、文件管理、生产管理、质量控制与质量保证、委托生产与委托检验、产品发运与召回、自检等作出了具体的规定。

根据现行有效的《药品生产质量管理规范》第 2 条规定,企业应当建立药品质量管理体系。该体系应当涵盖影响药品质量的所有因素,包括确保药品质量符合预定用途的有组织、有计划的全部活动。

表 2-7 药品生产质量管理规范演变

管理规范	制定机关	公布日期	施行日期	失效日期
药品生产质量管理规范	原卫生部	1992.12.28	1992.12.28	1999.08.01
药品生产质量管理规范	原国家药品监督管理局	1999.06.18	1999.08.01	2011.03.01
药品生产质量管理规范	原卫生部	2011.01.17	2011.03.01	—

同时,《药品生产质量管理规范》第 3 条、第 4 条规定,该规范作为

① 生产质量管理规范(Good Manufacturing Practices,GMP),又被称为"良好作业规范"或者"优良制造标准"等。

质量管理体系的一部分，是药品生产管理和质量控制的基本要求，旨在最大限度地降低药品生产过程中污染、交叉污染以及混淆、差错等风险，确保持续稳定地生产出符合预定用途和注册要求的药品。企业应当严格执行该规范，坚持诚实守信，禁止任何虚假、欺骗行为。

关于药品生产企业的关键人员，根据《药品生产质量管理规范》第20条、第237条规定：

1. 关键人员应当为企业的全职人员，至少应当包括企业负责人、生产管理负责人、质量管理负责人和质量受权人。

2. 质量管理负责人和生产管理负责人不得互相兼任。

3. 质量管理负责人和质量受权人可以兼任。

4. 企业应当制定操作规程，确保质量受权人独立履行职责，不受企业负责人和其他人员的干扰。

5. 关键人员，尤其是质量受权人，应当了解持续稳定性考察的结果。

6. 当持续稳定性考察不在待包装产品和成品的生产企业进行时，相关各方之间应当有书面协议，且均应当保存持续稳定性考察的结果以供药品监督管理部门审查。

关于药品的出厂放行、上市放行，根据《药品管理法》第33条、第40条规定：

1. 药品生产企业应当对药品进行质量检验。不符合国家药品标准的，不得出厂。

2. 药品生产企业应当建立药品出厂放行规程，明确出厂放行的标准、条件。

3. 符合标准、条件的，经质量受权人签字后方可出厂放行。

4. 药品上市许可持有人应当建立药品上市放行规程，对药品生产企业出厂放行的药品进行审核，经质量受权人签字后方可放行。不符合国家标准的，不得放行。

2012年12月21日，原国家食品药品监督管理局、原卫生部等部门联合发布《关于加快实施新修订药品生产质量管理规范促进医药产业升级有关问题的通知》(国食药监安〔2012〕376 号)。根据该通知显示,截至 2012 年 10 月,我国已有 535 家企业全部或部分车间通过了新修订药品 GMP 认证。该通知同时要求,药品生产企业未在规定期限内通过新修订药品 GMP 认证的,药品监督管理部门将暂停其相应剂型的药品注册审评审批。其中,注射剂等无菌药品生产企业自 2014 年 1 月 1 日起、其他类别药品生产企业自 2016 年 1 月 1 日起,如不能提交相应剂型的新修订药品 GMP 认证证书,不受理其新申报生产的注册申请,已经受理的此类申请暂停审评审批。待上述企业提交相应剂型新修订药品 GMP 认证证书后,方可受理或重新启动审评审批程序。

2015 年 12 月 30 日,原国家食品药品监督管理总局发布《关于切实做好实施药品生产质量管理规范有关工作的通知》(食药监药化监〔2015〕277 号)。该通知规定:自 2016 年 1 月 1 日起,未通过《药品生产质量管理规范》(2010 年修订)认证的药品生产企业(或生产车间)一律停止生产。同时,自 2016 年 1 月 1 日起,各省、自治区、直辖市食品药品监督管理局负责所有药品 GMP 认证工作。对于通过认证的企业,由各省级食品药品监督管理局核发《药品 GMP 证书》;对于未通过认证的企业,也应公布现场检查发现的严重缺陷项目、主要缺陷项目。

2.3 飞行检查制度[①]和产品召回[②]

我国存在药品生产企业数量众多与政府监管人员规模有限的现

① 飞行检查(Unannounced inspection),是原国家食品药品监督管理局于 2006 年开始建立的一套针对药品 GMP 认证跟踪检查的监管方式,主要特点为不经通知、随时检查。

② 产品召回(Product recall),是指生产企业因其所售产品存在质量问题或者安全隐患,为避免进一步损害消费者的权利而面临大规模索赔,或者基于政府监管部门的强制要求,而将其已发运销售的产品予以追回的一项制度。

实矛盾问题，为此，原国家食品药品监督管理局2006年4月24日发布的《关于印发药品GMP飞行检查暂行规定的通知》(国食药监安〔2006〕165号)规定了“飞行检查制度”。该通知第2条规定，药品GMP飞行检查是药品GMP认证跟踪检查的一种形式，指药品监督管理部门根据监管需要随时对药品生产企业实施的现场检查。

2015年6月29日，原国家食品药品监督管理总局又公布了《药品医疗器械飞行检查办法》(国家食品药品监督管理总局第14号)，并于2015年9月1日起施行。根据该检查办法第2条规定，药品、医疗器械飞行检查，是指食品药品监督管理部门①针对药品和医疗器械研制、生产、经营、使用等环节开展的不预先告知的监督检查。

该飞行检查办法对启动、检查、处理等相关工作程序，进行了详细规定并明确了各方的责任和义务。例如，根据该飞行检查办法第8条规定，有下列情形之一的，食品药品监督管理部门可以开展药品、医疗器械飞行检查：

1. 投诉举报或者其他来源的线索表明可能存在质量安全风险的；

2. 检验发现存在质量安全风险的；

3. 药品不良反应或者医疗器械不良事件监测提示可能存在质量安全风险的；

4. 对申报资料真实性有疑问的；

5. 涉嫌严重违反质量管理规范要求的；

6. 企业有严重不守信记录的；

7. 其他需要开展飞行检查的情形。

根据国家药品监督管理局于2018年7月15日发布的通告，长春长生公司问题疫苗案正是国家药品监督管理局根据线索组织对长春长生生物科技有限责任公司开展飞行检查后，才发现并暴露出来的。

---

① 其中，原国家食品药品监督管理总局负责组织实施全国范围内的药品、医疗器械飞行检查。地方各级食品药品监督管理部门负责组织实施本行政区域的药品、医疗器械飞行检查。

此外,《药品生产质量管理规范》第十二章明确规定了产品发运与召回。其中,根据第293条、第294条规定,药品生产企业应当建立产品召回系统,必要时可迅速、有效地从市场召回任何一批存在安全隐患的产品;因质量原因退货和召回的产品,均应当按照规定监督销毁,有证据证明退货产品质量未受影响的除外。

根据第300条、第305条规定,召回应当能够随时启动,并迅速实施;企业应当定期对其产品召回系统的有效性进行评估。

需要注意的是,在实践中,药品召回分为两种:其一是主动召回;①其二是药品监督管理部门强制召回。

关于因药品质量问题而引发的民事赔偿责任,根据《药品管理法》第144条规定:

药品上市许可持有人、药品生产企业、药品经营企业或者医疗机构违反药品管理法规定,给用药者造成损害的,依法承担赔偿责任。

因药品质量问题受到损害的,受害人可以向药品上市许可持有人、药品生产企业请求赔偿损失,也可以向药品经营企业、医疗机构请求赔偿损失。接到受害人赔偿请求的,应当实行首负责任制,先行赔付;先行赔付后,可以依法追偿。

生产假药、劣药或者明知是假药、劣药仍然销售、使用的,受害人或者其近亲属除请求赔偿损失外的,还可以请求支付价款十倍或者损失三倍的赔偿金;增加赔偿的金额不足一千元的,为一千元。

2.4 涉药品违法行为举报人奖励制度

为了更好地打击涉药品违法行为,我国在2019年第二次修订《药品管理法》时,特别设置了"举报人奖励制度"。

《药品管理法》第106条规定,药品监督管理部门应当公布本部门

① 因产品存在安全隐患决定从市场召回的,应当立即向当地药品监督管理部门报告。

的电子邮件地址、电话，接受咨询、投诉、举报，并依法及时答复、核实、处理。对查证属实的举报，按照有关规定给予举报人奖励。

药品监督管理部门应当对举报人的信息予以保密，保护举报人的合法权益。举报人举报所在单位的，该单位不得以解除、变更劳动合同或者其他方式对举报人进行打击报复。

2.5　生产、销售、提供假药罪

《刑法》第 141 条规定：

生产、销售假药的，处三年以下有期徒刑或者拘役，并处罚金；对人体健康造成严重危害或者有其他严重情节的，处三年以上十年以下有期徒刑，并处罚金；致人死亡或者有其他特别严重情节的，处十年以上有期徒刑、无期徒刑或者死刑，并处罚金或者没收财产。药品使用单位的人员明知是假药而提供给他人使用的，依照前款规定处罚。

《刑法》第 150 条规定：

单位犯本节第一百四十条至第一百四十八条规定之罪的，对单位判处罚金，并对其直接负责的主管人员和其他直接责任人员，依照各该条的规定处罚。

表 2－8　药品管理法修订关于假药范围的变化

《药品管理法》(2015 年修正版)	《药品管理法》(2019 年修订版)
第 48 条 禁止生产(包括配制，下同)、销售假药。 有下列情形之一的，为假药： (一)药品所含成份与国家药品标准规定的成份不符的； (二)以非药品冒充药品或者以他种药品冒充此种药品的。	第 98 条 禁止生产(包括配制，下同)、销售、使用假药、劣药。 有下列情形之一的，为假药： (一)药品所含成份与国家药品标准规定的成份不符； (二)以非药品冒充药品或者以他种药品冒充此种药品；

续表

《药品管理法》(2015 年修正版)	《药品管理法》(2019 年修订版)
有下列情形之一的药品,按假药论处: (一)国务院药品监督管理部门规定禁止使用的; (二)依照本法必须批准而未经批准生产、进口,或者依照本法必须检验而未经检验即销售的; (三)变质的; (四)被污染的; (五)使用依照本法必须取得批准文号而未取得批准文号的原料药生产的; (六)所表明的适应症或者功能主治超出规定范围的	(三)变质的药品; (四)药品所标明的适应症或者功能主治超出规定范围。 有下列情形之一的,为劣药: (一)药品成份的含量不符合国家药品标准; (二)被污染的药品; (三)未标明或者更改有效期的药品; (四)未注明或者更改产品批号的药品; (五)超过有效期的药品; (六)擅自添加防腐剂、辅料的药品; (七)其他不符合药品标准的药品。 禁止未取得药品批准证明文件生产、进口药品;禁止使用未按照规定审评、审批的原料药、包装材料和容器生产药品

通过比较 2015 年修正版和 2019 年修订版的《药品管理法》,我们注意到,2019 年修订版《药品管理法》对于假药的范围进行了缩小。① 例如,2015 年修正版中规定的依照本法必须批准而未经批准生产、进口的药品按假药论处,但在 2019 年修订版的规定中仅对未取得药品批准证明文件生产、进口药品作了禁止性规定,并未将其认定为假药

---

① 2018 年 7 月 5 日,电影《我不是药神》在中国大陆上映,片中向大家讲述了一个印度仿制药“格列宁”中国独家代理商程勇的故事。在电影故事中,程勇被法院认定犯走私罪(走私普通货物、物品罪)、销售假药罪,并被判处有期徒刑五年。最终,故事旁白显示:“此案引起政府部门高度重视,程勇获得减刑并提前释放,政府持续推动医疗体制改革,大批慢粒白血病人陆续得到有效救助。”三年后,当程勇从监狱被释放出来,来接其出狱的曹斌告诉他:“假药别碰了,正版药进医保(目录)了,没人吃印度药了。”

或者劣药。

2.6　生产、销售、提供劣药罪

《刑法》第142条规定：

生产、销售劣药，对人体健康造成严重危害的，处三年以上十年以下有期徒刑，并处罚金；后果特别严重的，处十年以上有期徒刑或者无期徒刑，并处罚金或者没收财产。药品使用单位的人员明知是劣药而提供给他人使用的，依照前款的规定处罚。

《刑法》第150条规定：

单位犯生产、销售、提供劣药罪的，对单位判处罚金，并对其直接负责的主管人员和其他直接责任人员，依照第一百四十二条的规定处罚。

表2-9　药品管理法修订关于劣药范围的变化

《药品管理法》(2015年修正版)	《药品管理法》(2019年修订版)
第49条 禁止生产、销售劣药。 药品成份的含量不符合国家药品标准的，为劣药。 有下列情形之一的药品，按劣药论处： (一)未标明有效期或者更改有效期的； (二)不标明或者更改生产批号的； (三)超过有效期的； (四)直接解除药品的包装材料和容器未经批准的； (五)擅自添加着色剂、防腐剂、香料、矫味剂及辅料的； (六)其他不符合药品标准规定的	第98条 禁止生产(包括配制，下同)、销售、使用假药、劣药。 有下列情形之一的，为假药： (一)药品所含成份与国家药品标准规定的成份不符； (二)以非药品冒充药品或者以他种药品冒充此种药品； (三)变质的药品； (四)药品所标明的适应症或者功能主治超出规定范围。 有下列情形之一的，为劣药： (一)药品成份的含量不符合国家药品标准； (二)被污染的药品； (三)未标明或者更改有效期的药品；

续表

《药品管理法》(2015 年修正版)	《药品管理法》(2019 年修订版)
	(四)未注明或者更改产品批号的药品; (五)超过有效期的药品; (六)擅自添加防腐剂、辅料的药品; (七)其他不符合药品标准的药品。 禁止未取得药品批准证明文件生产、进口药品;禁止使用未按照规定审评、审批的原料药、包装材料和容器生产药品

2018 年 7 月 15 日,长春长生公司问题疫苗案件爆发后,高某某等十五名犯罪嫌疑人于 2018 年 7 月 24 日被依法刑事拘留。2018 年 7 月 29 日,吉林省长春市公安局长春新区公安分局以涉嫌生产、销售劣药罪,对长春长生生物科技有限责任公司董事长高某某等十八名犯罪嫌疑人向检察机关提请批准逮捕。截至 2020 年 7 月 10 日,该案件仍在办理过程中。

需要注意的是,2019 年 11 月 8 日,长生生物董事会发布公告称,其全资子公司长春长生生物科技有限责任公司收到长春市中级人民法院民事裁定书(2019)吉 01 破 7 号之二,因公司已经资不抵债,不能清偿到期债务,且无重整、和解之可能,因此裁定宣告长春长生生物科技有限责任公司破产。

2019 年 11 月 27 日,长生生物公司股票被深圳证券交易所摘牌。

2.7 妨害药品管理罪[①]

《刑法》第 142 条之一规定:

① 注意:妨害药品管理罪为《中华人民共和国刑法修正案(十一)》新增的罪名,该罪名可以构成单位犯罪。

违反药品管理法规，有下列情形之一，足以严重危害人体健康的，处三年以下有期徒刑或者拘役，并处或者单处罚金；对人体健康造成严重危害或者有其他严重情节的，处三年以上七年以下有期徒刑，并处罚金：

（一）生产、销售国务院药品监督管理部门禁止使用的药品的；

（二）未取得药品相关批准证明文件生产、进口药品或者明知是上述药品而销售的；

（三）药品申请注册中提供虚假的证明、数据、资料、样品或者采取其他欺骗手段的；

（四）编造生产、检验记录的。

有前款行为，同时又构成本法第一百四十一条、第一百四十二条规定之罪或者其他犯罪的，依照处罚较重的规定定罪处罚。

2.8 生产、销售不符合标准的医用器材罪

《刑法》第 145 条规定：

生产不符合保障人体健康的国家标准、行业标准的医疗器械、医用卫生材料，或者销售明知是不符合保障人体健康的国家标准、行业标准的医疗器械、医用卫生材料，足以严重危害人体健康的，处三年以下有期徒刑或者拘役，并处销售金额百分之五十以上二倍以下罚金；对人体健康造成严重危害的，处三年以上十年以下有期徒刑，并处销售金额百分之五十以上二倍以下罚金；后果特别严重的，处十年以上有期徒刑或者无期徒刑，并处销售金额百分之五十以上二倍以下罚金或者没收财产。

《刑法》第 150 条规定：

单位犯生产、销售不符合标准的医用器材罪的，对单位判处罚金，并对其直接负责的主管人员和其他直接责任人员，依照第一百四十五条的规定处罚。

2.9 生产、销售不符合卫生标准的化妆品罪

《刑法》第 148 条规定：

生产不符合卫生标准的化妆品，或者销售明知是不符合卫生标准的化妆品，造成严重后果的，处三年以下有期徒刑或者拘役，并处或者单处销售金额百分之五十以上二倍以下的罚金。

《刑法》第 150 条规定：

单位犯生产、销售不符合卫生标准的化妆品罪的，对单位判处罚金，并对其直接负责的主管人员和其他直接责任人员，依照第一百四十八条的规定处罚。

2.10 生产、销售伪劣产品罪

《刑法》第 140 条规定：

生产者、销售者在产品中掺杂、掺假，以假充真，以次充好或者以不合格产品冒充合格产品，销售金额五万元以上不满二十万元的，处二年以下有期徒刑或者拘役，并处或者单处销售金额百分之五十以上二倍以下罚金；销售金额二十万元以上不满五十万元的，处二年以上七年以下有期徒刑，并处销售金额百分之五十以上二倍以下罚金；销售金额五十万元以上不满二百万元的，处七年以上有期徒刑，并处销售金额百分之五十以上二倍以下罚金；销售金额二百万元以上的，处十五年以上有期徒刑或者无期徒刑，并处销售金额百分之五十以上二倍以下罚金或者没收财产。

《刑法》第 150 条规定：

单位犯生产、销售伪劣产品罪的，对单位判处罚金，并对其直接负责的主管人员和其他直接责任人员，依照第一百四十条的规定处罚。

需要特别强调的是，根据《刑法》第 149 条规定，生产、销售本节第

一百四十一条至第一百四十八条所列产品(假药、劣药、不符合标准的医用器材、不符合卫生标准的化妆品等),不构成各该条规定的犯罪,但是销售金额在五万元以上的,依照刑法第一百四十条①的规定定罪处罚。

生产、销售本节第一百四十一条至第一百四十八条所列产品(假药、劣药、不符合标准的医用器材、不符合卫生标准的化妆品等),构成各该条规定的犯罪,同时又构成生产、销售伪劣产品罪的,依照处罚较重的规定定罪处罚。

表 2-10 刑法分则第三章第一节 生产、销售伪劣商品罪

刑法条文	具体罪名	所涉产品	单位犯罪
第 140 条	生产、销售伪劣产品罪	伪劣产品	可以构成单位犯罪
第 141 条	生产、销售、提供假药罪	假药	可以构成单位犯罪
第 142 条	生产、销售、提供劣药罪	劣药	可以构成单位犯罪
第 142 条之一	妨害药品管理罪	禁药、无批准证明文件的药、申请过程造假的药、编造生产检验记录的药	可以构成单位犯罪
第 143 条	生产、销售不符合安全标准的食品罪	不符合安全标准的食品	可以构成单位犯罪
第 144 条	生产、销售有毒、有害食品罪	有毒、有害食品	可以构成单位犯罪
第 145 条	生产、销售不符合标准的医用器材罪	不符合标准的医用器材	可以构成单位犯罪

① 《刑法》第 140 条规定了生产、销售伪劣产品罪的犯罪与刑罚。

续表

刑法条文	具体罪名	所涉产品	单位犯罪
第146条	生产、销售不符合安全标准的产品罪	不符合安全标准的产品	可以构成单位犯罪
第147条	生产、销售伪劣农药、兽药、化肥、种子罪	伪劣农药、兽药、化肥、种子	可以构成单位犯罪
第148条	生产、销售不符合卫生标准的化妆品罪	不符合卫生标准的化妆品	可以构成单位犯罪

第三章　采购

——香车美女诱惑大，不拿回扣最难得

医药行业合规法律指南

兵法有云：兵马未动，粮草先行。

廉洁、稳定、有序竞争的供应链，对于任何行业而言都是取得商业成功的基础。同时，对于医药企业而言，原料药和辅料供应商、能源供应商的议价能力，更是在一定程度上直接影响着医药企业的生产成本。考虑到药品的特殊属性，我国《药品管理法》还规定了药品追溯制度以及药品追溯标准和规范。

因此，对于我国医药企业的采购部门而言，其主要面临三个方面的问题：

其一，如何防止和避免商业贿赂？

其二，如何持续提升采购物品的价值？

其三，如何确保采购物品的溯源、标准、规范？

3.1　回扣、佣金、折扣、Rebate、小额广告礼品

《反不正当竞争法》第7条明确规定，经营者不得采用财物或者其他手段贿赂下列单位或者个人，以谋取交易机会或者竞争优势：(1)交易相对方的工作人员；(2)受交易相对方委托办理相关事务的单位或者个人；(3)利用职权或者影响力影响交易的单位或者个人。

经营者在交易活动中，可以以明示方式向交易相对方支付折扣，或者向中间人支付佣金。经营者向交易相对方支付折扣、向中

间人支付佣金的，应当如实入账。接受折扣、佣金的经营者也应当如实入账。

经营者的工作人员进行贿赂的，应当认定为经营者的行为；但是，经营者有证据证明该工作人员的行为与经营者谋取交易机会或者竞争优势无关的除外。

根据《关于禁止商业贿赂行为的暂行规定》①第 2 条、第 5 条、第 6 条、第 7 条、第 8 条规定：

商业贿赂，是指经营者为销售或者购买商品而采用财物或者其他手段贿赂对方单位或者个人的行为。

财物，是指现金和实物，包括经营者为销售或者购买商品，假借促销费、宣传费、赞助费、科研费、劳务费、咨询费、佣金等名义，或者以报销各种费用等方式，给付对方单位或者个人的财物。

其他手段，是指提供国内外各种名义的旅游、考察等给付财物以外的其他利益的手段。

回扣，是指经营者在销售商品时在账外暗中以现金、实物或者其他方式退给对方单位或者个人的一定比例的商品价款。

账外暗中，是指未在依法设立的反映其生产经营活动或者行政事业经费收支的财务账上按照财务会计制度明确如实记载，包括不计入财务账、转入其他财务账或者做假账等。

折扣，即商品购销中的让利，是指经营者在销售商品时，以明示并如实入账的方式给予对方的价格优惠，包括支付价款时对价款总额按一定比例即时予以扣除和支付价款总额后再按一定比例予以退还两种形式。

明示和入账，是指根据合同约定的金额和支付方式，在依法设立

① 《关于禁止商业贿赂行为的暂行规定》于 1996 年 11 月 15 日由原国家工商行政管理局局务会议审议通过，自 1996 年 11 月 15 日起施行。2008 年 3 月 21 日我国组建国家工商行政管理总局，2018 年国务院组织机构改革后，原国家工商行政管理总局的职责由新组建的国家市场监督管理总局承接。

的反映其生产经营活动或者行政事业经费收支的财务账上按照财务会计制度规定明确如实记载。

佣金，是指经营者在市场交易中给予为其提供服务的具有合法经营资格中间人的劳务报酬。

小额广告礼品，属于例外情形。经营者在商品交易中不得向对方单位或者其个人附赠现金或者物品，但按照商业惯例赠送小额礼品的除外。违反前款规定的，视为商业贿赂行为。

表3-1 回扣、佣金、折扣、折让、小额广告礼品分析表

序号	事项	法律性质	监管要求	备注信息
1	回扣① （Kickback）	经营者提供的商业贿赂行为之一	禁止商业贿赂	商业贿赂，包括但不限于回扣、性贿赂等方式
2	佣金② （Commission）	经营者向中间人支付的报酬	1. 采取明示方式 2. 应当如实入账	接受佣金的经营者也应当如实入账
3	折扣 （Discount）	经营者向交易相对方给予的当期价格优惠	1. 采取明示方式 2. 应当如实入账	接受折扣的经营者也应当如实入账

① 在实践中，回扣又被称作返点、返利等，名目繁多、不一而足，其本质特征是通过账外、暗中方式给予。

② 在实践中，保险公司会基于保险合同的成交，根据保险合同金额按照一定比例向保险代理人支付佣金，其本质特征是一种劳务报酬。

续表

序号	事项	法律性质	监管要求	备注信息
4	折让（Rebate）	经营者向交易相对方给予的远期价格优惠	1. 采取明示方式 2. 应当如实入账	欧美供应商较为流行的一种折扣方式，通常由供应商按照采购方年度采购量的一定比例，向采购方签发书面的 Rebate 金额，用于采购方未来采购商品时直接抵扣货款
5	小额广告礼品（Low-priced advertising gift）	广告宣传媒介	应当符合商业惯例	不符合商业惯例的，视为商业贿赂行为

3.2　采购专家团 CEG 制度与采购流程管理

我们知道，随着生产效率的提高以及生产技术的进步，产品的价格有着逐渐降低的整体趋势。对于采购部门而言，应该如何在保证采购产品的性能前提下，持续提升采购物品的价值呢？这就要涉及采购流程管理中的节点优化。

关于采购人员的设定方面，业界值得推广的做法是适用采购专家团（Commodity Experts Group）采购认证管理制度，即由真正掌握技术或者富于供应商管理、质量控制、法律条款、商务谈判经验的专家们负责对供应商进行选择、认证。① 在供应商选择和认证完成后，由采购执

① 例如，掌握技术知识的专家负责技术领域，质量管理部门的专家负责对供应商的确定和变更进行质量评估，具备供应商管理经验的专家负责商务谈判，具有法律经验的专家负责合同的法律条款审核等。

行部门具体负责日常的下订单和供应链管理等工作。

通过实践观察与比较,我们认为,在采购流程管理中按照如下步骤执行是妥当的:

1. 采购专家团对供应商进行选择和认证(Vendors selection and qualification);

2. 企业和供应商签署框架采购协议(Framework agreement),确定基本的采购条款、违约责任、适用法律、纠纷解决方式等;

3. 企业和供应商进一步签署服务范围协议(Statement of Work),明确供应商提供产品的范围和种类;

4. 在实际的采购项目中,由采购执行部门向供应商下达订单(Purchase order),明确采购的商品数量、金额、标准、交付日期、交货地点等信息;

5. 供应商按照订单约定的日期和条件进行交付(Delivery);

6. 企业采购执行部门对交付的采购物品进行验收(Check and accept),并出具验收通知书(Acceptance notice);

7. 企业财务部门对通过验收的采购物品的供应商在规定时间内完成付款(Payment)。

3.3 阳光采购公示制度

有一句法谚讲得好:"阳光是最好的防腐剂,灯泡是最有效的警察。"

对于采购环节而言,除了适用采购专家团制度并建立规范、现代的采购流程外,我们还需要牢记"个人信任不能代替制度管理"。阳光采购公示制度不仅可以提升采购人员的责任意识和敬畏心理,同时可以使供应商能够通过合适渠道向企业反馈采购环节可能的腐败信息、逾期付款等问题。

关于阳光采购公示制度,需要注意以下三个方面:

其一,避免供应商提前开始工作。企业应当正式树立“No Po,No Work”的原则,明确告知认证后的供应商在未接到订单之前,不能提前开始工作并主张报酬。

其二,解决采购人员的权限问题。企业可以采用采购执行人员公示制度,并书面通知供应商,避免其他人员越权下达订单。

其三,诚信廉洁举报信箱的运转。① 企业可以开通诚信廉洁举报信箱,并将该信箱地址向供应商进行公布。同时可以要求采购人员的工作邮箱后缀应明显标注该举报邮箱地址以及公司的阳光采购政策。

3.4 项目招标投标制度

为了促进供应商之间的公平、合理、有效竞争,企业采购部门除了对供应商进行选择、认证外,还可以考虑建立供应商短名单(Vendors shortlist)制度,从而有效避免独家供应商或者强势供应商的出现和持续。

具体而言,企业采购专家团可以根据不同的采购种类,在每个单一产品领域选择和认证 3 ~ 5 家供应商入选短名单,并确定具体服务范围。在执行具体的采购项目时,可以采取项目招标的方式,来确定某个供应商独家中标,或者入选短名单的供应商们各自所获得的项目中标份额,并根据中标结果下达采购订单。

当然,我们也必须承认,所有制度设计都是通过人来具体执行的。对于任何制度本身,我们不应该抱有不切实际的幻想。除了本书所列举的采购流程和各种制度外,企业的内控稽查体系的有效运转,也是必不可少的。关于企业内部稽查以及对发现的违法犯罪线索移送司法机关的内容,我们将在本书第八章“稽查”中的“8.4　司法报案前注意事项”详细阐述,此处先不展开。

① 诚信廉洁举报信箱(Integrity and Honesty Complaint Mailbox),可以由公司的内控部门或者稽查部门来负责管理。

3.5　原辅料、包装材料等采购溯源制度

《药品管理法》第 7 条规定，从事药品研制、生产、经营、使用活动，应当遵守法律、法规、规则、标准和规范，保证全过程信息真实、准确、完整和可追溯。第 12 条第 1 款规定，国家建立药品追溯制度，并由国务院药品监督管理部门制定统一的药品追溯标准和规范，推进药品追溯信息互通互享，实现药品可追溯。第 36 条规定，药品上市许可持有人、药品生产企业、药品经营企业和医疗机构应当建立并实施药品追溯制度，①按照规定提供追溯信息，保障药品可追溯。采购部门是药品追溯制度的源头，务必要根据国家法律、行政法规以及质量管理规范等规定，从合法来源采购物料，并按照要求对物料建立起严格的采购溯源制度。同时，还要及时向生产、销售等部门传导相应的溯源数据。

此处还需注意以下规定：根据《药品生产质量管理规范》第 73 条规定，企业应当建立并保存设备的采购、安装、确认的文件和记录；根据第 78 条规定，生产用模具的采购、验收、保管、维护、发放及报废应当制定相应操作规程，设专人专柜保管，并有相应记录。

① 其中，中药饮片生产企业履行药品上市许可持有人的相关义务，对中药饮片生产、销售施行全过程管理，建立中药饮片追溯体系，保证中药饮片的安全、有效、可追溯。

第四章　销售

——医药代表身须正，商业贿赂切莫行

我们经常看到某些医药代表涉嫌商业贿赂而锒铛入狱的新闻报道，其中不乏全球顶级医药巨头的代表。

对此，我们又该如何认识呢？

4.1　药品销售渠道观察：医院、批发、零售、网络

考虑到处方药制度和药品的特殊性质，对于药品上市许可持有人而言，其销售药品的渠道主要有四种：

其一，直接销售。药品上市许可持有人将其取得药品注册证书的药品直接销售给医疗机构（主要是大型医院）或者药品经营企业（主要是药品批发企业）。

其二，委托销售。药品上市许可持有人也可以委托符合条件的药品经营企业销售。

其三，零售销售。药品上市许可持有人取得药品经营许可证之后，可以向消费者零售药品。

其四，网络销售。药品上市许可持有人通过电商平台销售符合规定种类的药品。

4.1.1　直接销售

对于直接销售而言，需要特别注意避免销售人员的商业贿赂行为。

《反不正当竞争法》第 7 条规定：

经营者不得采用财物或者其他手段贿赂下列单位或者个人，以谋取交易机会或者竞争优势：(1)交易相对方的工作人员；(2)受交易相对方委托办理相关事务的单位或者个人；(3)利用职权或者影响力影响交易的单位或者个人。

经营者在交易活动中，可以以明示方式向交易相对方支付折扣，或者向中间人支付佣金。经营者向交易相对方支付折扣、向中间人支付佣金的，应当如实入账。接收折扣、佣金的经营者也应当如实入账。

经营者的工作人员进行贿赂的，应当认定为经营者的行为。但是，经营者有证据证明该工作人员的行为与经营者谋取交易机会或者竞争优势无关的除外。

同时，《药品管理法》第 88 条规定：

禁止药品上市许可持有人、药品生产企业、药品经营企业和医疗机构在药品购销中给予、收受回扣或者其他不正当利益。

禁止药品上市许可持有人、药品生产企业、药品经营企业或者代理人以任何名义给予使用其药品的医疗机构的负责人、药品采购人员、医师、药师等有关人员财物或者其他不正当利益。禁止医疗机构的负责人、药品采购人员、医师、药师等有关人员以任何名义收受药品上市许可持有人、药品生产企业、药品经营企业或者代理人给予的财物或者其他不正当利益。

即药品上市许可持有人除非有证据证明员工的贿赂行为与企业谋取交易机会或者竞争优势无关，否则员工的贿赂行为应当被认定为是企业的行为。

4.1.2 委托销售

对于委托销售而言，药品上市许可持有人和受托经营企业应当签订委托协议，并严格履行协议约定的义务。

同时，根据《药品管理法》第 57 条规定，药品经营企业购销药品，应当有真实、完整的购销记录。购销记录应当注明药品的通用名称、剂型、规格、产品批号、有效期、上市许可持有人、生产企业、购销单位、购销价格、购销日期及国务院药品监督管理部门规定的其他内容。

4.1.3 零售销售

对于零售销售,《药品管理法》第58条第1款规定:

药品经营企业零售药品应当准确无误,并正确说明药品的用法、用量和注意事项;调配处方应当经过核对,对处方所列药品不得擅自更改或者代用。对有配伍禁忌或者超剂量的处方,应当拒绝调配;必要时,经处方医师更正或者重新签字,方可调配。

同时,该法第34条第1款规定,药品上市许可持有人从事药品零售活动的,应当取得药品经营许可证。

根据《药品管理法实施条例》第15条第2款规定,经营处方药、甲类非处方药的药品零售企业,应当配备执业药师或者其他依法经资格认定的药学技术技术人员。

4.1.4 网络销售

对于网络销售而言,《药品管理法》第61条第1款规定,药品上市许可持有人、药品经营企业通过网络销售药品,应当遵守药品管理法关于药品经营的有关规定。①

此处需注意的是,对于疫苗、血液制品、麻醉药品、精神药品、医疗用毒性药品、放射性药品、药品类易制毒化学品等国家实行特殊管理的药品,不得在网络上销售。

4.2 药品经营企业与《药品经营质量管理规范》②

关于药品经营企业的分类,根据《药品管理法实施条例》第77条

① 具体管理办法由国务院药品监督管理部门互通国务院卫生健康主管部门等部门制定。

② 《药品经营质量管理规范》(Good Supply Practice,GSP),是我国药品经营管理和质量控制的基本准则。

规定：

1. 药品经营范围，是指药品监督管理部门核准经营药品的品种类别。

2. 药品批发企业，是指将购进的药品销售给药品生产企业、药品经营企业、医疗机构的药品经营企业。

3. 药品零售企业，是指将购进的药品直接销售给消费者的药品经营企业。

表 4－1　药品批发企业和药品零售企业比较研究

法律定位	具体类别	客户群体	批准机关	许可证件
药品经营企业	药品批发企业	将购进的药品销售给药品生产企业、其他药品经营企业、医疗机构等①	经所在地省级人民政府药品监督管理部门批准	必须取得药品经营许可证
	药品零售企业	将购进的药品销售给消费者②	经所在地县级以上地方人民政府药品监督管理部门批准	必须取得药品经营许可证

2000 年 3 月 17 日，为了加强药品经营质量管理，保证人民用药安全有效，原国家药品监督管理局局务会议审议通过了《药品经营质量管理规范》，并于 2000 年 4 月 30 日公布，自 2000 年 7 月 1 日起施行。之后，该管理规范历经 2013 年版、2015 年版、2016 年版修订或者修正。

该管理规范从质量管理体系、组织机构与质量管理职责、人员与培训、质量管理体系文件、设施与设备、校准与验证、计算机系统、采

① 药品上市许可持有人自行销售药品的，应当具备《药品管理法》第 52 条规定的条件，但不需要取得药品经营许可证。

② 药品上市许可持有人从事药品零售活动的，必须取得药品经营许可证。

购、储存与养护、销售、出库、运输与配送、售后管理等方面对药品批发企业的质量管理进行了详细的规定，同时也从质量管理与职责、人员管理、文件、设施与设备、采购与验收、陈列与储存、销售管理、售后管理等方面对药品零售企业的质量管理进行了详细的规定。

表 4-2 药品经营质量管理规范演变

管理规范	制定机关	公布日期	施行日期	失效日期
药品经营质量管理规范	原国家药品监督管理局	2000 年 4 月 3 日	2000 年 7 月 1 日	2013 年 6 月 1 日
药品经营质量管理规范	原卫生部	2013 年 1 月 22 日	2013 年 6 月 1 日	2015 年 6 月 25 日
药品经营质量管理规范	原国家食品药品监督管理总局	2015 年 6 月 25 日	2015 年 6 月 25 日	2016 年 7 月 13 日
药品经营质量管理规范	原国家食品药品监督管理总局	2016 年 7 月 13 日	2016 年 7 月 13 日	—

4.3 执业医师与执业药师的异同

2019 年 3 月 5 日，国家药品监督管理局、人力资源和社会保障部联合发布了《关于印发执业药师职业资格制度规定和执业药师职业资格考试实施办法的通知》，[①]对加强对药学技术人员的职业准入管理，进一步规范执业药师的管理职责，促进执业药师队伍建设和发展，进行了详细的设定。

---

① 具体参见 http://www.nmpa.gov.cn/WS04/CL2196/335795.html。

其中,《执业药师职业资格制度规定》第 3 条规定,执业药师是指经全国统一考试合格,取得《中华人民共和国执业药师职业资格证书》并经注册,在药品生产、经营、使用和其他需要提供药学服务的单位中执业的药学技术人员。执业药师的英文译为 Licensed pharmacist。

同时,该规定第 14 条规定,经批准注册者,由执业药师注册管理机构核发国家药品监督管理局统一样式的《执业药师注册证》。第 31 条规定,专业技术人员取得执业药师职业资格,可认定其具备主管药师或主管中药师职称,并可作为申报高一级职称的条件。

关于执业医师和执业药师,根据我国现行《药品管理法》及其实施条例规定:

1. 处方药必须凭执业医师和执业助理医师处方方可购买、调配和使用。

2. 经营处方药、甲类非处方药的药品零售企业,应当配备执业药师或者其他依法经资格认定的药学技术人员。

3. 依法经过资格认定的药师或者其他药学技术人员负责药品经营企业的药品管理、处方审核和调配、合理用药指导等工作。

4. 医疗机构应当配备依法经过资格认定的药师或者其他药学技术人员,负责本单位的药品管理、处方审核和调配、合理用药指导等工作。

5. 医疗机构应当坚持安全有效、经济合理的用药原则,遵循药品临床应用指导原则、临床诊疗指南和药品说明书合理用药,对医师处方、用药医嘱和适应性进行审核。

6. 医疗机构、药品零售企业依法经过资格认定的药师或者其他药学技术人员调配处方,应当进行核对,对处方所列药品不得擅自更改或者代用。对有配伍禁忌或者超剂量的处方,应当拒绝调配;必要时,经处方医师更正或者重新签字,方可调配。

需要说明的是,自 2017 年开始,我国开始逐渐探索药师门诊制度。现代药师从“幕后”药房到“前台”门诊的转型,是我国逐步落实取消药品加成的试点和尝试之一。目前,多数药师门诊所提供的服务,主要停留在用药管理和用药咨询上,也有少部分省市通过执业药师和执业医师订立“协议处方”的方式,在非常有限的范围内由药师开具处方。

4.4 葛兰素史克 GSK 中华区商业贿赂案

2000 年 12 月,英国葛兰素威康公司①(Glaxo Wellcome)和史克必成公司②(Smith Kline Beecham)合并成立葛兰素史克公司(GlaxoSmithKline Plc,GSK)。该公司很快成为世界上最大的制药集团之一,总部位于英国伦敦。该公司股票在英国伦敦证券交易所上市③(LSE:GSK)。2001 年 10 月 29 日,在美国纽约证券交易所正式上市(NYSE:GSK)。

根据 2019 年 7 月 22 日《财富杂志》“世界 500 强”排行榜,英国葛兰素史克公司位列第 296 位,年营业收入为 411.09 亿美元,利润为 48.32 亿美元。

2013 年 7 月 11 日,中国公安部发布通报称:因涉嫌严重商业贿赂等经济犯罪,葛兰素史克(中国)投资有限公司(以下简称 GSK 中国)部分高管被依法立案侦查。

2014 年 5 月 14 日,根据国务院网站披露信息显示,④湖南省长沙市公安局经过十个多月的侦办,GSK 中国涉嫌对非国家工作人员行

---

① 葛兰素·威康公司,1995 年由葛兰素公司和威康公司合并而成。

② 史克·必成公司,1989 年由美国的史克公司和英国的必成公司两大医药集团合并而成。

③ The GlaxoSmithKline has a primary listing on the London Stock Exchange and is a constituent of the FTSE 100 Index. It has a secondary listing on the New York Stock Exchange.

④ 国务院网站 2014 年 5 月 14 日发布信息:葛兰素史克(中国)投资有限公司涉嫌商业贿赂案侦查终结,载 http://www.gov.cn/xinwen/2014-05/14/content_2679308.htm。

贿、单位行贿、对单位行贿等案已侦查终结,并已移送检察机关审查起诉。

根据侦查机关查明披露信息:2009 年 1 月,犯罪嫌疑人马某某就任 GSK 中国处方药事业部总经理后,为了完成 GSK 总部下达的高额销售增长指标,在犯罪嫌疑人张某某等人的支持下,全面倡导“以销售产品为导向”的经营理念,强调“没有费用,就没有销量”的销售手段,先后组建和扩充了多个销售部门,将贿赂成本预先摊入药品成本,并组织各部门在虚高药价条件下,通过大肆贿赂医院、医生、其他医疗机构、医药相关协会组织等医药销售相关部门及其所属人员推销药品,谋取非法所得数十亿元人民币。

同时,侦查机关介绍,通过贿赂销售,GSK 中国的主营业务收入从 2009 年的 39 亿余元,增长至 2012 年的 69 亿余元。在此期间,马某某等犯罪嫌疑人组织其财务部门,采取在葛兰素史克集团内部虚假交易的手段,将在中国境内的绝大部分违法所得作为采购成本转移到境外预设的公司结算。其巨额贿赂成本及违法所得,实际上通过虚假的药价转移到了中国病患人员和国家财政“身上”。

为了刺激增加销售额,该公司采取多种方式鼓动销售员工“轻合规,重销售”。同时,在处方药和疫苗销售过程中,该公司下属各药品生产企业、与经营相关的各部门全面参与,建立自营药品销售、外包药品销售、“冷链”(疫苗)销售、大客户团队销售、危机公关五条“贿赂链”,形成了医药代表贿赂医生、地区经理贿赂大客户、大区经理贿赂 VIP 客户、市场部贿赂专家、大客户部贿赂机构的贿赂网,贿赂销售行为涉及全国各地。

侦查机关同时披露,在近年的贿赂销售过程中,全国多地工商部门不断接到该公司涉嫌商业贿赂的举报并立案调查。2012 年,犯罪嫌疑人马某某、张某某、赵某某组织人员成立危机应对小组,先后向北京、上海等地工商行政执法人员和关系人行贿,意图阻止工商部门对其查处,直至 2013 年 6 月被查获。

2014年6月和8月,检察机关两次以部分事实不清、证据不足为由将案件退回公安机关补充侦查。

2014年9月4日,湖南省长沙市人民检察院以被告人GSK中国及被告人马某某、张某某、梁某、赵某某犯对非国家工作人员行贿罪、被告人黄某犯对非国家工作人员行贿罪、非国家工作人受贿罪,向湖南省长沙市中级人民法院提起公诉。

2014年9月19日,湖南省长沙市中级人民法院对该案进行了不公开审理,①并于当日公开宣判,认定被告人GSK中国犯对非国家工作人员行贿罪(单位犯罪),判处罚金30亿元人民币。同时,对该公司直接负责的主管人员马某某及其他直接责任人员张某某、梁某、赵某某、黄某等人以对非国家机关工作人员行贿罪分别判处刑罚。其中,黄某还被同时判处非国家工作人员受贿罪。

表4-3　2014年9月19日　湖南省长沙市中级人民法院判决

序号	犯罪主体	罪名	刑罚	备注
1	GSK中国②	对非国家工作人员行贿罪	罚金人民币30亿元	一人有限责任公司(外国法人独资)
2	马某某(William Mark Reilly)③	对非国家工作人员行贿罪	有期徒刑三年,缓刑四年,并处驱逐出境	法定代表人、总裁

① GSK中国以涉及商业秘密为由向法院申请不公开审理,法院经审查后,同意不公开审理。

② GSK中国,前身是史克必成(中国)投资有限公司,成立于1998年9月17日,是依据我国公司法设立的一人有限责任公司,股东为Setfirst Limited。2001年,公司名称变更为现用名。

③ 马某某(William Mark Reilly)为英国公民,2013年7月案发时担任GSK中国法定代表人、总裁。

续表

序号	犯罪主体	罪名	刑罚	备注
3	张某某	对非国家工作人员行贿罪	有期徒刑三年，缓刑三年	副总裁兼人力资源部总监
4	梁某	对非国家工作人员行贿罪	有期徒刑二年，缓刑三年	副总裁、企业运营总经理
5	赵某某	对非国家工作人员行贿罪	有期徒刑二年，缓刑二年	法务部总监
6	黄某	对非国家工作人员行贿罪、非国家工作人员受贿罪	两罪并罚，决定执行有期徒刑三年，缓刑四年	商业发展事务企业运营总经理

在湖南省长沙市中级人民法院公开宣判后，葛兰素史克总部在官方网站上第一时间发表了一封致中国人民的道歉信：葛兰素史克总公司完全认同中国司法机关依法认定的事实和证据，服从中国司法机关的依法判决并向中国患者、医生、医院和中国政府、全体中国人民深刻道歉。

GSK 中国行贿案的教训是深刻的，特别是其公司多名主要高管同时涉案，说明 GSK 中国的内控机制出现了严重问题，其英国总部对集团合规治理也出现了偏差和疏漏。这对于我国已经“走出去”且正在发展壮大的医药企业而言，值得引以为戒。

前事不忘后事之师，我们举这个案例，就是希望中国医药企业要及早树立“合规与业务同等重要”的正确认识观——不仅十分必要，而且迫在眉睫。

4.5 我国《刑法》关于行贿和受贿的罪名观察

表 4 – 4 行贿相关罪名观察

序号	罪名	刑法条文	行贿对象	单位犯罪
1	行贿罪	第 389 条、第 390 条	国家工作人员①	不构成单位犯罪
2	介绍贿赂罪	第 392 条	向国家工作人员介绍贿赂	不构成单位犯罪
3	单位行贿罪	第 393 条	国家工作人员	只能构成单位犯罪
4	对有影响力的人行贿罪	第 390 条之一	国家工作人员的近亲属或者其他与该国家工作人员关系密切的人,或者向离职的国家工作人员或者其近亲属以及其他与其关系密切的人	可以构成单位犯罪
5	对单位行贿罪	第 391 条	国家机关,国有公司,企业、事业单位,人民团体	可以构成单位犯罪
6	对非国家工作人员行贿罪	第 164 条	公司、企业或者其他单位的工作人员	可以构成单位犯罪

① 根据《刑法》第 93 条之规定,国家工作人员,是指国家机关中从事公务的人员。国有公司、企业、事业单位、人民团体中从事公务的人员和国家机关、国有公司、企业、事业单位委派到非国有公司、企业、事业单位、社会团体从事公务的人员,以及其他依照法律从事公务的人员,以国家工作人员论。

续表

序号	罪名	刑法条文	行贿对象	单位犯罪
7	对外国公职人员、国际公共组织官员行贿罪	第 164 条第 2 款	外国公职人员或者国际公共组织官员	可以构成单位犯罪

表 4－5　受贿相关罪名观察

序号	罪名	刑法条文	受贿人员身份	单位犯罪
1	受贿罪	第 385 条、第 386 条、第 388 条①	1. 国家工作人员； 2. 国有公司、企业或者其他国有单位中从事公务的人员； 3. 国有公司、企业或者其他国有单位委派到非国有公司、企业以及其他单位从事公务的人员	不构成单位犯罪
2	单位受贿罪	第 387 条	国家机关，国有公司，企业、事业单位，人民团体	只能构成单位犯罪
3	利用影响力受贿罪	第 388 条之一	国家工作人员的近亲属或者其他与该国家工作人员关系密切的人，或者离职的国家工作人员或者其近亲属以及其他与其关系密切的人	不构成单位犯罪
4	非国家工作人员受贿罪	第 163 条	公司、企业或者其他单位的工作人员	不构成单位犯罪

① 根据《刑法》第 388 条之规定，国家工作人员利用本人职权或者地位形成的便利条件，通过其他国家工作人员职务上的行为，为请托人谋求不正当利益，索取请托人财物或者收受请托人财物的，以受贿论处。

4.6 两票制改革与社区大药房

针对我国药品购销过程中存在的环节较多和多级代理等突出问题,为了压缩药品流通环节,使中间加价透明化,进一步推动降低药品虚高价格,减轻群众用药负担,我国于2016年年底开始在公立医疗机构药品采购中推行“两票制”改革。

2016年12月26日,国务院医改办、原国家卫生和计划生育委员会、原国家食品药品监督管理总局、国家发展和改革委员会、工业和信息化部、商务部、国家税务总局、国家中医药管理局八部门联合印发《关于在公立医疗机构药品采购中推行“两票制”的实施意见(试行)的通知》(国医改办发〔2016〕4号)。根据该通知要求,公立医疗机构自该通知发布之日起开展的药品采购活动应按照该通知规定执行。①

“两票制”,是指药品生产企业到流通企业开一次发票,流通企业到医疗机构开一次发票。药品生产企业或科工贸一体化的集团型企业设立的仅销售本企业(集团)药品的全资或者控股商业公司(全国仅限1家商业公司)、境外药品国内总代理(全国仅限1家国内总代理)可视同生产企业。药品流通集团性企业内部向全资(控股)子公司或者全资(控股)子公司之间调拨药品可不视为一票,但最多允许开一次发票。

药品生产、流通企业要按照公平、合法和诚实信用原则合理确定加价水平。鼓励公立医疗机构与药品生产企业直接结算药品货款、药品生产企业与流通企业结算配送费用。

关于“两票制”的实施范围,上述实施意见提出,公立医疗机构药品采购中逐步推行“两票制”,鼓励其他医疗机构药品采购中推行“两

① 为应对自然灾害、重大疫情、重大突发事件和病人急(抢)救等特殊情况,紧急采购药品或国家医药储备品,可特殊处理。另外,麻醉药品和第一类精神药品的流通经营仍按国家现行规定执行。

票制”；综合医改试点省（区、市）和公立医院改革试点城市要率先推行“两票制”，鼓励其他地区执行“两票制”，争取到2018年在全国全面推开。

为了促进达到改革目的，实施意见还规定，在公立医疗机构药品采购中推行“两票制”的地区，集中采购机构编制采购文件时，要将执行“两票制”作为必备条件。对于招标采购的药品，要严明药品生产企业的资质，由药品生产企业直接投标。参与药品集中采购的药品企业，要在标书中作出执行“两票制”的承诺，否则投标无效。实行其他采购方式采购药品，也必须在采购合同中明确“两票制”的有关要求。

需要注意的是，“两票制”改革打击的是药品流通领域过多，且主要聚焦的是医疗机构。对于药品零售企业，国家的政策还是鼓励的。例如，根据《药品管理法》第53条第2款规定，国家鼓励、引导药品零售连锁经营。从事药品零售连锁经营活动的企业总部，应当建立统一的质量管理制度，对所属零售企业的经营活动履行管理责任。

同时，根据《药品管理法》第51条第3款规定，药品监督管理部门实施药品经营许可，除依据本法第52条规定的条件外，还应当遵循“方便群众购药”的原则。

关于社区大药房，其法律性质就是药品零售企业，即将购进的药品直接销售给消费者的药品经营企业。尽管“两票制”改革的主要目标是公立医疗机构，但同样作为药品使用单位的药品零售企业无疑也要最终推行“两票制”改革，避免过多的销售环节导致给消费者的药品价格虚高。

4.7　医药代表备案管理办法

2020年9月22日，国家药品监督管理局正式对外发布了《医药代表备案管理办法（试行）》（以下简称《管理办法》）。《管理办法》进一步强调，医药代表是代表药品上市许可持有人在中华人民共和国境内从事药品信息传递、沟通、反馈的专业人员，不是销售人员。要求所有医药代表在经过备案后，才能开展学术推广活动。

《管理办法》还明确了医药代表的主要工作任务是：(1)拟订医药产品推广计划和方案；(2)向医务人员传递医药产品相关信息；(3)协助医务人员合理使用本企业医药产品；(4)收集、反馈药品临床使用情况及医院需求信息。同时，进一步明确了药品上市许可持有人在医药代表管理上的主体责任，《管理办法》指出，药品上市许可持有人应当与医药代表签订劳动合同或者授权书，并在国家药品监管局指定的备案平台备案医药代表信息。药品上市许可持有人应当按照本办法规定及时做好医药代表备案信息的维护，按要求录入、变更、确认、删除其医药代表信息。

医药代表备案平台（https://pharmareps. cpa. org. cn）可以查验核对备案的医药代表信息，公示药品上市许可持有人或者医药代表的失信及相关违法违规信息。

《管理办法》禁止医药代表承担药品销售任务，不得有下列情形：

1. 未经备案开展学术推广等活动；

2. 未经医疗机构同意开展学术推广等活动；

3. 承担药品销售任务，实施收款和处理购销票据等销售行为；

4. 参与统计医生个人开具的药品处方数量；

5. 对医疗机构内设部门和个人直接提供捐赠资助赞助；

6. 误导医生使用药品，夸大或者误导疗效，隐匿药品已知的不良反应信息或者隐瞒医生反馈的不良反应信息；

7. 其他干预或者影响临床合理用药的行为。

医药代表可通过在医疗机构当面与医务人员和药事人员沟通；举办学术会议、讲座；提供学术资料；通过互联网或者电话会议沟通；医疗机构同意的其他形式等开展学术推广等活动。

药品上市许可持有人不得有下列情形：

1. 未按规定备案医药代表信息，不及时变更、删除备案信息；

2. 鼓励、暗示医药代表从事违法违规行为；

3. 向医药代表分配药品销售任务，要求医药代表实施收款和处理购销票据等销售行为；

4. 要求医药代表或者其他人员统计医生个人开具的药品处方数量；

5. 在备案中提供虚假信息。

表 4－6　医药代表备案信息表(样式)

备案号：No. ××××××××

<table>
<tr><td>姓名</td><td></td><td>性别</td><td></td><td>照片</td></tr>
<tr><td>证件种类及号码</td><td colspan="3"></td><td rowspan="3"></td></tr>
<tr><td>学历</td><td colspan="3"></td></tr>
<tr><td>专业</td><td colspan="3"></td></tr>
<tr><td>所代表的药品上市许可持有人名称</td><td colspan="4"></td></tr>
<tr><td>统一社会信用代码</td><td colspan="4"></td></tr>
<tr><td>合同(授权)起始日期</td><td></td><td>合同(授权)终止日期</td><td colspan="2"></td></tr>
<tr><td>授权推广的药品类别和治疗领域</td><td colspan="4"></td></tr>
<tr><td>药品上市许可持有人对信息真实性的声明</td><td colspan="4">本单位保证上述内容不存在任何虚假情况，并对上述内容的真实性、准确性承担全部责任。(示例)</td></tr>
<tr><td>备案平台提示</td><td colspan="4">(医药代表信用记录等)</td></tr>
</table>

打印日期：年　月　日

4.8 “4 +7”城市药品集中带量采购试点

为了深化医疗卫生体制改革，完善药品价格形成机制，2019 年 1 月 1 日，国务院办公厅发布了《关于印发国家组织药品集中采购和使用试点方案的通知》（国办发〔2019〕2 号），①决定开展国家组织药品集中采购和使用试点。

根据该试点方案，我国选择北京、天津、上海、重庆四个直辖市和沈阳、大连、厦门、广州、深圳、成都、西安七个城市，要求其结合实际制定实施方案和配套政策，在通过质量和疗效一致性评价的仿制药对应的通用名药品中遴选试点品种，国家组织药品集中采购和使用试点，实现药价明显降低，减轻患者药费负担；降低企业交易成本，净化流通环境，改善行业生态；引导医疗机构规范用药，支持公立医院改革；探索完善药品集中采购机制和以市场为主导的药品价格形成机制。

该试点方案的总体思路：按照国家组织、联盟采购、平台操作。在总结评估试点工作的基础上，逐步扩大集中采购的覆盖范围。集中采购的形式为根据每种药品入围的生产企业数量分别采取相应的集中采购方式：入围生产企业②在 3 家及以上的，采取招标采购的方式；入围生产企业为 2 家的，采取议价采购的方式；入围生产企业只有 1 家的，采取谈判采购的方式。

从 2019 年 4 月 1 日起，“4 + 7”城市药品集中带量采购和使用试点在前述 11 个试点城市全面启动。根据国家医疗保障局统计数据，截至 2019 年 4 月 14 日 24 时，25 个中选品种在 11 个试点城市采购总量达到 4. 38 亿片支，总金额 5. 33 亿元，完成约定采购总量的 27. 31% 。

---

① 具体参见 http://www. gov. cn/zhengce/content/2019 – 01/17/content _5358604. htm。

② 进口药品全国总代理视为生产企业。

表 4－7　“4＋7”城市药品带量集中采购和使用试点方案

试点方案	具体措施	主要说明
国家组织药品集中采购和使用试点方案	带量采购，以量换价	按照试点地区所有公立医疗机构年度药品总用量的 60%～70% 估算采购总量，进行带量采购，量价挂钩，以量换价，形成药品集中采购价格
	招采合一，保证使用	通过招标、议价、谈判等不同形式确定的集中采购品种，试点地区公立医疗机构应优先使用，确保 1 年内完成合同用量
	确保质量，保证供应	有效防止不顾质量的唯低价中标，加强对中选药品生产、流通、使用的全链条质量监管。生产企业自主选定有配送能力、信誉度好的经营企业配送集中采购品质
	保证回款，降低交易成本	医疗机构作为药款结算第一责任人，应按合同规定与企业及时结算，降低企业交易成本。医药基金在总额预算的基础上，按不低于采购金额的 30% 提前预付给医疗机构。有条件的城市可以试点医保直接结算

2019 年 9 月 24 日，国家医疗保障局发布消息称，随着当天 20 多个省、区进行药品联合招标采购，国家组织药品集中采购和使用试点范围由 11 个试点城市扩大到全国。目前，国家组织药品集中采购和使用试点方案仍在继续推行过程中。

2020 年 1 月 17 日，国家医疗保障局会同有关部门组织全国各省份和新疆生产建设兵团形成采购联盟，开展了第二批国家组织药品集中采购工作，产生拟中选结果。该批药品集中采购选择了 33 个品种。

2020 年 7 月 29 日，国家组织药品集中采购和使用联合采购办公室在上海阳光医药采购网发布《全国药品集中采购文件》，第三批全国药品集采开始，并于 2020 年 8 月 20 日在上海开标。第三批集采共有

55 个品种,82 个品规,涉及 184 家企业,[1]采购规模达 226.45 亿元。

2021 年 1 月 22 日,国务院办公厅印发《关于推动药品集中带量采购工作常态化、制度化开展的意见》(国办发〔2021〕2 号),提出推动药品集中带量采购工作常态化、制度化开展,健全政府组织、联盟采购、平台操作的工作机制,加快形成全国统一开放的药品集中采购市场,引导药品价格回归合理水平。

2021 年 2 月 8 日,上海阳光医药采购网公布了第四批全国药品集中采购的最终中选结果。根据该结果,第四批国家药品集采共纳入 45 种药品,80 个品规。

① 其中包括我国本土制药企业中国生物制药、上海医药集团、石药集团、扬子江药业、豪森药业、恒瑞医药等,以及跨国制药巨头辉瑞、默沙东、阿斯利康等。

第五章　营销

——广告宣传看疗效，夸大其词涉虚假

医药行业合规法律指南

对于企业一般而言，销售部门和营销部门是分立的。而关于销售与营销，有一个较为形象的说法似乎可以一语道破其实质：销售（sale）解决的是买不买的问题，营销（marketing）解决的是愿不愿意买的问题。

俗话说："酒香也怕巷子深。"

无论产品再好，也需要通过特定的方式和渠道使得社会公众知晓，这样才有可能让更多的潜在消费者有机会进一步接触和了解公司的产品。广告，就是营销宣传的一种比较受大众欢迎的方式。那么对于药品企业，在广告宣传时应侧重注意哪些事项呢？

5.1　广告营销宣传注意事项

根据《药品管理法》《药品管理法实施条例》《中华人民共和国中医药法》《中华人民共和国广告法》①《反不正当竞争法》《中华人民共和国商标法》等规定，我国药品企业在发布广告时应当注意以下事项：

1. 严格明确所宣传的产品属性是药品或非药品；②

---

① 《中华人民共和国广告法》于 1994 年 10 月 27 日制定通过，自 1995 年 2 月 1 日起施行。2015 年 4 月 24 日修订，2018 年 10 月 26 日修正。

② 非药品主要包括食品（保健食品）、医疗器械、化妆品等。

2. 非药品广告不得有涉及药品的宣传；

3. 发布药品广告，应当向药品生产企业所在地省级人民政府药品监督管理部门报送有关材料并申请药品广告批准文号；

4. 发布进口药品广告，应当由进口药品代理机构所在地省级人民政府药品监督管理部门申请药品广告批准文号；

5. 在药品生产企业所在地、进口药品代理机构所在地以外的省、自治区、直辖市发布药品广告的，发布广告的企业在发布前应当向发布地省级人民政府药品监督管理部门备案；

6. 经国务院或者省级人民政府药品监督管理部门责令暂停生产、销售和使用的药品，在暂停期间不得发布该品种药品广告；已经发布广告的，必须立即停止；

7. 医疗机构配制的制剂不得在市场上销售或者变相销售，不得发布医疗机构制剂广告；

8. 医疗机构发布中医医疗广告，应当经所在地省级人民政府中医药主管部门审查批准；①

9. 医疗机构发布的中医医疗广告，应当与经审查批准的内容相符合；②

10. 药品广告的内容，应当真实、合法，以国务院药品监督管理部门核准的药品说明书为准，不得含有虚假的内容；

11. 药品广告应当显著标明禁忌、不良反应；

12. 药品广告不得含有表示功效、安全性的断言或者保证；

13. 药品广告不得利用国家机关、科研单位、学术机构、行业协会或者专家、学者、医师、药师、患者等的名义或者形象作推荐、证明；

14. 麻醉药品、精神药品、医疗用毒性药品、放射性药品等特殊药品，药品类易制毒化学品，以及戒毒治疗的药品、医疗器械和治疗方

---

① 未经审查批准，不得发布中医医疗广告。

② 发布的中医医疗广告与经审查批准的内容不相符的，由原审查部门撤销该广告的审查批准文件，一年内不受理该医疗机构的广告审查申请。

法，不得做广告；

15. 除不得做广告的国家特殊管理药品外的其他处方药，只能在国务院卫生行政部门和国务院药品监督管理部门共同指定的医学、药学专业刊物上做广告；

16. 处方药广告应当显著标明"本广告仅供医学药学专业人士阅读"；

17. 非处方药广告应当显著标明"请按药品说明书或者在药师指导下购买和使用"；

18. 药品、医疗器械、医疗广告不得含有表示功效、安全性的断言或者保证，不得含有说明治愈率或者有效率，不得与其他药品、医疗器械的功效和安全性或者其他医疗机构比较，不得利用广告代言人做推荐、证明；

19. 推荐给个人自用的医疗器械的广告，应当显著标明"请仔细阅读产品说明书或者在医务人员的指导下购买和使用"；

20. 医疗器械产品注册证明文件中有禁忌内容、注意事项的，广告主应当显著标明"禁忌内容或者注意事项详见说明书"；

21. 除药品、医疗器械、医疗广告外，禁止其他任何广告涉及疾病治疗功能，并不得使用医疗用语或者易使推销的商品与药品、医疗器械相混淆的用语；

22. 广播电台、电视台、报刊音像出版单位、互联网信息服务提供者不得以介绍健康、养生知识等形式变相发布医疗、药品、医疗器械、保健食品广告；

23. 广告不得含有虚假或者引人误解的内容，不得欺骗、误导消费者；

24. 广告不得使用"国家级""最高级""最佳"①等用语；

---

① 有该行为的，由市场监督管理部门责令停止发布广告，对广告主处20万元以上100万元以下的罚款，情节严重的，并可以吊销营业执照，由广告审查机关撤销广告审查批准文件、一年内不受理其广告审查申请；对广告经营者、广告发布者，由市场监督管理部门没收广告费用，处20万元以上100万元以下的罚款，情节严重的，并可以吊销营业执照、吊销广告发布登记证件。

25. 药品生产、经营者不得将“驰名商标”字样用于药品、药品标准或者容器上，或者用于广告宣传、展览以及其他商业活动中。

表 5－1　广告涉及主体观察

事项	法律主体	具体含义	主要表象
广告涉及主体	广告主	为推销商品或者服务，自行或者委托他人设计、制作、发布广告的自然人、法人或者其他组织	药品企业
	广告经营者	接受委托提供广告设计、制作、代理服务的自然人、法人或者其他组织	广告公司
	广告发布者	为广告主或者广告主委托的广告经营者发布广告的自然人、法人或者其他组织	广播电台、电视台、报刊音像出版单位、互联网信息服务提供者等
	广告代言人	广告主以外的，在广告中以自己的名义或者形象对商品、服务作推荐、证明的自然人、法人或者其他组织	明星、模特、演员等
	广告受众	广告主期望能够看到广告的群体	普通消费者、医学药学专业人士

5.2　晕轮效应和刻板效应

除了前述法律法规等规定以外，对于企业营销部门和员工而言，还有两个有趣的心理学现象需要注意：其一是晕轮效应；其二是刻板效应。

晕轮效应，[1]是指人们在交往认知中，对方的某个特别突出的品质、特点往往会掩盖、妨碍人们对他的其他品质、特点的正确了解或判断。

刻板效应，[2]是指人们对事物形成的一般看法和个人评价，认为某种事物可能就应该具有其特定的属性，而忽视事物的个体差异。

表 5－2　心理学晕轮效应和刻板效应比较

序号	心理学效应	主要特点	具体表象
1	晕轮效应	1. 个别特征掩盖事物的本质； 2. 仅专注于一些外在特征上； 3. 很容易连带影响相关事物	以貌取人、字如其人、面如其人、爱屋及乌、厌恶和尚恨及袈裟
2	刻板效应	1. 对群体和个体的关系认识过于简单化； 2. 对同一群体中，刻板印象较为一致； 3. 多表现为偏见，甚至是错误	河南人全部偷井盖、中国人都是仿造猫、亚非拉美水深火热、中东地区整天打仗

在营销活动中，企业往往希望通过正向的晕轮效应来达到广告和宣传效果，有时候也会通过聘请广告代言人、品牌形象大使等角色来提升自身产品的知名度和曝光度。这也正是企业在相关的品牌代言合同中会明确要求对方应保持良好公众形象，避免陷入负面丑闻等事件的原因。

对于广告代言人而言，如果其代言的产品经常被曝光质量问题、消费者投诉、违反国家标准等事件，那么社会公众会质疑这个广告代言人的代言质量，进而对其代言的其他产品也会失去信任。

对于药品企业而言也要“珍惜自己的羽毛”，切忌给社会公众留下“勇于承诺、怠于履行”的印象。在实践中，有的药品企业经常出现广告

---

① 晕轮效应又被称为成见效应、光圈效应等。

② 刻板效应又被称为刻板印象等。

违规、陷入贿赂丑闻等，使得消费者对相关企业产生负面的晕轮效应。

5.3 药品交易会和药品展览会[①]

对于药品企业而言，除了通过专业刊物或者社会公众媒介发布药品广告外，药品交易会或者药品展览会也是能够实现营销效果的健康渠道。由于展会往往涉及药品研发、生产、经营、服务等医药产业链的各个环节，展示产品覆盖中成药、化学药、生物制品、OTC 药品、保健食品、医疗器械、母婴、医药相关技术与服务等，会吸引较多的内行前来参会。

我们以全国药品交易会为例，全国药品交易会（PHARMCHINA），形成于 1979 年，是我国改革开放以来形成的医药制剂、健康产品及相关技术、服务交易会。每年举办两次，一般为春季一次、秋季一次，每次交易会为期 3 天。由于受新冠肺炎疫情影响，原定于 2020 年 5 月 27 日至 29 日在国家会展中心（上海）举办的第 83 届全国药品交易会，调整到 2020 年 9 月 17 日至 19 日，春秋季展会合并举办。

表 5－3　2017～2020 年全国药品交易会观察

序号	交易会名称	举办地点	举办场所	举办日期
1	2017 第 77 届全国药品交易会（上海药交会）	上海市	国际会展中心（上海）	2017 年 5 月 16～18 日
2	2017 第 78 届全国药品交易会（广州药交会）	广州市	中国进出口商品交易会展馆（广州）	2017 年 11 月 28～30 日

① 例如，全国药品交易会（PHARMCHINA）、中国国际医药原料药/中间体/包装/设备交易会（API China）、全国药品保健品展览会、世界制药原料展览会（CPhI Worldwide）等。

续表

序号	交易会名称	举办地点	举办场所	举办日期
3	2018 第 79 届全国药品交易会(上海药交会)	上海市	国际会展中心(上海)	2018 年 4 月 11 ~ 13 日
4	2018 第 80 届全国药品交易会(广州药交会)	广州市	中国进出口商品交易会展馆(广州)	2018 年 12 月 4 ~ 6 日
5	2019 第 81 届全国药品交易会(广州药交会)	上海市	国际会展中心(上海)	2019 年 5 月 13 ~ 15 日
6	2019 第 82 届全国药品交易会(重庆药交会)	重庆市	重庆国际博览中心	2019 年 12 月 4 ~ 6 日
7	2020 第 83 届全国药品交易会(广州药交会)	广州市	中国进出口商品交易会展馆(广州)	2020 年 9 月 17 ~ 19 日

5.4 涉药品广告的管控要求与特殊审批

表 5 – 4 涉药品广告分类管控要求

序号	具体分类	分类说明	管控要求
1	医疗机构配制的制剂	医疗机构按照国务院药品监督管理部门的规定报送有关资料和样品,经所在地省级人民政府药品监督管理部门批准并发给制剂批准文件后,方可配制制剂	不得在市场上销售或者变相销售,不得发布广告

续表

序号	具体分类	分类说明	管控要求
2	特殊的药品、医疗器械、治疗方法	1. 麻醉药品、精神药品、医疗用毒性药品、放射性药品等特殊药品； 2. 药品类易制毒化学品； 3. 戒毒治疗的药品、医疗器械和治疗方法	不得发布广告
3	普通处方药	其他未被禁止发布广告的处方药	只能在国务院卫生行政部门和国务院药品监督管理部门共同指定的医学、药学专业刊物上做广告
4	非处方药	1. 甲类非处方药； 2. 乙类非处方药	经审批后可以在大众传播媒介进行广告宣传

表 5-5 涉药品广告的审批机关观察

序号	具体场景	审批机关	批准文件
1	医疗机构发布中医医疗广告	经医疗机构所在地省级人民政府中医药主管部门审查批准	审查批准文件
2	药品广告	向药品生产企业所在地省级人民政府药品监督管理部门申请	药品广告批准文号
3	进口药品广告	向进口药品代理机构所在地省级人民政府药品监督管理部门①申请	药品广告批准文号

① 在药品生产企业所在地、进口药品代理机构所在地以外的省、自治区、直辖市发布药品广告的，发布广告的企业在发布前应当向发布地省级人民政府药品监督管理部门备案。

第六章　公关

——品牌维护泰山重，社会责任宜承担

医药行业合规法律指南

和企业的销售部门、营销部门不同，公关部门已不再单纯从产品维度思考问题，而是聚焦于如何通过良好妥当地处理公共关系，来有效建立并持续提升企业公众形象。

公共关系，通常包含两层含义，其一是政府关系；其二是公众关系。对于企业公关部门而言，与政府和公众保持良好沟通非常必要。对于企业家而言，与媒体保持健康、良好的互动，不但有助于投资者和社会公众进一步了解公司，关键时刻还能切实避免小道消息横飞和谣言四起。

那么，企业和企业家在和媒体对接时应当注意哪些问题呢？

6.1　媒体对接注意事项

为了规范新闻记者证的管理，保障新闻记者的正常采访活动，维护新闻记者和社会公众的合法权益，我国于 2009 年 7 月 10 日由原新闻出版总署①第 2 次署务会议制定通过了《新闻记者证管理办法》，并

① 2001 年 12 月 20 日，原新闻出版署（国家版权局）调整为新闻出版总署（国家版权局），升格为正部级，作为国家主管新闻出版事业和著作权管理的直属机构。在著作权管理上，以国家版权局名义对内对外单独行使职权。2013 年 3 月 19 日，根据《国务院关于机构设置的通知》（国发〔2013〕14 号）规定，我国将新闻出版总署、广电总局的职责整合，组建国家新闻出版广播电影电视总局（同时加挂国家版权局的

于2009年8月24日公布，自2009年10月15日起施行。①

根据该管理办法规定，在中华人民共和国境内从事新闻采编活动，须持有新闻出版总署核发的新闻记者证。②新闻记者持新闻记者证依法从事新闻采访活动受法律保护。各级人民政府及其职能部门、工作人员应为合法的新闻采访活动提供必要的便利和保障。

在企业对接媒体和记者采访时，应当注意以下事项：

1. 外国记者在中国境内采访，需征得被采访单位和个人的同意；

2. 外国记者采访时应当携带并出示外国常驻记者证或者短期采访记者签证；

3. 我国境内新闻机构及其新闻记者合法的采访活动，任何组织或者个人不得干扰、阻挠；

4. 新闻采编人员从事新闻采访工作必须持有新闻记者证，并在新闻采访中主动向采访对象出示；

5. 新闻机构中尚未领取新闻记者证的采编人员，必须在该新闻机构持有新闻记者证的记者带领下开展采访工作，不得单独从事新闻采访工作；

6. 新闻记者使用新闻记者证从事新闻采访活动，应确保新闻报道真实、全面、客观、公正，不得编发虚假报道，不得刊播虚假新闻，不得

牌子）。2018年3月，根据中共中央印发的《深化党和国家机构改革方案》规定，为加强党对新闻舆论工作的集中统一领导，加强对出版活动的管理，发展和繁荣中国特色社会主义出版事业，将国家新闻出版广电总局的新闻出版管理职责划入中央宣传部，中央宣传部对外加挂国家新闻出版署（国家版权局）牌子。2018年4月16日，国家新闻出版署（国家版权局）正式揭牌。

① 需要注意的是，根据该管理办法第39条规定，国外及香港、澳门、台湾新闻机构的人员在境内从事新闻采访活动，不适用该办法。外国常驻新闻机构和外国记者在中华人民共和国境内采访报道，适用《中华人民共和国外国常驻新闻机构和外国记者采访条例》。

② 新闻记者证是新闻记者职务身份的有效证明，是境内新闻记者从事新闻采编活动的唯一合法证件，由新闻出版总署依法统一印制并核发。境内新闻机构使用统一样式的新闻记者证。

徇私隐匿应报道的新闻事实；

7. 新闻采访活动是新闻记者的职务行为，新闻记者证只限本人使用；

8. 新闻记者不得从事与记者职务有关的有偿服务、中介服务或者兼职、取酬；

9. 新闻记者不得借新闻采访工作从事广告、发行、赞助等经营活动；

10. 新闻记者不得创办或者参股广告类公司，不得借新闻采访活动谋取不正当利益；

11. 新闻记者不得借舆论监督进行敲诈勒索、打击报复等滥用新闻采访权利的行为；

12. 新闻机构不得聘用存在搞虚假报道、有偿新闻、利用新闻报道谋取不正当利益、违法使用新闻记者证等不良从业记录的人员。

表 6－1　我国记者分类管理制度观察

新闻采访	基本分类	适用法律法规	具体分类	采访合法证件
在中华人民共和国境内从事新闻采编或者采访报道	境内新闻记者	《新闻记者证管理办法》①	新闻机构新闻记者	新闻记者证
			军队武警新闻记者	新闻记者证
	外国记者	《中华人民共和国外国常驻新闻机构和外国记者采访条例》②	外国常驻记者	外国常驻记者证
			外国短期采访记者	外国短期采访记者签证

① 《新闻记者证管理办法》于 2009 年 7 月 10 日由原新闻出版总署第 2 次署务会议制定通过，2009 年 8 月 24 日公布，自 2009 年 10 月 15 日起施行。2005 年 1 月 10 日新闻出版总署颁布的《新闻记者证管理办法》同时废止。

② 《中华人民共和国外国常驻新闻机构和外国记者采访条例》于 2008 年 10 月 17 日由国务院第 31 次常务会议通过，并予公布，自公布之日起施行。1990 年 1 月 19 日国务院发布的《外国记者和外国新闻机构管理条例》同时废止。

6.2 正确对待媒体监督和舆论监督

根据《药品管理法》第13条规定，各级人民政府及其有关部门、药品行业协会等应当加强药品安全宣传教育，开展药品安全法律法规等知识的普及工作。新闻媒体应当开展药品安全法律法规等知识的公益宣传，并对药品违法行为进行舆论监督。有关药品的宣传报道应当全面、科学、客观、公正。

除了《药品管理法》以外，我国其他相关法律、法规以及行业协会章程等也规定了各种形式的监督类型。概括起来，主要监督体系见表6－2。

表6－2　我国对药品企业的监督体系观察

监督体系	监督类型	具体类型	主要说明
我国对药品企业的监督体系	政府部门监管	行政许可	政府监管部门通过财务、税务、广告发布、药品上市等多种维度，实现对药品企业的监管
		注册管理	
		备案管理	
		GLP/GCP/GMP/GSP认证	
		飞行检查	
		黎明突袭	
		强制产品召回	
	行业协会自律	行业规范	行业协会通过建立章程、规范、自律纪律、自律宣言等对药品企业进行自律监督
		自律纪律	
		交易习惯	

续表

监督体系	监督类型	具体类型	主要说明
	社会公众监督	媒体监督	新闻机构和社会公众通过新闻报道、舆论品评、互联网记录等多种方式,对药品企业的行为进行监督
		舆论监督	
		消费者“用脚投票”	
	企业自我监督	股定会、股东大会监督	企业通过法律法规等规定以及内部制度设计,实行自我监督
		执行董事、董事会监督	
		监事、监事会监督	
		企业基层党组织、工会、职工代表大会监督	
		股东派生诉讼	

通过表 6－2 可以发现,由于药品行业的特殊性以及医疗制度改革不断深化的时代大背景,我国药品企业所面临的监督体系是全方位的。对此,我国药品企业一定要杜绝不切实际的侥幸心理,只有摒弃“权大于法”“法不责众”“定点公关各个击破”等错误认识,企业才能真正沉下心来聚焦于药品的研制、生产、经营等工作,切实为我国人民乃至全人类健康事业作出贡献。

同时,随着互联网的飞速发展,自媒体的兴起,媒体监督和舆论监督不时出现报道不全面、信息不准确、恶意炒作、网络暴力等情形。对此,企业应当积极与社会公众沟通联系,努力还原客观事实,做好澄清工作,必要时可以通过法律途径维护自身合法权利。

6.3　危机公关建议应对流程

企业经营不会是一帆风顺、风平浪静的,在实践中总会有这样或那样的疏漏,有时某些疏漏甚至还会引发企业的危机事件。

对于危机事件,企业该如何应对呢?

我们建议的危机公关应对流程如下：①

1. 危机事件发生后，避免简单、武断地进行否认；

2. 应当快速成立包括律师在内的危机应对小组；

3. 第一时间建立工作组联络清单并划分相应职责；

4. 明确危机事件现实进展状况和公司战略意图；

5. 在董事会、管理层和律师建议下确定行动方向；

6. 危机应对小组各模块人员采取具体应对措施；

7. 以公司名义向社会媒体发布针对危机事件的回应声明并通告企业自查关键进展；

8. 危机应对小组结合危机事件进展输出整改建议，并持续观察整改建议落地情况；

9. 公司针对自己的错误，应当勇于承认、真诚悔过，并向公众表明改正的决心；

10. 危机事件结束后，公司应当通过实际行动和努力，重新取得社会公众的信任。

俗语有言："不怕弥天大祸，就怕不知悔过。"

现代社会的特征，是遵循行政法领域的"比例原则"和刑法领域的"罪责刑相适应原则"。对于企业在运营过程中出现的疏漏、错误、违纪、犯罪等行为，企业应该勇于承认事实、主动降低损害、努力实现改正并积极寻求谅解。唯有如此，才能避免错上加错最终滑向无底深渊。

6.4 企业社会责任 CSR 概述

现代公司在法律上大多属于营利性法人，不仅从事营利性事业，还向其成员分配利益。在我国，营利法人包括有限责任公司、股份有

① 有条件的企业，还可以提前做好危机公关分级应急预案，并定期进行模拟演练。

限公司和其他企业法人等。

营利法人一定是要追求营利性的，这一点无可厚非。但同时，《中华人民共和国民法典》（以下简称《民法典》）第86条①规定，营利法人从事经营活动，应当遵守商业道德，维护交易安全，接受政府和社会的监督，承担社会责任。《中华人民共和国公司法》第5条第1款规定，公司从事经营活动，必须遵守法律、行政法规，遵守社会公德、商业道德，诚实守信，接受政府和社会公众的监督，承担社会责任。

所以，在追求利益最大化的同时，还要兼顾社会责任。

所谓企业社会责任（Corporate Social Responsibility，CSR），是指企业在谋取自身以及股东利益的同时，也应当最大限度地增进股东利益以外的其他相关主体的最大利益，实现社会利益的最大化。这里的社会利益，包括员工利益、消费者利益、债权人利益、中小竞争者利益、当地社区利益、环境利益、社会弱者利益以及整个社会公共利益等。

就医药企业而言，《药品管理法》有明确的规定，该法第85条规定，依法实行市场调节价的药品，药品上市许可持有人、药品生产企业、药品经营企业和医疗机构应当按照公平、合理和诚实信用、质价相符的原则制定价格，为用药者提供价格合理的药品。

同时，药品上市许可持有人、药品生产企业、药品经营企业和医疗机构应当遵守国务院药品价格主管部门关于药品价格管理的规定，制定和标明药品零售价格，禁止暴利、价格垄断和价格欺诈等行为。

还有更多方面，具体详见表6-3：

---

① 《中华人民共和国民法总则》于2017年3月15日制定通过，自2017年10月1日起施行。2020年5月28日，我国制定通过了《中华人民共和国民法典》，自2021年1月1日起施行，《中华人民共和国民法总则》同时废止。

表 6–3　我国药品企业社会责任观察

事项	面向对象	企业责任	备注信息
药品企业社会责任	1. 政府	企业应当树立负责任企业公民形象，提升营业额并积极缴纳税款，遵守法律法规等规定，接受政府的监督管理	需要注意的是，在实践中，企业社会责任一般宜通过政府倡导的方式来推进。具体到企业的个案判决，不宜直接以法律规定为由来判决企业承担社会责任，或者判决企业承担违反社会责任的赔偿责任
	2. 股东	在力争给股东以丰厚的投资回报的同时，企业应当对股东的出资安全负责	
	3. 债权人	企业应当遵守商业道德、诚实信用原则，维护交易双方的共同安全和利益	
	4. 中小竞争者	企业应当与同行业经营者展开公平、有序竞争，不得滥用市场支配地位、不得谋求垄断协议等	
	5. 药品消费者	企业应当努力为药品消费者提供公平、合理和质价相符的药品，禁止牟取暴利、价格垄断和价格欺诈	
	6. 公司员工	企业应当在公司发展的同时，充分考虑员工的地位、人权、待遇、工作环境改善以及职业成就感	
	7. 资源环境和可持续发展	企业应当对 EHS 投入足够的重视，同时要努力减少废物、废水、废气等排放，并考虑企业发展与资源环境承受能力和可持续发展能力	
	8. 当地社区	企业应当和所在社区建立和谐融洽的相互关系，为社区的公益事业提供慈善捐助等	

续表

事项	面向对象	企业责任	备注信息
	9. 社会弱势群体	老年人关爱计划、渐冻人关爱计划、罕见病关爱计划、乙肝等传染病扶助、特定患者同情用药①等	
	10. 社会公共利益	拉动社会与行业就业、提升药品研制水平、增强我国药品企业在世界竞争格局中的竞争力、有效促进人类健康事业蓬勃发展	

6.5　公司对外法律文件签署审批流程

企业运营过程中，需要对外签署或者发布大量的法律文件，如公司声明、承诺函、授权委托书等。实践中，不少企业会因为公章管理的混乱或者对外签署文件的不严谨，而产生许多意想不到的纠纷，甚至诉讼。

为了有效降低和规避法律风险，我们建议企业在对外签署法律文件之前，按照如下步骤进行审核：

1. 检查拟签署法律文件对方的主体资格和签字人授权；
2. 核实拟签署法律文件的来源及相关痕迹；
3. 识别拟签署法律文件是否构成投资承诺函；
4. 识别拟签署法律文件是否构成连带责任担保函；
5. 识别拟签署法律文件是否构成过度承诺；

① 关于同情用药（Compassionate medication），我国《药品管理法》在2019年修订时进行了规定。根据2019年修订版《药品管理法》第23条规定，对正在开展临床试验的用于治疗严重危及生命且尚无有效治疗手段的疾病的药物，经医学观察可能获益，并且符合伦理原则的，经审查、知情同意后，可以在开展临床试验的机构内用于其他病情相同的患者。

6. 明确界定拟签署的 MOU 具有法律约束力；

7. 拟签署文件完成审核后，转变为待签字文件；

8. 待签字文件和审核记录，一并提交至文件签字人；

9. 待签字文件经签字人签字后，转变为待盖章文件；

10. 通过企业内部的“用印申请流程”审批后，由印章管理部门予以盖章并存档；

11. 前述步骤建议通过邮箱系统、电子流程、水印控制系统留痕备查；

12. 专门部门按照月度或季度定期对已盖章存档的法律文件进行抽检。

我们以“腾讯公司与贵阳老干妈假公章案”为例，来进一步认识企业完善对外法律文件签署审批流程的重要意义。

该事件因当事人双方社会影响度高，曾一度在网上掀起轩然大波。现我们对其进行梳理，了解一下基本时间轴：

2020 年 4 月 24 日，广东省深圳市南山区人民法院发布（2020）粤 0305 执保 1106 号民事裁定书。经腾讯公司申请，广东省深圳市南山区人民法院裁定查封、冻结贵阳南明老干妈风味食品销售有限公司、贵阳南明老干妈风味食品有限责任公司名下价值人民币 16,240,600 元的银行存款或查封、扣押其等值的其他财产。

2020 年 6 月 10 日，贵阳南明老干妈风味食品有限责任公司收到广东省深圳市南山区人民法院法律文书。

2020 年 6 月 30 日晚间，贵阳南明老干妈风味食品有限责任公司（以下简称贵阳老干妈公司）发表声明称：“2020 年 6 月 10 日，我司接到深圳市南山区人民法院委托贵阳市南明区人民法院送达的相关法律文书。深圳市腾讯计算机系统有限公司（以下简称腾讯公司）以服务合同纠纷为由起诉我司并申请财产保全。收到上述文书后，我司给予高度重视并立即开展调查。经核实，我司从未与腾讯公司或授权他人与腾讯公司就‘老干妈’品牌签署《联合市场推广合作协议》，且我司从未与腾讯公司进行过任何商业合作。针对上述重大事件,我司已经及时采用法律手段维护企业合法权益,已向公安机关报案。公安机关于2020年6月20日决定对此案予以立案侦查。对于该事件给我司声誉造成的不良影响,我司保留追究相关法律责任的权利。”

2020年7月1日,贵州省贵阳市公安局双龙分局发出通报称,经初步查明,本案系犯罪嫌疑人曹某(男,36岁)、刘某利(女,40岁)、郑某君(女,37岁)伪造贵阳老干妈公司印章,冒充该公司市场经营部经理,与腾讯公司签订合作协议。其目的是获取腾讯公司在推广活动中配套赠送的网络游戏礼包码,之后通过互联网倒卖非法获得经济利益。截至通报之日,三名犯罪嫌疑人已经被刑事拘留。

2020年7月9日,腾讯公司和贵阳老干妈公司发布联合声明称,腾讯公司已向法院申请撤回财产保全申请及民事诉讼请求,并就合同诈骗行为已向贵阳市公安机关报案。同时,腾讯公司和贵阳老干妈公司通过深入沟通,双方已经厘清误解。对于事件过程中的种种误会和欠妥之处,腾讯公司已向贵阳老干妈公司当面致歉,后续腾讯公司将进一步完善相关流程。

在该事件中,由于相关公司一时疏忽,引发了后续系列纠纷和麻烦,但随后,该公司依托良好的危机公关意识,主动承认已犯错误,积极寻求对方谅解,最终妥善地解决了问题,挽回了一些负面影响。

通过回顾该起事件,我们不难发现,实践中产生的许多诉讼、纠纷和误解,其实是有可能予以避免的,这取决于管理者的智慧和诚意。但所谓防患于未然,类似事件不再发生,永远是最好的情景。

所以,建立合规的法律文件签署审批流程,势在必行!

6.6 网络侵权责任与非法有偿删帖

出于各种目的,当企业遇到负面新闻或信息时,公关部门以及品牌维护人员经常会试图将这些负面新闻一删了之。

那么，对于“删帖”，我们从法律层面该如何理解呢？

6.6.1 网络侵权责任与网络服务提供者删除义务

关于网络侵权责任，原《中华人民共和国侵权责任法》[①]第36条规定如下：

网络用户、网络服务提供者利用网络侵害他人民事权益的，应当承担侵权责任。

网络用户利用网络服务实施侵权行为的，被侵权人有权通知网络服务提供者采取删除、屏蔽、断开连接等必要措施。网络服务提供者接到通知后未及时采取必要措施的，对损害的扩大部分与该网络用户承担连带责任。

网络服务提供者知道网络用户利用其网络服务侵害他人民事权益，未采取必要措施的，与该网络用户承担连带责任。

同时，需要特别指出的是，自2021年1月1日起正式施行的《民法典》对网络侵权责任进行了修改，并且增加了权利人通知、网络用户不侵权声明、网络服务提供者转送不侵权声明并告知权利人投诉或者提起诉讼等更加明确具体的规定，其具体内容如下：

第1194条　[网络侵权责任]

网络用户、网络服务提供者利用网络侵害他人民事权益的，应当承担侵权责任。法律另有规定的，依照其规定。

第1195条　[网络服务提供者侵权补救措施与责任承担]

网络用户利用网络服务实施侵权行为的，权利人有权通知网络服务提供者采取删除、屏蔽、断开连接等必要措施。通知应当包括构成侵权的初步证据及权利人的真实身份信息。

网络服务提供者接到通知后，应当及时将该通知转送相关网络用户，并根据构成侵权的初步证据和服务类型采取必要措施；未及时采

---

① 《中华人民共和国侵权责任法》于2009年12月26日制定通过并予公布，自2010年7月1日起施行。随着2020年5月28日制定通过的《中华人民共和国民法典》于2021年1月1日已施行，《中华人民共和国侵权责任法》同时废止。

取必要措施,对损害的扩大部分与该网络用户承担连带责任。

权利人因错误通知造成网络用户或者网络服务提供者损害的,应当承担侵权责任。法律另有规定的,依照其规定。

第1196条 [不侵权声明]

网络用户接到转送的通知后,可以向网络服务提供者提交不存在侵权行为的声明。声明应当包括不存在侵权行为的初步证据及网络用户的真实身份信息。

网络服务提供者接到声明后,应当将该声明转送发出通知的权利人,并告知其可以向有关部门投诉或者向人民法院提起诉讼。网络服务提供者在转送声明到达权利人后的合理期限内,未收到权利人已经投诉或者提起诉讼通知的,应当及时终止所采取的措施。

第1197条 [网络服务提供者的连带责任]

网络服务提供者知道或者应当知道网络用户利用其网络服务侵害他人民事权益,未采取必要措施的,与该网络用户承担连带责任。

6.6.2 报道内容失实与媒体更正、删除义务

此外,关于媒体报道内容失实侵害名誉权的补救,根据《民法典》第1028条规定,民事主体有证据证明报刊、网络等媒体报道的内容失实,侵害其名誉权的,有权请求该媒体采取更正或者删除等必要措施。

6.6.3 信用评价失实、个人信息主体信息失实的救济

关于信用评价,根据《民法典》第1029条规定,民事主体可以依法查询自己的信用评价;发现信用评价不当的,有权提出异议并请求采取更正、删除等必要措施。信用评价人应当及时核查,经核查属实的,应当及时采取必要措施。

关于个人信息主体的权利,根据《民法典》第1037条规定,自然人可以依法向信息处理者查阅或者复制其个人信息;发现信息有错误的,有权提出异议并请求及时采取更正等必要措施。

自然人发现信息处理者违反法律、行政法规的规定或者双方的约定处理其个人信息的,有权请求信息处理者及时删除。

6.6.4 权利人要求删除侵权内容与非法有偿删帖

根据前述法律规定，我们知道，当企业认为负面新闻报道、自媒体报道、消费者或者其他经营者的文章失实、侵权等，是有权利向新闻媒体、网络用户、网络服务提供者要求更正或者删除侵权的内容的。

从这个意义上讲，“删帖”并不是天然违法的。但是，我们也要注意到，在实践中，“要求删除侵权文章”经常会演变成“有偿删帖”，甚至有的还会形成黑色删帖产业链。① 这种行为不仅危害了公平、平等的互联网环境，破坏了互联网络的信息传播秩序，同时也给社会媒体监督、舆论监督、其他公民的合法权利造成了严重损害。

对于前述黑色删帖产业链，有的还呈现出组织化、职业化、跨境化等特点，这些都对我国树立健康、公平、平等的互联网环境造成了阻碍。

表6－4 非法有偿删帖黑色产业链观察

序号	涉及主体	主要角色	备注说明
1	删帖需求公司或个人	提出删帖需求，并支付删帖报酬	通常是网络上出现的负面报道或者文章、帖子所指向的公司或者个人，这些负面信息一般包括披露违法行为、实名举报信、揭示药品广告违法违规、曝光明星绯闻或丑闻等
2	网络公关公司	招揽生意	通过各种明示或者暗示手段，与删帖需求公司或个人达成交易，并收取删帖费用(全额预收或者按比例收取)

① 例如，行为人以掩盖负面信息为目的的不正当删帖行为，既违反国家法律规定损害公平、平等的互联网环境，同时也破坏了信息网络的传播秩序。

续表

序号	涉及主体	主要角色	备注说明
3	个人中介	介绍生意	通过多层转包、转托,最终促成网络公关公司和删帖人员牵线搭桥
4	删帖人员	负责实施	例如,网站管理人员、网络公司编辑、论坛版主或者管理员、网络黑客等。有时还会存在部分新闻机构的工作人员

非法有偿删帖,其主要特点是以牟利为目的,任意将新闻机构、网络用户、网络购物买家、自媒体、发帖人等正常发布的新闻报道、文章、帖子、信息予以各种非法手段删除,有的甚至还利用 DDOS 恶意攻击或者植入木马等方式破坏其他人的计算机信息系统或者网站等。

表 6-5 非法有偿删帖方式举例观察

删帖人员	主要目的	主要行为	受影响群体
1. 新闻机构工作人员 2. 网站管理人员 3. 论坛版主 4. 管理员 5. 黑客等	以牟利为目的	任意删除已经发布的新闻报道	新闻机构
		任意删除他人在网络上发布的没有违反相关法律规定的真实信息	网络用户
		任意删除他人在电商网络平台购物结束后对不满意商品或者服务的真实差评信息	网络购物买家
		任意入侵、破坏他人的计算机信息系统	网络用户、发帖人、新闻机构等

对于我国药品企业而言,在面对新闻报道、负面文章、信息时,首

先要做的是进行内部查证。如果经内部认真核查发现确与真实情况不符，一方面可以与新闻机构、信息发布者充分沟通，要求其停止侵权，更正或者删除不实报道或者文章、信息；另一方面也可以第一时间固定侵权证据进行投诉或者提起民事侵权诉讼，保护自己的合法权益。此外，如果出现敲诈勒索、恶意造谣等情形的，企业还可以针对这些涉嫌犯罪的行为向公安机关报案。

相反，如果企业盲目采取非法有偿删帖的错误方式来应对这些负面信息，试图挽回自身社会形象，其结果往往会弄巧成拙、适得其反。

6.6.5 商事人格权理论前沿探讨

实践中我们也会注意到，对于药品企业而言，在一些特殊的重要时间节点（如申请药品注册上市审评审批的最终环节、公司股票注册上市关键时期等），往往会面临来自各方面的压力。有时会遭到同行业其他经营者关于不正当竞争的举报，有时会受到其他公司关于知识产权侵权的指控，有时会出现药品标准必要专利 SEPs 持有人趁机提出立即启动专利许可谈判并要求支付专利许可费，以及消费者威胁投诉，新闻媒体失实报道，自媒体、网络恶意负面信息等，不一而足。

面对这些各式各样合理或者不合理的举报、指控、谈判、收费要求及失实报道、恶意信息，在我国现有法律、制度框架下，企业可能会陷入多重尴尬困境：

1. 假如不满足这些来自各方的各种要求，就有可能导致关键事项进展遭受难以弥补的影响，甚至终止（如药品注册上市申请被驳回、股票上市注册申请不予通过等）；

2. 假如因被他人“乘人之危”而被迫达成某些和解协议，企业又确实心有不甘；

3. 假如组织他人进行有偿删帖，则有可能涉嫌触犯相关法律；

4. 假如针对这些可能行为，逐一提起民事诉讼，将面临证据搜集、申请立案、民事庭审等浩如烟海的规定程序，难免劳民伤财。

在这种情况下，从企业角度考虑，我们能否建议通过新的制度设计，来使这些闻讯而来的各方势力，能够合理反思自己的行为？或给予企业合理的解决期限呢？

比如说，《民法典》施行后，企业是否可以通过该法典第997条的规定，以企业的名誉权正在遭受其他行为人正在实施或者即将实施的违法行为所侵害，如不及时制止将使得自己的合法权益遭受难以弥补的损害，进而在特殊时间节点向人民法院申请针对其他行为人的行为禁令呢？

有人会讲，这样的行为禁令可能侵犯其他行为人的合法权益。

那么假如，企业在申请行为禁令时可以提交初步证据证明；抑或在申请行为禁令的同时，提供相应担保呢？

当然，以上假设和思路只是笔者的个人分析，至于司法实践能否照此运行，我们还要继续观察《民法典》的施行状况、相应司法解释以及现实司法判例。

而对于商事人格权，我们要承认，法治进步的脚步，永远不应该停歇。

第七章　内控
——内控合规是根本，坚持底线不松手

如今，越来越多的法律法规要求企业应当建立起内控合规机制并进行有效运行。对于企业的内控制度而言，应当主要包括如下方面的内容：

其一，流程管理制度；

其二，法律意识提升；

其三，内部监管体系；

其四，员工自律承诺；

其五，定期培训考核。

内控与合规的根本目的，可以概括如下：

1. 树流程；
2. 知敬畏；
3. 守规矩；
4. 懂进退；
5. 勤自律；
6. 不逾矩。

7.1　质量管理体系认证与电子流程管理

提起质量管理体系认证，人们也许会不约而同地想到 ISO 国际标

准化组织①以及ISO9001质量管理体系②、ISO14001环境管理体系等耳熟能详的名称。中国是ISO组织的正式成员,2018年3月国务院机构改革后,新组建的国家市场监督管理总局作为国务院直属机构,对外保留国家认证认可监督管理委员会、国家标准化管理委员会牌子。

但不同于前述ISO9001质量管理体系认证,对于药品行业而言,为了更加有效促进药品的非临床研究、临床试验、生产、经营行为,我国监管部门设置了关于药品的如下强制认证制度:药物非临床研究质量管理规范认证(药物GLP证书)、药物临床试验质量管理规范认证(药物GCP证书)、药品生产质量管理规范认证(药品GMP证书)和药品经营质量管理规范(药品GSP证书)认证。

这四个证书分别作为药品研制单位开展药物非临床研究和临床试验,药品生产企业从事药品生产以及药品经营企业从事药品经营的准入证件。

根据《药品管理法》第103条规定,药品监督管理部门应当对药品上市许可持有人、药品生产企业、药品经营企业和药物非临床安全性评价研究机构、药物临床试验机构等遵守药物非临床研究质量管理规范、药品临床试验质量管理规范、药品生产质量管理规范以及药品经营质量管理规范等情况进行检查,督促其持续符合法定要求。

从宏观上讲,有关质量管理的标准化认证,主要有八个核心要点:(1)组织受控;(2)职责清晰;(3)制度运行;(4)有纠错机制;(5)找出差距;(6)管理改进;(7)持续提升;(8)形成闭环。

---

① 国际标准化组织(International Organization for Standardization,ISO)成立于1947年2月23日,是世界上最大的非政府性标准化专门机构,总部位于瑞士日内瓦。中国于1978年加入ISO组织。

② 需要注意的是,ISO9001质量管理体系认证,是一种自愿性的认证体系,企业可以根据市场认可度、公司发展阶段等综合因素自主决定是否申请。

表 7-1　我国药品领域的质量管理规范认证

序号	质量管理规范	英文简称	认证证书	适用环节
1	药物非临床研究质量管理规范	Good Laboratory Practice, GLP	药品 GLP 证书	开展药物非临床研究
2	药物临床试验质量管理规范	Good Clinical Practice, GCP	药品 GCP 证书	开展药物临床试验
3	药品生产质量管理规范	Good Manufacturing Practice, GMP	药品 GMP 证书	从事药品生产活动
4	药品经营质量管理规范	Good Supply Practice, GSP	药品 GSP 证书	从事药品经营活动

同时,从企业内控角度讲,除了前述认证外,还可以通过引进业界先进的 SAP、ERP、Oracle 等企业管理系列软件,将公司的业务流装载进入软件系统,然后结合行业特点进行具体的流程适配,最终分门别类、流程裁剪,形成公司自己的电子流程管理制度,并在日常的业务活动中实现全流程电子化和数据可视化。这是企业能够实现内控与合规的基本前提。

7.2　公司法务部的基本价值与核心价值

国家统一法律职业资格考试(National Judicial Examination)是我国对法律职业从业人员设定的一项准入性的行政许可,是一个法律类执业证书考试。根据《中华人民共和国法官法》《中华人民共和国检察官法》《中华人民共和国仲裁法》《中华人民共和国公证法》《中华人民共和国律师法》《中华人民共和国行政处罚法》《行政复议法》《中华人民共和国公务员法》等规定,担任特定法律职业岗位的人员,必须通过国家统一法律职业资格考试,取得法律职业资格。

2018 年我国将"国家司法考试"改为"国家统一法律职业资格考

试”。2018 年 9 月 22 日，首次国家统一法律职业资格考试开始进行。考试制度改革之后，国家统一法律职业资格考试分为客观题考试和主观题考试。考生当年客观题考试通过的，有资格当年报名主观题考试。考生通过主观题考试后，即通过国家统一法律职业资格考试；考生如果当年未能通过主观题考试，则可以于次年直接再次报考主观题考试，继续未能通过的，考生已经通过的客观题考试成绩作废，需要重新开始报考客观题考试，通过后方能报考主观题考试。

通过考试后，考生可于通过考试的次年 3 月向申请地司法厅申领法律职业资格证书。该证书为证书持有人通过国家统一法律职业资格考试，从事法律职业的资格凭证。

当然，国家统一法律职业资格考试只是一个资格准入性的考试。取得法律职业资格证书后，考生如果希望从事心仪的法律职业（如法官、检察官、仲裁员、公证员、律师等），还需要进一步满足上述各职业所要求的其他条件。我们以公证员为例。

根据《中华人民共和国公证法》①（以下简称《公证法》）第 18 条规定，担任公证员，应当具备下列条件：

1. 具有中华人民共和国国籍；
2. 年龄二十五周岁以上六十五周岁以下；
3. 公道正派，遵纪守法，品行良好；
4. 通过国家统一法律职业资格考试取得法律职业资格；
5. 在公证机构实习二年以上或者具有三年以上其他法律职业经历并在公证机构实习一年以上，经考核合格。

同时，根据该法第 19 条规定，从事法学教学、研究工作，具有高级职称的人员，或者具有本科以上学历，从事审判、检查、法制工作、法律服务满十年的公务员、律师，已经离开原工作岗位，经考核合格的，可以担任公证员。

---

① 《中华人民共和国公证法》于 2005 年 8 月 28 日制定通过，自 2006 年 3 月 1 日起施行。2015 年 4 月 24 日第一次修正，2017 年 9 月 1 日第二次修正。

从企业的角度来看，我国近年来的一系列改革开放以及法律修订和修正，都呈现出监管日益趋严、民事责任补偿性和惩罚性并重、法律条文迈向法典化①等特点。譬如，《中华人民共和国证券法》于2019年进行大刀阔斧地修订，在很大程度上加强了对我国上市公司的信息披露要求，以及重大违法强制退市的约束。这些变革，都要求企业管理层以及法律管理部门引起足够的重视、投入足够的精力、磨练足够的水平，来适应营商环境的相应改变。

对于法律职业从业人员，我们的主张一直是：法律管理部门的核心价值，不仅在于做好消防员，还要努力成为企业商事活动的指南针。

具体到我国药品企业的法律管理部门而言，我们认为，应该努力做好以下方面的工作：

1. 管理境内外诉讼、仲裁等纠纷案件；
2. 支持企业重大项目交易与商事谈判；
3. 帮助公司管理超长期风险应收账款；
4. 帮助内控与合规部门提供合规指引；
5. 参与和指导稽查部门开展内部稽查；
6. 参与和指导公司危机公关应对工作；
7. 赋能包括医药代表在内的从业人员法律意识提升；
8. 对医药行业主要变革以及法律变化进行动态监控；
9. 管理企业运营过程中的突发事件应对与合规咨询；
10. 对全球医药行业的竞争态势进行密切关注和梳理。

---

① 2020年5月28日，我国制定通过《中华人民共和国民法典》，并于2021年1月1日起施行。《民法典》分为总则编、物权编、合同编、人格权编、婚姻家庭编、继承编、侵权责任编七编，共计1260条。《民法典》的颁布，一方面对我国民事法律的普及以及民事权利的行使提供了集中的指引，另一方面也对我国公民的法律检索、理解、分析和适用能力提出了更高的要求。毕竟，多达上千条的法律规定，需要法条背后精湛的法学理论作为支撑，才能保证法典编纂的有条不紊。而我国公民作为《民法典》的实际使用者，也需要尽快提高从浩如烟海的法律条文中找到最终适用特定场景的条文的能力。从这个意义上讲，《民法典》对我国的全民法律意识提升，势必会有巨大的推动和牵引作用。

表7-2　法律职业资格的主要适用场景

法律	条文	具体规定
《中华人民共和国公务员法》①	第25条	报考公务员,除应当具备本法第十三条规定的条件以外,还应当具备省级以上公务员主管部门规定的拟任职位所要求的资格条件。 国家对行政机关中初次从事行政处罚决定审核、行政复议、行政裁决、法律顾问的公务员实行统一法律职业资格考试制度,由国务院司法行政部门商有关部门组织实施
《中华人民共和国行政复议法》	第3条第2款	行政机关中初次从事行政复议的人员,应当通过国家统一法律职业资格考试取得法律职业资格
《中华人民共和国行政处罚法》②	第58条第2款	行政机关中初次从事行政处罚决定法制审核的人员,应当通过国家统一法律职业资格考试取得法律职业资格
《中华人民共和国律师法》	第5条	申请律师执业,应当具备下列条件: (一)拥护中华人民共和国宪法; (二)通过国家统一法律职业资格考试取得法律职业资格; (三)在律师事务所实习满一年; (四)品行良好。 实行国家统一法律职业资格考试前取得的国家统一司法考试合格证书、律师资格凭证,与国家统一法律职业资格证书具有同等效力

① 《中华人民共和国公务员法》于2005年4月27日制定通过,2006年1月1日起施行。2017年9月1日修正。2018年12月29日修订,自2019年6月1日起施行。

② 《中华人民共和国行政处罚法》于1996年3月17日制定通过,1996年10月1日起施行。2009年8月27日第一次修正,2017年9月1日第二次修正。2021年1月22日修订,自2021年7月15日起施行。

续表

法律	条文	具体规定
《中华人民共和国公证法》	第18条	担任公证员，应当具备下列条件： （一）具有中华人民共和国国籍； （二）年龄二十五周岁以上六十五周岁以下； （三）公道正派，遵纪守法，品行良好； （四）通过国家统一法律职业资格考试取得法律职业资格； （五）在公证机构实习二年以上或者具有三年以上其他法律职业经历并在公证机构实习一年以上，经考核合格
《中华人民共和国仲裁法》	第13条	仲裁委员会应当从公道正派的人员中聘任仲裁员。 仲裁员应当符合下列条件之一： （一）通过国家统一法律职业资格考试取得法律职业资格，从事仲裁工作满八年的； （二）从事律师工作满八年的； （三）曾任法官满八年的； （四）从事法律研究、教学工作并具有高级职称的； （五）具有法律知识、从事经济贸易等专业工作并具有高级职称或者具有同等专业水平的。 仲裁委员会按照不同专业设仲裁员名册
《中华人民共和国检察官法》	第12条	担任检察官必须具备下列条件： （一）具有中华人民共和国国籍； （二）拥护中华人民共和国宪法，拥护中国共产党领导和社会主义制度； （三）具有良好的政治、业务素质和道德品行； （四）具有正常履行职责的身体条件； （五）具备普通高等学校法学类本科学历并获得学士及以上学位；或者普通高等学校非法学类本科及以上学历并获得法律硕士、法学硕士及以上学位；或者普通高等学校非法学类本科及以上学历，获得其他相应学位，并具有法律专业知识；

续表

法律	条文	具体规定
		(六)从事法律工作满五年。其中获得法律硕士、法学硕士学位,或者获得法学博士学位的,从事法律工作的年限可以分别放宽至四年、三年; (七)初任检察官应当通过国家统一法律职业资格考试取得法律职业资格。 适用前款第五项规定的学历条件确有困难的地方,经最高人民检察院审核确定,在一定期限内,可以将担任检察官的学历条件放宽为高等学校本科专业
《中华人民共和国法官法》①	第12条	担任法官必须具备下列条件: (一)具有中华人民共和国国籍; (二)拥护中华人民共和国宪法,拥护中国共产党领导和社会主义制度; (三)具有良好的政治、业务素质和道德品行; (四)具有正常履行职责的身体条件; (五)具备普通高等学校法学类本科学历并获得学士及以上学位;或者普通高等学校非法学类本科及以上学历并获得法律硕士、法学硕士及以上学位;或者普通高等学校非法学类本科及以上学历,获得其他相应学位,并具有法律专业知识; (六)从事法律工作满五年。其中获得法律硕士、法学硕士学位,或者获得法学博士学位的,从事法律工作的年限可以分别放宽至四年、三年; (七)初任法官应当通过国家统一法律职业资格考试取得法律职业资格。 适用前款第五项规定的学历条件确有困难的地方,经最高人民法院审核确定,在一定期限内,可以将担任法官的学历条件放宽为高等学校本科专业

① 《中华人民共和国法官法》于1995年2月28日制定通过,自1995年7月1日起施行。2001年6月30日第一次修正,2017年9月1日第二次修正。2019年4月23日修订,自2019年10月1日起施行。

7.3 法律责任类型概述

法律责任(Legal liability),是指行为人由于违法行为、违约行为或者法律规定而应承受的某种不利的法律后果。法律责任分为民事法律责任、行政法律责任以及刑事法律责任。

产生民事法律责任的原因,通常是侵权、违约、不当得利或者无因管理等;产生行政法律责任的原因,主要是违反了行政法律、法规的禁止规定或者应为义务;产生刑事责任的原因,是行为人因故意或者过失触犯了刑法。

需要说明的是,对于民事责任、行政责任、刑事责任而言,有时候会三者同时适用,或者同时触发其中两种责任。一般而言,如果违法行为人同时存在民事赔偿责任、行政罚款、刑事罚金或者没收财产等金钱给付性质的法律责任且行为人财产不足以全部支付的,应当优先用于清偿民事赔偿。

我们以《中华人民共和国证券法》和《刑法》具体法律条文来进行举例说明。

《中华人民共和国证券法》第220条规定:

违反本法规定,应当承担民事赔偿责任和缴纳罚款、罚金、违法所得,违法行为人的财产不足以支付的,优先用于民事赔偿责任。

《刑法》第36条规定:

由于犯罪行为而使被害人遭受经济损失的,对犯罪分子除依法给予刑事处罚外,并应根据情况判处赔偿经济损失。

承担民事赔偿责任的犯罪分子,同时被判处罚金,其财产不足以全部支付的,或者被判处没收财产的,应当先承担被害人的民事赔偿责任。

表7-3　法律责任类型比较研究

不利后果	责任类型	说明	承担责任方式
法律责任	民事法律责任	民事主体之间依照法律规定或者按照当事人约定，履行民事义务，承担民事责任	停止侵害；排除妨碍；消除危险；返还财产；恢复原状；修理、重作、更换；继续履行；赔偿损失；支付违约金；消除影响；恢复名誉；赔礼道歉，以及特定情形下的惩罚性赔偿等
	行政法律责任	公民、法人或者其他组织因为违反法律、行政法规等，由相应监管部门或行政机关予以的行政处罚或行政强制等	警告；罚款；查封、扣押、冻结财产或账户；划拨存款、汇款；代履行；强制拍卖财物；没收违法所得、没收非法财物；责令停产停业；暂扣或者吊销许可证、暂扣或者吊销执照；特定行业进入；行政拘留；限期出境或者驱逐出境；限期整改、限期拆除；法律、行政法规规定的其他行政处罚等
	刑事法律责任	行为人①触犯《刑法》，构成犯罪的，应当依法承担相应刑事责任	管制；拘役；有期徒刑；无期徒刑；死刑；罚金；剥夺政治权利；没收财产；驱逐出境等

① 刑法上的犯罪主体，包括自然人和单位。对于刑法条文没有特别标明该罪名可以构成单位犯罪的，该罪名即不构成单位犯罪。

7.4 警示教育：拘留所、看守所、监狱、未成年犯管教所

根据我国法律，拘留分为刑事拘留、行政拘留和司法拘留。其中，对于刑事拘留，交由看守所羁押；对于行政拘留和司法拘留，交由拘留所羁押。

拘留所：根据《中华人民共和国治安管理处罚法》[①]第103条规定，对被决定给予行政拘留处罚的人，由作出决定的公安机关送达拘留所执行。第16条规定，有两种以上违反治安管理行为的，分别决定，合并执行。行政拘留处罚合并执行的，最长不超过二十日。

除了行政拘留外，根据《中华人民共和国刑事诉讼法》（以下简称《刑事诉讼法》）第199条、《中华人民共和国行政诉讼法》（以下简称《行政诉讼法》）第59条、《中华人民共和国民事诉讼法》（以下简称《民事诉讼法》）第110条至第114条，对于诉讼参与人、旁听人员或其他人等违反法庭秩序或者妨害司法等行为的，可以根据情节轻重处以罚款、[②]拘留。[③] 司法拘留的，由人民法院交公安机关看管。在实践中，司法拘留最长不超过十五日，在拘留所执行羁押。

看守所：在刑事诉讼中，拘留和逮捕的羁押场所是看守所。此外，被判处有期徒刑的罪犯，在被交付执行刑罚前，剩余刑期在三个月以下的，由看守所代为执行。

监狱：对于被判处有期徒刑、无期徒刑、死刑缓期二年执行的罪犯，由监狱执行。凡是有劳动能力的，都应当参加劳动，接受教育和

---

① 《中华人民共和国治安管理处罚法》于2005年8月28日制定通过，自2006年3月1日起施行。2012年10月26日修正，修正后自2013年1月1日起施行。

② 罚款金额一般为特定金额以下，《刑事诉讼法》规定为1000元以下的罚款，《行政诉讼法》规定为1万元以下的罚款，《民事诉讼法》第115条规定为对个人10万元以下罚款、对单位5万元以上100万元以下罚款。

③ 罚款、拘留必须经院长批准。被处罚人对罚款、拘留的决定不服的，可以向上一级人民法院申请复议。复议期间不停止执行。

改造。

未成年犯管教所：对于未成年犯，应当在未成年犯管教所执行刑罚。

7.5　公诉案件程序、刑事强制措施、刑罚种类概述

《刑事诉讼法》第12条规定："未经人民法院依法判决，对任何人都不得确定有罪。"这是我国刑事诉讼的一条基本原则，也叫"法院专属定罪权原则"，①它意味着在我国除法院以外的其他任何机关、团体、个人都没有这项权力。

细心的读者会注意到，对于相关人员，我国法律根据不同阶段有四个不同称谓：犯罪分子、犯罪嫌疑人、被告人、罪犯。那么，这些不同的称谓之间有着什么样的区别和特殊含义呢？

《刑法》第67条规定：

犯罪以后自动投案，如实供述自己的罪行的，是自首。对于自首的犯罪分子，可以从轻或者减轻处罚。其中，犯罪较轻的，可以免除处罚。

被采取强制措施的犯罪嫌疑人、被告人和正在服刑的罪犯，如实供述司法机关还未掌握的本人其他罪行的，以自首论。

犯罪嫌疑人虽不具有前两款规定的自首情节，但是如实供述自己罪行的，可以从轻处罚；因其如实供述自己罪行，避免特别严重后果发生的，可以减轻处罚。

其实，犯罪分子是我国刑法对实施犯罪行为的人的一个统称。根据刑事诉讼的不同阶段，我国《刑事诉讼法》将犯罪分子界定成了不同的称谓。接下来，我们列举说明：

1. 在接到报案、举报、自首、扭送或者依职权主动发现的犯罪事实

---

① 但需要注意的是，法院专属定罪权原则并不意味着我国确立了无罪推定原则。

或犯罪线索后，我国公安机关经审查认为有犯罪事实需要追究刑事责任的时候，应当立案。①

2. 对于现行犯或者重大嫌疑分子，公安机关可以先行拘留；公安机关拘留人的时候必须出示拘留证。这个时候的犯罪分子，在法律上被称为“犯罪嫌疑人”。

3. 犯罪嫌疑人被拘留后，公安机关应当在二十四小时内，完成讯问犯罪嫌疑人、②将犯罪嫌疑人送看守所羁押、通知被拘留人的家属。③

4. 犯罪嫌疑人自被侦查机关第一次讯问或者采取强制措施之日起，有权委托辩护人。④

5. 公安机关侦查终结后，制作起诉意见书，并移送检察院审查起诉。

6. 检察院认为犯罪嫌疑人的犯罪事实已经查清，证据确实、充分，依法应当追究刑事责任的，应当作出起诉决定，按照审判管辖的规定，向一审人民法院提起公诉（递交起诉书），并将案卷材料、证据移送法院。这个时候犯罪分子在起诉书中被称为“被告人”。

7. 第一审法院根据已经查明的事实、证据和有关的法律规定，如果案件事实清楚，证据确实、充分，依据法律认定被告人有罪的，应当作出有罪判决。

8. 第一审法院认为依据法律认定被告人无罪的，应当作出无罪判决。

9. 第一审法院认为证据不足，不能认定被告人有罪的，应当作出证据不足、指控的犯罪不能成立的无罪判决。

---

① 公安机关认为没有犯罪事实，或者犯罪事实显著轻微，不需要追究刑事责任的时候，不予立案，并将不立案的原因通知相关人员。相关人员如果不服，可以申请复议。

② 公安机关讯问后发现不应当拘留的，必须立即释放，并发给释放证明。

③ 公安机关无法通知或者涉嫌危害国家安全犯罪、恐怖活动犯罪通知可能有碍侦查的情形除外，但有碍侦查的情形消失后，公安机关应当立即通知被拘留人的家属。

④ 在侦查阶段，只能委托律师作为辩护人。

10. 一审判决下达后，被告人或者检察院不服提出上诉或者抗诉后，二审法院开始审理该刑事案件。

11. 第二审法院对不服第一审判决的上诉、抗诉案件，经过审理后，认为原判决认定的事实和适用法律正确、量刑适当的，应当裁定驳回上诉或者抗诉，维持原判。

12. 第二审法院认为原判决认定事实没有错误，但适用法律有错误，或者量刑不当的，应当改判。

13. 第二审法院认为原判决事实不清楚或者证据不足的，可以在查清事实后改判；也可以裁定撤销原判，发挥原审人民法院重新审判。①

14. 第二审的判决、裁定②是终审的判决、裁定，发生法律效力。

15. 当作出被告人有罪的裁判文书生效后，犯罪分子的身份就从被告人转变为罪犯。

16. 根据生效的刑事裁判文书，罪犯会被认定犯何种罪，并被判处何种刑罚。有罪判决生效后，根据罪犯不同的刑罚（包括主刑和/或附加刑）交由不同的执行机关执行。

17. 在执行刑罚的过程中，可能还会涉及暂予监外执行、③减刑、假释、特赦等，同时也可能基于审判监督程序发起再审等。

18. 通过审判监督程序发起再审后，之前被判处有罪的人又被改判无罪的，可以根据我国国家赔偿法的相关规定申请国家赔偿。

---

① 原审法院对于被发回重审的案件作出判决后，被告人提出上诉或者检察院提出抗诉的，第二审法院应当依法作出判决或者裁定，不得再发回原审法院重新审判。

② 对于被判处死刑和死刑缓期二年执行的案件，还有特殊的死刑复核程序，由于篇幅所限，在此不做展开讨论。

③ 暂予监外执行，主要包括有严重疾病需要保外就医，罪犯怀孕或正在哺乳自己婴儿，或者生活不能自理、适用暂予监外执行不致危害社会等情形。

表 7－4　我国刑事强制措施分类比较研究

强制措施	主要类型	决定机关	执行机关	羁押场所	折抵刑期
刑事强制措施	拘传	公安机关、人民检察院、人民法院	公安机关、人民检察院	—	—
	取保候审	公安机关、人民检察院、人民法院	公安机关	—	—
	监视居住	公安机关、人民检察院、人民法院	公安机关	—	1. 指定居所监视居住的期限应当折抵刑期； 2. 被判处管制的，监视居住一日，折抵刑期一日； 3. 被判处拘役、有期徒刑的，监视居住二日，折抵刑期一日
	拘留	公安机关、人民检察院	公安机关	看守所	羁押一日，折抵管制二日，折抵拘役、有期徒刑一日
	逮捕	必须经人民检察院批准或者人民法院决定	公安机关	看守所	羁押一日，折抵管制二日，折抵拘役、有期徒刑一日

需要注意的是，表 7－4 是我国《刑事诉讼法》中所规定的刑事强制措施。对于监察委员会而言，其监察调查活动并不适用《刑事诉讼法》，而是直接适用《中华人民共和国监察法》（以下简称《监察法》）。根据《监察法》第 44 条第 3 款规定，被监察委员会留置的人员涉嫌犯罪移送司法机关后，被依法判处管制、拘役和有期徒刑的，留置一日折

抵管制二日,折抵拘役、有期徒刑一日。

表 7-5 我国刑罚种类、适用情况与执行机关

刑事处罚	刑罚分类	具体类别	适用情况	执行机关①
刑罚	主刑	管制	主刑只能独立适用	实行社区矫正②,由社区矫正机构负责执行
		拘役		1. 对被判处拘役的罪犯,由公安机关就近执行; 2. 执行期满,由执行机关发给释放证明书
		有期徒刑		1. 由公安机关将罪犯送交监狱执行刑罚。凡有劳动能力的,都应当参加劳动,接受教育和改造。 2. 在被交付执行刑罚前,剩余刑期在三个月以下的,由看守所代为执行。 3. 执行期满,由执行机关发给释放证明书

① 根据《刑事诉讼法》第 264 条第 3 款规定,对未成年犯应当在未成年犯管教所执行刑罚。

② 根据《刑事诉讼法》第 269 条规定,对被判处管制、宣告缓刑、假释或者暂予监外执行的罪犯,依法实行社区矫正,由社区矫正机构负责执行。

续表

刑事处罚	刑罚分类	具体类别	适用情况	执行机关
		无期徒刑		1. 由公安机关将罪犯送交监狱执行刑罚； 2. 凡有劳动能力的，都应当参加劳动，接受教育和改造
		死刑		1. 死刑立即执行案件，经死刑复核程序，由最高人民法院院长签发执行死刑的命令后，由下级人民法院①在七日内交付执行； 2. 死刑缓期二年执行案件，由公安机关将罪犯交监狱执行刑罚，缓刑期内及缓刑届满根据《刑法》第 50 条、第 383 条第 4 款规定分情况处理
	附加刑	罚金	附加刑主要为附加适用，也可以独立适用	1. 期满不缴纳的，人民法院应当强制缴纳； 2. 由于遭遇不能抗拒的灾祸等原因缴纳确实有困难的，经人民法院裁定，可以延期缴纳、酌情减少或者免除
		剥夺政治权利		1. 由公安机关执行； 2. 执行期满，由执行机关书面通知本人及其所在单位、居住地基层组织

① 实践中，死刑立即执行通常由中级人民法院执行，同级人民检察院派员临场监督。死刑采用枪决或者注射等方式，可以在刑场或者指定的羁押场所内执行。

续表

刑事处罚	刑罚分类	具体类别	适用情况	执行机关
		没收财产		1. 由人民法院执行； 2. 在必要的时候，可以会同公安机关执行
		驱逐出境①	对于犯罪的外国人，可以独立适用或者附加适用	1. 附加适用驱逐出境，应当在主刑执行完毕后执行驱逐出境； 2. 驱逐出境由出入境公安机关执行

7.6 辩护人制度

根据我国法律，对于刑事诉讼活动，被告人除了自己进行辩护以外，同时还可以聘请 1 ~ 2 名辩护人为自己辩护。对于由不同专门机关负责侦查或者调查的案件，我国辩护人制度存在一定程度的差异，特别是在辩护人的委托开始时间上。

7.6.1 公安机关侦查或者检察院自行侦查的案件

关于犯罪嫌疑人、被告人何时可以委托辩护人，《刑事诉讼法》第 34 条规定如下：

犯罪嫌疑人自被侦查机关第一次讯问或者采取强制措施之日起，有权委托辩护人；在侦查期间，只能委托律师作为辩护人。被告人有权随时委托辩护人。

① 2014 年 9 月 19 日，湖南省长沙市中级人民法院对葛兰素史克（中国）投资有限公司法定代表人、总裁马某某（William Mark Reilly）以对非国家工作人员行贿罪判处有期徒刑三年，缓刑四年，并处驱逐出境。根据我国《刑法》和《刑事诉讼法》的规定，在四年缓刑期内，马某某应当由其在我国居住社区的社区矫正机构负责执行社区矫正。通过缓刑考验期后，马某某应由我国出入境公安机关对其执行驱逐出境。

侦查机关在第一次讯问犯罪嫌疑人或者对犯罪嫌疑人采取强制措施的时候，应当告知犯罪嫌疑人有权委托辩护人。人民检察院自收到移送审查起诉的案件材料之日起三日内，应当告知犯罪嫌疑人有权委托辩护人。人民法院自受理案件之日起三日以内，应当告知被告人有权委托辩护人。犯罪嫌疑、被告人在押期间要求委托辩护人的，人民法院、人民检察院和公司机关应当及时转达其要求。

犯罪嫌疑人、被告人在押的，也可以由其监护人、近亲属①代为委托辩护人。

辩护人接受犯罪嫌疑人、被告人委托后，应当及时告知办理案件的机关。

关于辩护人的责任，《刑事诉讼法》第37条规定如下：

辩护人的责任是根据事实和法律，提出犯罪嫌疑人、被告人无罪、罪轻或者减轻、免除其刑事责任的材料和意见，维护犯罪嫌疑人、被告人的诉讼权利和其他合法权益。

关于辩护人的范围，《刑事诉讼法》第33条规定如下：

犯罪嫌疑人、被告人除自己行使辩护权以外，还可以委托一至二人作为辩护人。下列的人可以被委托人辩护人：

1. 律师；

2. 人民团体或者犯罪嫌疑人、被告人所在单位推荐的人；

3. 犯罪嫌疑人、被告人的监护人、亲友。

正在被执行刑罚或者依法被剥夺、限制人身自由的人，不得担任辩护人。

被开除公职和被吊销律师、公证员执业证书的人，不得担任辩护人，但系犯罪嫌疑人、被告人的监护人、近亲属的除外。

---

① 刑事诉讼中的近亲属，是指夫、妻、父、母、子、女、同胞兄弟姐妹。行政诉讼中的近亲属，包括配偶、父母、子女、兄弟姐妹、祖父母、外祖父母、孙子女、外孙子女和其他具有扶养、赡养关系的亲属。民事诉讼中的近亲属，包括配偶、父母、子女、兄弟姐妹、祖父母、外祖父母、孙子女、外孙子女。

7.6.2 监察委员会调查并移送审查起诉的案件

需要注意的是，根据《监察法》①第33条规定：

监察机关依照本法规定收集的物证、书证、证人证言、被调查人供述和辩解、视听资料、电子数据等证据材料，在刑事诉讼中可以作为证据使用。

监察机关在收集、固定、审查、运用证据时，应当与刑事审判关于证据的要求和标准相一致。

以非法方法收集的证据应当依法予以排除，不得作为案件处置的依据。

《监察法》第45条规定如下：

监察机关根据监督、调查结果，依法作出如下处置：……(4)对涉嫌职务犯罪的，监察机关经调查认为犯罪事实清楚，证据确实、充分的，制作起诉意见书，连同案卷材料、证据一并移送人民检察院依法审查、提起公诉。

同时，《监察法》第47条规定如下：

对监察机关移送的案件，人民检察院依照《刑事诉讼法》对被调查人采取强制措施。

人民检察院经审查，认为犯罪事实已经查清，证据确实、充分，依法应当追究刑事责任的，应当作出起诉决定。

人民检察院经审查，认为需要补充核实的，应当退回监察机关补充调查，必要时可以自行补充侦查。对于补充调查的案件，应当在一个月内补充调查完毕。补充调查以二次为限。

人民检察院对于有《刑事诉讼法》规定的不起诉的情形的，经上一级人民检察院批准，依法作出不起诉的决定。监察机关认为不起诉的决定有错误的，可以向上一级人民检察院提请复议。

关于人民检察院对监察机关移送起诉案件的审查，《刑事诉讼法》

① 《中华人民共和国监察法》于2018年3月20日制定通过并公布，自2018年3月20日起施行。《中华人民共和国行政监察法》同时废止。

第170条规定如下：

人民检察院对于监察机关移送起诉的案件，依照本法和监察法的有关规定进行审查。人民检察院经审查，认为需要补充核实的，应当退回监察机关补充调查，必要时可以自行补充侦查。

对于监察机关移送起诉的已采取留置措施的案件，人民检察院应当对犯罪嫌疑人先行拘留，留置措施自动解除。人民检察院应当在拘留后的十日以内作出是否逮捕、取保候审或者监视居住的决定。在特殊情况下，决定的案件可以延长一日至四日。人民检察院决定采取强制措施的期间不计入审查起诉的期限。

监察委员会将起诉意见书以及案卷材料、证据等移送人民检察院审查起诉后：

1. 对于监察委员会已采取留置措施的案件，人民检察院对犯罪嫌疑人先行拘留，留置措施自动解除，犯罪嫌疑人有权委托辩护人；

2. 对于监察委员会未采取留置措施的案件，人民检察院自收到移送审查起诉的案件材料之日起三日内，告知犯罪嫌疑人有权委托辩护人，犯罪嫌疑人自被人民检察院告知之日起有权委托辩护人。

7.7 国家赔偿法（部分节选）

为了保障公民、法人和其他组织享有依法取得国家赔偿的权利，促进国家机关依法行使职权，我国于1994年5月12日制定通过了《中华人民共和国国家赔偿法》①（以下简称《国家赔偿法》）。

关于刑事诉讼领域的错案赔偿，《国家赔偿法》第17条、第18条规定如下：

行使侦查、检察、审判职能的机关以及看守所、监狱管理机关及其工作人员在行使职权时有下列侵犯人身权情形之一的，受害人有取得

① 《中华人民共和国国家赔偿法》于1994年5月12日制定通过，自1995年1月1日起施行。2010年4月29日第一次修正，2012年10月26日第二次修正。

赔偿的权利：

1. 违反刑事诉讼法的规定对公民采取拘留措施后，或者依照刑事诉讼法规定的条件和程序对公民采取拘留措施，但是拘留时间超过刑事诉讼法规定的时限，其后决定撤销案件、不起诉或者判决宣告无罪终止追究刑事责任的；

2. 对公民采取逮捕措施后，决定撤销案件、不起诉或者判决宣告无罪终止追究刑事责任的；

3. 依照审判监督程序再审改判无罪，原判刑罚已经执行的；

4. 刑讯逼供或者殴打、虐待等行为或者唆使、放纵他人以殴打、虐待等行为造成公民身体伤害或者死亡的；

5. 违法使用武器、警械造成公民身体伤害或者死亡的。

行使侦查、检察、审判职权的机关以及看守所、监狱管理机关及其工作人员在行使职权时有下列侵犯财产权情形之一的，受害人有取得赔偿的权利：

1. 违法对财产采取查封、扣押、冻结、追缴等措施的；

2. 依照审判监督程序再审改判无罪，原判罚金、没收财产已经执行的。

7.8　全员法律意识提升

对于药品行业从业人员来说，持续提升法律意识的重要意义不言自喻。那么，在实践中我们应该如何提升法律意识呢？

我们认为，法律意识提升的第一步，就是要回归诚信。

在日常的药品研制、生产、经营过程中，诚实、守信，不弄虚作假；在诉讼活动中，对案件事实应当作真实、完整的陈述；在上市公司信息披露时，要确保信息无虚假记载、误导性陈述以及重大遗漏等。

我们以民事诉讼中当事人虚假陈述引发的法律责任来举例说明。

2019 年 12 月 25 日，《最高人民法院关于修改〈关于民事诉讼证据的若干规定〉的决定》正式公布,自2020年5月1日起施行。其中,第63条规定,当事人应当就案件事实作真实、完整的陈述。当事人的陈述与此前陈述不一致的,人民法院应当责令其说明理由,并结合当事人的诉讼能力、证据和案件具体情况进行审查认定。当事人故意作虚假陈述妨碍人民法院审理的,人民法院应当根据情节,依照《民事诉讼法》第111条规定进行处罚。

关于针对妨害司法行为的强制措施,根据我国《民事诉讼法》第111条规定,诉讼参与人或者其他人有下列行为之一的,人民法院可以根据情节轻重予以罚款、拘留;构成犯罪的,依法追究刑事责任:

1. 伪造、毁灭重要证据,妨碍人民法院审理案件的;

2. 以暴力、威胁、贿买方法阻止证人作证或者指使、贿买、胁迫他人作伪证的;

3. 隐藏、转移、变卖、毁损已被查封、扣押的财产,或者已被清点并责令其保管的财产,转移已被冻结的财产的;

4. 对司法工作人员、诉讼参加人、证人、翻译人员、鉴定人、勘验人、协助执行的人,进行侮辱、诽谤、诬陷、殴打或者打击报复的;

5. 以暴力、威胁或者其他方法阻碍司法工作人员执行职务的;

6. 拒不履行人民法院已经发生法律效力的判决、裁定的。

人民法院对有前款规定的行为之一的单位,可以对其主要负责人或者直接责任人员予以罚款、拘留;构成犯罪的,依法追究刑事责任。

关于罚款和拘留的范围,《民事诉讼法》第115条明确规定:

1. 对个人的罚款金额,为人民币十万元以下;对单位的罚款金额,为人民币五万元以上一百万元以下;

2. 拘留的期限,为十五日以下;

3. 被拘留的人,由人民法院交公安机关看管。在拘留期间,被拘留人承认并改正错误的,人民法院可以决定提前解除拘留。

需要注意的是,对于《民事诉讼法》中规定的强制措施,不受行政诉讼法的调整。[①] 对于人民法院的罚款、拘留决定不服的，行为人只能及时承认并改正自己的错误，或者向上一级人民法院申请复议一次，复议期间不停止执行。

7.9 避免民事纠纷刑事化

通过观察司法实践中的法院诉讼案件数据，我们会发现，民事诉讼活动的数量无疑占据了主要部分。这可以从侧面说明，在企业的实际运营中，绝大部分的纠纷其实都是民事纠纷。

回顾新中国的历史，最显著的变化之一就是我国的城市化率在不断地提升。从 20 世纪 50 年代初的 10%，到 2019 年的 60%，我们在不到 70 年的时间内，实现了城镇化率的大幅度提升。[②]

随着城市化进程加速，我们从传统的"熟人社会"逐渐进入"城市化社会"。同时，也正是由于这个变化，我们比以往任何时候都更加需要充分理解并准确适用法律和规则，来指引行为，解决纠纷。

2020 年 5 月 28 日，令人瞩目的《民法典》由我国第十三届全国人民代表大会第三次会议表决通过，自 2021 年 1 月 1 日起正式施行。《民法典》作为民事领域的基础性、综合性法律，调整平等民事主体之间的人身关系和财产关系。《民法典》的通过，不仅对全民法律意识提升大有裨益，也是我国现代法律史上的重要里程碑。

---

① 也就是说，当事人在民事诉讼活动中因虚假陈述而被人民法院决定适用罚款、拘留等强制措施的，不能以法院为被告提起行政诉讼。

② 需要指出的是，根据国家统计局于 2020 年 2 月 28 日公布的《中华人民共和国 2019 年国民经济和社会发展统计公报》显示，2019 年年末全国大陆总人口 140, 005 万人，其中城镇常住人口 84, 843 万人，占总人口比重为 60. 60%。也就是说，我国常住人口城镇化率达到了 60. 60%。考虑到我国全国人户分离的人口达 28, 000 万人，其中流动人口 23, 600 万人的现状，如果我们以户籍人口为统计维度计算城镇化率，这个数据可能会低于 60. 60%。

正如亨利·萨姆纳·梅因①在《古代法与社会远史及现代观念的联系》中的经典论述一样，“我们可以说，迄今为止，所有进步社会的进程都是一场从身份到契约的运动”。企业在运营过程中，应当注重加强契约精神，警惕“民事纠纷刑事化”愈演愈烈的趋势。通过观察实践中的现实案例，我们会发现，对于民事纠纷刑事化处理的案件，大多都会落下一个双输的结果。

《刑法》和刑事诉讼活动作为解决社会矛盾的终极规范和最终手段，轻易不要触碰，此即“慎刑”。实践中，当争议和纠纷发生后，企业应当理性地通过民事诉讼、仲裁、调解、和解的方式尽量解决争议；即便是刑事民事存在交叉的案件，也不宜一味地坚持“先刑后民”，还是要注意结合具体案情进行具体分析。总之，对于企业而言，当面对纠纷时，一定要沉着应对，不能急功近利、抱薪救火。

通过观察我国的《民事案件案由规定》，②我们会发现，在第一级案由、第二级案由、第三级案由、第四级案由具体细化的分类基础上，我国已形成了完整的民事诉讼案由体系，这对民事主体之间各项权利的救济，是非常有指引意义的。

---

① 亨利·萨姆纳·梅因(Henry James Summer Maine)(1822～1888年)，英国历史法学家，是19世纪英国著名的法律史学家，历史法学派在英国的代表人物，因其1861年出版的著作《古代法》(*Sir Henry Maine*, *Ancient Law*, *its connection with the early history of society and its relation to modern ideas*[1861])而被公认为英国历史法学的创始人。

② 《民事案件案由规定》于2007年10月29日由最高人民法院审判委员会第1438次会议通过，自2008年4月1日起施行。2011年2月18日第一次修正，2018年12月12日最高人民法院发布《关于增加民事案件案由的通知》(法〔2018〕344号)，2018年12月28日最高人民法院又发布了《关于补充增加民事案件案由的通知》(法〔2018〕364号)。2020年12月29日，最高人民法院印发《关于修改〈民事案件案由规定〉的决定》的通知(法〔2020〕346号)，自2021年1月1日起施行。

表7-6　我国民事案件案由规定观察

案由规定	第一级案由	第二级案由
民事诉讼案由规定 注意:除11个第一级案由、54个第二级案由外,还有473个第三级案由和389个第四级案由	第一部分　人格权纠纷	一、人格权纠纷
	第二部分　婚姻家庭、继承纠纷	二、婚姻家庭纠纷
		三、继承纠纷
	第三部分　物权纠纷	四、不动产登记纠纷
		五、物权保护纠纷
		六、所有权纠纷
		七、用益物权纠纷
		八、担保物权纠纷
		九、占有保护纠纷
	第四部分　合同、准合同纠纷	十、合同纠纷
		十一、不当得利纠纷
		十二、无因管理纠纷
	第五部分　知识产权与竞争纠纷	十三、知识产权合同纠纷
		十四、知识产权权属、侵权纠纷
		十五、不正当竞争纠纷
		十六、垄断纠纷
	第六部分　劳动争议、人事争议	十七、劳动争议
		十八、人事争议
	第七部分　海事海商纠纷	十九、海事海商纠纷

续表

案由规定	第一级案由	第二级案由
	第八部分　与公司、证券、保险、票据等有关的民事纠纷	二十、与企业有关的纠纷
		二十一、与公司有关的纠纷
		二十二、合伙企业纠纷
		二十三、与破产有关的纠纷
		二十四、证券纠纷
		二十五、期货交易纠纷
		二十六、信托纠纷
		二十七、保险纠纷
		二十八、票据纠纷
		二十九、信用证纠纷
		三十、独立保函纠纷
	第九部分　侵权责任纠纷	三十一、侵权责任纠纷
	第十部分　非讼程序案件案由	三十二、选民资格案件
		三十三、宣告失踪、宣告死亡案件
		三十四、认定公民无民事行为能力、限制民事行为能力案件
		三十五、指定遗产管理人案件
		三十六、认定财产无主案件
		三十七、确认调解协议案件
		三十八、实现担保物权案件
		三十九、监护权特别程序案件
		四十、督促程序案件
		四十一、公示催告程序案件

续表

案由规定	第一级案由	第二级案由
		四十二、公司清算案件
		四十三、破产程序案件
		四十四、申请诉前停止侵害知识产权案件
		四十五、申请保全案件
		四十六、申请人身安全保护令案件
		四十七、申请人格权侵害禁令案件
		四十八、仲裁程序案件
		四十九、海事诉讼特别程序案件
		五十、申请承认与执行法院判决、仲裁裁决案件
	第十一部分　特殊诉讼程序案件案由	五十一、与宣告失踪、宣告死亡案件有关的纠纷
		五十二、公益诉讼
		五十三、第三人撤销之诉
		五十四、执行程序中的异议之诉

同时，为了促使被执行人自觉履行生效法律文书确定的义务，推进社会信用体系建设，最高人民法院根据《民事诉讼法》的规定，结合工作实际，制定了《关于公布失信被执行人名单信息的若干规定》，①

① 《最高人民法院关于公布失信被执行人名单信息的若干规定》（法释〔2013〕17 号）于 2013 年 7 月 1 日由最高人民法院审判委员会第 1582 次会议通过，2013 年 7 月 16 日公布，自 2013 年 10 月 1 日起施行。2017 年 1 月 16 日，最高人民法院审判委员会第 1707 次会议通过最高人民法院《关于修改〈最高人民法院关于公布失信被执行人名单信息的若干规定〉的决定》（法释〔2017〕7 号），2017 年 2 月 28 日公布，自 2017 年 5 月 1 日起施行。

自2013年10月1日起正式施行。

2013年10月24日,全国法院失信被执行人名单信息公布与查询平台面向社会开通,输入被执行人姓名、身份证号即可查询失信被执行人的信息。

2017年2月28日,最高人民法院对该规定进行了修改,自2017年5月1日起施行。根据修改后的规定,被执行人未履行生效法律文书确定的义务,并具有下列情形之一的,人民法院应当将其纳入失信被执行人名单,依法对其进行信用惩戒:

1. 有履行能力而拒不履行生效法律文书确定义务的;

2. 以伪造证据、暴力、威胁等方法妨碍、抗拒执行的;

3. 以虚假诉讼、虚假仲裁或者以隐匿、转移财产等方法规避执行的;

4. 违反财产申报制度的;

5. 违反限制消费令的;

6. 无正当理由拒不履行执行和解协议的。

同时,规定修改后还增加了对纳入失信被执行人名单的期限制度。对于有前述第2项至第6项规定情形的,纳入失信被执行人名单的期限为二年。被执行人以暴力、威胁方法妨碍、抗拒执行情节严重或具有多项失信行为的,可以延长一至三年。

失信被执行人积极履行生效法律文书确定义务或者主动纠正失信行为的,人民法院可以决定提前删除失信信息。

7.10 企业合规运营机制(合规管理部)

关于企业如何实行合规运营机制,我们认为可以采取如下步骤:

1. 企业成立独立于财务部、内审部、内控部、稽查部、质量部和法务部的部门,组建专门管理企业合规工作的"合规管理部"。

2. 由合规管理部负责企业合规体系的建立、运行、完善和考核,公司对合规管理部的经费应当予以保障，具体经费金额以企业年度营业额的一定百分比为宜。

3. 企业在年初由合规管理部将合规总体目标和各部门合规目标向企业各部门作讲解、宣贯和分解。

4. 合规管理部按照月度，对合规管理工作进行梳理、分析后形成月度合规报告，发送公司董事会、监事会以及高级管理人员。

5. 合规管理部按照季度对合规管理目标的主要进展进行评估，通过观察合规项目进展里程碑来合理预判合规管理目标的实现情况。

6. 合规管理考核机制。由合规管理部按照半年度、年度，对各部门的合规管理工作进行考核和评分，并对各部门的年度考评产生一定权重的影响。①

7. 拉通合规运营机制与危机管理应对工作。由合规管理部负责针对突发事件、紧急舆情等进行日常管理应对工作，必要时成立以合规管理部牵头、公关部、法务部、其他主要涉及部门、外部法律顾问参与的专项危机事件小组。

8. 完善商业行为准则。针对合规管理中已经实现的风险管控措施、具体管理手段以及全员合规承诺等，可以列入企业的商业行为准则（Business conduct guideline），以便与内控部门和稽查部门形成工作联动、有序衔接。

关于合规管理部如何建立合规管理体系，我们的建议如下：

1. 梳理外部法律风险。借助外部律师、法务部的力量，对外部法律以及涉及药品行业的特定法律、法规、规章、管理规范等进行梳理。

2. 评估主要法律风险。在汇总外部法律风险的基础上，结合药品企业自身的发展阶段以及战略定位，对外部法律风险进行风险评估，并对外部法律风险的风险等级进行排序。所有的风险应当统一列进

① 关于影响权重比例，需要企业根据行业特点以及企业发展阶段进行适当调整，一般以不低于20%为宜，重大风险管控失职的，可以实行一票否决。

以四个象限（重大崩溃型风险、高风险、中风险、低风险）为维度的合规风险全景图。

3. 分析现实工作差距。对于梳理出的合规风险全景图，由合规管理部主导、企业各部门配合，分析、审视相较于外部法律规定而言，企业内部的具体实践差距在哪里、差多少、如何改进等。

4. 合规项目分级管理。法律规定要求与现实工作差距梳理清楚后，针对重大崩溃型风险、高风险设立专门的合规管理项目进行项目制运作，并形成周报、月报、季报、半年报以及年报等控制措施和可视化管控；对于中风险和低风险，进行以定期抽检、日常合规培训为主的管理措施来缩小和弥补差距。

5. 合规风险动态调整。每半年一次，对合规风险全景图进行整体回顾和审视，并结合法律变动、政策转向、改革进展以及实际情况等，对合规风险等级进行动态排序，避免产生一劳永逸的麻痹思想和错误认识。

6. 特定风险引入退出。对于外部法律风险的梳理和识别，是一个长期、渐进的过程，对于在日常工作中闪现或者形成的新风险，应当及时纳入企业的合规风险全景图，并按照分类等级采取相对应的合规管控措施。

7.11　伦理审查委员会、内部监管体系

《药品管理法》第20条规定：

开展药物临床试验，应当符合伦理原则，制定临床试验方案，经伦理委员会审查同意。

伦理委员会应当建立伦理审查工作制度，保证伦理审查过程独立、客观、公正，监督规范开展药物临床试验，保障受试者合法权益，维护社会公共利益。

关于伦理审查委员会①这个词,对于非药品研制企业和医疗机构来说,也许会比较陌生。但2018年,在我国发生的一起关于基因编辑婴儿的案件引发了社会公众的持续担忧和医学界的普遍质疑。

2018年11月28日,南方科技大学生物系副教授贺某某②在我国香港特别行政区出席第二届人类基因组编辑国际峰会时演讲道:“我为修改人类胚胎基因实验感到自豪。”参加这次科学峰会的两天前,2018年11月26日,贺某某宣布“一对双胞胎姐妹基因编辑婴儿在中国健康出生……”

这则消息公布之后,很快引发社会公众广泛关注。

2018年11月26日,国家卫生健康委员会发布关于“基因编辑婴儿”有关报道的回应,要求广东省卫生健康委认真调查核实,本着对人民健康高度负责和科学原则,依法依规处理,并及时向社会公开结果。

2019年1月21日,调查组初步查明:该事件系南方科技大学副教授贺某某为追逐个人名利,自筹资金,蓄意逃避监管,私自组织有关人员,实施国家明令禁止的以生殖为目的的人类胚胎基因编辑活动。③同日,南方科技大学决定解除与贺某某的劳动合同,终止其在校内的一切教学科研活动。

2019年12月30日,根据新华社报道,广东省深圳市南山区人民法院对贺某某非法行医案作出了一审判决:贺某某、张某某、覃某某等

---

① 根据2010年11月2日原国家食品药品监督管理局制定的《药物临床试验伦理审查工作指导原则》,根据该指导原则第5条规定,伦理审查委员会应由多学科背景的人员组成,包括从事医药相关专业人员、非医药专业人士、法律专家,以及独立于研究/试验单位之外的人员,至少5人,且性别均衡。确保伦理委员有资格和经验共同对试验的科学性及伦理合法性进行审阅和评估。伦理委员会的组成和工作不应受任何参与试验者的影响。

② 贺某某,男,1984年出生于湖南省娄底市新化县,2006年获得中国科学技术大学近代物理学学士学位,2010年获得美国莱斯大学生物物理学博士学位。2012年,贺某某加入南方科技大学生物系,本案案发时任南方科技大学副教授。

③ 注意:2021年3月1日生效的《中华人民共和国刑法修正案(十一)》新增规定了非法植入基因编辑、克隆胚胎罪。

三名被告人因共同实施以生殖为目的的人类遗传基因编辑和生殖医疗活动,构成非法行医罪,分别判处了有期徒刑和罚金。

对于药品行业从业人员而言,特别是在药品研制过程中,会涉及药物非临床研究以及药物的临床试验,务必要注意遵守药物非临床研究质量管理规范、药物临床试验质量管理规范,保证药品研制的全过程持续符合法定要求。

对于药品行业而言,务必要通过有效运营的内部合规机制,确保各个环节不出现违反法律法规以及质量管理规范的情况。企业管理层在运营过程中,应当通过不断地学习、借鉴业界最佳实践和制度设计,①来充实和提升企业内部监管体系,持续促进内控合规机制的落地。

7.12 诚信廉洁自律

关于诚信廉洁自律的重要意义,我们通过一个司法实践中的真实案例来举例说明。

2007 年 12 月 29 日,中国农业大学教授李某②(44 岁)当选为中国工程院农业学部院士,③成为我国最年轻的"两院"院士。

2014 年 5 月 16 日,中国农业大学生物技术国家重点实验室特聘副研究员张某④(39 岁),被刑事拘留,并于 2014 年 5 月 30 日被逮捕。

---

① 比如说,尽管伦理审查委员会通常设立在医疗机构内部,但药品企业(特别是药品研制企业)能够通过借鉴该制度来形成企业内部的伦理审查机制,这是值得企业管理层认真思考的问题。

② 李某,男,1962 年 7 月 9 日出生于江西省赣州市信丰县,系中国工程院院士、中国农业大学教授、中国农业大学农业生物技术国家重点实验室主任等。2014 年 6 月 21 日被逮捕,2020 年 1 月 2 日一审判决时羁押于吉林省看守所。

③ 《中国工程院 2007 年新当选院士、外籍院士名单揭晓》,载 http://www.gov.cn/jrzg/2007-12/29/content_847205.htm。

④ 张某,男,1975 年 9 月 17 日出生于山东省青岛市胶州市,博士研究生学历,系中国农业大学生物技术国家重点实验室特聘副研究员等。2014 年 5 月 16 日被刑事拘留,2014 年 5 月 30 日被逮捕。一审判决时羁押于吉林省松原市前郭尔罗斯蒙古族自治县看守所。

2014 年 6 月 20 日，中国工程院院士、中国农业大学教授李某被吉林省松原市长岭县人民检察院以配合调查为由带走。2014 年 6 月 21 日，李某被逮捕。

2014 年 10 月 31 日，最高人民检察院反贪污贿赂总局局长通报：现初步查明，李某利用职务便利，以虚假发票和事项套取科研经费转入本人控制公司方式，先后涉嫌贪污公款 2000 余万元。

2015 年 1 月，中国工程院在官方网站上公布了《中国工程院院士科学道德守则》①(修订版)和《中国工程院院士违背科学道德行为处理办法》。② 根据该处理办法第 11 条规定，当院士触犯国家法律、危害国家利益的，自检察机关依法批准逮捕之日起，即停止其院士资格；自法院作出有罪判决生效之日起，撤销其中国工程院院士称号。停止或者撤销决定经院主席团审查确认，并通报全体院士。对法院未作出有罪判决的，将视情况由主席团作出处理决定。

2015 年 4 月，吉林省松原市人民检察院就李某、张某涉嫌贪污一案向吉林省松原市中级人民法院提起公诉。

2015 年 8 月 20 日至 21 日，该案在吉林省松原市中级人民法院公开开庭审理了两天。松原市人民检察院指控被告人李某及其博士研究生张某，利用职务上的便利，以虚开发票等方式，贪污科研经费约 3756.65 万元人民币。

2019 年 8 月 19 日，李某、张某涉嫌贪污一案再次开庭。

2019 年 12 月 30 日，吉林省松原市中级人民法院继续开庭审理李某、张某涉嫌贪污一案。

2020 年 1 月 2 日，吉林省松原市中级人民法院作出(2015)松刑初

① 《中国工程院院士科学道德守则》于 2014 年 12 月 9 日主席团会议审议修订通过，自修订之日实施，由中国工程院主席团负责解释。载 http://www.cae.cn/cae/html/main/col68/2015-01/05/20150105090421501252804_1.html。

② 《中国工程院院士违背科学道德行为处理办法》于 2014 年 12 月 9 日由中国工程院主席团会议审议通过，2017 年 4 月 17 日主席团会议修订。载 http://www.cae.cn/cae/html/main/col68/2015-01/05/20150105090934968738276_1.html。

字第15号一审刑事判决书，认定被告人李某、张某犯贪污罪，分别判处了两名被告人有期徒刑和罚金。对扣押的赃款依法予以没收，上缴国库，不足部分继续追缴。

根据该案一审法院查明的事实，依据李某、张某名下间接费用可支配的最高比例进行核减后，被告人李某、张某贪污人民币3410余万元，属于"数额特别巨大"量刑幅度。在共同犯罪中，李某系共同贪污的主犯，具有法定从重处罚情节，本案部分赃款已追缴，对李某可酌情予以从轻处罚。

李某教授2007年当选中国工程院院士，成为备受社会各界尊重和瞩目的农业科学家。但是在荣誉面前，由于忽视了廉洁自律与自我约束，违背了科学道德守则，最终其院士资格被停止、撤销，自己也被检察机关逮捕、提起公诉，并被一审法院判决犯贪污罪。

关于廉洁自律，我们常讲："贡献分大小、自律无高低。"我国《刑法》第4条明确规定，对任何人犯罪，在适用法律上一律平等。不允许任何人有超越法律的特权。

这个案例告诫我们，在现代法律制度下，无论我们曾经做出过多么大的贡献，都不能成为凌驾于法律之上或者法外开恩的理由。在企业运营过程中，我们经常会观察到，某企业的创始股东、高级管理人员或者核心骨干员工，因涉嫌职务侵占、商业贿赂、贪污、受贿等被司法机关追究刑事责任。这些让人无比惋惜的案例主角们，很多时候往往是在为企业做出突出贡献后，忽视了诚信廉洁自律建设，未能约束好自己，以致再难回头，最终身陷囹圄，令人唏嘘。

7.13 定期培训与专题讲座

俗话说得好："不怕兔子吃草，就怕老鼠打洞。"

对于现代企业而言，通常有着规模化、集团化、多元化、跨国化的发展趋势，员工数量也在不断地实现突破。如果我们以"世界500强"

企业为例,员工总人数超过10万人的企业不胜枚举。我们以中国公司员工总人数超过10万人为统计维度的话,这样的公司数量也不会少于70家。在实践中,有的公司员工总人数甚至多达上百万或者200万之巨。

面对企业员工人数的日益增长,在内控与合规领域,传统的以惩治为目的,"发现一起、惩处一起"的内控方式,已显得力不从心。"以惩治为手段,以教育为目的"的新型内控方式,则越来越受到企业的青睐。

在企业实际运营过程中,考虑到法务部成员一般较少的现实,为了有效达到目的,我们认为应当按照下列措施来进行企业培训制度的建设工作:

1. 对于常规的内控合规培训,应当由内控部门、合规管理部来完成;

2. 对于现实需要的专题讲座,则由法务部来负责有深度地完成;

3. 定期将业界商业贿赂、职务侵占、贪污、贿赂案例进行全员通报;

4. 定期总结实践中具有教育意义的案例,并用以案说法的形式进行专题讲座;

5. 定期监测药品行业相关的法律、法规、规章、质量管理规范的出台、修订、废止等;

6. 定期监测美国、欧盟、日本等国与药品行业相关的法律法规等出台和执行情况等;

7. 定期关注跨国医药巨头关于药品、投资、联合实验室、正反面报道的新闻及进展。

第八章 稽查

——稽查自检不能少，利益冲突防火墙

在讨论稽查之前，我们先对我国基本的公司财务、会计制度做一个整体的介绍。

根据《中华人民共和国公司法》（以下简称《公司法》）、《中华人民共和国会计法》[①]、财政部《关于印发〈中国注册会计师审计准则第1101号——注册会计师的总体目标和审计工作的基本要求〉等18项审计准则的通知》等规定：

1. 公司应当依照法律、行政法规和国务院财政部门的规定建立本公司财务、会计制度。

2. 公司应当在每一会计年度终了时编制财务会计报告（Financial Accounting Books），并依法经会计师事务所审计。

3. 会计年度（Fiscal year），在我国自公历1月1日起至12月31日止。

4. 财务会计报告（Financial Accounting Books），由会计报表、会计报表附注和财务情况说明书组成，应当依照法律、行政法规和国务院财政部门的规定制作。

5. 会计报表（Financial Statements），包括资产负债表、利润表、现

① 《中华人民共和国会计法》于1985年1月21日制定通过，自1985年5月1日起施行。1993年12月29日第一次修正，1999年10月31日修订，2017年11月4日第二次修正。

金流量表。

6. 单位负责人对本单位的会计工作和会计资料的真实性、完整性负责，应当保证财务会计报告真实、完整。

7. 审计报告（Audit report），是指注册会计师根据审计准则的规定，在执行审计工作的基础上，对财务报表发表审计意见的书面文件。

8. 无保留意见（Unqualified opinion），是指注册会计师认为财务报表在所有重大方面按照适用的财务报告编制基础的规定编制并实现公允反映时发表的审计意见。

9. 对于上市公司而言，必须依照法律、行政法规的规定，公开其财务状况、经营情况及重大诉讼，在每会计年度内半年公布一次财务会计报告。

10. 有限责任公司应当按照公司章程规定的期限将财务会计报告送交各股东。股份有限公司的财务会计报告应当在召开股东大会年会的二十日前置备于本公司，供股东查阅；公开发行股票的股份有限公司必须公告其财务会计报告。

表 8－1　注册会计师出具审计意见的类型

审计准则	审计意见	具体适用场景
中国注册会计师审计准则第 1501 号——对财务报表形成审计意见和出具审计报告（2019 年 2 月 20 日修订）	无保留意见	注册会计师认为财务报表在所有重大方面按照适用的财务报告编制基础的规定编制并实现公允反映
	非无保留意见	有下列情形之一： 1. 注册会计师根据获得的审计证据，得出财务报表整体存在重大错误的结论； 2. 注册会计师无法获取充分、适当的审计证据，不能得出财务报表整体不存在重大错报的结论

值得注意的是，不同国家和地区的会计年度起止点是不完全一样的，有的国家自1月1日至12月31日，有的国家自4月1日至次年3月31日等。对于其股票赴境外上市的我国药品企业而言，还需要根据相应国家关于会计年度的具体规定编制相应的财务会计报告。

8.1 外部专项调查

在本书上册的故事情节中，全意集团在深陷美女医药代表“性贿赂丑闻”后，面对铺天盖地的媒体报道和网络舆论，全意集团决定通过聘请律师事务所进行调查，以期在法律允许的范围内，最大限度地还原事实真相，并对可能的同行业经营者不正当竞争、侵权行为等进行投诉、提起民事诉讼等。

那么，律师事务所接受委托后，在法律允许的范围内，可以从事哪些业务呢？

根据《中华人民共和国律师法》①（以下简称《律师法》）第28条规定，律师可以从事下列业务：

1. 接受自然人、法人和其他组织的聘请，担任法律顾问；

2. 接受民事案件、行政案件当事人的委托，担任代理人，参加诉讼；

3. 接受刑事案件犯罪嫌疑人、被告人的委托或者依法接受法律援助机构的指派，担任辩护人，接受自诉案件自诉人、公诉案件被害人或者其近亲属的委托，担任代理人，参加诉讼；

4. 接受委托，代理各类诉讼案件的申诉；

5. 接受委托，参加调解、仲裁活动；

6. 接受委托，提供非诉讼法律服务；

---

① 《中华人民共和国律师法》于1996年5月15日制定通过，自1997年1月1日起施行。2001年12月29日第一次修正，2007年10月28日修订，2012年10月26日第二次修正，2017年9月1日第三次修正。

7. 解答有关法律的询问、代写诉讼文书和有关法律事务的其他文书。

同时，根据《律师法》第 29 条规定，律师担任法律顾问的，应当按照约定为委托人就有关法律问题提供意见，草拟、审查法律文书，代理参加诉讼、调解或者仲裁活动，办理委托的其他法律事务，维护委托人的合法权益。第 35 条第 2 款规定，律师自行调查取证的，凭律师执业证书和律师事务所证明，可以向有关单位或者个人调查与承办法律事务有关的情况。

8.2 内部稽查注意事项

除了聘请律师事务所提供法律服务外，企业往往会由内部的稽查部门负责对涉嫌违反《企业商业行为准则》行为进行前期的核查，并初步掌握某些员工的涉嫌违法或者犯罪线索，最终提交给公安机关。

那么，对于内部稽查活动，企业又该注意哪些事项？

我们认为企业内部稽查人员在工作过程中应当注意如下方面：

其一，在对其他人员的特定行为展开内部稽查时，应当由两名以上稽查成员共同进行；

其二，在内部核查时，特别是对发现可能存在违法线索的人员，不得采取非法拘禁、强迫隔离等方式限制其人身自由，只能在该人员同意的前提下进行核实、询问想要进一步了解的问题；

其三，在内部核查时，稽查人员不得采取非法手段来偷拍、偷录其他人员，更不能威胁曝光其他人员的个人隐私或者以恐吓、殴打的形式来恫吓其他人员；

其四，要避免在言辞上对其他人员进行挑衅、侮辱、诱导等；

其五，要注意男女有别，尽量避免稽查成员与异性人员单独处于封闭空间进行沟通、谈话、询问等；

其六，选择合适、恰当的办公地点与被访谈人员进行沟通和交流。

特别需要提醒的是，企业内部稽查人员一定要清醒地认识到，尽管自己的工作岗位有着类似于调查机关的特征，但自己并不是司法人员。

8.3 SACA 自检防御体系

现代企业出于自我监督的目的，在外部审核外，通常也会进行内部审计。

管理学中经常被提及的一句话是："信任不能替代监管。"我们以半年度控制评估机制（Semi-Annual Control Assessment，SACA）为例说明。其实，SACA 的实质就是通过对企业运营各个部门的流程遵从度以及内控阶段得分情况进行半年度评估，来督促、鞭策其有效完成年度内控目标。同时，SACA 里经常会使用到的库存盘点、采购抽查、账册相一致、现金银行存款清点等措施，也是定期有效梳理和保护公司法人财产权并防止公司员工职务侵占、挪用资金等行为的有效手段。

表 8-2 审计、年报、SACA、内部稽查、司法报案

序号	事项	说明	主要目的	备注信息
1	外部财务审计（External audit）	企业聘请会计师事务所对企业编制的会计报表进行独立审计并发表审计意见	遵从国家关于企业财务、会计制度的法律规定	无保留审计意见、非无保留审计意见
2	上市公司定期财务会计报告公开（Periodic financial accounting report）	依照法律法规的规定，上市公司必须公开其财务状况、经营情况及重大诉讼，每会计年度内半年公布一次财务会计报告	遵从国家关于上市公司的特别法律规定	公开发行股票的股份有限公司必须公告其财务会计报告

续表

序号	事项	说明	主要目的	备注信息
3	内部财务审计(Internal audit)	由企业内部审计部门或者人员对所属单位的财务管理和会计核算进行独立的经济监督和评价活动	1.制约和预防会计报表编制部门违法乱纪; 2.促进企业改善经营管理	包括财务收支审计、财经法规审计、核心岗位离任审计等
4	半年度SACA(Semi-annual Control Assessment)	对企业运营各个部门的流程遵从度以及内控阶段得分情况进行半年度评估	督促、鞭策公司各部门有效完成年度内控目标	包括库存盘点、采购抽查、账册相一致、现金银行存款清点等措施
5	内部稽查(Internal inspection)	对涉嫌违反《企业商业行为准则》行为进行前期的核查,初步掌握某些员工的涉嫌违法或者犯罪线索	1.督促全员合法合规; 2.为司法报案做夯实基础	注意内部稽查人员的工作行为不得违反法律规定,同时不得侵犯他人合法个人隐私
6	司法报案(Reporting to police)	对于公诉案件,通过向公安机关、检察院、监察委员会等部门报案、举报等,来试图推动刑事诉讼程序的启动	通过刑事诉讼活动,来追究涉嫌犯罪的不法侵害人的刑事责任,保障企业的合法权利不受侵犯	注意避免民事纠纷刑事化

8.4 司法报案前注意事项

我国的诉讼活动共分为三类:民事诉讼、行政诉讼、刑事诉讼。其中,民事诉讼和行政诉讼可以由民事主体直接发起。

对于刑事诉讼而言,按照发起主体不同,可分为公诉案件和自诉案件。有时候,还会有公诉转自诉的情形。

表8-3 我国刑事诉讼案件类型观察

诉讼活动	案件类型	主要范围	提起主体	举证责任
刑事诉讼	公诉案件	除自诉案件以外的刑事案件	对于公诉案件,由人民检察院负责提起公诉	被告人有罪的举证责任由人民检察院承担
	自诉案件	1. 告诉才处理的案件; 2. 被害人有证据证明的轻微刑事案件	对于自诉案件,被害人有权向人民法院直接起诉①	被告人有罪的举证责任由自诉人承担
	公诉转自诉	被害人有证据证明对被告人侵犯自己人身权利、财产权利的行为应当追究刑事责任,而公安机关或者人民检察院不予追究被告人刑事责任的案件	对于公诉转自诉案件,被害人有权向人民法院直接起诉	被告人有罪的举证责任由自诉人承担

---

① 对于自诉案件,被害人死亡或者丧失行为能力的,被害人的法定代理人、近亲属有权向人民法院起诉。人民法院应当依法受理。

关于告诉才处理的案件，包括如下范围：

表 8－4　告诉才处理的案件罪名梳理

案件类型	罪名	刑法条文	除外类型
告诉才处理的案件	侮辱、诽谤罪①	第 246 条	1. 严重危害社会秩序和国家利益的除外； 2. 通过信息网络的，被害人向人民法院告诉，但提供证据确有困难的，人民法院可以要求公安机关提供协助
	暴力干涉婚姻自由罪	第 257 条	致使被害人死亡的除外
	虐待罪	第 260 条	1. 致被害人重伤或者死亡的除外； 2. 被害人没有能力告诉，或者因受到强制、威吓无法告诉的除外
	侵占罪②	第 270 条	—

根据外部专项调查、企业内部稽查、SACA 自检防御体系所发现的违法违规以及犯罪线索，企业在进行司法报案前，我们建议从如下方面进行谨慎评估：

① 在实践中，一个比较常见的情景是，当新闻机构、自媒体、公民个人通过媒体报道或者信息网络针对公司的实际控制人、控股股东或者高级管理人员发布新闻报道或者负面信息后，被新闻报道、负面信息所指向的人往往会认为该媒体报道、负面信息涉嫌侮辱、诽谤罪，其实并不尽然，要注意严格区分媒体监督、舆论监督、民事侵权（侵犯名誉权、荣誉权等）和刑事犯罪（以暴力/其他方法公然侮辱他人或者捏造事实诽谤他人，情节严重的）的界限。

② 侵占罪和职务侵占罪是两个不同的罪名。侵占罪是自诉案件，职务侵占罪是公诉案件。

1. 谨慎判断所涉案件是自诉案件，还是公诉案件。

2. 注意公司独立法人人格，避免直接将针对实际控制人、控股股东、高级管理人员的指控或批评视为针对公司的指控或批评。

3. 对于属于自诉案件的，应当由被害人通过自己的名义进行——发布媒体声明或者提起刑事自诉案件。

4. 对于属于公诉案件的，企业经过评估决定向公安机关报案的，应尽可能多地提交自己所掌握的证据材料或者线索。

5. 要清醒地认识到，公诉案件一旦启动，即属于国家公权力介入，此时的被害人已经无法控制公诉案件的进展。因此，企业务必杜绝“先报案、再视情况撤回报案”的心理预期。

6. 注意公诉案件和自诉案件的证据举证责任划分原则，并在企业日常运营中树立起证据意识，同时还应当逐步用“让证据说话”的认识来取代“包青天依赖心理”。

7. 企业同时应当认识到，法律事实和客观事实也许会有偏差。对于公诉案件的结果，被害人可以发表自己的意见，并根据法律规定进行上诉、申诉等，但不应武断地评判或者指责司法机关或者办案人员。

8.5 职场性骚扰预防与调查

随着经济社会的发展，关于职场中的性骚扰（Sexual harassment），人们的认识也在逐渐清晰。

2001 年 10 月 27 日，《中华人民共和国工会法》（以下简称《工会法》）第一次修正时，首次在第 22 条规定了女职工特殊权益保护，具体条文如下：

企业、事业单位违反劳动纪律、法规规定，有下列侵犯职工劳动权益情形，工会应当代表职工与企业、事业单位交涉，要求企业、事业单位采取措施予以改正；企业、事业单位应当予以研究处理，并向工会作出答复；企业、事业单位拒不改正的，工会可以请求当地人民政府依法作出处理：

1. 克扣职工工资的；

2. 不提供劳动安全卫生条件的；

3. 随意延长劳动时间的；

4. 侵犯女职工和未成年工特殊权益的；

5. 其他严重侵犯职工劳工权益的。

2005 年 8 月 28 日，《中华人民共和国妇女权益保障法》①在第一次修正时，对“性骚扰”有了进一步的规定。

根据该法第 40 条、第 58 条规定：

禁止对妇女实施性骚扰。受害妇女有权向单位和有关机关投诉。违反本法规定，对妇女实施性骚扰或者家庭暴力，构成违反治安管理行为的，受害人可以提请公安机关对违法行为依法给予行政处罚，也可以依法向人民法院提起民事诉讼。

2012 年 4 月 18 日，国务院第 200 次常务会议制定通过了《女职工劳动保护特别规定》，并于 2012 年 4 月 28 日公布，自公布之日起施行。1988 年 7 月 21 日国务院发布的《女职工劳动保护规定》同时废止。《女职工劳动保护特别规定》在第 11 条明确提出了关于性骚扰的规定：

在劳动场所，用人单位应当预防和制止对女职工的性骚扰。

2020 年 5 月 28 日，《民法典》制定通过，自 2021 年 1 月 1 日起施行。《民法典》第 1010 条对性骚扰进行了更加明确的界定，具体条文规定如下：

违背他人意愿，以言语、文字、图像、肢体行为等方式对他人实施性骚扰的，受害人有权依法请求行为人承担民事责任。

机关、企业、学校等单位应当采取合理的预防、受理投诉、调查处置等措施，防止和制止利用职权、从属关系等实施性骚扰。

---

① 《中华人民共和国妇女权益保障法》于 1992 年 4 月 3 日制定通过，自 1992 年 10 月 1 日起施行。2005 年 8 月 28 日第一次修正，2018 年 10 月 26 日第二次修正。

根据我国法律法规等对防止性骚扰的相关要求,结合企业内控、稽查制度,我们建议按照如下步骤设置“预防和制止职场性骚扰机制”:

1. 明确认知性骚扰的对象,是“他人”,既可以是女性,也可以是男性;

2. 明确认知性骚扰的方式,包括言语、文字、图像、肢体行为等;

3. 明确认识性骚扰的根本特征,是违背受害人的意愿,引起其反感、不适等;

4. 明确认识性骚扰者的法律责任,既可能引起民事责任,也可能同时承担行政责任;

5. 企业应将“性骚扰”列入《企业商业行为准则》①(Business Conduct Guideline,BCG)中的禁止事项;

6. 企业全员对于 BCG 应当进行书面承诺且频率至少为每年度一次;

7. 在新员工入职培训流程中增加关于 BCG 具体内容的培训和考试;

8. 受到性骚扰的员工,可以通过 BCG 举报邮箱或者性骚扰举报专设邮箱进行投诉;

9. 接到关于性骚扰的投诉后,管理部门应当于 12 小时内做出是否进行调查的回应;

10. 管理部门对性骚扰投诉展开调查后,应当在 5 个工作日内公布处理结果,并将结果向企业全员进行公示(对于被性骚扰的员工信息,经其同意可以公布);

11. 管理部门经核实确认性骚扰确实存在的,应当将调查结果及拟采取处理措施向工会通报情况,并征求工会意见;

12. 对于被认定为性骚扰他人的员工,视为违反 BCG 准则或者严重违反劳动纪律,企业可以适用《中华人民共和国劳动合同法》第 39 条规定单方面解除与该员工的劳动合同。

---

① 《企业商业行为准则》应视为公司的规章制度。

第九章　投资者关系

——股票上市是起点，持续信披要牢记

根据国家统计局2020年2月28日发布的《中华人民共和国2019年国民经济和社会发展统计公报》显示：2019年全年，我国新登记的市场主体①为2377万户，日均新登记企业2万户，年末市场主体总数达1.2亿户。为数众多的市场主体，一方面给我国政府监管带来新的挑战并提出新的要求，另一方面也反映了我国社会主义市场经济正在取得令人鼓舞的成绩。

那么，对于这些市场主体（特别是公司②）的投资者们来说，应该重点了解和防范哪些风险？

9.1　现代公司治理架构

现代公司治理的显著特征之一，便是组织机构健全。本章我们将着重对公司组织机构进行阐述。

9.1.1　股东会、股东大会

有限责任公司股东会由全体股东组成，股东会是公司的权力机构，依法行使下列职权：

---

① 关于市场主体的数据来自国家市场监督管理总局。

② 现代公司的基本特征：股东有限责任、法人独立地位、产权归属清晰、组织机构健全、权利与义务事先载明等。

1. 决定公司的经营方针和投资计划；

2. 选举和更换非由职工代表担任的董事、监事，决定有关董事、监事的报酬事项；

3. 审议批准董事会的报告；

4. 审议批准监事会或者监事的报告；

5. 审议批准公司的年度财务预算方案、决算方案；

6. 审议批准公司的利润分配方案和弥补亏损方案；

7. 对公司增加或者减少注册资本作出决议；

8. 对发行公司债券作出决议；

9. 对公司合并、分立、解散、清算或者变更公司形式作出决议；

10. 修改公司章程；

11. 公司章程规定的其他职权。

需要注意的是：

1. 一人有限责任公司①不设股东会。股东作出前述第1项至第11项所列决定时，应当采用书面形式，并由股东签名后置备于公司。

2. 国有独资公司不设股东会，由国有资产监督管理委员机构行使股东会职权。

股份有限公司股东大会由全体股东组成。股东大会是公司的权力机构，依法行使职权，具体职权与有限责任公司股东会职权相同。

① 一人有限责任公司，是指只有一个自然人股东或者一个法人股东的有限责任公司。一个自然人只能投资设立一个一人有限责任公司。该一人有限责任公司不能投资设立新的一人有限责任公司。一人有限责任公司的股东，不能证明公司财产独立于股东自己的财产的，应当对公司债务承担连带责任。

表 9－1　股东会和股东大会比较研究

事项	股东会	股东大会
召开频率	对股东会职权内事项，股东以书面形式一致表示同意的，可以不召开股东会会议，直接作出决定，并由全体股东在决定文件签名、盖章。 股东会会议分为定期会议和临时会议。 定期会议应当依照公司章程的规定按时召开。 代表 1/10 以上表决权的股东，1/3 以上的董事，监事会或者不设监事会的公司的监事提议召开临时会议的，应当召开临时会议	股东大会应当每年召开一次年会。 有下列情形之一的，应当在两个月内召开临时股东大会： 1. 董事人数不足公司法规定人数或者公司章程所定人数的 2/3 时； 2. 公司未弥补的亏损达实收股本总额 1/3 时； 3. 单独或者合计持有公司 10% 以上股份的股东请求时； 4. 董事会认为必要时； 5. 监事会提议召开时； 6. 公司章程规定的其他情形
召集程序	首次股东会会议由出资最多的股东召集和主持。 非首次股东会会议，由董事会召集，董事长主持。① 不设董事会的，执行董事召集和主持。 董事会或者执行董事不能履行或者不履行召集股东会会议职责的，由监事会或者不设监事会的公司的监事召集和主持。 监事会或者监事不召集和主持的，代表 1/10 以上表决权的股东可以自行召集和主持	股东大会会议由董事会召集，董事长主持。② 董事会不能履行或者不履行召集股东大会会议职责的，监事会应当及时召集和主持。 监事会不召集和主持的，连续 90 日以上单独或者合计持有公司 10% 以上股份的股东可以自行召集和主持

① 董事长不能履行职务或者不履行职务，由副董事长主持；副董事长不能履行职务或者不履行职务的，由半数以上董事共同推举一名董事主持。

② 董事长不能履行职务或者不履行职务，由副董事长主持；副董事长不能履行职务或者不履行职务的，由半数以上董事共同推举一名董事主持。

续表

事项	股东会	股东大会
提前通知	召开股东会会议,应当于会议召开15日前通知全体股东;但是,公司章程另有规定或者全体股东另有约定的除外	召开股东大会会议,应当将会议召开的时间、地点和审议的事项于会议召开20日前通知各股东。 临时股东大会应当于会议召开15日前通知各股东。 发行无记名股票①的,应当于会议召开30日前公告会议召开的时间、地点和审议事项
临时提案	—	单独或者合计持有公司3%以上股份的股东,可以在股东大会召开10日前提出临时提案②并书面提交董事会; 董事会应当在收到提案后2日内通知其他股东,并将该临时提案提交股东大会审议
会议记录	股东会应当对所议事项的决定作成会议记录,出席会议的股东应当在会议记录上签名	股东大会应当对所议事项的决定作出会议记录,主持人、出席会议的董事应当在会议纪要上签名。 会议记录应当与出席股东的签名册及代理出席的委托书一并保存

① 无记名股票持有人出席股东大会会议的,应当于会议召开5日前至股东大会闭会时将股票交存于公司。

② 临时提案的内容,应当属于股东大会职权范围,并有明确议题和具体决议事项。

续表

事项	股东会	股东大会
表决权	股东会会议由股东按照出资比例行使表决权；但是，公司章程另有规定的除外	股东出席股东大会会议，所持每一股份有一表决权。但是，公司持有本公司股份没有表决权。 股东大会选举董事、监事，可以依照公司章程的规定或者股东大会的决议，施行累积投票制①
必须超过2/3以上通过事项	股东会会议作出如下决议，必须经代表2/3以上表决权的股东通过： 1. 修改公司章程、增加或者减少注册资本的决议； 2. 公司合并、分立、解散、或者变更公司形式的决议。 有限责任公司章程规定的营业期限届满或者公司章程规定的其他解散事由出现，但公司股东大会决议修改公司章程而存续的，必须经持有2/3以上表决权的股东通过	股东大会作出如下决议，必须经出席会议的股东所持表决权的2/3以上通过： 1. 修改公司章程、增加或者减少注册资本的决议； 2. 公司合并、分立、解散、或者变更公司形式的决议。 股份有限公司章程规定的营业期限届满或者公司章程规定的其他解散事由出现，但公司股东大会决议修改公司章程而存续的，必须经出席股东大会会议的股东所持表决权的2/3以上通过。 上市公司在一年内购买、出售重大资产或者担保金额超过公司资产总额的30%的，应当由股东大会作出决议，并经出席会议的股东所持表决权的2/3以上通过

① 累积投票制，是指股东大会选举董事或者监事时，每一股份拥有与应选董事或者监事人数相同的表决权，股东拥有的表决权可以集中使用。

9.1.2 董事会

有限责任公司的董事会对股东会负责，行使下列职权：

1. 召集股东会会议，并向股东会报告工作；

2. 执行股东会的决议；

3. 决定公司的经营计划和投资方案；

4. 制定公司的年度财务预算方案、决算方案；

5. 制定公司的利润分配方案和弥补亏损方案；

6. 制定公司增加或者减少注册资本以及发行公司债券的方案；

7. 制定公司合并、分立、解散或者变更公司形式的方案；

8. 决定公司内部管理机构的设置；

9. 决定聘任或者解聘公司经理及其报酬事项，并根据经理的提名决定聘任或者解聘公司副经理、财务负责人及其报酬事项；

10. 制定公司的基本管理制度；

11. 公司章程规定的其他职权。

其中，国有独资公司的董事会，除前述规定第1项至第11项职权外：

1. 国有资产监督管理机构可以授权公司董事会行使股东会的部分职权，决定公司的重大事项，但公司的合并、分立、解散、增加或者减少注册资本和发行公司债券，必须由国有资产监督管理机构决定；

2. 重要的国有独资公司[①]合并、分立、解散、申请破产的，应当由国有资产监督管理机构审核后，报本级人民政府批准。

股份有限公司的董事会对股东大会负责，行使的职权与有限责任公司董事会的职权相同。

---

① 重要的国有独资公司，按照国务院的规定确定。

表 9－2　有限责任公司董事会、股份有限公司董事会比较

事项	有限责任公司董事会	股份有限公司董事会
成员人数	3 人至 13 人 股东人数较少或者规模较小的有限责任公司，可以设 1 名执行董事，不设董事会。 一人有限责任公司可以不设董事会。 国有独资公司设董事会	5 人至 19 人 上市公司设独立董事，具体办法由国务院规定
公司职工代表	国有独资公司董事会成员中应当有公司职工代表。 两个以上的国有企业或者两个以上的其他国有投资主体投资设立的有限责任公司，其董事会成员中应当有公司职工代表。 其他有限责任公司董事会成员中可以有公司职工代表	董事会成员中可以有公司职工代表
董事会设置	董事长 1 人，可以设副董事长。 董事长、副董事长的产生办法，由公司章程规定。 国有独资公司董事会成员由国有资产监督管理机构委派；但是，董事会成员中的职工代表由公司职工代表大会选举产生。 国有独资公司董事长、副董事长由国有资产监督管理机构从董事会成员中指定	董事长 1 人，可以设副董事长。 董事长和副董事长由董事会以全体董事的过半数选举产生

续表

事项	有限责任公司董事会	股份有限公司董事会
董事任期	董事任期由公司章程规定,但每届任期不得超过3年。 董事任期届满,连选可以连任	董事任期由公司章程规定,但每届任期不得超过3年。 董事任期届满,连选可以连任
会议召集	董事会会议由董事长召集和主持。 董事长不能履行职务或者不履行职务的,由副董事长召集和主持; 副董事长不能履行职务或者不履行职务的,由半数以上董事共同推举1名董事召集和主持	董事长召集和主持董事会会议,检查董事会决议的实施情况。 副董事长协助董事长工作,董事长不能履行职务或者不履行职务的,由副董事长履行职务。副董事长不能履行职务或者不履行职务的,由半数以上董事共同推举1名董事履行职务
会议频率	—	每年度至少召开两次会议,每次会议应当于会议召开10日前通知全体董事和监事
董事会临时会议	—	代表1/10以上表决权的股东、1/3以上董事或者监事会,可以提议召开董事会临时会议。 董事长应当自接到提议后10日内,召集和主持董事会会议。 董事会召开临时会议,可以另定召集董事会的通知方式和通知时限

续表

事项	有限责任公司董事会	股份有限公司董事会
议事方式	由公司章程规定	董事会会议应有过半数的董事出席方可举行。 上市公司董事与董事会会议决议事项所涉及的企业有关联关系的,不得就该项决议行使表决权,也不得代理其他董事行使表决权。该董事会会议由过半数的无关联关系董事出席即可举行,董事会会议所作决议须经无关联关系董事过半数通过。出席董事会的无关联关系董事人数不足3人的,应将该事项提交上市公司股东大会审议
表决程序	由公司章程规定	董事会作出决议,必须经全体董事的过半数通过
表决机制	董事会决议的表决,实行一人一票	董事会决议的表决,实行一人一票
董事会会议记录	董事会应当对所议事项的决定作成会议记录,出席会议的董事应当在会议记录上签名	董事会应当对会议所议事项的决定作成会议记录,出席会议的董事应当在会议记录上签名
董事赔偿责任	—	董事应当对董事会的决议承担责任。 董事会的决议违反法律、行政法规或者公司章程、股东大会决议,致使公司遭受严重损失的,参与决议的董事对公司负赔偿责任。 但经证明在表决时曾表明异议并记载于会议记录的,该董事可以免责

9.1.3 经理与其他高级管理人员

有限责任公司可以设经理，由董事会决定聘任或者解聘。经理对董事会负责，行使下列职权：

1. 主持公司的生产经营管理工作，组织实施董事会决议；
2. 组织实施公司年度经营计划和投资方案；
3. 拟定公司内部管理机构设置方案；
4. 拟定公司的基本管理制度；
5. 制定公司的具体规章；
6. 提请聘任或者解聘公司副经理、财务负责人；
7. 决定聘任或者解聘除应由董事会决定聘任或者解聘以外的负责管理人员；
8. 董事会授予的其他职权；
9. 公司章程对经理职权另有规定的，从其规定。

需要注意的是，经理列席董事会会议。

股份有限公司可以设经理，由董事会决定聘任或者解聘。经理对董事会负责，行使职权与有限责任公司的经理职权相同。

表9－3　有限责任公司高级管理人员、股份有限公司高级管理人员比较

事项	有限责任公司高级管理人员	股份有限公司高级管理人员
列席会议	经理列席董事会会议	经理列席董事会会议
兼任情况	经国有资产监督管理机构同意，董事会成员可以兼任经理	公司董事会可以决定由董事会成员兼任经理
公司借款	—	公司不得直接或者通过子公司向董事、监事、高级管理人员提供借款

续表

事项	有限责任公司高级管理人员	股份有限公司高级管理人员
定期披露报酬情况	—	公司应当定期向股东披露董事、监事、高级管理人员从公司获得报酬的情况
上市公司董事会秘书	—	上市公司设董事会秘书，负责公司股东大会和董事会会议的筹备、文件保管以及公司股东资料的管理，办理信息披露事务等事宜

9.1.4　监事会

有限责任公司的监事会、不设监事会的公司的监事行使下列职权：

1. 检查公司财务；

2. 对董事、高级管理人员执行公司职务的行为进行监督，对违反法律、行政法规、公司章程或者股东会决议的董事、高级管理人员提出罢免的建议；

3. 当董事、高级管理人员的行为损害公司的利益时，要求董事、高级管理人员予以纠正；

4. 提议召开临时股东会会议，在董事会不履行召集和主持股东会会议职责时召集和主持股东会会议；

5. 向股东会会议提出议案；

6. 依照《公司法》第 151 条的规定，对董事、高级管理人员提起诉讼；

7. 公司章程规定的其他职权。

其中，国有独资公司的监事会，行使下列职权：

1. 检查公司财务；

2. 对董事、高级管理人员执行公司职务的行为进行监督，对违反法律、行政法规、公司章程或者股东会决议的董事、高级管理人员提出罢免的建议；

3. 当董事、高级管理人员的行为损害公司的利益时，要求董事、高级管理人员予以纠正；

4. 国务院规定的其他职权。

股份有限公司的监事会，依法行使与有限责任公司监事会相同的职权。

表 9－4　有限责任公司监事会、股份有限公司监事会比较

事项	有限责任公司监事会	股份有限公司监事会
成员人数	成员不得少于 3 人。 股东人数较少或者规模较小的有限责任公司，可以设 1 名至 2 名监事，不设监事会。 国有独资公司的监事会成员不得少于 5 人，其中职工代表的比例不得低于 1/3，具体比例由公司章程规定	成员不得少于 3 人
特别事项	董事、高级管理人员不得兼任监事	董事、高级管理人员不得兼任监事
公司职工代表	监事会应当包括： 1. 股东代表； 2. 适当比例的公司职工代表（职工代表的比例不得低于 1/3，具体比例由公司章程规定）	监事会应当包括： 1. 股东代表； 2. 适当比例的公司职工代表（职工代表的比例不得低于 1/3，具体比例由公司章程规定）

续表

事项	有限责任公司监事会	股份有限公司监事会
监事会设置	监事会设主席1人。 主席由全体监事过半数选举产生。 国有独资公司监事会成员由国有资产监督管理机构委派;但是,监事会成员中的职工代表由公司职工代表大会选举产生。 监事会主席,由国有资产监督管理机构从监事会成员中指定	监事会设主席1人,可以设副主席。 监事会主席和副主席由全体监事过半数选举产生
监事任期	每届为3年。 监事任期届满,连选可以连任	每届为3年。 监事任期届满,连选可以连任
会议召集	监事会主席召集和主持监事会会议。 监事会主席不能履行职务或者不履行职务的,由半数以上监事共同推举1名监事召集和主持监事会会议	监事会主席召集和主持监事会会议。 监事会主席不能履行职务或者不履行职务的,由监事会副主席召集和主持监事会会议; 监事会副主席不能履行或者不履行职务的,由半数以上监事共同推举1名监事召集和主持监事会会议
会议频率	监事会每年度至少召开1次会议。监事可以提议召开临时监事会会议	监事会每6个月至少召开1次会议。监事可以提议召开临时监事会会议
议事方式	除公司法有规定的外,由公司章程规定	除公司法有规定的外,由公司章程规定

续表

事项	有限责任公司监事会	股份有限公司监事会
表决程序	除公司法有规定的外，由公司章程规定。 监事会决议应当经半数以上监事通过	除公司法有规定的外，由公司章程规定。 监事会决议应当经半数以上监事通过
会议记录	监事会应当对所议事项的决定作成会议记录，出席会议的监事应当在会议记录上签名	监事会应当对所议事项的决定作成会议记录，出席会议的监事应当在会议记录上签名
列席情况	监事可以列席董事会会议，并对董事会决议事项提出质询或者建议	监事可以列席董事会会议，并对董事会决议事项提出质询或者建议
监事会调查权	监事会、不设监事会的公司的监事发现公司经营情况异常，可以进行调查； 必要时，可以聘请会计师事务所等协助其工作，费用由公司承担	监事会发现公司经营情况异常，可以进行调查； 必要时，可以聘请会计师事务所等协助其工作，费用由公司承担

9.1.5 工会和职工代表大会

根据《公司法》第18条规定，公司职工依照《工会法》[①]组织工会，开展工会活动，维护职工合法权益。公司应当为本公司工会提供必要的活动条件。公司工会代表职工就职工的劳动报酬、工作时间、福利、保险和劳动安全卫生等事项依法与公司签订集体合同。

公司依照宪法和有关法律的规定，通过职工代表大会或者其他形式，实行民主管理。公司研究决定改制以及经营方面的重大问题、制定重要的规章制度时，应当听取公司工会的意见，并通过职工代表大

① 《中华人民共和国工会法》于1992年4月3日制定通过，自1992年4月3日起施行。2001年10月27日第一次修正，2009年8月27日第二次修正。

会或者其他形式听取职工的意见和建议。

根据《工会法》第 3 条规定，在中国境内的企业、事业单位、机关中以工资收入为主要生活来源的体力劳动者和脑力劳动者，不分民族、种族、性别、职业、宗教信仰、教育程度，都有依法参加和组织工会的权利。任何组织和个人不得阻挠和限制。

同时，根据《工会法》第 6 条规定，工会通过平等协商和集体合同制度，协调劳动关系，维护企业职工劳动权益。工会依照法律规定通过职工代表大会或者其他形式，组织职工参与本单位的民主决策、民主管理和民主监督。

关于工会经费的来源，根据《工会法》第 42 条第 1 款规定，共有以下五项：

1. 工会会员缴纳的会费；

2. 建立工会组织的企业、事业单位、机关按每月全部职工工资总额的百分之二向工会拨缴[①]的经费；

3. 工会所属的企业、事业单位上缴的收入；

4. 人民政府的补助；

5. 其他收入。

9.1.6　三资企业[②]的组织机构过渡

随着《中华人民共和国外商投资法》[③]（以下简称《外商投资法》）于 2020 年 1 月 1 日起施行，《中华人民共和国中外合资经营企业法》[④]

---

① 企业、事业单位拨缴的经费在税前列支。

② 三资企业，是指中外合资经营企业、中外合作经营企业、外商独资企业。

③ 《中华人民共和国外商投资法》于 2019 年 3 月 15 日制定通过，自 2020 年 1 月 1 日起施行。

④ 《中华人民共和国中外合资经营企业法》于 1979 年 7 月 1 日制定通过，1990 年 4 月 4 日第一次修正，2001 年 3 月 15 日第二次修正，2016 年 9 月 3 日第三次修正，2020 年 1 月 1 日正式废止。

《中华人民共和国外资企业法》①《中华人民共和国中外合作经营企业法》②同时废止。

根据《外商投资法》第 31 条规定，外商投资企业③的组织形式、组织机构及其活动准则，适用《公司法》《中华人民共和国合伙企业法》（以下简称《合伙企业法》）等法律的规定。这意味着，之前已经合法成立的中外合资经营企业、中外合作经营企业、外商独资企业，随着外商投资法的生效，需要在组织形式、组织机构及其活动准则上按照我国公司法、合伙企业法等法律进行相应调整。

考虑到有序衔接、平稳过渡，《外商投资法》第 42 条规定了五年过渡期。同时，《中华人民共和国外商投资法实施条例》④第 44 条第 2 款规定，自 2025 年 1 月 1 日起，对未依法调整组织形式、组织机构等办理变更登记的现有外商投资企业，市场监督管理部门不予办理其申请的其他登记事项，并将相关情形予以公示。

表 9－5　外商投资法及其实施条例适用范围

场景	投资者	投资活动	适用法律
场景一	外国的自然人、企业或者其他组织	直接或间接在中国境内进行的投资活动	适用外商投资法及其实施条例的有关规定
场景二	外商投资企业	在中国境内投资	适用外商投资法及其实施条例的有关规定

① 《中华人民共和国外资企业法》于 1986 年 4 月 12 日制定通过，2000 年 10 月 31 日第一次修正，2016 年 9 月 3 日第二次修正，2020 年 1 月 1 日正式废止。

② 《中华人民共和国中外合作经营企业法》于 1988 年 4 月 13 日制定通过，2000 年 10 月 31 日第一次修正，2016 年 9 月 3 日第二次修正，2016 年 11 月 7 日第三次修正，2017 年 11 月 4 日第四次修正，2020 年 1 月 1 日正式废止。

③ 外商投资企业，是指全部或者部分由外国投资者投资，依照中国法律在中国境内登记注册设立的企业。

④ 《中华人民共和国外商投资法实施条例》于 2019 年 12 月 12 日制定通过，自 2020 年 1 月 1 日起施行。

续表

场景	投资者	投资活动	适用法律
场景三	香港特别行政区、澳门特别行政区投资者	在内地投资	参照外商投资法及其实施条例执行;法律、行政法规或者国务院另有规定的,从其规定
场景四	定居在国外的中国公民	在中国境内投资	参照外商投资法及其实施条例执行;法律、行政法规或者国务院另有规定的,从其规定
场景五	台湾地区投资者①	在大陆投资	适用《中华人民共和国台湾同胞投资保护法》②及其实施细则的规定;未规定的事项,参照外商投资法及其实施条例执行

9.2　公司股权、股票的继承制度

在现实生活中,如何处理有限责任公司的股权、股份有限公司的股票继承问题?

9.2.1　优先认购权、优先购买权概述

我们知道,有限责任公司成立后,考虑到其具有人合性的特点,我国公司法赋予了有限责任公司股东在特定情形时的优先认购权和优先购买权。

① 台湾地区投资者,是指台湾地区的公司、企业、其他经济组织或者个人。
② 《中华人民共和国台湾同胞投资保护法》于 1994 年 3 月 5 日制定通过,1994 年 3 月 5 日施行。2016 年 9 月 3 日第一次修正,2019 年 12 月 28 日第二次修正。

表 9-6　有限责任公司股东的优先认购权、优先购买权

《公司法》	具体场景	优先认购权/优先购买权	例外情况
第 34 条	公司新增资本时	股东有权优先按照实缴的出资比例认缴出资	但是全体股东约定不按照出资比例优先认缴出资的除外
第 71 条	股东向股东以外的人转让股权时	经股东同意转让的股权，在同等条件下，其他股东有优先购买权。两个以上股东主张行使优先购买权的，协商确定各自的购买比例；协商不成的，按照转让时各自的出资比例行使优先购买权	公司章程对股权转让另有规定的，从其规定
第 72 条	人民法院依照法律规定的强制执行程序转让股东的股权时	其他股东在同等条件下有优先购买权	其他股东自人民法院通知之日起满 20 日不行使优先购买权的，视为放弃优先购买权

有限责任公司股东向股东以外的人转让股权时，在公司章程没有特别规定、全体股东未进行约定的情况下，其他股东行使优先购买权的程序如下：

1. 股东应就其股权转让事项书面通知①其他股东征求是否同意转让。

2. 其他股东自接到书面通知之日起满 30 日未答复的，视为同意转让。

3. 其他股东半数以上不同意转让的，不同意的股东应当购买该转

① 书面通知，包括以书面或者其他能够确认收悉的合理方式通知。

让的股权；不购买的，视为同意转让。

4. 经其他股东同意转让的股权，在同等条件[①]下，其他股东有优先购买权。

5. 有优先购买权的其他股东主张优先购买该转让的股权的，应当在 30 日内通知转让股东。

6. 两个以上股东主张行使优先购买权的，协商各自的购买比例。

7. 协商不成的，按照转让时各自的出资比例行使优先购买权。

8. 其他股东通知转让股东行使优先购买权的特殊情形：转让股东在其他股东主张优先购买后又不同意转让股权的，其他股东的优先购买权消失；但给其他股东造成合理损失的，转让股东应当赔偿其他股东合理损失。

9. 其他股东优先购买权受损害的特殊情形：转让股东未就其股权转让事项征求其他股东意见，或者以欺诈、恶意串通等手段，损害其他股东优先购买权的，其他股东自知道或者应当知道行使优先购买权的同等条件之日起 30 日内没有主张，或者自股权变更登记之日起超过 1 年的，优先购买权消失。

对于股份有限公司，其股份采取的是股票[②]形式。根据《公司法》第 132 条规定，股份有限公司成立后，才能向股东正式交付股票。由于股份有限公司具有资合性的特点，股东持有的股票依法转让时，并不受其他股东的影响。

对于记名股票，由股东以背书方式或者法律、行政法规规定的其他方式转让；转让后由公司将受让人的姓名或者名称及住所记载于股东名册。对于无记名股票，其转让由股东将该股票交付给受让人即发生转让的效力。

因此，股份有限公司股东依法转让其股票时，并不存在其他股东优先购买权的问题。

---

① 同等条件，应当考虑转让股权的数量、价格、支付方式及期限等因素。

② 股票，是股份有限公司签发的证明股东所持股份的凭证。

9.2.2 股东资格继承概述

关于股东资格的继承问题，对于股份有限公司而言，考虑到其资合性，自然人股东死亡的，其合法继承人通过继承股票的形式自然获得股东身份，在理论和实践中并无争议，在此不再赘述。

对于有限责任公司而言，《公司法》第75条规定，自然人股东死亡后，其合法继承人可以继承股东资格，但是公司章程另有规定的除外。

同时，根据最高人民法院《关于适用〈中华人民共和国公司法〉若干问题的规定（四）》（法释〔2020〕18号修正）①（以下简称《公司法司法解释（四）》）第16条规定，有限责任公司的自然人股东因继承发生变化时，其他股东主张依据《公司法》第71条第3款规定行使优先购买权的，人民法院不予支持，但公司章程另有规定或者全体股东另有约定的除外。

根据前述两条规定，我们知道，由于有限责任公司的人合性，法律允许全体股东提前约定或者在公司章程中明确规定②"自然人股东去世的，其继承人不能获得股东资格，应当将其继承的股权转让"。在公司章程并未如此规定、全体股东也没有事先约定的前提下，自然人股东死亡的，依照《公司法》第75条和《公司法司法解释（四）》第16条，其合法继承人在继承被继承人的股权时，可以同时继承有限责任公司的股东资格。

9.2.3 股东资格继承的三个特殊问题

在实践中，关于股东资格继承，还应当注意如下三个特殊问题。

---

① 最高人民法院《关于适用〈中华人民共和国公司法〉若干问题的规定（四）》于2016年12月5日由最高人民法院审判委员会第1702次会议通过，自2017年9月1日起施行。2020年12月29日，最高人民法院公布法释〔2020〕18号，对其进行了修正。

② 全体股东约定或者公司章程规定，应当发生在自然人股东去世前，且效力应当及于全体股东，而非仅针对一部分股东或者某个股东。

特殊问题一:有限责任公司股东人数限制。

有限责任公司的自然人股东死亡后,如果符合继承其股东资格的继承人较多,进而可能导致有限责任公司的股东人数超过 50 人,那么应依照如下规则处理:

1. 首先应当引导各继承人协商由部分继承人继承股东资格,未继承股东资格的其他继承人的其他股权收益不受影响;

2. 如果各继承人未能协商达成协议,则应当引导公司将公司形态从有限责任公司变更为股份有限公司,避免突破有限责任公司股东 50 名以下的人数限制;

3. 各继承人协商不成,同时公司也不愿意变更组织形态的,人民法院不应同时确认各继承人的股东资格。

特殊问题二:未成年人①是否可以继承股东资格。

我国《公司法》对未成年人能否能成为公司股东并没有限制性规定。换言之,未成年人是可以成为公司股东的。在股东资格继承问题上,我国立法机关的态度是:限制民事行为能力人②或者无民事行为能力人③若无其他违背情形,是可以直接继承股东资格。

特殊问题三:股东资格继承后可能涉及的一人有限责任公司。

在实践中,我们也会注意到,有些家族性质的有限责任公司,甚至

---

① 十八周岁以上的自然人为成年人,不满十八周岁的自然人为未成年人。成年人为完全民事行为能力人,可以独立实施民事法律行为。十六周岁以上的未成年人,以自己的劳动收入为主要生活来源的,视为完全民事行为能力人。

② 八周岁以上的未成年人为限制民事行为能力人,实施民事法律行为由其法定代理人代理或者经其法定代理人同意、追认;但是,可以独立实施纯获利益的民事法律行为或者与其年龄、智力相适应的民事法律行为。成年人不能完全辨认自己行为的,为限制民事行为能力人,实施民事法律行为由其法定代理人代理或者经其法定代理人同意、追认;但是,可以独立实施纯获利益的民事法律行为或者与其智力、精神健康状态相适应的民事法律行为。

③ 不满八周岁的未成年人为无民事行为能力人,由其法定代理人代理实施民事法律行为。八周岁以上的未成年人不能辨认自己行为的,为无民事行为能力人。成年人不能辨认自己行为的,也为无民事行为能力人。

股东就是夫妻二人。在这种情况下，假如夫妻二人同时死亡，而继承人又只有一人时，会导致该公司股东变成了一个人。此时，原先的普通有限责任公司就将变成一人有限责任公司。

面对这种情形，继承人是可以继承股东资格的，但是应该及时将部分股权转让，以便符合普通有限责任公司股东人数的要求。如果该继承人不愿意转让股权，则应当将普通有限责任公司变更为一人有限责任公司。

9.3 注册资本认缴制与出资加速到期

2013 年 12 月 29 日，我国在对《公司法》第三次修正时，进行了注册资本登记制度改革。《公司法》第三次修正后，注册资本从之前的"实缴制"原则改为了"认缴制"原则。

9.3.1 注册资本认缴制概述

根据《公司法》第 3 条、第 26 条、第 80 条规定：

1. 有限责任公司的注册资本为在公司登记机关登记的全体股东认缴的出资额；股东以其认缴的出资额为限对公司承担责任。

2. 股份有限公司采取发起设立方式设立的，注册资本为在登记机关登记的全体发起人认购的股本总额；在发起人认购的股份缴足前，不得向他人募集股份。

3. 股份有限公司采取募集方式设立的，注册资本为在公司登记机关登记的实收股本总额。

4. 法律、行政法规以及国务院决定对有限责任公司、股份有限公司注册资本实缴、注册资本最低限额另有规定的，从其规定。①

---

① 例如，根据《中华人民共和国保险法》(2015 年修正) 第 69 条规定，设立保险公司，其注册资本的最低限额为人民币 2 亿元。国务院保险监督管理机构根据保险公司的业务范围、经营规模，可以调整其注册资本的最低限额，但不得低于 2 亿元。保险公司的注册资本必须为实缴货币资本。

9.3.2　股东表决权和利润分配权

关于股东的表决权，根据《公司法》第 42 条、第 103 条规定：

1. 有限责任公司股东会会议由股东按照出资比例行使表决权；但是，公司章程另有规定的除外。

2. 股份有限公司股东出席股东大会会议，所持每一股份有一表决权。但是，公司持有的本公司股份没有表决权。

关于股东的利润分配权，根据《公司法》第 34 条、第 166 条规定：

1. 有限责任公司的股东按照实缴的出资比例分取红利；但是，全体股东约定不按照出资比例分取红利的除外。

2. 股份有限公司按照股东持有的股份比例分配利润，但股份有限公司章程规定不按持股比例分配的除外。

9.3.3　公司破产或者强制清算与股东出资加速到期

我们知道，在注册资本认缴制下，股东有权在认缴期限内缴足其认缴的出资额或者认购的股份。但是，当公司处于破产或者解散时，股东的出资义务是否应当加速到期呢？

根据《中华人民共和国企业破产法》①（以下简称《破产法》）第 35 条规定，人民法院受理破产申请后，债务人的出资人尚未完全履行出资义务的，管理人应当要求该出资人缴纳所认缴的出资，而不受出资期限的限制。

同时，根据最高人民法院《关于适用〈中华人民共和国公司法〉若干问题的规定（二）》第 22 条第 1 款规定，公司解散时，股东尚未缴纳的出资均应作为清算财产。股东尚未缴纳的出资，包括到期应缴未缴的出资，以及依照《公司法》第 26 条、第 80 条的规定分期缴纳尚未届满缴纳期限的出资。

由此可见，当公司破产或者强制清算时，股东尚未缴纳的出资应当加速到期。

---

① 《中华人民共和国企业破产法》于 2006 年 8 月 27 日制定通过，自 2007 年 6 月 1 日起施行。

9.3.4 股东补充赔偿责任与股东出资加速到期

那么，在公司非破产或者强制清算时，股东的出资义务是否应该加速到期呢？

最高人民法院《关于印发〈全国法院民商事审判工作会议纪要〉的通知》(法〔2019〕254 号)①(以下简称《九民纪要》)对此进行了阐述和解答，具体条文规定如下：

第 6 条【股东出资应否加速到期】在注册资本认缴制下，股东依法享有期限利益。债权人以公司不能清偿到期债务为由，请求未届出资期限的股东在未出资范围内对公司不能清偿的债务承担补充赔偿责任的，人民法院不予支持。但是，下列情形除外：

1. 公司作为被执行人的案件，人民法院穷尽执行措施无财产可供执行，已具备破产原因，但不申请破产的；

2. 在公司债务产生后，公司股东(大)会决议或以其他方式延长股东出资期限的。

由此可见，在公司非破产或者强制清算时，股东尚未缴纳的出资不应加速到期，但此时有两个例外情形：其一是企业已具备破产原因②但未申请破产；其二是股东恶意延长出资期限。

9.4 股权代持协议的法律效力

在实践中我们注意到，对于有限责任公司而言，出于多种原因，有时候会出现实际出资人和名义出资人不一致的情形，这便是大家常说的“代持股”。

---

① 2019 年 9 月 11 日，《全国法院民商事审判工作会议纪要》经最高人民法院审判委员会民事行政专业委员会第 319 次会议原则通过。2019 年 11 月 8 日，最高人民法院印发了该会议纪要。

② 根据最高人民法院《关于适用〈中华人民共和国企业破产法〉若干问题的规定(一)》第 1 条规定，债务人不能清偿到期债务并且具有下列情形之一的，人民法院应当认定其具备破产原因：(1) 资产不足以清偿全部债务；(2) 明显缺乏清偿能力。

9.4.1 股权代持协议是否有效?

根据最高人民法院《关于适用〈中华人民共和国公司法〉若干问题的规定(三)》(以下简称《公司法司法解释(三)》)第24条第1款规定,有限责任公司的实际出资人和名义出资人订立合同,约定由实际出资人出资并享有投资权益,以名义出资人为名义股东,实际出资人与名义股东对该合同效力发生争议的,如无法律规定的无效情形,人民法院应当认定该合同有效。

由此可见,实际出资人和名义出资人签订的股权代持协议通常是有效的。实际出资人的投资权益应当依双方合同确定并依法受保护。

在此需要特别指出的是,关于民事法律行为无效的情形,《民法典》总则编第六章第三节有具体规定:(1)无民事行为能力人实施的(第144条);(2)双方虚假行为(第146条第1款);(3)违反法律、行政法规的效力性强制规定的(第153条第1款);(4)违背公序良俗的(第153条第2款);(5)恶意串通,损害他人合法权益的(第154条)。

同时,《民法典》第506条规定:"合同中的下列免责条款无效:(一)造成对方人身损害的;(二)因故意或者重大过失造成对方财产损失的。"

9.4.2 实际出资人、名义出资人谁是股东?

需要注意的是,对于有限责任公司而言,其股东名册上记载的以及在公司登记机关登记的都是名义出资人,因此名义出资人是公司股东。

而实际出资人不是公司股东,一般不能直接向公司主张投资权益,只能依据股权代持协议的合同约定向名义出资人主张投资权益。

9.4.3 名义股东擅自处分股权应如何处理?

根据《公司法司法解释(三)》第25条规定,名义股东将登记于其名下的股权转让、质押或者以其他方式处分的,实际出资人以其对于股权享有实际权利为由,请求认定处分股权行为无效的,人民法院可以参照《民法典》第311条善意取得的规定处理。

名义股东处分股权造成实际出资人损失，实际出资人请求名义股东承担赔偿责任的，人民法院应予支持。

也就是说，名义股东作为公司股东，尽管其有权将股权进行转让、质押或者以其他方式处分，但是受让人要满足善意取得的条件才能获得股权。但同时，由于名义股东处分股权的行为违反了其与实际出资人的合同约定，因此如果其处分股权的行为造成实际出资人损失的，实际出资人可以请求名义股东承担赔偿责任。

9.4.4 公司债权人要求名义股东出资加速到期如何处理？

根据《公司法司法解释（三）》第26条规定，公司债权人以登记于公司登记机关的股东未履行出资义务为由，请求其对公司债务不能清偿的部分在未出资本息范围内承担补充赔偿责任，股东以其仅为名义股东而非实际出资人为由进行抗辩的，人民法院不予支持。

名义股东根据前款规定承担赔偿责任后，向实际出资人追偿的，人民法院应予支持。

换言之，对于公司债权人而言，根据商法交易中的公示主义和外观主义原则，公司债权人通过对公司登记内容的信赖，一般能够合理地相信登记的股东就是真实的股权人，因此可以主张其在未出资范围内对债权人未获得清偿的债券承担补充赔偿责任。此时，名义股东显然不能以“自己并非实际出资人”为由进行抗辩。

但是需要强调的是，如之前章节中分析，在注册资本认缴制下，名义股东也享有期限利益。在公司无破产或者强制清算的前提下，名义股东可以以“未届满出资期限”为由主张拒绝出资加速到期。

当然，如果名义股东因为例外情形①承担了股东补充赔偿责任的话，其可以向实际出资人追偿。

9.4.5 实际出资人显名的条件是什么？

根据《公司法司法解释（三）》第24条第3款规定，实际出资人未

① 具体参见本书第九章“投资者关系”“9.3.4 股东补充赔偿责任与股东出资加速到期”章节中的分析。

经公司其他股东半数以上同意，请求公司变更股东、签发出资证明书、记载于股东名册、记载于公司章程并办理公司登记机关登记的，人民法院不予支持。

由此可见，实际出资人如果想要“浮出水面”变更为公司股东，必须经过公司其他股东半数以上同意。

但需要注意的是，根据《九民纪要》第28条规定，实际出资人能够提供证据证明有限责任公司过半数的其他股东知道其实际出资的事实，且对其实际行使股东权利未曾提出异议的，对实际出资人提出的登记为公司股东的请求，人民法院依法予以支持。

9.4.6　实际出资人是否能够行使股东知情权？

在实践中，有时候会发生实际出资人主张行使股东知情权，要求查阅、复制公司章程、股东会会议记录、董事会会议决议、监事会会议决议和财务会计报告，并要求查阅公司会计账簿。

根据《公司法司法解释（四）》第7条规定，股东依据《公司法》第33条、第97条或者公司章程的规定，起诉请求查阅或者复制公司特定文件材料的，人民法院应当依法予以受理。被诉公司有证据证明原告在起诉时不具有公司股东资格的，人民法院应当驳回起诉，但原告由初步证据证明其在持股期间其合法权益收到损害，请求依法查阅或者复制其持股期间的公司特定文件材料的除外。

根据该第7条规定，我们可以得出以下两点：

1. 行使股东知情权的权利来源是股东身份；

2. 行使知情权起诉时仍应当具备股东资格（另有规定除外）。

对于实际出资人而言，由于其不具有股东身份，因此我们认为，其不能行使股东知情权。如果实际出资人坚持期望查阅或者复制公司特定文件材料，则应当先显名为公司股东，然后再按照《公司法》第33条之规定实现目的。

9.5 上市公司与股票发行注册制改革

我们知道,有限责任公司具有较强的人合性,要求股东人数50人以下。股份有限公司由于具有较强的资合性,法律对于普通股份有限公司股东人数限制放宽至2人以上200人以下。

但是,随着业务的不断发展壮大,企业会对资金提出更高的要求。除了银行贷款、融资租赁、票据贴现、应收账款保理、发行公司债券等融资形式外,吸引投资资本加入也是较为常用的方式。通过将公司股票在证券交易所上市交易,使得更多的投资者能够了解到公司经营现状和未来发展前景,不失为一个佳而快的融资方式。

9.5.1 上市公司与证券交易所概述

根据《公司法》第120条、第144条、第145条规定,上市公司是指其股票在证券交易所上市交易的股份有限公司。上市公司的股票,依照有关法律、行政法规及证券交易所交易规则上市交易。同时,上市公司必须依照法律、行政法规的规定,公开其财务状况、经营情况及重大诉讼,在每会计年度内半年公布一次财务会计报告。

我国的证券交易所有两家:上海证券交易所①和深圳证券交易所②。截至2020年7月10日,股票在上海证券交易所公开交易的上市公司数量为1649家,股票在深圳证券交易所公开交易的上市公司数量为2255家。也就是说,两家证券交易所合计上市公司数为3904家,市价总值达747,592.12亿元人民币。

---

① 上海证券交易所,简称上交所,成立于1990年11月26日,于1990年12月19日开业。上交所是经国务院批准设立的全国性证券交易所,受中国证监会监督和管理。

② 深圳证券交易所,简称深交所,1990年12月1日开始试营业,1991年7月3日正式开业。深交所是经国务院批准设立的全国性证券交易所,受中国证监会监督和管理。

表 9－7　我国证券交易所上市公司数据观察(截至 2020.07.10)

交易场所	公司类型	交易板块	公司数量(家)	市价总值(亿元)
上海证券交易所	上市公众公司	主板	1527	407,437.95
		科创板	122	24,446.11
深圳证券交易所	上市公众公司	深市主板	470	91,134.19
		中小企业板	960	131,520.60
		创业板	825	93,053.27
合计			3904	747,592.12

9.5.2　股票发行注册制改革

什么样的公司才能上市?

长期以来,我国坚持股票发行审核制——想要成为上市公司,首先必须具有持续盈利能力,其次还需要通过证券监督管理机构的各种审核,确保是一个“品学兼优的好学生”,才能进入证券交易所这个“大考场”。

然而,尽管制度设计初衷美好,但在实践中,股票发行审核制逐渐产生诸多弊端,亟须解决。

2013 年 11 月 12 日,中共中央《关于全面深化改革若干重大问题的决定》正式公布,提出:“健全多层次资本市场体系,推进股票发行注册制改革,多渠道推动股权融资,发展并规范债券市场,提高直接融资比重。”

2018 年 11 月 5 日,国家主席习近平在首届中国国际进口博览会开幕式上宣布设立科创板,①并在该板块内进行股票发行注册制试点。2019 年 7 月 22 日,科创板首批公司通过注册制上市。截至 2020 年 7 月 10 日,科创板已有 122 家上市公司,市价总值为 24,446.11 亿元人民币。

2019 年 12 月 28 日,第十三届全国人民代表大会常务委员会第十

① 科创板(STAR Market)是上海证券交易所的一个交易板块,2018 年 11 月 5 日宣布设立,2019 年 6 月 13 日正式开板。

五次会议对《中华人民共和国证券法》(以下简称《证券法》)进行了第二次修订,并于2020年3月1日起施行。根据《证券法》(2019年修订)第9条第1款规定,公司发行证券,必须符合法律、行政法规规定的条件,并依法报经国务院证券监督管理机构或者国务院授权的部门注册。未经依法注册,任何单位和个人不得公开发行证券。证券发行注册制的具体范围、实施步骤,由国务院规定。

2020年12月26日,为保障以信息披露为核心的证券发行注册制改革顺利推进,我国《刑法修正案(十一)》对原先的欺诈发行股票、债券罪进行了修改,主要有以下变动:

1. 新增欺诈发行证券罪,取消欺诈发行股票、债券罪。欺诈发行内容不仅仅局限于股票、债券,还包括存托凭证或者国务院依法认定的其他证券。

2. 提升刑期上限,从原来的最高5年有期徒刑,提升为最高15年有期徒刑。

3. 取消针对欺诈发行人罚金的上限。

4. 规定在特定条件下欺诈发行人的控股股东、实际控制人也构成犯罪。

表9-8 《证券法》(2019年修订)与股票发行注册制改革

比较事项	《证券法》(2014年修正)	《证券法》(2019年修订)
公开发行证券监管标准	第10条　公开发行证券,必须符合法律、行政法规规定的条件,并依法报国务院证券监督管理机构或者国务院授权的部门核准;未经依法核准,任何单位和个人不得公开发行证券。 有下列情形之一的,为公开发行:	第9条　公开发行证券,必须符合法律、行政法规规定的条件,并依法报经国务院证券监督管理机构或者国务院授权的部门注册。未经依法注册,任何单位和个人不得公开发行证券。证券发行注册制的具体范围、实施步骤,由国务院规定。

续表

比较事项	《证券法》(2014 年修正)	《证券法》(2019 年修订)
	1. 向不特定对象发行证券的; 2. 向特定对象发行证券累计超过二百人的; 3. 法律、行政法规规定的其他发行行为。 非公开发行证券,不得采用广告、公开劝诱和变相公开方式	有下列情形之一的,为公开发行: 1. 向不特定对象发行证券; 2. 向特定对象发行证券累计超过二百人,但依法实施员工持股计划的员工人数不计算在内; 3. 法律、行政法规规定的其他发行行为。 非公开发行证券,不得采用广告、公开劝募和变相公开方式
首次公开发行新股	第 13 条　公司发行新股,应当符合下列条件: 1. 具备健全且运行良好的组织机构; 2. 具有持续盈利能力,财务状况良好; 3. 最近三年财务会计文件无虚假记载,无其他重大违法行为; 4. 经国务院批准的国务院证券监督管理机构规定的其他条件 上市公司非公开发行新股,应当符合经国务院批准的国务院证券监督管理机构规定的条件,并报国务院证券监督管理机构核准	第 12 条　公司首次公开发行新股,应当符合下列条件: 1. 具备健全且运行良好的组织机构; 2. 具有持续经营能力; 3. 最近三年财务会计报告被出具无保留意见审计报告; 4. 发行人及其控股股东、实际控制人最近三年不存在贪污、贿赂、侵占财产、挪用财产或者破坏社会主义市场经济秩序的刑事犯罪; 5. 经国务院批准的国务院证券监督管理机构规定的其他条件。 上市公司发行新股,应当符合经国务院批准的国务院证券监督管理机构规定的条件,具体管理办法由国务院证券监督管

续表

比较事项	《证券法》(2014 年修正)	《证券法》(2019 年修订)
		理机构规定。 公开发行存托凭证的,应当符合首次公开发行新股的条件以及国务院证券监督管理机构规定的其他条件
公开发行公司债券	第 16 条　公开发行公司债券,应当符合下列条件: 1. 股份有限公司的净资产不低于人民币三千万元,有限责任公司的净资产不低于人民币六千万元; 2. 累计债券余额不超过公司净资产的百分之四十; 3. 最近三年平均可分配利润足以支付公司债券一年的利息; 4. 募集的资金投向符合国家产业政策; 5. 债券的利率不超过国务院限定的利率水平; 6. 国务院规定的其他条件。 公司发行公司债券筹集的资金,必须用于核准的用途,不得用于弥补亏损和非生产性支出。 上市公司发行可转换为股票的公司债券,除应当符合第一款规定的条件外,还应当符合本法关于公开发行股票的条件,并报国务院证券监督管理机构核准	第 15 条　公开发行公司债券,应当符合下列条件: 1. 具备健全且运行良好的组织机构; 2. 最近三年平均可分配利润足以支付公司债券一年的利息; 3. 国务院规定的其他条件。 公开发行公司债券募集的资金,必须按照公司债券募集办法所列资金用途使用;改变资金用途,必须经债券持有人会议作出决议。公开发行公司债券筹集的资金,不得用于弥补亏损和非生产性支出。 上市公司发行可转换为股票的公司债券,除应当符合第一款规定的条件外,还应当遵守本法第十二条第二款的规定。但是,按照公司债券募集办法,上市公司通过收购本公司股份的方式进行公司债券转换的除外

9.5.3　新三板非上市公众公司改革

为了进一步发展和繁荣社会主义市场经济，我国除了股票发行注册制改革，也正在推进健全多层次资本市场体系。根据《证券法》第96条规定，证券交易所、国务院批准的其他全国性证券交易场所①为证券集中交易提供场所和设施，组织和监督证券交易，实行自律管理，依法登记，取得法人资格。

表9-9　我国公众公司不同类型观察

序号	名称	简称	法律地位	上市/挂牌
1	上海证券交易所	上交所	证券交易所	上市公司
2	深圳证券交易所	深交所	证券交易所	上市公司
3	全国中小企业股份转让系统②	全国股转系统	国务院批准的其他全国性证券交易场所	非上市公众公司

全国中小企业股份转让系统，简称全国股转系统（俗称"新三板"），是经国务院批准，依据《证券法》设立的继上交所、深交所之后的第三家全国性证券交易场所。它的运营机构是全国中小企业股份转让系统有限责任公司（以下简称全国股转公司），该公司于2012年9月20日登记注册，注册资本30亿元人民币，2013年1月16日正式揭牌运营。自2013年12月31日起，全国股转系统开始面向全国接收企业挂牌申请。

2020年3月1日实施的修订后的《证券法》，进一步明确了新三板作为全国性证券交易场所的法律地位。但需要注意的是，新三板的基本定位是坚持服务中小企业发展，构建符合中小企业特点的挂牌准入、发行融资、并购重组等制度安排。如前所述，根据我国《公司法》第120条的规定，上市公司是指其股票在证券交易所上市交易的股份有

① 证券交易所、国务院批准的其他全国性证券交易场所的设立、变更和解散由国务院规定。国务院批准的其他全国性证券交易场所的组织机构、管理办法等，由国务院规定。

② 全国中小企业股份转让系统，简称全国股转系统，俗称"新三板"。

限公司。根据这个定义，其股票在新三板挂牌交易的股份有限公司，并不是上市公司。但由于其股票属于公开发行，因此其股票在新三板挂牌交易的股份有限公司是非上市公众公司，其股东人数可以突破200人限制。

为了进一步落实稳步推行新三板改革总体要求，同时也为了吸引更多符合条件的股份有限公司向全国股转系统申请股票挂牌交易，2020年4月27日，全国股转公司正式启动了股票向不特定合格投资者公开发行并在精选层挂牌业务的受理和审查工作（股票公开发行并在精选层挂牌业务）。

2020年6月3日，中国证券监督管理委员会发布《关于全国中小企业股份转让系统挂牌公司转板上市的指导意见》，并自公布之日起施行。根据该指导意见，股份有限公司的股票在新三板精选层挂牌，连续挂牌一年以上，符合证券交易所相应板块关于首次公开发行并上市的条件的，通过规定程序后，可以进行转板上市，无须中国证监会核准或注册，由上交所、深交所根据上市规则进行审核、作出决定。

截至2020年7月10日，其股票在新三板挂牌交易的股份有限公司数量为8533家，总股本为5464.70亿股。

表9－10 “新三板”挂牌公司数据观察（截至2020.07.10）

证券交易场所	公司类型	市场分层	公司数量（家）	总股本（亿股）
全国中小企业股份转让系统	非上市公众公司	基础层	7347	4081.39
		创新层	1188	1383.31
		精选层①	—	—
合计			8535	5464.70

① 自2020年4月27日起，全国股转公司正式启动股票向不特定合格投资者公开发行并在精选层挂牌（股票公开发行并在精选层挂牌）业务的受理与审查工作。截至2020年7月14日，共有32家股份有限公司处于发行过程中，但尚未在精选层挂牌。

9.6　独立董事制度的建立和发展

2001 年 8 月 16 日，为了进一步完善上市公司治理结构，促进上市公司规范运作，中国证券监督管理委员会发布了《关于在上市公司建立独立董事制度的指导意见》。① 根据该指导意见，我国境内上市公司应当按照要求修改公司章程，聘任适当人员担任独立董事，②其中至少包括 1 名会计专业人士。③ 在 2002 年 6 月 30 日前，董事会成员中应当至少包括 2 名独立董事；在 2003 年 6 月 30 日前，上市公司董事会成员中应当至少包括 1/3 的独立董事。同时，根据该指导意见，独立董事原则上最多在 5 家上市公司兼任独立董事。自此，我国开始建立上市公司独立董事制度。

9.6.1　上市公司独立董事制度

根据前述上市公司独立董事指导意见，独立董事应当具备与其行使职权相适应的任职条件。担任独立董事，应当符合如下基本条件：

1. 根据法律、行政法规及其他有关规定，具备担任上市公司董事的资格；

2. 具有指导意见所要求的独立性；

3. 具备上市公司运作的基本知识，熟悉相关法律、行政法规、规章及规则；

4. 具有五年以上法律、经济或者其他履行独立董事职责所必需的工作经验；

5. 公司章程规定的其他条件。

---

① 中国证券监督管理委员会《关于发布〈关于在上市公司建立独立董事制度的指导意见〉的通知》(证监发〔2001〕102 号)。

② 上市公司独立董事，是指不在公司担任除董事外的其他职务，并与其所受聘的上市公司及其主要股东不存在可能妨碍其进行独立客观判断的关系的董事。

③ 会计专业人士，是指具有高级职称或注册会计师资格的人士。

为了提高独立董事的独立性，下列人员不得担任独立董事：

1. 在上市公司或者其附属企业任职的人员及其直系亲属、[1]主要社会关系；[2]

2. 直接或间接持有上市公司已发行股份1%以上或者是上市公司前十名股东中的自然股东及其直系亲属；

3. 在直接或间接持有上市公司已发行股份5%以上的股东单位或者在上市公司前五名股东单位任职的人员及其直系亲属；

4. 最近一年内曾经具有前三项所列举情形的人员；

5. 为上市公司或者其附属企业提供财务、法律、咨询等服务的人员；

6. 公司章程规定的其他人员；

7. 中国证监会认定的其他人员。

2014年9月12日，为了进一步指导和促进上市公司独立董事规范、尽责履职，充分发挥独立董事在上市公司治理中的作用，中国上市公司协会根据《公司法》、《证券法》、《关于在上市公司建立独立董事制度的指导意见》，以及上海证券交易所上市公司上市规则、深圳证券交易所上市公司上市规则、规范运作指引等相关法律、行政法规、部门规章、规范性文件、自律规则等基础上，制定了《上市公司独立董事履职指引》。该履职指引适用于我国境内上市的中国上市公司协会会员的独立董事；同时，非中国上市公司协会会员的独立董事可以参照执行。

9.6.2 新三板挂牌公司独立董事制度

值得注意的是，2020年4月9日，为了进一步完善新三板挂牌公司治理结构，充分发挥公司独立董事作用，根据《公司法》、《证券法》、全国中小企业股份转让系统挂牌公司治理规则等规定，全国中小企业

---

① 直系亲属是指配偶、父母、子女等。

② 主要社会关系是指兄弟姐妹、岳父母、儿媳女婿、兄弟姐妹的配偶、配偶的兄弟姐妹等。

股份转让系统有限责任公司发布了《全国中小企业股份转让系统挂牌公司治理指引第2号——独立董事》(股转系统公告〔2020〕269号)的公告,并于发布之日起施行。

该挂牌公司独立董事治理指引第5条、第7条、第8条规定,建立独立董事制度的挂牌公司,应当在公司章程中明确独立董事的权利义务、职责及履职程序。[①] 精选层挂牌公司董事会成员中至少包括2名独立董事,其中至少包括1名会计专业人士。挂牌公司独立董事应当同时符合以下条件:

1. 具备挂牌公司运作相关的基本知识,熟悉相关法律法规、部门规章、规范性文件及全国股转系统业务规则;

2. 具有五年以上法律、经济、财务、管理或者其他履行独立董事职责所必需的工作经验;

3. 最近三年内在境内上市公司、创新层或精选层挂牌公司担任过独立董事;

4. 全国中小企业股份转让系统有限责任公司规定的其他条件。

同时,根据第9条规定,以会计专业人士身份被提名为独立董事候选人的,应具备较丰富的会计专业知识和经验,并至少符合下列条件之一:

1. 具有注册会计师职业资格;

2. 具有会计、审计或者财务管理专业的高级职称、副教授及以上职称或者博士学位;

3. 具有经济管理方面高级职称,且在会计、审计或者财务管理等专业岗位有五年以上全职工作经验。

---

① 挂牌公司章程不符合该指引第5条规定的,应当在2020年6月30日之前修改公司章程。

表 9-11　独立董事制度适用范围观察

序号	公众公司	板块/分层	独立董事要求	独立董事人数
1	上市公司	各个板块	必须设立独立董事	董事会成员中,应当至少包括 1/3 的独立董事,其中至少包括 1 名会计专业人士
2	新三板挂牌公司	精选层	必须设立独立董事	董事会成员中,至少包括 2 名独立董事,其中至少 1 名会计专业人士
		基础层、创新层	可以设立独立董事,不做具体要求	建立独立董事制度的挂牌公司,应当在章程中明确独立董事的权利义务、职责及履职程序

9.7　上市公司信息披露与投资者保护

随着股票发行注册制改革的推进,证券监督管理部门的工作重心也越来越朝着事中、事后监管转移。在这个背景下,对于证券发行人而言,持续信息披露以及确保信息披露质量就成为获得投资者信心的关键所在。

9.7.1　上市公司董事会秘书与信息披露义务人

根据《公司法》第 123 条规定,上市公司设董事会秘书,负责公司股东大会和董事会会议的筹备、文件保管以及公司股东资料的管理,办理信息披露事务等事宜。同时,根据第 216 条规定,上市公司董事会秘书属于高级管理人员①范畴。

① 高级管理人员,是指公司的经理、副经理、财务负责人,上市公司董事会秘书和公司章程规定的其他人员。

但需要特别强调的是，尽管在上市公司里，由董事会秘书负责办理信息披露事务，但从法律上讲，信息披露义务人却不仅仅是董事会秘书。根据《证券法》第78条第1款规定，发行人及法律、行政法规和国务院证券监督管理机构规定的其他信息披露义务人，应当及时依法履行信息披露义务。

关于信息披露的形式要件，《证券法》第78条、第82条、第86条同时载明，信息披露义务人披露的信息，应当符合下列规定：

1. 披露的信息应当真实、准确、完整；

2. 披露的语言应当简明清晰、通俗易懂；

3. 不得有虚假记载、误导性陈述或者重大遗漏；

4. 证券同时在境内境外公开发行、交易的，其信息披露义务人在境外披露的信息，应当在境内同时披露；

5. 发行人的董事、监事和高级管理人员应当保证发行人及时、公平地披露信息，所披露的信息真实、准确、完整；

6. 对于证券发行文件和定期报告，①发行人的董事、高级管理人员、监事还应当签署书面确认意见；

7. 依法披露的信息，应当在证券交易场所的网站和符合国务院证券监督管理机构规定条件的媒体发布，同时将其置备于公司住所、证券交易场所，供社会公众查阅。

9.7.2 信息披露的主要类型

关于信息披露类型，主要有定期报告、临时报告、自愿披露。

对于定期报告而言，根据《证券法》第79条规定，上市公司、公司债券上市交易的公司、股票在国务院批准的其他全国性证券交易场所交易的公司，应当按照规定的内容和格式编制定期报告，并按照以下规定报送和公告：

1. 在每一会计年度结束之日起四个月内，报送并公告年度报告，

① 证券发行文件和定期报告，由董事会编制，董事、高级管理人员签署书面确认意见，监事会进行审核并提出书面审核意见。

其中的年度财务会计报告应当符合证券法规定的会计师事务所审计；

2. 在每一个会计年度的上半年结束之日起二个月内，报送并公告中期报告。

对于临时报告而言，根据《证券法》第 80 条、第 81 条规定，发生可能对上市公司、股票在国务院批准的其他全国性证券交易场所交易的公司的股票交易价格产生较大影响的重大事件，投资者尚未得知时，公司应当立即将有关该重大事件的情况向国务院证券监督管理机构和证券交易所报送临时报告，并予公告，说明事件的起因、目前的状态和可能产生的法律后果。

同时，对于发生可能对上市交易公司债券的交易价格产生较大影响的重大事件，投资者尚未得知时，公司应当立即将有关该重大事件的情况向国务院证券监督管理机构和证券交易所报送临时报告，并予公告，说明事件的起因、目前的状态和可能产生的法律后果。

关于前述两种情形涉及重大事项的具体范围，两者略有差别，在此不再展开。

对于自愿披露而言，根据《证券法》第 84 条规定，除依法需要披露的信息之外，信息披露义务人可以自愿披露与投资者作出价值判断和投资决策有关的信息，但不得与依法披露的信息相冲突，不得误导投资者。此外，发行人及其控股股东、实际控制人、董事、监事、高级管理人员等作出公开承诺的，应当披露。不履行承诺给投资者造成损失的，应当承担赔偿责任。

9.7.3 信息披露违法违规的法律责任

那么，如果信息披露义务人未能按照要求进行信息披露，应当如何处理呢？

根据《证券法》第 85 条规定，信息披露义务人未按照规定披露信息，或者公告的证券发行文件、定期报告、临时报告及其他信息披露资料存在虚假记载、误导性陈述或者重大遗漏，致使投资者在证券交易中遭受损失的，信息披露义务人应当承担赔偿责任。同时，发行人的控股股东、实际控制人、董事、监事、高级管理人员和其他直接责任人员以及保荐人、承销的证券公司及其直接责任人员,应当与发行人承担连带赔偿责任,但是能够证明自己没有过错的除外。

根据《证券法》第197条第1款规定,信息披露义务人未按照该法规定报送有关报告或者履行信息披露义务的,按照下列规定进行行政处罚:

1. 责令改正,给予警告,并处以五十万元以上五百万元以下的罚款;

2. 对直接负责的主管人员和其他直接责任人员给予警告,并处以二十万元以上二百万元以下的罚款;

3. 发行人的控股股东、实际控制人组织、指使从事上述违法行为,或者隐瞒相关事项导致发生上述情形的,处以五十万元以上五百万元以下的罚款;对直接负责的主管人员和其他直接责任人员,处以二十万元以上二百万元以下的罚款。

根据《证券法》第197条第2款规定,信息披露义务人报送的报告或者披露的信息有虚假记载、误导性陈述或者重大遗漏的,按照下列规定进行行政处罚:

1. 责令改正,给予警告,并处以一百万元以上一千万元以下的罚款;

2. 对直接负责的主管人员和其他直接责任人员给予警告,并处以五十万元以上五百万元以下的罚款;

3. 发行人的控股股东、实际控制人组织、指使从事上述违法行为,或者隐瞒相关事项导致发生上述情形的,处以一百万元以上一千万元以下的罚款;对直接负责的主管人员和其他直接责任人员,处五十万元以上五百万元以下的罚款。

同时,根据《证券法》第221条第1款规定,违反法律、行政法规或者国务院证券监督管理机构的有关规定,情节严重的,国务院证券监督管理机构可以对有关责任人员采取证券市场禁入①的措施。

---

① 证券市场禁入,是指在一定期限内直至终身不得从事证券业务、证券服务业务,不得担任证券发行人的董事、监事、高级管理人员,或者一定期限内不得在证券交易所、国务院批准的其他全国性证券交易场所交易证券的制度。

此外，根据该法第178条、第219条规定，国务院证券监督管理机构依法履行职责，发现证券违法行为涉嫌犯罪的，应当将案件移送司法机关处理；发现公职人员涉嫌职务违法或者职务犯罪的，应当依法移送监察机关处理。违反证券法规定，构成犯罪的，依法追究刑事责任。

《刑法》第161条规定了违规披露、不披露重要信息罪。① 尽管在过去的司法实践中，违规披露、不披露重要信息罪极少适用，但需要注意的是，极少适用并不等于不适用。

我们以上海市为例，根据中国裁判文书网于2020年5月8日公布的一份刑事判决书②显示：2020年4月10日，上海市第三中级人民法院作出刑事判决书（一审），判决被告人任某某（1962年）、林某（1970年）、盛某（1962年）、秦某某（1981年）犯违规披露重要信息罪，并被分别判处有期徒刑（缓刑）、拘役（缓刑），并处罚金的刑罚，缓刑考验期限从判决确定之日起计算。

该案由上海证监局查处并移送公安机关，系上海市首例提起公诉并判刑的违规披露重要信息罪案件。前事不忘，后事之师。我们必须再次提醒各位信息披露义务人及其董事、监事、高级管理人员务必慎重对待信息披露事宜，否则，轻承民事赔偿，重担行政处罚，甚至面临刑事责任。

---

① 《中华人民共和国刑法修正案（六）》于2006年6月29日制定通过，2006年6月29日公布，自公布之日起施行。《刑法修正案（十一）》于2020年12月26日制定通过，自2021年3月1日起施行。

② 2020年4月10日，上海市第三中级人民法院作出（2020）沪03刑初字4号刑事判决书，并于2020年5月8日公开。载http://wenshu.court.gov.cn/website/wenshu/181107ANFZ0BXSK4/index.html?docId=baeea693fc1b431bb4daabb500a1c4f1。

表 9－12　违规披露、不披露重要信息罪

法条	《刑法》(1997 年)	《刑法修正案(六)》(2006 年)	《刑法修正案(十一)》(2020 年)
第 161 条	公司向股东和社会公众提供虚假的或者隐瞒重要事实的财务会计报告，严重损害股东或者其他人利益的，对其直接负责的主管人员和其他直接责任人员，处三年以下有期徒刑或者拘役，并处或者单处二万元以上二十万元以下罚金	依法负有信息披露义务的公司、企业向股东和社会公众提供虚假的或者隐瞒重要事实的财务会计报告，或者依法应当披露的其他重要信息不按照规定披露，严重损害股东或者其他人利益，或者有其他严重情节的，对其直接负责的主管人员和其他直接责任人员，处三年以下有期徒刑或者拘役，并处或者单处二万元以上二十万元以下罚金	依法负有信息披露义务的公司、企业向股东和社会公众提供虚假的或者隐瞒重要事实的财务会计报告，或者对依法应当披露的其他重要信息不按照规定披露，严重损害股东或者其他人利益，或者有其他严重情节的，对其直接负责的主管人员和其他直接责任人员，处五年以下有期徒刑或者拘役，并处或者单处罚金；情节特别严重的，处五年以上十年以下有期徒刑，并处罚金。 前款规定的公司、企业的控股股东、实际控制人实施或者组织、指使实施前款行为的，或者隐瞒相关事项导致前款规定的情形发生的，依照前款的规定处罚。 犯前款罪的控股股东、实际控制人是单位的，对单位判处罚金，并对其直接负责的主管人员和其他直接责任人员，依照第一款的规定处罚

9.7.4 投资者保护与证券违法违规举报人制度

在实践中,我们注意到,证券违法违规行为通常具有高度隐蔽、普通股民难以有效识别、行政处罚程序以及民事诉讼程序需要较长时间等特征,因此我国《证券法》在2019年修订时专门规定了先行赔付制度、投资者保护机构诉调对接制度、投资者保护机构特殊股东派生诉讼制度、证券民事赔偿诉讼代表人诉讼制度以及证券违法违规举报人奖励制度。

关于先行赔付制度:根据《证券法》第93条规定,发行人因欺诈发行、虚假陈述或者其他重大违法行为给投资者造成损失的,发行人的控股股东、实际控制人、相关的证券公司可以委托投资者保护机构,[①]就赔偿事宜与受到损失的投资者达成协议,予以先行赔付。先行赔付后,可以依法向发行人以及其他连带责任人追偿。

关于投资者保护机构诉调对接制度:根据《证券法》第94条第1款和第2款规定,投资者与发行人、证券公司等发生纠纷的,双方可以向投资者保护机构申请调解。其中,普通投资者与证券公司发生证券业务纠纷,普通投资者提出调解请求的,证券公司不得拒绝。投资者保护机构对损害投资者利益的行为,可以依法支持投资者向人民法院提起诉讼。

关于投资者保护机构特殊股东派生诉讼制度:根据《证券法》第94条第3款规定,发行人的董事、监事、高级管理人员执行公司职务时违反法律、行政法规或者公司章程的规定给公司造成损失,发行人的控股股东、实际控制人等侵犯公司合法权益给公司造成损失,投资者保护机构持有该公司股份的,可以为公司的利益以自己的名

---

① 2005年8月30日,中国证券投资者保护基金有限责任公司注册成立,由国务院出资,财政部一次性拨付注册资金63亿元人民币。该公司归口中国证监会管理。

义向人民法院提取诉讼，具体持股比例[①]和持股期限不受公司法规定的限制。

关于证券民事赔偿诉讼代表人诉讼制度：根据《证券法》第 95 条规定，投资者提起虚假陈述等证券民事赔偿诉讼[②]时，诉讼标的是同一种类，且当事人一方人数众多的，可以依法推选代表人进行诉讼。对于可能存在有相同诉讼请求的其他众多投资者的，人民法院可以发出公告，说明该诉讼请求的案件情况，通知投资者在一定期间内向人民法院登记。人民法院作出的判决、裁定，对参加登记的投资者发生法律效力。此外，投资者保护机构受 50 名以上投资者委托，可以作为代表人参加诉讼，并为经证券登记结算机构确认的权利人依照规定向人民法院进行登记，投资者明确表示不愿意参加诉讼的除外。

关于证券违法违规举报人奖励制度：根据《证券法》第 176 条规定，对涉嫌证券违法、违规行为，任何单位和个人有权向国务院证券监督管理机构举报。对涉嫌重大违法、违规行为的实名举报线索经查证属实的，国务院证券监督管理机构按照规定给予举报人奖励。同时，国务院证券监督管理机构应当对举报人的身份信息保密。

---

① 关于股东派生诉讼的股东持股比例，根据《公司法》第 151 条规定：（1）有限责任公司的股东可以提起；（2）有权提起诉讼的股份有限公司的股东，是指连续 180 日以上单独或者合计持有公司 1% 以上的股东。

② 根据最高人民法院 2003 年 2 月 1 日起施行的《关于审理证券市场因虚假陈述引发的民事赔偿案件的若干规定》，投资人具有如下情形的，人民法院应当认定虚假陈述与损害结果之间存在因果关系：（1）投资者所投资的适于虚假陈述直接关联的证券；（2）投资人在虚假陈述实施日以后，至揭露日或者更正日之前买入该证券；（3）投资人在虚假陈述揭露日或者更正日及以后，因卖出该证券发生亏损，或者因持续持有该证券而产生亏损。

表 9-13　有限责任公司、股份有限公司比较研究

事项	有限责任公司	股份有限公司
名称要求	必须标明有限责任公司或者有限公司	必须标明股份有限公司或者股份公司
股东人数	由 50 个以下股东出资设立	有 2 人以上 200 人以下为发起人，其中须有半数以上发起人在中国境内有住所
设立方式	认缴设立	发起设立、募集设立
注册资本	在公司登记机关登记的全体股东认缴的出资额	采取发起设立的，注册资本为在公司登记机关登记的全体发起人认购的股本总额； 采取募集方式设立的，注册资本为在公司登记机关登记的实收股本总额
股东持股	股权	股份（采取股票的形式）
权力机构	股东会	股东大会
股东有限责任	以其认缴的出资额为限，对公司承担责任	以其认购的股份为限，对公司承担责任
公司类型	普通有限责任公司、 一人有限责任公司、 国有独资公司	普通股份有限公司、 非上市公众公司、 上市公众公司
高级管理人员范围	公司的经理、副经理、财务负责人和公司章程规定的其他人员	普通股份有限公司：公司的经理、副经理、财务负责人和公司章程规定的其他人员。 上市公司：公司的经理、副经理、财务负责人、上市公司董事会秘书和公司章程规定的其他人员

续表

事项	有限责任公司	股份有限公司
公司章程内容	公司名称和住所； 公司经营范围； 公司注册资本； 股东的姓名或者名称； 股东的出资方式、出资额和出资时间； 公司的机构及其产生办法、职权、议事规则； 公司法定代表人； 股东会会议认为需要规定的其他事项	公司名称和住所； 公司经营范围； 公司设立方式； 公司股份总数、每股金额和注册资本； 发起人的姓名或者名称、认购的股份数、出资方式和出资时间； 董事会的组成、职权和议事规则； 公司法定代表人； 监事会的组成、职权和议事规则； 公司利润分配办法； 公司的解散事由与清算办法； 公司的通知和公告办法； 股东大会会议认为需要规定的其他事项

第十章　出海风险

——扬帆远航心飞扬，法律遵从不能忘

根据国家统计局2020年2月28日发布的《中华人民共和国2019年国民经济和社会发展统计公报》中对外经济数据显示：2019年全年，我国货物进出口总额315,505亿元，比2018年增长3.4%。其中，出口172,342亿元，增长5.0%；进口143,162亿元，增长1.6%。货物进出口顺差29,180亿元，比2018年增加5932亿元。

2019年，我国内地（大陆）对其他国家或者地区货物出口额排名前十一位的分别是欧盟（17.2%）、美国（16.7%）、东盟（14.4%）、中国香港特别行政区（11.2%）、日本（5.7%）、韩国（4.4%）、印度（3%）、中国台湾地区（2.2%）、俄罗斯（2%）、巴西（1.4%）、南非（0.7%）。

2019年全年，我国对外非金融类直接投资额为7630亿元，折合1106亿美元。其中，对"一带一路①"沿线国家非金融类直接投资额150亿美元。截至2019年12月31日，我国国家外汇储备为31,079亿美元，比2018年年末增加352亿美元。

10.1　中国企业全球化法律风险地图

全球市场并不是赌场，中国企业敢闯敢拼固然重要，但是在真正

① "一带一路"，是指"丝绸之路经济带"和"21世纪海上丝绸之路"。

进入全球市场之前,做好基本的法律风险调研,并根据行业特点对可能涉及的主要法律风险作出相应管理改进和应急预案,显得尤为重要。

实践中,我们注意到,有许多中国企业(并不仅仅局限于医药企业)在追求产品销售国际化以及公司运营全球化过程中,栽了不少跟头:有的被合同相对方主张高额违约金或赔偿金;有的因为产品质量问题被当地政府强制产品召回;有的明明已经中标某个项目,但因当地国家政府首脑更换而宣布项目废止;甚至,有的中国企业及其员工对当地宗教习俗、文化禁忌不了解,而被投诉抗议或者拘留、逮捕……不一而足。

我们回过头再来看这些“栽过的跟头”,有些固然是无法预料且不能苛求我国企业的,但更多却是由于我国企业在“走出去”的前期没有做好准备、契约严守意识不足、未能充分理解对方逻辑与合同条款、认为外国法律和法院对自己没有管辖权、漠视国际公约规定的义务等……甚至有的企业还试图通过欺诈来获得特定合同,最终均付出了代价。

对于药品行业而言,还需要特别注意的是,根据《药品管理法》第66条规定,进口、出口麻醉药品和国家规定范围内的精神药品,应当持有国务院药品监督管理部门颁发的进口准许证、出口准许证。

同时,该法第97条规定,对于短缺药品,国务院可以限制或者禁止出口。

表10-1 中国企业全球化法律风险地图

序号	风险类型	风险说明	法律表象	备注说明
1	产品责任风险	产品不符合当地强制性规定和/或国家标准、检验检疫规定等;进口国要求进行产品强制认证或者注册管理	主动产品召回、强制产品召回、消费者集体诉讼、药品注册申请、电信终端设备3C认证等	欧盟、美国、加拿大、日本等发达地区

续表

序号	风险类型	风险说明	法律表象	备注说明
2	贸易救济风险	产品销售价格过低或者存在禁止性补贴；进而对进口国国内产业造成实施损害或者实质损害威胁，或者对进口国建立国内产业造成实质阻碍	反倾销、反补贴、保障措施调查	各 WTO 成员之间
3	不正当竞争风险	产品销售价格中等，但是竞争手段不正当	反不正当竞争调查、反商业贿赂调查等	市场混淆、虚假或者引人误解的宣传、诋毁商品声誉、侵犯商业秘密等、美国反海外贿赂法、①英国反腐败法②等
4	垄断风险	产品销售价格过高、合谋分割市场、联合抵制交易、固定向第三人转售价格、限定最低转售价格、具有排除或限制竞争效果的经营者集中、滥用知识产权排除限制竞争等	垄断协议调查、滥用市场支配地位调查、经营者集中审查、国家安全审查等	美国、欧盟、中国、日本、韩国等

① Foreign Corrupt Practices Act of the United States.

② United Kingdom Bribery Act 2010.

续表

序号	风险类型	风险说明	法律表象	备注说明
5	知识产权风险	侵犯他人专利权、商标专用权、著作权、商业秘密、地理标志、植物新品种、集成电路布图设计等	美国337调查、全球多国IPR侵权诉讼、国际展会临时禁止令、申请海关扣押等	知识产权“自我禁令”①
6	出口管制风险	1. 违反联合国、美国、欧盟等组织、国家关于国际贸易制裁、武器禁运、非生活必需品禁运等安理会决议或者制裁法律法规等； 2. 违反各国关于特定产品进出口准许证、②限制或禁止出口③等法律法规	禁止入境、民事罚款、特别指定国民清单SDN List、实体清单Entity list、拒绝交易令（Denial order）、刑事指控等	联合国、美国、欧盟、日本、中国等
7	金融合规风险	违反联合国安理会、美国、欧盟等特定组织、国家关于美元、欧元、反洗钱、反恐怖融资等金融管控的公约、法律等	反洗钱调查、拒绝进入美元交易系统、冻结其在美国的资产、民事罚款、刑事指控等	美元交易系统、客户可疑交易报告SARs、反洗钱高风险名单等

① 知识产权“自我禁令”其实并不是一个正式的法律概念，它是指部分企业出于对可能的因知识产权侵犯而引发索赔的担忧，进而采取不向其他国家出口或者只向限定国家出口产品的一种自我保护措施。其实质是企业给自己施加了一道“禁止令”。

② 如麻醉药品、精神药品、军民两用产品等。

③ 如短缺药品等。

续表

序号	风险类型	风险说明	法律表象	备注说明
8	数据合规风险	违反欧盟、美国、中国等特定国家关于用户数据搜集、转移、使用、存储等法律法规	数据合规调查、民事罚款、刑事指控等	欧盟(GDPR)、美国、中国网络安全法等
9	当地法律遵从风险	当地分公司、子公司运营过程中,涉及的所在国法律遵从问题	税务审查、劳动审查、海关审查、公司治理审查、当地投资限制、国家安全审查等	49/51 比例限制,当地子公司亏损信息强制披露、外国投资安全审查机制、国别合规风险地图等
10	履行交付风险	因合同履行争议无法妥善解决	协商、谈判、和解、调解、仲裁、诉讼等	海难海损、紧急避险、货物丢失、海运承运人破产等
11	交易回款风险	遭遇客户回款困难或者恶意拖欠货款	国际买方恶意拖欠货款、信用证/保函纠纷、客户清算或者破产重组等	债权保障措施与管控(风险应收账龄管理制度)
12	国际突发事件	国际政治经济局势变动而产生的一系列风险	国家政策变更、竞标结果作废、刑事司法协助、国际引渡等	孟某舟引渡案

10.2　贸易救济概述与 BIA 规则

2010 年,中国 GDP 总值已经超过日本,①成为世界第二大经济体。根据国家统计局于 2020 年 2 月 28 日发布的统计数据,2019 年我国 GDP 总值初步核算为 99.09 万亿元人民币,比 2018 年增长 6.1% 。

10.2.1　世界贸易组织与中国

2001 年 11 月 10 日,在卡塔尔多哈举行的世界贸易组织第四届部长级会议通过了中国加入世界贸易组织法律文件。2001 年 12 月 11 日,中国正式加入世界贸易组织,成为其第 143 个成员。同时,我国台湾地区,于 2002 年 1 月 1 日以“台湾、澎湖、金门、马祖单独关税区”②(简称台澎金马单独关税区)的名义也正式加入了世界贸易组织,成为其第 144 个正式成员。

自此,连同 1995 年 1 月 1 日已经成为世界贸易组织正式成员的中国香港和中国澳门,中国在世界贸易组织共获得四个正式成员席位。

10.2.2　世界工厂与贸易救济调查

长此以来,进口国的国内产业经常会向进口国政府申请对原产于或者进口自中国的特定产品进行贸易救济调查。③

当然,需要指出的是,贸易救济调查是由世界贸易组织协定所允许的措施。中国自 1997 年 12 月 10 日以来,也会针对符合特定条件的

① 1967 年,日本 GDP 总量跃居世界第二位,仅次于美国。2010 年,日本 GDP 总量被中国超越,降至世界第三大经济体。

② Separate Customs Territory of Taiwan, Penghu, Kinmen and Matsu (Chinese Taipei).

③ 贸易救济方式(Trade remedy),主要包括反倾销调查、反补贴调查、保障措施调查。

外国进口产品发起反倾销、①反补贴、②保障措施③等调查。只是作为世界工厂,我们被调查的次数似乎更多一些。

规则如剑,世人皆可以攻,世人皆可以守;世人皆可被攻,世人皆可被守——就看怎么看了。

表 10-2　贸易救济类型概览表

序号	贸易救济类型	适用场景	可能不利后果	备注
1	反倾销(Anti-dumping)	进口产品以倾销方式进入进口国市场,并对已经建立的进口国国内产业造成实质损害或者产生实质损害威胁,或者对建立进口国国内产业造成实质阻碍	临时反倾销措施、价格承诺、征收反倾销税等	日落复审、期中复审、新出口商复审等

① 1997年12月10日,我国原对外贸易经济合作部与原国家经济贸易委员会对原产于加拿大、韩国和美国的进口新闻纸发起反倾销调查。根据1999年6月3日发布原"外经贸部1999年第4号公告"终裁决定,对原产于上述国家的进口新闻纸征收反倾销税,税率为9%~78%,实施期限自1998年7月10日起,为期5年。

② 2009年6月1日,中国商务部对原产于美国的冷轧取向硅钢电工钢(Grain Oriented Flat-rolled Electrical Steel)发起反补贴调查。同日,中国商务部还对原产于美国、俄罗斯的冷轧取向硅钢电工钢发起了反倾销调查。

③ 2002年5月20日,我国原对外贸易经济合作部对进口至中国的部分钢铁产品进行保障措施调查。2002年11月19日,调查机关发布关于对部分进口钢铁产品保障措施调查的终裁决定:热轧普薄板、冷轧普薄板(带)、彩涂板、无取向硅电钢、冷轧不锈薄板(带)的进口激增给生产同类或直接竞争的国内产业造成了严重损害,被调查产品进口数量激增与国内产业受到的严重损害之间存在实质的因果关系。

续表

序号	贸易救济类型	适用场景	可能不利后果	备注
2	反补贴(Anti-subsidy)	进口产品存在补贴，并对已经建立的进口国国内产业造成实质损害或者产生实质损害威胁，或者对建立进口国国内产业造成实质阻碍	临时反补贴措施、出口国政府承诺、出口经营者承诺、征收反补贴税	日落复审、期中复审等
3	保障措施(Safeguard measures)	进口产品数量增加，并对生产同类产品或者直接竞争产品的进口国国内产业造成严重损害或者严重损害威胁	临时保障措施(临时提高关税)、正式提高关税、采取数量限制措施(进口配额)	日落复审、期中复审等
4	特殊产品过渡性保障机制(特殊保障措施①)(Transitional Product-Specific Safeguard Mechanism)	世界贸易组织成员对中国特定产品，在一定期限内发起门槛更低的一种特殊的保障措施	征收特别关税、实施进口配额等	特殊保障措施自中国加入世界贸易组织之日后12年终止

① 《中华人民共和国加入议定书》第16条规定了"特殊产品过渡性保障机制"。Protocol on the Accession of the People's Republic of China：Section 16 – Transitional Product-Specific Safeguard Mechanism. Section 16.9：Application of this Section shall be terminated 12 years after the date of accession.

10.2.3 欧盟对华无线广域网调制解调器贸易救济调查

2010 年 6 月 30 日，欧盟委员会发布公告，对原产于中国的无线广域网调制解调器①[Wireless Wide Area Networking (WWAN) modems]发起反倾销调查(案号：AD－561)，发起针对该产品的保障措施调查(案号：Safe－007)。

2010 年 9 月 16 日，欧盟委员会又对原产于中国的该产品发起了反补贴调查(AS－564)。该案系欧盟首次对中国出口的同一产品同时进行反倾销、反补贴和保障措施三种调查，涉及中国企业 1000 余家，涉案金额约为 41 亿美元。

该案件在经历了多次多层次磋商交涉和法律抗辩后，欧盟国内产业和中国涉案企业达成了和解协议。随后欧盟国内产业申请撤诉，欧盟委员会接到申请后，先后于 2011 年 1 月 25 日终止了保障措施调查，于 2011 年 3 月 3 日终止了反倾销调查和反补贴调查。

表 10－3 欧盟对无线广域网调制解调器贸易救济观察

序号	立案日期	调查类型	具体案号	针对国家	终止日期
1	2010.06.30	保障措施调查	Safe－007	所有国家	2011.01.25
2	2010.06.30	反倾销调查	AD－561	中国	2011.03.03
3	2010.09.16	反补贴调查	AS－564	中国	2011.03.03

10.2.4 太阳能光伏电池产品全球反倾销“大战”

贸易救济调查案，还有一个特点就是容易引发“连锁反应”。2011 年 11 月 8 日开始的太阳能光伏电池产品在全球范围内(主要是美国、欧盟、中国、印度等)的反倾销、反补贴“大战”，就充分说明了这一点。这种此起彼伏的“世界大战”，会使我国企业的海外市场接连受限，进而影响企业的经营状况。例如，2013 年 3 月 20 日，无锡尚德太阳能电力有限公司就因无力清偿到期债务，被无锡市中级人民法院裁定破产

---

① 无线广域网调制解调器，又称无线数据卡。

重整。

表 10－4　太阳能光伏电池产品贸易救济“连锁反应”示例

序号	国家/地区	涉案产品	涉案国家和地区	反倾销立案	反补贴立案
1	美国	晶体硅光伏电池（Crystalline Silicon Photovoltaic Cells, Whether or Not Assembled into Modules ）	中国	2011.11.08	2011.11.08
2	欧盟	晶体硅光伏组件及其关键零部件（Crystalline silicon photovoltaic modules and key components）（i. e. cells and wafers）	中国	2012.09.06	2012.11.08
3	中国	太阳能级多晶硅（Solar-grade Poly-silicon）	美国、韩国	2012.07.20	2012.07.20
		太阳能级多晶硅（Solar-grade Poly-silicon）	欧盟	2012.11.01	2012.11.01
4	印度	光伏电池（Photovoltaic Cells）	美国、中国、马来西亚	2012.11.23	—
		光伏电池及组件（Solar Cells whether or not assembled partially or fully in modules or panels or on glass）	中国	2017.07.21	—

10.2.5 最佳可获得信息规则(Best Information Available)

对于贸易救济调查而言,我们以反倾销调查案为例,有如下基本特征:

第一,它是一个进口国国内产业与出口国经营者之间的具有对抗性的行政调查;

第二,出口国涉案企业需要主动应诉并且个案证明自己并不存在倾销行为;

第三,出口国涉案企业不应诉的后果,是进口国调查机关可以采用最佳可获得信息;

第四,它的基本流程是申请人提交申请书、调查机关立案、调查、初裁、实地核查、价格承诺谈判、终裁、发布反倾销税令、期中复审、日落复审等。

在立案公告中,调查机关通常会告知各利害关系方①应当如实反映情况,提供有关资料。如果利害关系方不如实反映情况、提供有关资料的,或者没有在合理时间内提供必要信息的,或者以其他方式严重妨碍调查的,调查机关可以根据已经获得的事实和可获得的最佳信息作出裁定。

例如,A 进口国政府针对进口自 C 国的某特定产品正式发起反倾销调查案,那么所有在倾销调查期内曾经向 A 国出口过该产品的 C 国企业,均为涉案企业,需要积极配合 A 进口国政府发起的反倾销调查,并且个案证明自己并不存在倾销行为,或者证明 A 国国内产业并未受到损害,或者证明 A 国国内产业所受到的损害与自己的倾销行为之间并不存在因果关系。

如果 C 国涉案企业对于该反倾销调查案的立案公告和应诉通知置之不理,甚至认为该案与自己并无关联,那么 A 国调查机关可以根据“最佳可获得信息规则”(best information available)对该拒绝合作的

---

① 反倾销调查案的利害关系方,包括进口国国内申请人、进口经营者、出口经营者、上下游产业、终端用户和其他利害关系方等。

企业裁定反倾销税率。在实践中,拒绝合作的涉案企业,通常会被调查机关裁定适用最高税率,进而失去继续向A国出口该产品的机会。

随着新冠肺炎疫情的全球大流行,世界经济将不可避免地受到相当程度的影响,全球主要国家的贸易救济调查案也很有可能会呈现出较以往更加高发的状态。对于反倾销、反补贴调查案的这些特点,建议企业应当充分了解,避免陷入认识误区。

10.3 跨国犯罪和电信诈骗防范

随着互联网的出现以及通信技术的快速发展,人们的沟通越来越快捷,也越来越离不开网络。与此同时,网络盗窃、跨国网络电信诈骗、DDOS① 网络攻击等也越来越猖獗。

如果有人在境外对我国企业实施类似违法犯罪行为(如网络攻击、电信诈骗等),又该如何维权呢?

10.3.1 引渡的概念与《联合国打击跨国有组织犯罪公约》

引渡(extradition),是指一国向另一国提出请求,要求另一国将在其境内的某一刑事逃犯移交给请求国,以便请求国对其提起刑事诉讼或者执行刑罚的活动。引渡是国家之间开展的关于打击犯罪的一种刑事司法协助活动,目前世界上许多国家通过签订双边或者多边引渡条约等形式,确定了打击犯罪的国际合作。

2000年11月15日,第五十五届联合国大会通过《联合国打击跨国有组织犯罪公约》,②并于2000年12月12日开放供各国签署。

---

① DDOS,即"分布式拒绝服务",是指借助于特定黑客技术,将多个计算机联合起来作为攻击平台,对一个或者多个目标发动网络攻击,例如,指挥这些被非法控制的计算机资源在同一时间集中访问某个网站或者IP地址,从而成倍提高拒绝服务攻击的威力。在实践中,被DDOS攻击的网站往往会因为无法承载短时间内巨大的访问量而陷入瘫痪,进而需要企业投入大量的人力、物力和资金成本去修复网站并加强防护。

② U. N. Convention Against Transnational Organized Crime.

2000 年 12 月 12 日，我国政府签署该公约。2003 年 8 月 27 日，我国第十届全国人民代表大会常务委员会第四次会议批准该公约，并声明对该公约第 35 条第 2 款关于通过仲裁和国际法院解决争议条款作出保留。

2003 年 9 月 23 日，我国政府向联合国秘书长递交批准书，该公约于 2003 年 10 月 23 日正式对中国生效。这是我国政府签署的关于反恐与打击犯罪的多边公约。

10.3.2 中国已签署生效的双边引渡条约

同时，根据我国外交部管理的中国条约数据库显示，截至 2020 年 7 月 10 日，我国和其他国家双边引渡条约已经生效的共有 36 个，其中包括法国、意大利、西班牙、葡萄牙、俄罗斯、乌克兰、韩国、蒙古国、哈萨克斯坦、阿尔及利亚、突尼斯、埃塞俄比亚、阿联酋、伊朗、泰国、柬埔寨、菲律宾、老挝、印度尼西亚等国家。

需要指出的是，有些国家尽管没有和中国正式签订引渡条约，但在具体个案上也是可以展开合作的。例如，厦门远华特大走私案主犯赖某星最终在 2011 年 7 月 23 日被加拿大遣返回中国，中加双方在北京首都国际机场办理了相关交接手续。

10.3.3 我国向外国请求引渡条件与注意事项

《中华人民共和国引渡法》[①]（以下简称《引渡法》）第三章具体规定了我国向外国请求引渡的程序性规定。

该法第 47 条规定，请求外国准予引渡或者引渡过境的，应当由负责办理有关案件的省、自治区或者直辖市的审判、检察、公安、国家安全或者监狱管理机关分别向最高人民法院、最高人民检察院、公安部、国家安全部、司法部提出意见书，并附有文件和材料及其经证明无误的译文。最高人民法院、最高人民检察院、公安部、国家安全部、司法部分别会同外交部审核同意后，通过外交部向外国提出请求。

---

① 《中华人民共和国引渡法》于 2000 年 12 月 28 日制定通过，自 2000 年 12 月 28 日起正式施行。

第48条规定，在紧急情况下，[1]可以在向外国正式提出引渡请求前，通过外交途径或者被请求国同意的其他途径，[2]请求外国对有关人员先行采取强制措施。[3]

第49条规定，引渡、引渡过境或者采取强制措施的请求所需的文书、文件和材料，应当依照引渡条约的规定提出；没有引渡条约或者引渡条约没有规定的，可以参照引渡法第二章“向中华人民共和国请求引渡”的规定提出；被请求国有特殊要求的，在不违反我国法律的基本原则的情况下，可以按照被请求国的特殊要求提出。

第50条规定，被请求国就准予引渡附加条件[4]的，对于不损害我国主权、国家利益、公共利益的，可以由外交部代表中国政府向被请求国作出承诺。对于限制追诉的承诺，由最高人民检察院决定；对于量刑的承诺，由最高人民法院决定。在对被引渡人追究刑事责任时，司法机关应当受所作出的承诺的约束。

第51条规定，公安机关负责接收外国准予引渡的人以及与案件有关的财物。对于其他部门提出引渡请求的，公安机关在接收被引渡人以及与案件有关的财物后，应当及时转交提出引渡请求的部门；也可以会同有关部门共同接收被引渡人以及与案件有关的财物。

10.3.4　遭遇DDOS跨境网络攻击案的应对方案

犯罪行为不可能天衣无缝，是狐狸终究会露出尾巴！我们以DDOS网络攻击案为例，在遭受不法侵害后，建议被害企业按照如下步骤进行防范和维权：

---

① 主要是指如不立即采取强制措施，就有可能使逃往国外的犯罪嫌疑人逃脱、藏匿、自杀等情况。

② 如国际刑事警察组织、特定国家之间签订的刑事司法协助条约以及其他种类的司法合作方式等。

③ 采取强制措施的基本要求是以不使被请求引渡人脱离有关司法部门的控制为原则，比如，可以采取监视居住或者直接采取临时羁押等方法，具体根据被请求国同意的方式执行。

④ 例如，被请求国废除了死刑，则其对于引渡请求往往会提出要求请求引渡国作出保证被请求引渡人不判处死刑的承诺。

1. 务必树立起敢于亮剑、勇于维护自身合法权益的维权意识；

2. 第一时间报警并将自己所能够提供的线索和证据一并提交给公安机关；

3. 对于企业网站所遭受到的网络攻击，要尽快聘请专业机构进行鉴定和证据固定；

4. 对于企业因不法侵害而遭受的损失，要提前聘请专业机构进行评估和金额固定；

5. 企业要成立专门的内部项目组，随时配合公安机关专案组关于该刑事案件的调查；

6. 对于企业收到的敲诈勒索、特定签约等信息，要第一时间转交给公安机关专案组，以便公安机关尽快锁定、追踪犯罪嫌疑人。

2014 年 7 月 22 日，我国公安部启动了一项旨在缉捕在逃境外经济犯罪嫌疑人的“猎狐行动”①。随着这些依托于国际引渡和各国刑事司法协助的专项行动的深入开展，越来越多的外逃犯罪嫌疑人被引渡回中国，并受到应有的惩罚，同时涉案赃款等也被一并移交回中国。这充分证明，随着全球各国政府共同打击犯罪的共识和决心越来越强烈，犯罪分子的潜逃之路会也会越来越窄。对于犯罪分子而言，也应该注意到这种趋势的变化，放弃侥幸心理，避免因为一时的错误决定而付出过于高昂的代价。

10.4 常驻海外员工人身、财产安全

对于实现经营全球化的企业而言，除了需要考虑企业的守法、合规运营外，常驻海外的员工人身和财产安全也应该尽快提上议事日程并纳入企业合规管理项目。

常驻海外的员工，为了企业的发展选择来到异国他乡与企业共同

① 2015 年 4 月，中央反腐败协调小组启动针对外逃腐败分子的“天网行动”后，“猎狐行动”成为“天网行动”的重要组成部分。

成长，他们不仅面临着与家庭的传统物理距离，同时也要独自面对纷繁复杂的国际局势、不易察觉的文化冲突，甚至特定地区随时可能爆发的战争、武装冲突、恐怖袭击或者流行病肆虐等。

世界各国①的发展并不都是平坦的，由于历史、文化、资源等限制，发达国家②毕竟属于少数，全球大部分地区，还是发展中国家③和最不发达国家。④

我们以坐落于地中海沿岸的北非最大发展中国家阿尔及利亚为例。阿尔及利亚，全称是阿尔及利亚民主人民共和国，⑤北部濒临地中海，东临突尼斯、利比亚，西部和摩洛哥相连，南部分别与毛里塔尼亚、马里、尼日尔接壤。

阿尔及利亚的国土面积为 238 万平方公里，排名全球第十位。阿尔及利亚人口达 4200 余万，人均国内生产总值超过 4000 美元，经济规模在非洲位居前列，石油和天然气是阿尔及利亚国民经济的支柱。由于历史上长期被法国殖民，所以尽管阿尔及利亚的官方语言是阿拉伯语，但法语为通用语言，政府的官方文件通常会有法语翻译文本。

---

① 目前，世界上共有 233 个国家和地区，其中主权国家 195 个。

② 发达国家（Developed countries），是指那些经济和社会发展水准较高、人民生活水准较高的国家。发达国家的普遍特征是有较高的人类发展指数、人均国民生产总值、工业化水准和生活品质。一般认为，七国集团（Group of 7）成员国、经济合作与发展组织里的高收入会员国（HIEOECD）是发达国家。

③ 发展中国家（Developing countries），是指经济、技术、人民生活水平较低的国家。一般认为，世界各国里除了发达国家和最不发达国家，其余国家都是发展中国家。中国是世界上最大的发展中国家，并于 2001 年 12 月 11 日以发展中国家身份加入了世界贸易组织。

④ 最不发达国家（Least developed countries），是指那些经联合国认定的社会、经济发展水平以及人类发展指数最低的一些国家。截至 2019 年，世界上共有 47 个国家被联合国认定为最不发达国家，其中非洲有 33 个，亚洲有 9 个，大洋洲有 4 个，北美洲有 1 个（海地）。

⑤ 近代以来，阿尔及利亚逐渐成为法国的殖民地。1954 年，阿尔及利亚爆发反对法国殖民的独立游击战争。1958 年 9 月 19 日，阿尔及利亚临时政府宣布成立。1962 年 7 月 3 日，阿尔及利亚民主人民共和国正式宣告独立。

如果中国员工来到阿尔及利亚常驻工作，建议注意以下方面的问题：

1. 通用语言。考虑到当地通行语言是阿拉伯语和法语，因此建议中方常驻员工抵达阿尔及利亚之前务必核实接机人员姓名、联系方式等，避免因语言不通而手忙脚乱或者忙中出错。

2. 员工签证。中国员工进入阿尔及利亚常驻工作，应当持事先申请的工作签证入境，避免持旅游签证进入阿尔及利亚从事商务活动，更不要持商务签证在阿尔及利亚从事进行工作。对于持有工作签证的中国员工，如果在当地长期居住，还要申请相关的居留许可证（residence card）。

3. 电梯安全。由于阿尔及利亚的建筑物年代较为久远，因此乘坐电梯时应当注意安全，对于明显年久失修的电梯应当避免乘坐。

4. 民族情感。阿尔及利亚是阿拉伯国家，同时历史上曾经被法国殖民，且与法国发生过长达 8 年的独立战争，因此中国员工在与当地人沟通接触时，应当合理注意这种潜在的民族情感问题，避免因言语不当或者表达欠妥，引起不必要的误会甚至敌意。

5. 敏感建筑。由于历史原因，阿尔及利亚呈现出典型的军政府特征。中方员工对于政府部门或者敏感的建筑物，要注意不要轻易用手机拍照，避免因误会而给自己带来不必要的麻烦。

6. 驾驶安全。阿尔及利亚是全球交通事故率较高的国家，中方员工在日常乘坐汽车或者驾驶汽车的过程中，务必提高安全和防范意识。

7. 文化差异。由于历史原因，阿尔及利亚社会呈现出三个基本属性，其一是阿拉伯属性，其二是伊斯兰属性，其三是法语属性。这三种属性的交叉融合，形成了自己独特的特点，当地的人们在表达看法和观点时，有时候会与其他国家、社会的人群有着不同的习惯。

8. 治安状况。阿尔及利亚的经济命脉是石油和天然气，国际的油价下跌对其经济产生了重大的负面影响。有时候，中国员工居住场所被盗窃,甚至被当众持刀抢劫的事情也会零星发生,建议中国员工在语言不通的情况下,避免正面硬碰硬,案发后第一时间报警处理才是首选。

9. 恐怖主义。由于阿尔及利亚 1991 ~ 2002 年 10 年内战遗留问题,加之领土毗邻利比亚,因此恐怖主义在当地是一个需要引起足够重视的问题。

10. 罢工风险。阿尔及利亚劳动法律允许工人进行罢工,在实践中,对于外商投资企业,如果管理层和当地员工的沟通出现障碍或者误解,那么罢工是极有可能发生的事情。对此,中国员工应当与当地同事加强沟通,倾听当地同事的合理诉求,及时化解双方的矛盾。

11. 政权更迭。自 1999 年 4 月开始,阿卜杜勒阿齐兹 · 布特弗利卡开始担任阿尔及利亚总统职务,之后多次连选连任。2019 年 4 月 2 日,面对已持续数周的游行示威抗议以及军方的施压,布特弗利卡最终宣布辞去共和国总统职务,结束了自己试图谋求第五个总统任期的做法。

12. 安全局势。安全局势是不断变化的,中国员工常驻当地,应当随时定期和不定期关注中国外交部领事司和中国驻阿尔及利亚大使馆关于当地安全局势的提示,有条件的中国员工和企业也可以订阅特定机构每周定期发布的世界各地安全局势报告等。遇到重大紧急情况,建议第一时间联系中国驻阿尔及利亚大使馆领事保护与协助电话求助。

10.5　天网行动与对外国公职人员、国际公共组织官员行贿罪

随着我国企业的发展壮大,越来越多的公司不仅将产品出口到国际市场,同时为了快速响应客户需求、更好地提供服务,有的企业还会选择在当地设立子公司或者成立分公司。

这时候,企业就需要刚性、有效的内控与合规机制,保护自己和员工免受全球化发展进程中不必要的伤害。

10.5.1 联合国反腐败公约

2005年10月27日,中华人民共和国第十届全国人民代表大会常务委员会第十八次会议决定:批准于2003年10月31日在第五十八届联合国大会上通过的《联合国反腐败公约》;①同时声明:中华人民共和国不受《联合国反腐败公约》②第66条第2款③的约束。

《联合国反腐败公约》的重要意义是确立了反腐败的五大机制:预防机制、刑事定罪和执法机制、国际合作机制、资产追回机制、履约监督机制等,对各国加强国内的反腐行动、提高反腐成效、促进反腐国际合作具有重要意义。

10.5.2 天网行动与百名红通人员

2015年4月,中央反腐败协调小组部署开展针对外逃腐败分子的"天网"国际追逃追赃特别行动,得到其他国家和地区政府的协助。同时,2015年4月22日,国际刑警组织中国国家中心局集中公布了"百名红通人员"名单及涉案信息。

该名单中的100位犯罪嫌疑人里,男性77人,女性23人,其外逃时间集中在1996年11月至2014年9月,红色通报的发布时间集中在1997年12月1日至2015年4月14日。这些人的主要涉嫌犯罪行为集中在贪污、受贿、滥用职权、挪用公款、挪用资金、职务侵占、骗取贷款、虚开增值税专用发票、洗钱、骗取贷款、信用证诈骗、合同诈骗、集

---

① 《联合国反腐败公约》自2005年12月14日起开始正式生效。

② 具体参见中共中央纪律检查委员会官方网站,索引路径为首页-《联合国反腐败公约》履约工作-法律法规:http://www.ccdi.gov.cn/special/lygz/flfg/201310/t20131008_11282.html。

③ 《联合国反腐败公约》第66条第2款规定:两个或者两个以上缔约国对于本公约的解释或者使用发生任何争端,在合理时间内不能通过谈判解决的,应当按其中一方请求交付仲裁。如果自请求交付仲裁之日起六个月内这些缔约国不能就仲裁安排达成协议,则其中任何一方可以按照《国际法院规则》请求将争端提交国际法院。

资诈骗等。

值得注意的是,2014 年 3 月外逃的原大连春鸣国际贸易有限公司法定代表人巴某某,涉嫌的犯罪行为是行贿。

10.5.3　对外国公职人员、国际公共组织官员行贿罪

对于我国企业和员工而言,需要特别注意的是:2011 年 2 月 25 日,我国通过《中华人民共和国刑法修正案(八)》[①]时,在《刑法》第 164 条新增了一个罪名——对外国公职人员、国际公共组织官员行贿罪。

由此,根据《刑法》第 164 条第 2 款规定,为谋取不正当商业利益,给予外国公职人员或者国际公共组织官员以财物,数额较大的,处三年以下有期徒刑或者拘役,并处罚金;数额巨大的,处三年以上十年以下有期徒刑,并处罚金。

第 164 条第 3 款规定,单位犯对外国公职人员、国际公共组织官员行贿罪的:

1. 对单位判处罚金,并对其直接负责的主管人员和其他直接责任人员,数额较大的,处三年以下有期徒刑或者拘役;

2. 数额巨大的,处三年以上十年以下有期徒刑,并处罚金。

同时,为了有效打击这种犯罪,鼓励更多线索举报、自首、立功等,《刑法》第 164 条第 4 款规定,行贿人在被追诉前主动交代行贿行为的,可以减轻处罚或者免除处罚。

10.6　多元化纠纷解决机制 ADR

诉讼就像一场战争,不要轻易开始,更不要轻易结束。

假如争议产生后,各方均不假思索地直接到法院进行诉讼,显然不是最佳选择。如果能够通过非诉讼的方式将双方矛盾及时消除、化

① 《中华人民共和国刑法修正案(八)》于 2011 年 2 月 25 日通过并公布,自 2011 年 5 月 1 日起施行。

解，我想大部分当事方都不会选择进入诉讼程序。对于中国人而言，这种心理可能会更加明显。①

这时候，就涉及多元化纠纷解决机制（Alternative Dispute Resolution，ADR）。下面我们将通过列举表格的方式，对包括诉讼在内的各种争议解决方式，进行逐一审视和利弊分析。

表 10－5　多元化争议解决方式及其优、缺点比较研究

序号	解决方式	表现形式	第三方	优点	缺点
1	协商（Consultation）	双方通过认真倾听对方诉求，在充分沟通，诚恳协商基础上，各自退让，顺利解决争议	不需要	有效减少冲突，克服因沟通不畅产生的不必要争议	约束性差，双方容易反悔，或者拒绝承认特定结果
2	谈判（Negotiation）	争议双方总结主要争议点，并结合各自的实际合同地位，作出利弊取舍，对争议点达成一致意见	不需要	能够使合同相对方明白无误地理解己方的观点和立场，有助于了解底线	处于合同优势地位的一方，容易滥用其优势地位，或者缺乏谈判诚意
3	和解（Settlement）	争议双方通过其中一方作出金钱或其他补偿，来达到消除争议的一种方式	不需要	纠纷快速解决，避免触发诉讼，且保密性较高	其中一方需要作出金钱或其他补偿，另一方负有保密义务

① 大多数中国人信奉两句古谚语：(1)不战而屈人之兵，善之善者也；(2)遇方便时行方便，得饶人处且饶人。

续表

序号	解决方式	表现形式	第三方	优点	缺点
4	调解(Mediation)	争议双方通过将争议提交调解组织,使得中立的第三方出面化解争议,消除信任鸿沟	共同信任的第三方	避免触发诉讼,调解组织通常会指出争议双方各自的利弊,有助于双方作出合理预判和让步	一般难以将是非对错、黑白曲直完全鉴别清楚
5	仲裁(Arbitration)	争议双方事先约定,或者通过事后约定,将争议提交给特定的、享有声誉的、双方共同信任的仲裁机构,并由仲裁机构根据案件情况作出仲裁裁决	共同选择的仲裁机构①	保密性强,一裁终局,由中立第三方来判断争议双方的对错或优劣势	双方容易对仲裁条款的效力产生争议,同时,涉外仲裁案件容易在申请承认和执行环节出现波折

① 包括临时仲裁庭(Interim court of arbitration)。尽管我国仲裁法并没有承认临时仲裁,但在全球范围内多个司法管辖区域都有临时仲裁制度。

续表

序号	解决方式	表现形式	第三方	优点	缺点
6	诉讼(Litigation)	争议双方的其中一方或者双方各自将争议提交至有管辖权的法院,通过法院审理并作出判决的形式解决争议	管辖法院①	通过一审审理、上诉审理等程序设置更有利于查明案件的事实和法律适用,更具有公开性、权威性、确定性、强制性	诉讼程序烦冗,律师费用高昂、国内对英美法系陪审团制度和证据开示程序②较难适应、判决信息原则上公开
7	破产清算(Insolvency liquidation)	争议双方中的一方出现破产原因,并进入破产清算程序,③破产管理人接管后,争议双方变成特殊的破产法律关系,债权人无法单方面获得赔偿	管辖法院、破产管理人	破产程序具有法定性、程序公开性,破产管理人需要承担勤勉尽责义务	破产清偿率普遍较低,普通债权人难以足额实现债权

① 在实践中,有时候会出现多个法院均有管辖权的现实情况,因此会存在原告和被告通过各自起诉的方式,选择对自己更有利的管辖法院。

② 英美法系还存在特有的大、小陪审团制度(grand jury/trial jury)和证据开示程序(discovery)等。

③ 在实践中,存在当事人一方突然宣告破产的场景。例如,国际货物承运人破产、国际货运代理公司破产、船舶或者火车被债权人申请在途扣押等。

需要提醒的是,完美的事情是不存在的,每一种争议解决方式,都有其独特的适用场景和存在价值。因此,当争议出现的时候,争议双方一定要审时度势,分析争议产生的根本原因,然后再选择最适合自己情形的争议解决方式,切不可按图索骥、流于形式。

第十一章　员工成长

——水能载舟亦能覆，风雨同舟人心服

医药行业合规法律指南

1995 年 1 月 1 日《中华人民共和国劳动法》[①]正式施行，我国开始实行劳动合同制度，在企业运营过程中，摆在管理层面前的关于劳动关系的三个难题，便出现了：

1. 如何构建和谐、稳定、合法的劳动关系；
2. 如何促进员工与公司同心同德、共同成长；
3. 如何有效防范劳动纠纷给企业带来的损失。

在本章，我们将按照劳动关系的洽谈、建立、履行、变更、解除或终止、争议、解除后义务的逻辑顺序，逐一重点阐述实践中较为频发的主要风险，并提出我们的合规建议。

11.1　招聘和核心岗位候选人背景调查

在求职与招聘环节，我们经常会注意到，某些企业出于各种原因会在招聘广告里明确列明岗位候选人“限定男性”“已婚已育”“本地户籍”“35 周岁以下”“本科学历以上”“非独生子女”……这些要求符合法律规定吗？

---

① 《中华人民共和国劳动法》于 1994 年 7 月 5 日制定通过，1995 年 1 月 1 日起正式施行。2009 年 8 月 27 日第一次修正，2018 年 12 月 29 日第二次修正。

11.1.1　就业歧视概述

《中华人民共和国就业促进法》①(以下简称《就业促进法》)第3条规定,劳动者依法享有平等就业和自主择业的权利。劳动者就业,不因民族、种族、性别、宗教信仰等不同而受歧视。

现实生活中,用人单位关于就业歧视的表现往往为性别歧视、地域歧视、年龄歧视、学历歧视、残疾人歧视、户籍歧视、民族歧视、传染病病原携带者②歧视等。

根据《就业促进法》第62条规定,用人单位违反该法规定,实施就业歧视的,劳动者可以向人民法院提起诉讼。在此,我们建议用人单位和HR部门,特别是在招聘环节,要注意避免直接或间接的就业歧视,以免给公司带来不必要的诉讼。

11.1.2　核心岗位候选人背景调查

随着企业的发展壮大,除了业务水准和专业技能外,公司对员工的职业道德要求也会越来越高。于是越来越多的用人单位,在拟招聘特定核心岗位③的员工时,会通过专业的第三方来对岗位候选人进行背景调查,据此综合判断,最终决定是否录用。

背景调查的内容主要聚焦在候选人的工作能力、犯罪记录以及诚信状况,主要目的是帮助企业筛除有虚假信息的候选人,并全面了解候选人的素质和能力,帮助企业节省成本和规避用人风险。同时,需要注意的是,背景调查不允许侵犯候选人的个人隐私,更不能假借背景调查的形式进行就业歧视。

---

① 《中华人民共和国就业促进法》于2007年8月30日制定通过,自2008年1月1日起施行。2015年4月24日修正。

② 需要注意的是,根据《就业促进法》第30条规定,对于传染病病原携带者,经医学鉴定在治愈前或者排除传染嫌疑前,不得从事法律、行政法规和国务院卫生行政部门规定禁止从事的易使传染病扩散的工作。

③ 例如,中高层管理岗位;核心技术骨干员工;涉及资金管理岗位等。

11.2 员工入职流程管理

岗位候选人通过背景调查后,企业会发出录用通知书(offer),载明具体的入职部门、岗位名称、岗位职级、聘用协议地、聘用期限、试用期、工资构成、工资金额、社会保险和公积金缴纳地、福利待遇、入职日期、报到地点等事项。

关于录用通知书的性质,在法律上属于要约,岗位候选人有权选择拒绝。

11.2.1 入职报到

书面确认入职报到,意味着岗位候选人接受了企业发出的录用通知书,此时,岗位候选人的身份就变成了“拟入职新员工”。拟入职新员工应当按照约定的日期和时间,携带相应的证明文件和材料抵达约定的入职报到地点并办理入职手续。

11.2.2 核验信息资料

一般而言,在签署劳动合同之前,用人单位会要求核验劳动者的信息资料,通常为与原工作单位解除劳动关系的证明(或退伍证、转业证)、身份证件、学历证书、资格证书、原工作单位工资证明、护照等。

11.2.3 签署劳动合同

用人单位核验拟入职新员工的信息资料无误后,接下来会和拟入职新员工办理入职手续,这意味着用人单位和劳动者正式建立劳动关系,拟入职新员工的身份变成新员工。

需要特别注意的是,根据《中华人民共和国劳动合同法》(以下简称《劳动合同法》)第10条规定,建立劳动关系,应当订立书面劳动合同。已建立劳动关系,未同时订立书面劳动合同的,应当自用工之日起一个月内订立书面劳动合同。用人单位与劳动者在用工前订立劳动合同的,劳动关系自用工之日起建立。

也就是说,劳动关系的起始日期是用工之日(入职报到日),用人单位最晚应于用工之日起一个月内与劳动者签订书面劳动合同。

在实践中，未在规定时间内签订书面劳动合同的：

1. 用人单位自用工之日起超过一个月不满一年未与劳动者签订书面劳动合同的，应当向劳动者每月支付两倍的工资（《劳动合同法》第82条第1款）。

2. 用人单位自用工之日起满一年不与劳动者订立书面劳动合同的，视为用人单位与劳动者已订立无固定期限劳动合同（《劳动合同法》第14条第3款）。

从规范和完善员工入职流程的角度，我们在此郑重建议企业，在拟入职新员工通过信息核验并办理入职手续时，用人单位和劳动者应根据之前的录用通知书所载明的条件立即签订书面的劳动合同，涉及特定核心岗位的，还可以同时签署保密协议、竞业限制协议。

11.2.4　新员工入职培训

俗话说："磨刀不误砍柴工。"

新员工入职后，就成为公司的一员，为了更好地提升其对公司的了解和认同，建议公司增加专门的新员工入职培训环节，且宜早不宜迟。新员工入职培训，可以采取集中封闭培训、讲师授课、观看影像和视频、参加户外活动等形式。有条件的企业，还可以组织新员工参观公司内部非保密的模块、组织产品观摩、参与消防现场演练等。

关于新员工入职培训的内容，一般建议包括如下几个方面：

1. 公司的企业文化和发展理念；

2. 工作地点和办公环境介绍；

3. 公司组织架构与部门职责；

4. 工作相关资源获取渠道；

5. 员工福利介绍；

6. 协同办公工具；

7. 基本工作纪律；

8. 信息安全规定；

9. EHS 安全教育；

10. 公司规章制度。

值得注意的是，公司制定通过的书面的《规章制度》也应于新员工入职培训时送达新员工，并做好签收工作。此外，在实践中，也有企业为了促进全员法律意识提升，还会在新员工入职培训时，组织新员工参观走访看守所等限制人身自由的场所，以此来完成对新员工遵纪守法的警示教育。这种做法值得借鉴。

11.3 员工在职流程管理

常言道："无规矩不成方圆。"新员工完成入职培训并向具体工作部门报到后，会开始进入约定的工作岗位，并履行自己的工作角色。在实践中，对于刚入职的新员工，用人单位在劳动合同中往往会提出试用期的要求。那么，关于试用期，法律有什么具体规定？

11.3.1 试用期法律问题

根据法律规定，试用期属于"可以约定"，而不是"必须约定"，对此，用人单位和劳动者应当根据自己的实际情况选择是否约定。

关于试用期的期限问题，《劳动合同法》第 19 条规定如下：

表 11－1 不同场景下的试用期期限观察

具体场景	劳动合同期限	试用期
场景一	非全日制用工	不得约定试用期
场景二	以完成一定工作任务为期限的	不得约定试用期
场景三	不满三个月的	不得约定试用期
场景四	三个月以上，不满一年的	不得超过一个月
场景五	一年以上，不满三年的	不得超过二个月
场景六	三年以上固定期限或无固定期限的	不得超过六个月
场景七	劳动合同仅约定试用期的	试用期不成立， 该期限为劳动合同期限

同时,我们建议企业了解如下注意事项:

1. 试用不是试着用,切勿产生试用期内用人单位可以任意解除劳动合同的错误认识。

2. 同一用人单位与同一劳动者只能约定一次试用期,且试用期不允许延长。

3. 试用期工资,不得低于劳动合同约定工资的80%或者本单位相同岗位最低档工作,并不得低于用人单位所在地的最低工资标准。

4. 试用期考核,必须在试用期内完成。

5. 试用期内用人单位解除劳动合同的,应当符合法定条件,并且向劳动者说明理由。

实践中,用人单位往往会有这样一种倾向,就是希望约定的试用期期限尽可能长,并在心理上认为这样才可以最大限度地保护企业的利益。

试用期越长,对用人单位就真的越有利吗?

我们不妨先来梳理一下试用期内劳动合同的解除条件:

表11-2　试用期劳动关系解除观察①

《劳动合同法》	劳动者单方解除	用人单位单方解除
第37条	劳动者在试用期内提前三日通知用人单位,可以解除劳动合同	—

① 注意:表11-2主要梳理、列举与试用期强相关的劳动者单方解除权和用人单位单方解除权。《劳动合同法》第四章规定的其他情形下的单方解除权(如用人单位未按照劳动合同约定提供劳动保护或者劳动条件的、劳动者违反用人单位的规章制度的)是任何时间都需要遵守的,在此不做展开。

续表

《劳动合同法》	劳动者单方解除	用人单位单方解除
第 39 条	—	劳动者在试用期间被证明不符合录用条件的,用人单位可以解除劳动合同
第 40 条	—	试用期内,劳动者存在下列情形的,用人单位提前三十日以书面形式通知劳动者本人或者额外支付劳动者一个月工资后,可以解除劳动合同: 1. 劳动者患病或者非因公负伤,在规定的医疗期满后不能从事原工作,也不能从事由用人单位另行安排的工作的; 2. 劳动者不能胜任工作,经过培训或者调整工作岗位,仍不能胜任工作的

同时,《劳动合同法》第 21 条规定,用人单位在试用期解除劳动合同的,应当向劳动者说明理由。

由此可见,劳动合同中约定的试用期越长,劳动者提前三日解除劳动合同的期限就越长,企业用工的稳定性就会越差。因此,在企业对自己招聘流程有信心的前提下,建议根据实际情况选择是否约定以及约定期限合适的试用期。

11.3.2 确定岗位职责

用人单位除了和劳动者明确约定试用期之外,还要确定岗位职责。

根据《劳动合同法》规定,劳动者在试用期内被证明不符合录用条件的,用人单位可以解除劳动合同。通常情况下,这是用人单位的权利。但是,具体的录用条件是什么?劳动者是否知晓并接受该录用条件?劳动者又是如何被证明不符合这个录用条件的呢?

为了有效减少用人单位和劳动者因此产生的争议，我们提出如下建议：

1. 企业对于具体的工作岗位，应当事先列明清晰、明确的岗位职责；

2. 企业在发出的录用通知书中的录用条件，应当与岗位职责保持一致；

3. 新员工入职并确定岗位职责后，试用期内可以按照月度或者其他合理频率，对新员工的表现进行客观地记录和评价；

4. 企业如果认为新员工在试用期间不符合录用条件的，必须提供有效的证明，否则企业需要承担因违法解除劳动合同所带来的不利法律后果；

5. 如果试用期满后仍未办理新员工转正手续的，员工不能被认为还处在试用期间，企业不能以试用期不符合录用条件为由与员工解除劳动合同。

11.3.3　劳动规章制度的制定和公示

根据《劳动合同法》第 4 条规定，用人单位应当依法建立和完善劳动规章制度，保障劳动者享有劳动权利、履行劳动义务。用人单位在制定、修改或者决定有关劳动报酬、工作时间、休息休假、劳动安全卫生、保险福利、职工培训、劳动纪律以及劳动定额管理等直接涉及劳动者切身利益的规章制度或者重大事项时，应当经职工代表大会或者全体职工讨论，提出方案和意见，与工会或者职工代表等协商确定。在规章制度和重大事项决定实施过程中，工会或者职工认为不适当的，有权向用人单位提出，通过协商予以修改完善。用人单位应当将直接涉及劳动者切身利益的规章制度和重大事项决定公示，或者告知劳动者。

由此可见，作为企业内部的管理规范，合法有效的规章制度应当具备以下三个特征：

1. 内容合法。用人单位的规章制度违反法律、法规的规定，损害劳动者权益的，劳动者可以单方解除劳动合同。同时，劳动行政部门将对用人单位责令改正，给予警告；用人单位因为规章制度不合法给劳动者造成损害的，应当承担赔偿责任。

2. 程序民主。劳动规章制度的制定、修改，要符合《劳动合同法》规定的民主程序，不能由用人单位或者管理层单方面决定。

3. 公示告知。劳动规章制度制定通过后，用人单位应当将其进行公示，一般应当确保劳动者能够有效签收或知晓。在实践中，经常有企业习惯采用在食堂、公共场所张贴公告的形式来完成公示，这种形式实际上对企业事后的举证是不利的，建议企业通过发送邮件、网络公告、员工签收、新员工培训、全员例行培训等方式来完成劳动规章制度的公示，以此来确保劳动者被告知。

11.3.4 考核制度与不胜任解除

根据《劳动合同法》第40条规定，劳动者不能胜任工作，经过培训或者调整工作岗位，仍不能胜任工作的，用人单位提前三十日以书面形式通知劳动者本人或者额外支付劳动者一个月工资后，可以解除劳动合同。

这一条法律规定主要包含以下三层含义：

其一，用人单位认为劳动者不能胜任工作的，不能直接解除劳动合同；

其二，劳动者不能胜任工作的，必须经过培训或者调整岗位；

其三，只有劳动者经过培训或者调整岗位后，仍然不能胜任工作的，用人单位才可以提前30日书面通知或者额外支付劳动者一个月工资后，解除劳动合同。

在实践中，有些企业认为某位员工不能胜任工作的，往往会采取不恰当的措施，试图逼走该员工——比如，将中、高层管理人员调岗至门卫、保安等岗位，或者从条件优越地区调岗至条件恶劣地区等。这些做法显然缺乏调整岗位的合理性，会带来诸多潜在争议。

一般而言，劳动者第一次因不能胜任工作而进行调整岗位的合理性，至少应当考虑如下方面：

1. 调整岗位目的正当性；

2. 所调整岗位的相近性；

3. 劳动报酬的相近性；

4. 劳动者能力的差异性；

5. 工作环境的近似性等。

实践中，我国部分企业所采取的“末位淘汰制”或者“组队赛马制”等，是不能够证明劳动者不能胜任工作的。这样的做法和实践，很容易引起劳动争议纠纷，并不可取。

11.3.5　员工个人所得税合规

自2006年1月1日起我国开始实行“年所得12万元以上纳税人自行申报制度”①以来，符合条件员工的个人所得税自行申报，逐渐成为用人单位和劳动者均需重视的合规问题。

2018年8月31日，我国对《中华人民共和国个人所得税法》②（以下简称《个人所得税法》）进行了第七次修正。修正后的《个人所得税法》第2条规定，居民个人取得的工资、薪金所得；劳务报酬所得；稿酬所得；特许权使用费所得（这四项收入被称为综合所得），按纳税年度③合并计算个人所得税。

对于工资、薪金所得而言，劳动者是纳税人，用人单位是扣缴义务人。

居民个人取得综合所得，按年计算个人所得税；有扣缴义务人的，

---

① 2006年11月6日，国家税务总局印发《个人所得税自行纳税申报办法（试行）》（国税发〔2006〕162号），其中第2条第1项规定，年所得12万元以上的，应当按照该办法的规定办理纳税申报。第43条规定，年所得12万元以上情形的纳税申报，自2006年1月1日起施行。

② 《中华人民共和国个人所得税法》于1980年9月10日制定通过，自1980年9月10日起正式施行。1993年10月31日、1999年8月30日、2005年10月27日、2007年6月29日、2007年12月29日、2011年6月30日、2018年8月31日分别进行修正。

③ 我国的纳税年度，是指自公历1月1日起至12月31日止。

由扣缴义务人按月或者按次预扣、预缴税款；需要办理汇算清缴的，应当在取得所得的次年3月1日至6月30日办理汇算清缴。非居民个人取得工资、薪金所得，劳务报酬所得，稿酬所得和特许权使用费所得，有扣缴义务人的，由扣缴义务人按月或者按此代扣代缴税款，不办理汇算清缴。

居民个人完成汇算清缴，实行多退少补的原则，发现有应退个人所得税额的，居民个人可以按照国库管理的有关规定申请退税。实践中，居民个人可以通过智能手机在个人所得税APP中进行年所得12万元自行申报、综合所得年度汇算清缴、个人所得税申请退税、专项附加扣除年度信息填报等。

一般而言，对于员工的综合所得：

应纳税所得额＝收入－费用－免税收入－减除费用－专项扣除－专项附加扣除－依法确定的其他扣除－准予扣除的捐赠额

应纳税额＝［总收入－（费用＋免税收入＋税前抵扣）］×税率－速算扣除数

应退税额＝已缴税额＋减免税额－应纳税额

在实践中，为了更好地体现企业利益和员工利益紧密结合的关系，提升员工稳定性和满意度并促进企业的长远发展，许多企业会制定年终奖制度，并通过不同的分配机制鼓励员工为企业做出更多的贡献。但需要注意的是，由于我国工资、薪金所得适用七级超额累进税率，因此在特殊情况下，有可能员工在缴纳个人所得税时会遭遇“年终奖黑洞”①的问题，这需要企业和员工提前做好合理税务筹划安排。

---

① 年终奖黑洞，是指有时候可能会出现的“年终奖金额增加但税后收入却减少”的情形。

表 11－3 个人所得种类与应纳税所得额

<table>
<tr><th>序号</th><th>个人所得种类</th><th>应纳税所得额</th><th>个人所得税税率</th></tr>
<tr><td>1</td><td>工资、薪金所得</td><td rowspan="4">居民个人①的综合所得，②以每一纳税年度的收入额减除费用 6 万元以及专项扣除、③专项附加扣除④和依法确定的其他扣除后的余额，为应纳税所得额。
非居民个人⑤的工资、薪金所得，以每月收入额减除费用 5000 元后的余额为应纳税所得额；劳务报酬所得、稿酬所得、特许权使用费所得，以每次收入额为应纳税所得额</td><td rowspan="4">适用 3% ～45% 的超额累进税率</td></tr>
<tr><td>2</td><td>劳务报酬所得</td></tr>
<tr><td>3</td><td>稿酬所得</td></tr>
<tr><td>4</td><td>特许权使用费所得</td></tr>
<tr><td>5</td><td>经营所得</td><td>经营所得，以每一纳税年度的收入总额减除成本、费用以及损失后的金额，为应纳税所得额</td><td>适用 5% ～35% 的超额累进税率</td></tr>
</table>

① 居民个人，是指在中国境内有住所，或者无住所而一个纳税年度内在中国境内居住满 183 天的个人。居民个人从中国境内和境外取得的所得，应依照中华人民共和国个人所得税法缴纳个人所得税。

② 劳务报酬所得、稿酬所得、特许权使用费所得以收入减除 20% 的费用后的余额为收入额。稿酬所得的收入额，减按 70% 计算。

③ 专项扣除，包括居民个人按照国家规定的范围和标准缴纳的基本养老保险、基本医疗保险、失业保险等社会保险费和住房公积金等。

④ 专项附加扣除，包括子女教育、继续教育、大病医疗、住房贷款利息或者住房租金、赡养老人等支出。

⑤ 非居民个人，是指在中国境内无住所又不居住，或者无住所而一个纳税年度内在中国境内居住累计不满 183 天的个人。非居民个人从中国境内取得的所得，依照中华人民共和国个人所得税法缴纳个人所得税。

续表

<table>
<tr><th>序号</th><th>个人所得种类</th><th>应纳税所得额</th><th>个人所得税税率</th></tr>
<tr><td>6</td><td>利息、股息、红利所得</td><td>以每次收入额为应纳税所得额</td><td rowspan="4">适用比例税率，税率为 20%</td></tr>
<tr><td>7</td><td>财产租赁所得</td><td>每次收入不超过 4000 元的，减除费用 800 元；4000 元以上的，扣除 20% 的费用，其余额为应纳税所得额</td></tr>
<tr><td>8</td><td>财产转让所得</td><td>以转让财产的收入额减除财产原值和合理费用后的余额，为应纳税所得额</td></tr>
<tr><td>9</td><td>偶然所得</td><td>以每次收入额为应纳税所得额</td></tr>
</table>

2018 年 12 月 27 日，财政部、国家税务总局联合发布《关于个人所得税法修改后有关优惠政策衔接问题的通知》（财税〔2018〕164 号）。该通知第 1 条规定，居民个人取得全年一次性奖金，符合特定条件的，在 2021 年 12 月 31 日前，可以不并入当年综合所得，以全年一次性奖金收入除以 12 个月得到的数额，单独计算纳税。居民个人取得全年一次性奖金，也可以选择并入当年综合所得计算纳税。自 2022 年 1 月 1 日起，居民个人取得全年一次性奖金，应并入当年综合所得计算缴纳个人所得税。

表 11－4　综合所得适用的个人所得税税率

级数	全年应纳税所得额	税率（%）
1	不超过 36，000 元的	3
2	超过 36，000 元至 144，000 元的部分	10
3	超过 144，000 元至 300，000 元的部分	20
4	超过 300，000 元至 420，000 元的部分	25

续表

级数	全年应纳税所得额	税率(%)
5	超过420,000元至660,000元的部分	30
6	超过660,000元至960,000元的部分	35
7	超过960,000元的部分	45

还有一种情形需要注意的是:随着我国企业的发展和壮大,部分企业开始需要特定员工在海外其他国家常驻工作。这种情况下,就可能涉及该海外常驻员工的双重居民个人身份,进而产生境外收入和可能的双重征税问题。

对于双重征税问题:经国务院批准,我国于2013年8月27日签署了《多边税收征管互助公约(2010版)》,①并于2015年7月1日由第十二届全国人民代表大会常务委员会第十五次会议批准。2015年10月16日,我国向经济合作与发展组织(OECD)交存了公约批准书。根据该公约第28条的规定,公约于2016年2月1日对我国生效,自2017年1月1日起开始执行。现阶段我国税务机关与公约其他缔约方之间开展征管协助的形式为情报交换。

对于境外收入问题:2014年7月15日,应G20(二十国集团)的请求,经合组织理事会通过了《金融账户涉税信息自动交换标准》,②其中包括《通用报告准则》,③号召全球不同的税收管辖区从其辖区内金

① The Multilateral Convention on Mutual Administrative Assistance in Tax Matters as amended by the 2010 Protocol:1988年1月25日,《多边税收征管互助公约》在法国斯特拉斯堡正式制定,于1995年4月1日生效。2010年5月27日,该公约进行修订,修订后的公约向全球所有国家开放,2011年6月1日开始生效。

② Standard for Automatic Exchange of Financial Account Information in Tax Matters contains the following four parts: 1. A model Competent Authority Agreement (CAA) for the automatic exchange of CRS information; 2. The Common Reporting Standard; 3. The Commentaries on the CAA and the CRS; and 4. The CRS XML Schema User Guide.

③ Common Reporting Standard, CRS.

融机构搜集涉税信息并按年度自动分享给其他税收管辖区。该倡议将税收信息透明度的国际标准从“应请求的信息交换”升级为“自动信息交换”，旨在打击跨境逃税问题。

2015 年 12 月 17 日，我国签署《金融账户涉税信息自动交换多边主管当局间协议》。[①] 2017 年 5 月 9 日，国家税务总局、财政部等六部门联合发布《非居民金融账户涉税信息尽职调查管理办法》，并于 2017 年 7 月 1 日起施行。

需要注意的是，2014 年 9 月，经国务院批准，我国向 G20 承诺第二批实施金融账户涉税信息自动交换标准，[②]首次对外交换信息的时间为 2018 年 9 月。[③] 在越来越多的国家和地区加入涉税信息自动交换的背景下，我国居民个人在境外持有的金融账户信息[④]的查明，逐渐变得更加清晰和可操作。

11.3.6 员工股权激励计划

在实践中，除了通过年终奖的形式激励员工外，部分企业还会采取“股权激励[⑤]”的形式来进一步提升员工的公司认同感和持续贡献度。

激励的对象，一般包括董事、监事、高级管理人员、核心骨干员

---

① Multilateral Competent Authority Agreement on Automatic Exchange of Financial Information，MCAA.

② 2017 年首次交换信息的国家和地区共 50 个，包括英国、法国、德国、意大利、比利时、卢森堡、挪威、丹麦、爱尔兰、韩国、墨西哥、印度、塞舌尔、百慕大、英属维尔京群岛、开曼群岛等。

③ 2018 年首次交换信息的国家和地区共 50 个，包括中国内地、中国香港特别行政区、中国澳门特别行政区、加拿大、澳大利亚、新西兰、以色列、日本、俄罗斯、新加坡、阿拉伯联合酋长国等。

④ 金融账户，是指由金融机构管理的账户，包括存款账户（depository account）、托管账户（custodial account）、某些投资实体中的股权权益或债权权益（equity and debt interest in certain investment entities）、有现金解约价值的保险业务（cash value insurance contract）以及年金业务（annuity contract）。

⑤ 实践中，有员工直接持股、虚拟受限股、股票期权、限制性股票、股票增值权、员工持股信托等形式。

工等。

对于员工股权激励计划，在现实生活中，以绿地控股集团的有限合伙企业方式持有员工股和华为公司的华为投资控股有限公司工会委员会持股方式为两种典型。这两家公司也通过其员工股权激励计划，一方面使员工获得了更多的财产性收益，另一方面也使创始人通过极小的持股比例有效控制了资产庞大的企业。

但需要注意的是，尽管均取得了相当程度的成功，但绿地控股集团和华为公司的员工股权激励计划也有其产生的特定历史背景、政府审批、现实问题以及制约因素，因此其他企业（特别是中小型企业）在准备推行员工股权激励计划时，还要充分考虑自身的具体情况，切忌盲目照搬。

同时，根据《公司法》第 142 条规定，股份有限公司将股份用于员工持股计划或者股权激励的，公司可以收购本公司股份，但公司合计持有的本公司股份数不得超过本公司已发行股份总额的 10%，并应当在三年内转让或者注销。上市公司收购本公司股份的，应当依照证券法的规定履行信息披露义务。上市公司依据员工持股计划或者股权激励而收购本公司股份的，应当通过公开的集中交易方式进行。

11.3.7　女职工特殊保护

为了减少和解决女职工在劳动中因生理特点造成的特殊困难，保护女职工健康，2012 年 4 月 28 日，国务院公布了《女职工劳动保护特别规定》，并要求我国境内的国家机关、企业、事业单位、社会团体、个体经济组织以及其他社会组织等用人单位及其女职工，适用该规定。

根据该规定，用人单位除建立各项保护女职工的制度①外，还要特别注意如下方面：

1. 用人单位不得因女职工怀孕、生育、哺乳降低其工资、予以辞

① 如采取措施改善女职工劳动安全卫生条件、对女职工进行劳动安全卫生知识培训、严格遵守女职工禁忌从事的劳动范围、生育产假和生育津贴制度、建立女职工卫生室、孕妇休息室、哺乳室等设施等。

退、与其解除劳动或者聘用合同;(上述规定第5条,下同)

2. 对怀孕7个月以上的女职工,用人单位不得延长劳动时间或者安排夜班劳动,并应当在劳动时间内安排一定的休息时间;(第6条第2款)

3. 对哺乳未满1周岁婴儿的女职工,用人单位不得延长劳动时间或者安排夜班劳动。(第9条第1款)

关于女职工生育产假,该规定第7条规定如下:

1. 女职工生育享受98天产假,其中产前可以休假15天;难产的,增加产假15天;生育多胞胎的,每多生育1个婴儿,增加产假15天。

2. 女职工怀孕未满4个月流产的,享受15天产假;怀孕满4个月流产的,享受42天产假。

同时,根据该规定第11条规定,在劳动场所,用人单位应当预防和制止对女职工的性骚扰。关于企业应如何设置预防和制止性骚扰机制,本书第八章“稽查”中的“8.5 职场性骚扰预防与调查”章节已经进行了详细讨论,此处不再赘述。

11.4 员工离职流程管理

在实践中,我们观察到,许多劳动争议案件的发生,其根源在于用人单位缺乏完善有效的员工离职流程,这其实也正是我国大多数中小型企业的现状和短板。在此,我们建议用人单位从如下方面进行员工离职流程的管理改进:

1. 员工提出辞职申请时,应由部门领导和HR部门谈话和挽留,了解离职原因和背景;

2. 不能挽留的应妥善、有序地进行工作交接,确保公司运营不因人员变动而造成动荡;

3. 用人单位应与员工确定员工离职后是否触发竞业限制条款;

4. 工作交接后尽快与员工就离职当月工资金额和发放日期、社保和公积金缴纳截止日期、奖金金额和发放日期、离职补偿、可能的竞业限制和保密费、员工股权回购等事项达成协商一致；

5. 达成协商一致后，由员工和公司共同在离职证明(或退工单)上签字和盖章确认；

6. 确保绩效考评和年度奖金分配按照公平合理原则进行，避免因绩效考评失当以及奖金分配不公引发离职员工申请劳动争议仲裁并向人民法院提起诉讼；

7. 对离职员工定期进行回访，询问离职原因、发展现状以及对公司有何建议和反馈。

11.5　员工劳动争议解决

2007 年 12 月 29 日，我国通过了《中华人民共和国劳动争议调解仲裁法》(以下简称《劳动争议调解仲裁法》)，并于 2008 年 5 月 1 日起正式施行。我国境内的用人单位和劳动者发生的下列争议，适用该法：

其一，因确认劳动关系发生的争议；

其二，因订立、履行、变更、解除和终止劳动合同发生的争议；

其三，因除名、辞退和辞职、离职发生的争议；

其四，因工作时间、休息休假、社会保险、福利、培训以及劳动保护发生的争议；

其五，因劳动报酬、工伤医疗费、经济补偿或者赔偿金等发生的争议；

其六，法律、法规规定的其他劳动争议。

11.5.1　劳动争议处理基本程序

根据《劳动争议调解仲裁法》第 4 条、第 5 条规定，发生劳动争议，按照下列规则进行处理：

表 11 -5　劳动争议解决主要方式观察

序号	解决方式	适用场景	备注说明
1	平等协商	发生劳动争议，劳动者可以与用人单位协商，也可以请工会或第三方共同与用人单位协商，达成和解协议	非必经环节
2	申请调解	当事人不愿协商、协商不成或者达成和解协议后不履行的，可以向调解组织申请调解	非必经环节
3	申请仲裁	不愿调解、调解不成或者达成调解协议后不履行的，可以向劳动争议仲裁委员会申请仲裁	必经环节
4	提起诉讼	对劳动仲裁裁决不服的，除特定劳动仲裁终局事项以外，可以向人民法院提起诉讼	诉讼环节

11.5.2　劳动监察制度

根据《劳动争议调解仲裁法》第 9 条规定，用人单位违反国家规定，拖欠或者未足额支付劳动报酬，或者拖欠工伤医疗费、经济补偿或者赔偿金的，劳动者可以向劳动行政部门投诉，劳动行政部门应当依法处理。

在现实生活中，以上海市为例，省级劳动行政部门是指上海市人力资源和社会保障局。

11.5.3　劳动争议调解①

如果劳动者和用人单位发生劳动争议，当事人可以到调解组织申请调解，经调解达成协议的，应当制作调解协议书。调解协议书生效后，一方当事人在协议约定期限内不履行的，另一方当事人可以申请劳动仲裁。

① 劳动争议调解组织，包括企业劳动争议调解委员会、依法设立的基层人民调解组织、在乡镇或街道设立的具有劳动争议调解职能的组织。

值得注意的是，因支付劳动报酬、工伤医疗费、经济补偿或者赔偿金事项达成调解协议，用人单位在协议约定期限内不履行的，劳动者可以持调解协议书直接向人民法院申请支付令。人民法院应当依法发出支付令。

11.5.4　劳动争议仲裁①

当事人申请劳动仲裁的，劳动争议由劳动合同履行地或者用人单位所在地的劳动争议仲裁委员会管辖。如果双方当事人分别向劳动合同履行地和用人单位所在地的劳动争议仲裁委员会申请仲裁的，由劳动合同履行地的劳动争议仲裁委员会管辖。

劳动争议申请仲裁的时效期间为一年，从当事人知道或者应当知道其权利被侵犯之日起计算。需要注意的是，在劳动关系存续期间因拖欠劳动报酬发生争议的，劳动者申请仲裁不受仲裁时效期间的限制；劳动关系终止的，应当自劳动关系终止之日起 1 年内提出。

仲裁庭裁决劳动争议案件，应当自劳动争议仲裁委员会受理仲裁申请之日起 45 日内结束。案情复杂需要延期的，经劳动争议仲裁委员会主任批准，可以延期并书面通知当事人，但是延长期限不得超过 15 日。逾期未作出仲裁裁决的，当事人可以就该劳动争议事项向人民法院提起诉讼。

11.5.5　劳动仲裁终局裁决

根据《劳动争议调解仲裁法》第 47 条、第 48 条、第 49 条规定，对于下列劳动争议，仲裁裁决原则上为终局裁决，裁决书自作出之日起发生法律效力。

1. 追索劳动报酬、工伤医疗费、经济补偿或者赔偿金，不超过当地月最低工资标准 12 个月金额的争议；

2. 因执行国家的劳动标准在工作时间、休息休假、社会保险等方面发生的争议。

---

① 劳动争议仲裁不收费。劳动争议仲裁委员会的经费由财政予以保障。

对于劳动争议仲裁委员会作出的前述终局裁决：

1. 劳动者不服的，可以自收到仲裁裁决书之日起 15 日内向人民法院提起诉讼。

2. 用人单位有证据证明仲裁裁决有特殊情形①的，可以自收到仲裁裁决书之日起 30 日内向劳动争议仲裁委员会所在地的中级人民法院申请撤销裁决。中级人民法院经组成合议庭审查核实裁决存在特殊情形的，应当裁定撤销。中级人民法院撤销该仲裁裁决后，当事人可以自收到裁定书之日起 15 日起就该劳动争议向人民法院提起诉讼。

11.5.6 劳动争议诉讼

除特定情形终局裁决外，当事人（双方）对劳动争议案件的仲裁裁决不服的，可以自收到仲裁裁决书之日起 15 日内向人民法院提起诉讼；期满不起诉的，仲裁裁判书发生法律效力。在实践中，如果当事人在劳动合同中未就管辖法院进行约定，则劳动合同履行地法院和用人单位所在地法院均有管辖权，当事人分别向不同法院起诉的，以先立案的法院管辖为准。

当事人根据法律规定提起劳动争议诉讼后，正常的民事诉讼流程便开始启动，法院按照两审终审制进行审判，在此我们不再赘述。需要注意的是，劳动争议诉讼是规定有劳动仲裁前置程序的，而且申请劳动仲裁的时效期间一般为 1 年，而不是普通民事诉讼的 3 年诉讼时效。

---

① 例如，(1)适用法律、法规确有错误的；(2)劳动争议仲裁委员会无管辖权的；(3)违反法定程序的；(4)裁决所根据的证据是伪造的；(5)对方当事人隐瞒了足以影响公证裁决的证据的；(6)仲裁员在仲裁该案时有索贿受贿、徇私舞弊、枉法裁判行为的。

11.6　竞业限制协议①

在现实生活中，用人单位和劳动者关于竞业限制协议产生分歧，甚至引发向劳动行政部门投诉、申请劳动仲裁、提起法院诉讼的案例并不少见。下面我们将通过一则案例来帮助大家进一步掌握，当面对竞业限制协议引发的纠纷时，应如何把握关键要点。

1. 案例简介：

2019 年 7 月 1 日，A 公司和女员工甲某签订劳动合同，其中关于竞业限制约定如下："双方不管以何种方式解除、终止劳动关系后两年内，乙方（员工）不得从事、应聘、开设、自营、与人合伙或合作甲方企业同类业务，否则需向甲方支付违约金五万元整。违约金不足以弥补损失的，还需赔偿甲方经济损失。"同时，劳动合同中关于竞业限制经济补偿支付标准约定如下："竞业限制义务起始之日起，甲方在竞业禁止期限内每月按照当地最低工资保障标准的 80% 向乙方支付竞业限制补贴。"

2020 年 6 月 30 日，女员工甲某因个人原因从该公司离职，并加入了与 A 公司存在业务竞争关系的 B 公司。2020 年 7 月 3 日，A 公司得知甲某离职去向后，向甲某提出了竞业限制要求，并依据劳动合同中约定的当地最低工资保障标准的 80% 向甲某支付了第一个月的竞业限制补贴。甲某在 A 公司工作的一年期间，平均工资为每月 2 万元人民币。

2. 案例问题：

女员工甲某应该如何妥善应对这个竞业限制？

3. 分析解答：

（1）劳动合同中是否可以约定由劳动者承担违约金？

可以。根据《劳动合同法》第 25 条规定，除涉及服务期、保密义

---

① 竞业限制协议，在一定程度上提高了企业的用工成本，建议企业慎重使用。

务、竞业限制情形外，用人单位不得与劳动者约定由劳动者承担违约金。因此，A 公司和甲某可以约定，员工违反竞业限制义务的应当承担违约金。

本案例中，A 公司和甲某签订的劳动合同约定了竞业限制条款（竞业限制要求和竞业限制经济补偿），同时也约定了员工离职后违反竞业限制义务的应向公司支付违约金。

（2）该劳动合同关于竞业限制经济补偿的标准是否合理？

不合理。根据最高人民法院《关于审理劳动争议案件适用法律问题的解释（一）》（法释〔2020〕26 号）[①]第 36 条规定，当事人在劳动合同或者保密协议中约定了竞业限制，但未约定解除或者终止劳动合同后给予劳动者经济补偿，劳动者履行了竞业限制业务，要求用人单位按照劳动者在劳动合同解除或者终止前 12 个月平均工资的 30% 按月支付经济补偿的，人民法院应予支持。前款规定的月平均工资的 30% 低于劳动合同履行地最低工资标准的，按照劳动合同履行地最低工资标准支付。

根据该司法解释，我们认为，竞业限制经济补偿的标准，每月不应低于劳动者在劳动合同解除或者终止前 12 个月的平均工资的 30%，如果按照这一标准发现低于劳动合同履行地最低工资标准的，则应按照劳动合同履行地最低工资标准支付。

本案例中，尽管 A 公司和甲某约定了竞业限制经济补偿（当地最低工资保障标准的 80%），但是该约定标准与最高人民法院《关于审理劳动争议案件适用法律问题的解释（一）》第 36 条的解释[②]明显冲突，劳动者可以要求与用人单位重新约定合理的竞业限制经济补偿

---

① 最高人民法院《关于审理劳动争议案件适用法律问题的解释（一）》于 2020 年 12 月 25 日由最高人民法院审判委员会第 1825 次会议通过，2020 年 12 月 29 日公布，自 2021 年 1 月 1 日起施行。

② 根据最高人民法院《关于审理劳动争议案件适用法律问题的解释（一）》的规定，竞业限制经济补偿标准每月一般应为劳动者离职前 12 个月平均工资的 30% 以上，同时不得低于劳动合同履行地的最低工资标准。

标准。

(3)劳动者支付违约金后,用人单位是否可以继续要求竞业禁止?

可以。根据最高人民法院《关于审理劳动争议案件适用法律问题的解释(一)》第40条规定,劳动者违反竞业限制约定,向用人单位支付违约金后,用人单位要求劳动者按照约定继续履行竞业限制义务的,人民法院应予支持。

(4)关于对女员工甲某竞业限制事宜的建议应对措施?

根据前述分析,我们认为,A公司可以向甲某提出竞业限制要求,甲某应当遵守竞业限制义务,但是双方关于竞业限制经济补偿标准可以通过另行协商达成一致。

对此,我们建议甲某这样应对:

第一,积极、主动、诚恳地与A公司进行协商,劝说A公司放弃向自己主张竞业限制,也不需要向自己支付竞业限制经济补偿。

第二,如果A公司坚持要求甲某履行竞业限制义务,甲某应立即从B公司辞职,并与A公司重新协商竞业限制经济补偿标准。

第三,如果A公司以劳动合同已有约定为由拒绝提升竞业限制经济补偿标准,甲某可以向劳动争议仲裁委员会申请仲裁,主张劳动合同中关于竞业限制经济补偿标准的条款内容无效,同时主张A公司按照不低于自己离职前12个月的平均工资的30%按月支付。假如劳动合同履行地所在的省、自治区、直辖市关于竞业限制经济补偿标准高于前述司法解释规定标准的,以劳动合同履行地所在的省、自治区、直辖市的规定为准。

第四,女员工甲某在新的用人单位工作时,仍应当遵守与原用人单位约定的保密义务,不应当侵犯原工作单位的商业秘密。

第十二章　竞争态势

——公平竞争加油干，为国争光美名传

医药行业由于具有资金密集型和技术密集型等特点，相较于其他行业而言，门槛较高。同时，因为种种原因，该行业又充满了竞争。

12.1　政府监管与行业自律

面对竞争日益激烈的医药行业，一方面，政府监管部门应当加强和完善药品全过程监管；另一方面，医药行业也应当做到行业自律。

12.1.1　国家市场监督管理总局

根据2018年3月17日公布的《国务院机构改革方案》，[①]我国组建国家市场监督管理总局，作为国务院直属机构。同时，组建国家药品监督管理局，由国家市场监督管理总局管理。

将国家质量监督检验检疫总局的出入境检验检疫管理职责和队伍划入海关总署。

保留国务院食品安全委员会、国务院反垄断委员会，具体工作由国家市场监督管理总局承担。

国家认证认可监督管理委员会、国家标准化管理委员会职责划入国家市场监督管理总局，对外保留牌子。

2018年国务院组织机构改革后，不再保留国家工商行政管理总

---

① 具体参见 http://www.gov.cn/xinwen/2018-03/17/content_5275116.htm。

局、国家质量监督检验检疫总局、国家食品药品监督管理总局。

表 12－1　国家市场监督管理总局组建及职责整合来源

序号	职责来源	职责整合	机构定位
1	国家工商行政管理总局的职责	将前述五项职责整合，组建国家市场监督管理总局	作为国务院直属机构
2	国家质量监督检验检疫总局①的职责		
3	国家食品药品监督管理总局②的职责		
4	国家发展和改革委员会的价格监督检查与反垄断执法职责		
5	商务部的经营者集中反垄断执法以及国务院反垄断委员会办公室等职责		

12.1.2　国家药品监督管理局

改革开放以来，我国药品领域的监管部门，经历了一个比较长的变化过程。1978 年，我国成立国家医药管理总局，由卫生部代管。1982 年，国家医药管理总局改组为国家医药管理局，由卫生部代管变更为国家经委领导。

1998 年，我国正式组建国家药品监督管理局（State Drug Administration，SDA）。2003 年，我国组建国家食品药品监督管理局（State Food and Drug Administration，SFDA）。2008 年，国家食品药品监督管理局改由卫生部管理。2013 年，我国组建国家食品药品监督管理总局（China Food and Drug Administration，CFDA），作为国务院直属机构。2018 年，我国组建国家药品监督管理局（National Medical Products Administration，NMPA），作为国家市场监督管理总局管理的国家局，同时不再保留国家食品药品监督管理总局。

---

① 国家质量监督检验检疫总局，由原国家质量技术监督局和原国家出入境检验检疫局于 2001 年 4 月 10 日合并组建。

② 国家食品药品监督管理总局，根据 2013 年 3 月 21 日国务院《关于机构设置的通知》（国发〔2013〕14 号）组建。

2018 年以后，我国药品市场监管实行分级管理，药品监管机构只设到省、自治区、直辖市一级，药品经营销售等行为的监管由市县市场监管部门统一承担。①

根据国家药品监督管理局在官方网站②公布的信息，该局主要职责如下：

1. 负责药品(含中药、民族药，下同)、医疗器械和化妆品安全监督管理。拟定监督管理政策规划，组织起草法律法规草案，拟定部门规章，并监督实施。研究拟定鼓励药品、医疗器械和化妆品新技术新产品的管理和服务政策。

2. 负责药品、医疗器械和化妆品标准管理。③ 组织制定、公布国家药典等药品、医疗器械标准，组织拟订化妆品标准，组织制定分类管理制度，并监督实施。参与制定国家基本药物目录，配合实施国家基本药物制度。

3. 负责药品、医疗器械和化妆品注册管理。制定注册管理制度，严格上市审评审批，完善审评审批服务便利化措施，并组织实施。

4. 负责药品、医疗器械和化妆品质量管理。制定研制质量管理规范并监督实施。制定生产质量管理规范并依职责监督实施。制定经营、使用质量管理规范并指导实施。

5. 负责药品、医疗器械和化妆品上市后风险管理。组织开展药品不良反应、医疗器械不良事件和化妆品不良反应的检测、评价和处置工作。依法承担药品、医疗器械和化妆品安全应急管理工作。

---

① 国务委员王勇关于国务院机构改革方案的说明——2018 年 3 月 13 日在第十三届全国人民代表大会第一次会议上，载 http://www.xinhuanet.com/politics/2018lh/2018-03/14/c_1122533011.htm。

② “国家药品监督管理局主要职责”，载 http://www.nmpa.gov.cn/WS04/CL2073/。

③ 组织制定、公布国家药典等药品、医疗器械标准，组织拟订化妆品标准，组织制定分类管理制度，并监督实施。参与制定国家基本药物目录，配合实施国家基本药物制度。

6. 负责执业药师资格准入管理；制定执业药师资格准入制度，指导监督执业药师注册工作。

7. 负责组织指导药品、医疗器械和化妆品监督检查。制定检查制度，依法查处药品、医疗器械和化妆品注册环节的违法行为，依职责组织指导查处生产环节的违法行为。

8. 负责药品、医疗器械和化妆品监督管理领域对外交流与合作，参与相关国际监管规则和标准的制定。

9. 负责指导省、自治区、直辖市药品监督管理部门工作。

10. 完成党中央、国务院交办的其他任务。

12.1.3　国家中医药管理局

1986 年 7 月 20 日，我国成立国家中医管理局，作为国务院直属机构，由卫生部代管。1988 年 5 月 3 日，国务院常务会议决定成立国家中医药管理局，将原属国家医药管理局管理的中药部分划归国家中医药管理局。该局作为国务院管理中医中药工作的国家局，由卫生部管理。

1998 年 3 月，根据国务院《关于部委管理的国家局设置的通知》，国家中医药管理局将中药生产的行业管理职能交给国家经济贸易委员会，将中药监督管理的职能交给国家药品监督管理局。

2018 年 3 月 27 日，新组建的国家卫生健康委员会正式挂牌成立后，国家中医药管理局成为国家卫建委管理的国家局。根据国家中医药管理局官方网站①公布信息，该局的主要职责：

1. 拟定中医药和民族医药事业发展的战略、规划、政策和相关标准，起草有关法律法规和部门规章草案，参与国家重大中医药项目的规划和组织实施。

2. 承担中医医疗、预防、保健、康复及临床用药等的监督管理责任。规划、指导和协调中医医疗、科研机构的结构布局及其运行机制

① “国家中医药管理局的主要职责”，载 http://www.satcm.gov.cn/zhengcewenjian/zhengwugongkaimulu/2018-03-25/7070.html。

的改革。拟定各类中医医疗、保健等机构管理规范和技术标准并监督执行。

3. 负责监督和协调医疗、研究机构的中西医结合工作,拟定有关管理规范和技术标准。

4. 负责指导民族医药的理论、医术、药物的发掘、整理、总结和提高工作,拟定民族医疗机构管理规范和技术标准并监督执行。

5. 组织开展中药资源普查,促进中药资源的保护、开发和合理利用,参与制定中药产业发展规划、产业政策和中医药的扶持政策,参与国家基本药物制度建设。

6. 组织拟订中医药人才发展规划,会同有关部门拟定中医药专业技术人员资格标准并组织实施。会同有关部门组织中医药师承教育、毕业后教育、继续教育和相关人才培训工作,参与指导中医药教育教学改革,参与拟定各类中医药教育发展规划。

7. 拟定和组织实施中医药科学研究、技术开发规划,指导中医药科研条件和能力建设,管理国家重点中医药科研项目,促进中医药科技成果的转化、应用和推广。

8. 承担保护濒临消亡的中医诊疗技术和中药生产加工技术的责任,组织开展对中医古籍的整理研究和中医药文化的继承发展,提出保护中医非物质文化遗产的建议,推动中医药防病治病知识普及。

9. 组织开展中医药国际推广、应用和传播工作,开展中医药国际交流合作和与港澳台的中医药合作。

10. 承办国务院及国家卫建委交办的其他事项。

12.1.4 国家医疗保障局

根据2018年3月17日公布的《国务院机构改革方案》,我国组建国家医疗保障局。①

将人力资源和社会保障部的城镇职工和城镇居民基本医疗保险、

① 国家医疗保障局(National Healthcare Security Administration),是2018年3月新组建的国务院直属机构,为副部级。

生育保险职责，国家卫生和计划生育委员会的新型农村合作医疗职责，国家发展和改革委员会的药品和医疗服务价格管理职责，民政部的医疗救助职责整合，组建国家医疗保障局，作为国务院直属机构。

表 12－2 国家医疗保障局组建及职责整合来源

<table>
<tr><th>序号</th><th>职责来源</th><th>职责整合</th><th>机构定位</th></tr>
<tr><td>1</td><td>人力资源和社会保障部的城镇职工和城镇居民基本医疗保险、生育保险职责</td><td rowspan="4">将前述四项职责整合，组建国家医疗保障局</td><td rowspan="4">作为国务院直属机构</td></tr>
<tr><td>2</td><td>国家卫生和计划生育委员会的新型农村合作医疗职责</td></tr>
<tr><td>3</td><td>国家发展和改革委员会的药品和医疗服务价格管理职责</td></tr>
<tr><td>4</td><td>民政部的医疗救助职责</td></tr>
</table>

根据国家医疗保障局在官方网站①公布的信息，该局主要职责如下：

1. 拟定医疗保险、生育保险、医疗救助等医疗保障制度的法律法规草案、政策、规划和标准，制定部门规章并组织实施。

2. 组织制定并实施医疗保障基金监督管理办法，建立健全医疗保障基金安全防控机制，推进医疗保障基金支付方式改革。

3. 组织制定医疗保障筹资和待遇政策，完善动态调整和区域调剂平衡机制，统筹城乡医疗保障待遇标准，建立健全与筹资水平相适应的待遇调整机制。组织拟订并实施长期护理保险制度改革方案。

4. 组织制定城乡统一的药品、医用耗材、医疗服务项目、医疗服务设施等医保目录和支付标准，建立动态调整机制，制定医保目录准入谈判规则并组织实施。

5. 组织制定药品、医用耗材价格和医疗服务项目医疗服务设施收

① “国家医疗保障局主要职责”，载 http://www.nhsa.gov.cn/col/col16/index.html。

费等政策，建立医保支付医药服务价格合理确定和动态调整机制，推动建立市场主导的社会医药服务价格形成机制，建立价格信息监测和信息发布制度。

6. 制定药品、医用耗材的招标采购政策并监督实施，指导药品、医用耗材招标采购平台建设。

7. 制定定点医药机构协议和支付管理办法并组织实施，建立健全医疗保障信用评价体系和信息披露制度，监督管理纳入医保范围内的医疗服务行为和医疗费用，依法查处医疗保障领域违法违规行为。

8. 负责医疗保障经办管理、公共服务体系和信息化建设。组织制定和完善异地就医管理和费用结算政策。建立健全医疗保障关系转移接续制度。开展医疗保障领域国际合作交流。

9. 完成党中央、国务院交办的其他任务。

10. 职能转变。国家医疗保障局应完善统一的城乡居民基本医疗保险制度和大病保险制度，建立健全覆盖全民城乡统筹的多层次医疗保障体系，不断提高医疗保障水平，确保医保资金合理使用、安全可控，推进医疗、医保、医药"三医联动"改革，更好地保证人民群众就医需求、减轻医药费用负担。

11. 与国家卫生健康委员会的有关分工。国家卫生健康委员会、国家医疗保障局等部门在医疗、医保、医药等方面加强制度、政策衔接，建立沟通协商机制，协同推进改革，提高医疗资源使用效率和医疗保障水平。

12.1.5 中国化学制药工业协会

1988 年 8 月，中国化学制药工业协会[①]（China Pharmaceutical Industry Association，CPIA）注册成立，是民政部核准登记的全国性社会团体法人。

根据 2017 年 5 月 26 日第九次会员大会表决通过的协会章程规

① "中国化学制药工业协会简介"，载 http://www.cpia.org.cn/aboutus/introduction.html。

定，该协会是由制药工业骨干企业、地区性医药行业协会、医药科研设计单位以及大中专院校等单位自愿结成的全国性、行业性、非营利性的社会组织，接受业务主管单位国务院国资委、登记管理机关民政部的业务指导和监督管理。

中国化学制药工业协会的宗旨：

1. 服务企业，维护会员单位的合法权益；

2. 服务行业，加强行业自律，推进行业诚信体系建设；

3. 服务政府，上情下传，下情上达，承担政府部门委托的工作；

4. 服务社会，认真履行企业社会责任，促进制药工业又好又快发展。

中国化学制药工业协会的业务范围：

1. 宣传贯彻国家的法律、法规和有关方针、政策，传达政府对行业和企业的要求，积极向政府有关部门反映行业和会员单位的正当诉求；

2. 收集、出刊、发布化学制药工业基础资料和信息，根据授权开展统计，经调查研究提出行业发展规划、重大技术经济政策、法规等方面的意见建议，协助政府制定行业相关技术、质量等标准，完善行业管理，促进行业发展；

3. 在国家法律、法规和政策指导下，组织协调企业有关产品生产、销售等问题，向政府有关部门提出合理化建议，维护会员单位的合法权益；

4. 对企业技术改造、技术引进、生产管理、清洁生产、市场营销等多种技术经济活动组织咨询服务，及时发布国内外技术经济和市场信息；

5. 促进企业增强创新能力，重点是新产品、新工艺、新技术、新装备、新型原辅材料的开发、推广和应用，开展技术质量交流活动；

6. 组织多种形式涉及技术、质量、市场、营销、管理和法律等内容的讲座和培训，注重药品安全生产、环境保护的教育和监督，帮助会员

单位培训专业人士,提高职工素质;

7.积极开展国际交往,扩大国际件经济、技术交流与合作,研究协调技术和产品进出口工作中的问题,组织好引进新技术的消化、吸收、提高、转让的各项工作;

8.按照 WTO 规则,协助会员单位处理国际贸易争端,维护国家、行业和会员单位的合法权益;

9.加强行业自律,推动行业诚信体系建设,组织会员单位制定行规行约,建立并完善行业自律管理约束机制,规范会员行为,协调会员关系,维护公平竞争的市场环境,积极开展行业监督;

10.承办政府部门委托的事务,根据市场和行业发展需要举办交易会、展览会等,为企业开拓市场创造条件。

为了积极促进行业自律,加强行业诚信体系建设,受商务部、国家发展和改革委员会授权,该协会不断推进制药企业信用评价工作。同时,受工业和信息化部的委托,该协会组织开展化学制药行业信息化和工业化融合评估工作。

截至 2020 年 7 月 10 日,该协会共有 439 家会员单位,其中包括地方医药行业协会、①药物研究所、②本土医药公司、③外国医药公司在华企业④等。

12.1.6　中国中药协会

2000 年 12 月 18 日,中国中药协会⑤(China Association of Traditional

① 如北京医药行业协会、上海医药行业协会、上海市生物医药行业协会、广东省医药行业协会等。

② 如中国医药工业研究总院、上海市药监局科技情报研究所、天津药物研究员有限公司等。

③ 如中国医药集团有限公司、上海医药集团股份有限公司、广州白云山医药集团股份有限公司、中国药科大学制药有限公司等。

④ 如葛兰素史克(中国)投资有限公司、巴斯夫(中国)有限公司、上海罗氏制药有限公司、拜耳医药保健有限公司、诺和诺德(中国)制药有限公司、西门子(中国)有限公司等。

⑤ "中国中药协会简介",载 http://www.catcm.org.cn/index.asp。

Chinese Medicine,CATCM)经民政部(民社登〔2000〕2 号)批准成立。

根据2019 年 11 月 24 日第四届会员代表大会表决通过的中国中药协会章程(修正案)规定,该协会是由中药企业、科研单位、大专院校以及相关事业单位、社会团体和个人自愿结成的全国性、行业性社会团体,是非营利性社会组织,登记管理机关为民政部,党建领导机关是中央和国家机关工作委员会。该协会接受登记管理机关、党建领导机关、有关行业管理部门的业务指导和监督管理。

中国中药协会的宗旨:代表最广大会员的利益,为政府、社会、会员提供更好的服务,营造更有利的社会和市场环境,为政府建言献策,为社会添砖加瓦,为会员发展保驾护航。

中国中药协会的业务范围:

1. 反映会员诉求,协调会员关系,维护会员的合法权益。

2. 开展中药行业、地区中药经济发展调查研究,向政府有关部门提出中药行业发展规划、立法、重大经济政策等方面的意见和建议。

3. 研究市场发展趋势动态,收集、整理、分析并反馈有关中药生产、商业流通、财务、价格等基础资料,根据授权开展统计,依照有关规定,编辑协会刊物,加强信息交流。

4. 开展咨询服务,提供国内外医药经济技术信息和市场信息,开展国内、国际医药企业管理技术交流与经济合作。

5. 承担中药企业的技术咨询、技术服务及技术成果的推广应用工作,组织新工艺、新技术、新装备、新型原辅材料的推广和应用。受政府部门委托承办或根据市场和行业发展的需要,组织行业间的展览及技术交流活动。

6. 开展与国际传统医药社团等非政府组织间的友好交流与合作。

7. 组织开展中药企业人才、技术和有关专业培训,指导帮助企业更新观念,提高经营管理水平。

8. 经政府有关部门批准或委托,参与制定、修订行业质量技术标准、行业工人技术等级(资格)标准,并协助政府部门组织贯彻实施。

9. 建立行业自律性机制、制定行业道德准则等行规行约,规范行业自我管理行为。协调同行价格争议,维护行业内的公平竞争,提倡诚信经营,维护市场经济秩序。组织推广中药行业优质服务活动,规范服务行为,提高职业道德和思想素质。

10. 加强与地方行业协会的业务联系与工作交流。

11. 按照 WTO 规则,协助会员单位处理国际贸易争端。

12. 承担政府相关部门委托的其他任务。

截至2020 年7 月10 日,该协会共有125 家会员单位,其中包括22 家副会长单位,29 家常务理事单位,51 家理事单位以及 23 家一般会员单位。

12.2 不正当竞争的危害和处罚

为了保障社会主义市场经济健康发展,鼓励公平竞争,制止不正当竞争行为,保护经营者和消费者的合法权益,我国于 1993 年 9 月 2 日制定通过了《反不正当竞争法》。2017 年 11 月4 日,我国对《反不正当竞争法》进行了修订,并于 2019 年 4 月 23 日进行了修正。

12.2.1 不正当竞争行为的危害性

关于不正当竞争行为的危害,主要有以下几个方面:

其一,扰乱了公平竞争的社会主义市场经济秩序;

其二,给市场其他经营者的正常经营与合法权益带来伤害;

其三,容易造成“劣币驱逐良币”效应,阻碍技术进步和社会生产力的发展;

其四,长此以往会损害消费者的合法权益,甚至败坏社会风气并严重损害国家利益。

12.2.2 不正当竞争行为的监管部门

如前所述,2018 年国务院组织机构改革后,原国家工商行政管理总局不再保留,其职责由新组建的国家市场监督管理总局负责。

根据国家市场监督管理总局在官方网站上公布的信息，总局职责的第5项为：负责监督管理市场秩序。依法监督管理市场交易、网络商品交易及其有关服务的行为。组织指导查处价格收费违法违规、不正当竞争、违法直销、传销、侵犯商标专利知识产权和制售假冒伪劣行为。指导广告业发展，监督管理广告活动。指导查处无照生产经营和相关无证生产经营行为。指导中国消费者协会开展消费维权工作。

根据《反不正当竞争法》第4条规定，县级以上人民政府履行工商行政管理职责的部门对不正当竞争行为进行查处；法律、行政法规规定由其他部门查处的，依照其规定。

监督检查部门调查涉嫌不正当竞争行为，应当遵守《中华人民共和国行政强制法》和其他有关法律、行政法规的规定，并应当将查处结果及时向社会公开。① 同时，监督检查部门及其工作人员，对于调查过程中知悉的商业秘密负有保密义务。

此外，根据《反不正当竞争法》第16条规定，对涉嫌不正当竞争行为，任何单位和个人有权向监督检查部门举报，监督检查部门接到举报后应当及时处理。监督检查部门应当向社会公开受理举报的电话、信箱或者电子邮件地址，并为举报人保密。对实名举报并提供相关事实和证据的，监督检查部门应当将处理结果告知举报人。

12.2.3　不正当竞争行为及其行政处罚后果

根据《反不正当竞争法》规定，不正当竞争行为及其法律责任主要如下：

---

① 值得注意的是，2020年1月9日，由国家市场监督管理总局主办的"中国市场监管行政处罚文书网"已经正式开通。

表 12－3　不正当竞争行为及其行政处罚

条文索引	不正当竞争行为	主要表象	法律责任
第 6 条	市场混淆	引人误认为是他人商品或者与他人存在特定联系	第 18 条： 1. 由监督检查部门责令停止违法行为，没收违法商品。 2. 违法经营额五万元以上的，可以并处违法经营额五倍以下罚款。 3. 没有违法经营额或违法经营额不足五万元的，可以并处二十五万元以下罚款。 4. 情节严重的，吊销营业执照。 5. 企业名称造成混淆的，应当及时办理名称变更登记
第 7 条	商业贿赂	采用财物或者其他手段贿赂相关单位或者个人，以谋求交易机会或者竞争优势	第 19 条： 1. 由监督检查部门没收违法所得，处十万元以上三百万元以下罚款。 2. 情节严重的，吊销营业执照
第 8 条	虚假或引人误解商业宣传	1. 对自己商品的性能、功能、质量、销售状况、用户评价、曾获荣誉等方面欺骗、误导消费者； 2. 通过组织虚假交易等方式帮助其他经营者	第 20 条： 1. 由监督检查部门责令停止违法行为，处二十万元以上一百万元以下的罚款。 2. 情节严重的，处一百万元以上二百万元以下罚款，可以吊销营业执照。 3. 属于发布虚假广告的，依照广告法处罚

续表

条文索引	不正当竞争行为	主要表象	法律责任
第9条	侵犯商业秘密	1. 以不正当手段获取他人的商业秘密； 2. 擅自泄露以不正当手段获取的商业秘密； 3. 虽然合法获取商业秘密但未遵守保密义务； 4. 教唆、引诱、帮助他人违反保密义务	第21条： 1. 由监督检查部门责令停止违法行为，没收违法所得，处十万元以上一百万元以下的罚款。 2. 情节严重的，处五十万元以上五百万元以下的罚款
第10条	虚假、高额有奖销售	1. 有奖销售信息不明确，影响兑奖； 2. 采用欺骗方式进行有奖销售； 3. 抽奖式有奖销售最高奖的金额超过五万元	第22条： 由监督检查部门责令停止违法行为，处五万元以上五十万元以下的罚款
第11条	损害商业信誉、商品声誉	编造、传播虚假信息或者误导性信息	第23条： 1. 由监督检查部门责令停止违法行为、消除影响，处十万元以上五十万元以下的罚款。 2. 情节严重的，处五十万元以上三百万元以下的罚款

续表

条文索引	不正当竞争行为	主要表象	法律责任
第12条	妨碍、破坏其他经营者合法提供的网络产品或者服务正常运行①	利用技术手段,②通过影响用户选择或者其他方式,来实施互联网领域的不正当竞争行为	第24条: 1. 由监督检查部门责令停止违法行为,处十万元以上五十万元以下的罚款。 2. 情节严重的,处五十万元以上三百万元以下的罚款

需要指出的是,根据《反不正当竞争法》第17条、第27条、第31条规定,经营者违反反不正当竞争法规定,给他人造成损害的,应当依法承担民事责任;构成犯罪的,依法追究刑事责任。经营者同时承担民事责任、行政责任和刑事责任,其财产不足以支付的,优先用于承担民事责任。

12.3 垄断的危害和处罚

为了预防和制止垄断行为,保护市场公平竞争,提高经济运行效率,维护消费者利益和社会公共利益,促进社会主义市场经济健康发展,2007年8月30日,我国制定通过了《中华人民共和国反垄断法》(以下简称《反垄断法》),并自2008年8月1日起正式生效。

12.3.1 垄断行为的危害性

关于垄断行为的危害,主要有以下几个方面:

---

① 例如,实践中发生的百度诉搜狗"强行跳转"案、奇虎和腾讯"二选一"案、淘宝和微信"不兼容"案等。

② 例如,流量劫持、客户端干扰、软件拦截等行为。

其一,抑制了相关市场的竞争,产品与服务质量难以保证;

其二,扼杀中小企业的生存空间,造成机会的不平等,导致社会进步停滞;

其三,垄断企业往往会通过垄断定价来推高整体社会成本(如铁路、航空、电信等);

其四,垄断企业经常会损害消费者的合法权益(如公平交易权和选择权等)。

12.3.2　垄断行为的监管部门

自 2008 年 8 月 1 日《反垄断法》正式施行以来,由于各方面的原因,我国的反垄断法执法机关长期存在“三龙治水”的现象。比如,关于价格的垄断协议行为,由国家发展和改革委员会进行监督检查;关于滥用市场支配地位行为,由国家工商行政管理总局进行监督检查;关于具有或者可能具有排除、限制竞争效果的经营者集中的强制申报,由商务部负责受理和审查等。

这种“三龙治水”的局面,终于在 2018 年国务院组织机构改革时随着国家市场监督管理总局的组建得到了彻底解决。

根据国家市场监督管理总局在官方网站上公布的信息,总局职责的第 4 项为:负责反垄断统一执法。统筹推进竞争政策实施,指导实施公平竞争审查制度。依法对经营者集中行为进行反垄断审查,负责垄断协议、滥用市场支配地位和滥用行政权力排除、限制竞争等反垄断执法工作。指导企业在国外的反垄断应诉工作。承担国务院反垄断委员会日常工作。

根据《反垄断法》第 10 条规定,国务院规定的承担反垄断执法职责的机构依照反垄断法规定,负责反垄断执法工作。国务院反垄断执法机构根据工作需要,可以授权省、自治区、直辖市人民政府相应的机构,依照反垄断法规定负责有关反垄断执法工作。

反垄断执法机构依法对涉嫌垄断行为进行调查。同时,对涉嫌垄断行为,任何单位和个人有权向反垄断执法机构举报。反垄断执法机构应当为举报人保密。举报采用书面形式并提供相关事实和证据的，反垄断执法机构应当进行必要的调查。反垄断执法机构及其工作人员，对执法过程中知悉的商业秘密负有保密义务。

根据《反垄断法》第44条规定，反垄断执法机构对涉嫌垄断行为调查核实后，认为构成垄断行为的，应当依法作出处理决定，并可以向社会公布。

需要特别强调的是，考虑到涉嫌垄断行为的经营者一般具有高度组织性、较多规避调查手段等特点，因此在实践中，反垄断执法机构通常会采取"黎明突袭"①的方式，迅速进入涉嫌垄断行为的经营者的住所，并通过特定技术手段快速查封、扣押经营者的财务会计账簿、第一时间镜像关键计算机中的全部数据等获得证据。同时，反垄断执法机构会统一部署，在北京、上海、广州、深圳等地对同一对象同时开展黎明突袭调查。

12.3.3 垄断行为及其行政处罚后果

根据《反垄断法》规定，垄断行为及其法律责任主要参见表12-4。

需要指出的是，除承担行政处罚后果外，《反垄断法》第50条、第51条规定：

1. 经营者实施垄断行为，给他人造成损失的，应当依法承担民事责任。

2. 行政机关和法律、法规授权的具有管理公共事务职能的组织滥用行政权力，实施排除、限制竞争行为的，主要采用承担行政责任和进行行政处分的方式。

① 黎明突袭(dawn raid)，是指反垄断执法机构在不事先通知被调查对象的情况下，针对涉嫌垄断行为的经营者开展的现场检查或者调查。

表 12－4　垄断行为及其行政处罚后果

条文索引	垄断行为	主要表象	法律责任
第 13 条、第 14 条	垄断协议	1. 具有竞争关系的经营者达成横向垄断协议;① 2. 经营者与交易相对人达成纵向垄断协议;② 3. 行业协会组织本行业的经营者从事垄断协议行为	第 46 条: 1. 经营者达成并实施垄断协议的,由反垄断执法机构责令停止违法行为,没收违法所得,并处上一年度销售额 1% 以上 10% 以下的罚款; 2. 尚未实施所达成的垄断协议的,可以处五十万元以下的罚款; 3. 经营者主动向反垄断执法机构报告达成垄断协议的有关情况并提供重要证据的,反垄断执法机构可以酌情减轻或者免除对该经营者的处罚; 4. 行业协会组织本行业的经营者达成垄断协议的,反垄断执法机构可以处五十万元以下的罚款;情节严重的,社会团体登记机关可以依法撤销登记

① 横向垄断协议包括如下情形:(1)固定或者变更商品价格;(2)限制商品的生产数量或者销售数量;(3)分割销售市场或者原材料采购市场;(4)限制购买新技术、新设备或者限制开发新技术、新产品;(5)联合抵制交易;(6)国务院反垄断执法机构认定的其他横向垄断协议。

② 纵向垄断协议包括如下情形:(1)固定向第三人转售商品的价格;(2)限定向第三人转售商品的最低价格;(3)国务院反垄断执法机构认定的其他纵向垄断协议。

续表

条文索引	垄断行为	主要表象	法律责任
第 17 条	滥用市场支配地位①	具有市场支配地位的经营者滥用其市场支配地位。例如： 1. 以不公平的高价销售商品或者以不公平的低价购买商品； 2. 没有正当理由，以低于成本的价格销售商品； 3. 没有正当理由，拒绝与交易相对人进行交易； 4. 没有正当理由，限定交易相对人只能与其进行交易或者只能与其指定的经营者进行交易； 5. 没有正当理由搭售商品，或者在交易时附加其他不合理的交易条件；	第 47 条： 经营者滥用市场支配地位的，由反垄断执法机构责令停止违法行为，没收违法所得，并处上一年度销售额 1% 以上 10% 以下的罚款

① 根据《反垄断法》第 19 条规定，经营者符合下列情形之一的，可以推定具有市场支配地位：(1) 一个经营者在相关市场的市场份额达到 1/2 的；(2) 两个经营者在相关市场的市场份额合计达到 2/3 的；(3) 三个经营者在相关市场的市场份额合计达到 3/4 的。其中，第 2 项和第 3 项规定的情形，其中有的经营者市场份额不足 1/10 的，不应当推定该经营者具有市场支配地位。需要注意的是，被推定具有市场支配地位的经营者，如果有证据证明自己不具有市场支配地位的，不应当认定其具有市场支配地位。

续表

条文索引	垄断行为	主要表象	法律责任
		6. 没有正当理由，对条件相同的交易相对人在交易价格等交易条件上实行差别待遇； 7. 国务院反垄断执法机构认定的其他滥用市场支配地位的行为	
第 21 条	具有或者可能具有排除、限制竞争效果的经营者集中①	经营者集中达到国务院规定的申报标准，但事先未向国务院反垄断执法机构申报	第 48 条： 经营者违反反垄断法规定实施集中的，由国务院反垄断执法机构责令停止实施集中、限期处分股份或者资产、限期转让营业以及采取其他必要措施恢复到集中前的状态，可以处五十万元以下的罚款

① 经营者集中包括以下情形：(1)经营者合并；(2)经营者通过取得股权或者资产的方式取得对其他经营者的控制权；(3)经营者通过合同等方式取得对其他经营者的控制权或者能够对其他经营者施加决定性影响。

续表

条文索引	垄断行为	主要表象	法律责任
第32条至第37条	滥用行政权力排除、限制竞争	行政机关和法律、法规授权的具有管理公共事务职能的组织，滥用行政权力实施下列行为： 1. 强制交易； 2. 地区封锁；① 3. 强制经营者实施反垄断法规定的垄断行为。 行政机关滥用行政权力，制定含有排除、限制竞争内容的规定	第51条： 1. 行政机关和法律、法规授权的具有管理公共事务职能的组织滥用行政权力，实施排除、限制竞争行为的，由上级机关责令改正；对直接负责的主管人员和其他直接责任人员依法给予处分。 2. 反垄断执法机构可以向有关上级机关提出依法处理的建议。 3. 法律、行政法规另有规定的，②从其规定
第55条	滥用知识产权排除、限制竞争③	1. 经营者滥用知识产权排除、限制竞争的行为构成垄断协议； 2. 经营者滥用知识产权排除、限制竞争的行为构成滥用市场支配地位	第55条： 1. 经营者依照有关知识产权的法律、行政法规行使知识产权的行为，不适用反垄断法； 2. 但是，经营者滥用知识产权，排除、限制竞争的行为，适用反垄断法

① 地区封锁，包括以下三种方式：(1)限定商品在地区间自由流通；(2)排斥或者限制招标投标；(3)排斥或者限制外地经营者投资或者设立分支机构。

② 国务院《关于禁止在市场经济活动中实行地区封锁的规定》于2001年4月21日公布，并于2011年1月8日根据国务院令第588号修订。

③ 《关于禁止滥用知识产权排除、限制竞争行为的规定》于2015年4月7日经国家工商行政管理总局局务会议审议通过，自2015年8月1日起施行。2018年国务院组织机构改革后，原国家工商行政管理总局的职责由新组建的国家市场监督管理总局承接。2020年10月23日，国家市场监督管理总局对《关于禁止滥用知识产权排除、限制竞争行为的规定》进行了修改。

12.4　损害商业信誉、商品声誉罪

如前所述,《反不正当竞争法》第 11 条和第 23 条规定了经营者编造、传播虚假信息或者误导性信息,损害竞争对手的商业信誉、商品声誉及其行政处罚后果。

除此之外,我国《刑法》第 221 条还规定了"损害商业信誉、商品声誉罪",具体规定如下:捏造并散布虚伪事实,损害他人的商业信誉、商品声誉,给他人造成重大损失的或者有其他严重情节的,处二年以下有期徒刑或者拘役,并处或者单处罚金。

同时,第 231 条规定,单位犯损害商业信誉、商品声誉罪的,对单位判处罚金,并对其直接负责的主管人员和其他直接责任人员,依照《刑法》第 221 条的规定处罚。

关于什么是"给他人造成重大损失"以及"有其他严重情节",根据2010 年5 月18 日最高人民检察院、公安部印发的《关于公安机关管辖的刑事案件立案追诉标准的规定(二)》规定,捏造并散布虚伪事实,损害他人的商业信誉、商品声誉,涉嫌下列情形之一的,应予立案追诉:(1)给他人造成直接经济损失数额在 50 万元以上的;(2)虽未达到上述数额标准,但具有下列情形之一的:

1. 利用互联网或者其他媒体公开损害他人商业信誉、商品声誉的;

2. 造成公司、企业等单位停业、停产 6 个月以上,或者破产的;

3. 其他给他人造成重大损失或者有其他严重情节的情形。

需要特别注意的是,这里所称的"捏造",既包括完全虚构,也包括在真实情况的基础上的部分虚构,歪曲事实真相。

关于损害商业信誉、商品声誉罪,在实践中曾经有一起引起全国关注以及多方位思考的案件——"鸿茅药酒案"。

（一）基本案情概述

2017年12月19日，谭某某[①]在网络上发表一篇名为《中国神酒"鸿茅药酒"，来自天堂的毒药》文章，并分享到微信群。2017年12月22日，内蒙古鸿茅国药股份有限公司向公安机关报案，称其商品声誉被损害。2018年1月11日，谭某某被内蒙古凉城县[②]公安局以涉嫌损害商品声誉罪予以刑事拘留。2018年1月25日，经凉城县人民检察院批准，谭某某被凉城县公安局执行逮捕。

鸿茅药酒案发生后，引起社会公共的广泛关注，医学界、法学界和媒体界从不同角度对该案进行热议和解读。2018年3月13日，凉城县公安局侦查终结并作出起诉意见书。2018年3月23日，凉城县人民检察院将该案退回公安机关补充侦查。之后，凉城县公安局补充证据后再次移送审查起诉。

2018年4月17日，内蒙古自治区人民检察院发布通报称：近日，内蒙古自治区乌兰察布市凉城县公安机关、检察机关办理的"谭某某损害鸿茅药酒商品声誉案"，引起社会和媒体广泛关注。根据最高人民检察院指示，内蒙古自治区人民检察院听取了凉城县人民检察院案件承办人的汇报，查阅了案卷材料。经研究认为，目前案件事实不清、证据不足。自治区人民检察院指令凉城县人民检察院：将该案退回公安机关补充侦查并变更强制措施。

2018年4月17日，谭某某取保候审后，被凉城县看守所予以释放。2018年4月26日，内蒙古鸿茅国药股份有限公司发布《企业自查整改报告》（内鸿国药〔2018〕119号），面向社会公众致歉，恳请公众谅解，同时表示认识到鸿茅药酒在近5年的广告投放中存在广告投放量大、下游经销商和零售药店广告违规等问题，为消除不良影响、承担企业主体责任，已经停播中央电视台、中央人民广播电台、各卫视及地方

① 谭某某，中南大学硕士研究生毕业，所学专业为麻醉学（学制三年）。

② 凉城县是位于我国内蒙古自治区乌兰察布市的一个县，2019年4月18日，内蒙古自治区人民政府决定将凉城县退出贫困旗县序列。

媒体的全部广告。

2018 年 5 月 17 日，谭某某发表道歉声明，表示自己在标题用词上考虑不周，缺乏严谨性，同时希望内蒙古鸿茅国药股份有限公司予以谅解。同日，鸿茅药酒公司发布声明接受谭某某致歉，同时向凉城县公安局撤回刑事报案，并向凉城县人民法院撤回民事侵权诉讼。

（二）关于鸿茅药酒案的思考

鸿茅药酒案件的发生，对于我国医药行业，特别是中医药事业的发展，产生了极为不利的影响。

“前事不忘，后事之师”，希望同行引以为戒，避免再蹈覆辙。

对于大众传播领域经常遇到的负面晕轮效应，以及企业内控领域如何警惕和防止民事纠纷刑事化的问题，本书已在第五章“营销”中的“5.2　晕轮效应和刻板效应”、第七章“内控”中的“7.9　避免民事纠纷刑事化”章节分别进行了详细论述，此处不再赘言。

12.5　编造、故意传播虚假恐怖信息罪

随着市场竞争的白热化，有些企业会迷失自我，铤而走险，比如说在投标过程中设置障碍拦截其他投标人的标书、通过商业间谍修改竞争对手的投标报价、编造或者故意传播虚假信息、向行政机关诬告陷害其他竞争者等不一而足。这些行为不仅给健康的市场竞争秩序造成了破坏，甚至还涉嫌违法犯罪。

比如说，在本书上册的故事情节中（第三十一章、第三十二章、第六十九章），有不明意图的神秘人士向张阳、张一一的办公室邮寄了一份未署名的包裹，并声称包裹里的白色粉末状物质是“炭疽杆菌”。二人第一时间报警处理并紧急疏散人群。最终发现，这个所谓的“炭疽杆菌”原来只是“食品干燥剂”。众人虚惊一场后，张阳的手机也收到来自神秘人士的短信说明和威胁。

事发之后，公安机关通过手机号码等线索一路侦查，发现原来是

辉学兵为了给张阳和张一一"一个教训"，希望二人"识时务者为俊杰"并主动退出全意集团的案件，才指使棠好马等人如此干的。辉学兵提出指令后，邵飞具体执行了这个"炭疽杆菌包裹事件"，并且还颇为自负地通过别人的手机给张阳发送威胁短信，告知张阳这一切都是自己的"杰作"。

殊不知，正是由于邵飞对于法律知识的淡漠和匮乏，以及对自己行为手段的自负，才使得公安机关不仅通过手机号码追查到了机主"远方老表"，并最终顺藤摸瓜查出了邵飞、棠好马、辉学兵、胡高等幕后黑手，同时也揭露出亦可药业的种种不正当竞争和其他违法犯罪的行为。

从本质上来讲，亦可药业作为全意集团的同行业竞争者，本来应该通过研发积累、产品质量、服务品质、专业精神、战略布局等方面努力提升自己的竞争力和竞争优势，但亦可药业在辉学兵等人的实际控制之下，却总想着抄近道、走捷径，不走"寻常路"，渐渐滑向了违法犯罪的深渊。最终，邵飞远方老表的"编造、故意传播虚假恐怖信息"以及邵飞、棠好马、辉学兵等人的"投放虚假危险物质"的行为，成了亦可药业"露出的狐狸尾巴"。

法条索引——《刑法》第二百九十一条之一：

【投放虚假危险物质罪；编造、故意传播虚假恐怖信息罪】投放虚假的爆炸性、毒害性、放射性、传染病病原体等物质，或者编造爆炸威胁、生化威胁、放射威胁等恐怖信息，或者明知是编造的恐怖信息而故意传播，严重扰乱社会秩序的，处五年以下有期徒刑、拘役或者管制；造成严重后果的，处五年以上有期徒刑。①

【编造、故意传播虚假信息罪】编造虚假的险情、疫情、灾情、警情，在信息网络或者其他媒体上传播，或者明知是上述虚假信息，故意在

① 《刑法》第 291 条之一第 1 款根据 2001 年 12 月 29 日《刑法修正案(三)》增加。

信息网络或者其他媒体上传播，严重扰乱社会秩序的，处三年以下有期徒刑、拘役或者管制；造成严重后果的，处三年以上七年以下有期徒刑。①

① 《刑法》第 291 条之一第 2 款根据 2015 年 8 月 29 日《刑法修正案(九)》增加。

结束语

尽管《医规》这本书上册中的故事是虚构的，但我们相信，该故事情节中的某些部分，真真切切发生在现实中的某些医药企业里，“亦可药业”的类似悲剧，并不鲜见。

“前车之覆轨，后车之明鉴。”

真诚希望，我国医药行业、医药从业者能够避免故事中亦可药业、辉学兵等的悲剧，切实沉下心来，从研发、生产、采购、销售、营销、公关、内控、稽查、投资者关系、走出国门、员工成长、竞争关系等方面，稳扎稳打、夯实基础，努力为“发展医药卫生事业，不断增进人民健康”做贡献，为我国社会主义建设增砖添瓦。

同时在这里，对于先期阅览的朋友们提出的问题，一并回答，希望能消除疑惑。

首先，关于严肃性的问题。有些朋友担心，以故事的形式讲述法律知识，的确新颖，但会不会失于严肃？对此朋友们大可不必担心，早在多年前，中央电视台便有了《今日说法》这个节目，如今已然家喻户晓。该节目的特点就是“以群众身边的真实案例为切入点进行普法宣传……根据一定的叙述方式给观众‘讲法律故事’……抛出疑问等，使电视叙事文本具有可看性，也让观众不再被动地接受法律知识。节目最后的专家点评也是亮点，从法理情等不同角度对案情进行条分缕析”。[①] 所以，本书写作模式并非独创，实践中早已有先例且大获成功，并不会因此“失于严肃”。至于一些双古专家（古板、古董）所谓的“严

① 《今日说法》–百度百科。

肃”,我们只能说,不同人看待世界的眼光不同,不敢苛求别人,更不能苛待自己,求同存异即可。

其次,关于针对性的问题。有些朋友曾提出,下册十二编,有些譬如公司制度、上市规则、个税筹划等,和医药代表好像并没有直接关系。在这里需要特别说明的是,尽管本书上册讲的是一个医药代表逆袭的故事,医药代表也确实是本书希望争取的读者群体,但本书并非只针对医药代表所写,而是“主要”针对医药行业及其从业者,若其他有识之士拨冗垂阅,更是不胜感激。而且,朋友们也莫要小瞧了医药代表,有些哥们儿手下好几个小弟,身兼自己公司的老板,怎么就不能学学公司制度?有些哥们儿假如一不小心入股了代理品牌的公司,又不小心公司计划上市了,怎么就不能学学上市规则?而且!尽管大家常说行业凛冬已至,现实中医药代表的日子也确实“难过”了很多,但正所谓“严管厚爱”,以本轮整改为契机,未来医药代表这个行业不但不会消失,还将彻底“翻身”,真正步入“专业”序列,彻底“高大上”起来。届时,“直挂云帆济沧海”,扬帆远洋看世界,投资建厂提前了解一下,有何不可?

最后,关于实用性的问题。有些朋友还提出,希望能够具体指导实际工作,最好读者按图索骥就能解决现实问题。对此,《写在上下册之间的话》部分已有解答,此处不再赘述。现实中,各类法律书籍充斥市场,其中不乏“常识解答”“多少问”之类的,对于这些作品,本着同行相敬之原则,此处不作评价,只是希望朋友们谨慎选择。而在多年的法律实践工作中,笔者也遇到不少“傻白甜”,本着“有事问度娘”的一贯作风,觉得什么事只要一点搜索按钮,就能一切搞定,结果却往往搞砸一切,实在令人哭笑不得。这里并不是说“百度”等搜索引擎不好,相反它们很伟大,至少对我来说教会的太多,不胜感激!这里主要想说的是,专业的事情还是要交给专业的人士来办。何谓“专业”?笔者给大家举个例子吧,以 2019 年为例,就有 60 余万考生报名法律职业资格考试,这 60 余万人要在不到 1 年的时间里,掌握近 400 万字的四大本教材，2 万多个法条，最终却只有不到 10% 的人胜出……这还只是法律职业生涯的“敲门砖”而已，接下来的路只会更远更难走！所以就可以明白在序言部分，笔者说这是一门手艺的原因了吧。

需要说明的是，本书上册坚持最理性的法学思想写作，下篇完全参照最新的法律、法规、规章以及相关政策进行编纂，就实践中的一般问题而言，提供参考完全可以。读者朋友们若能够整书通读下来，不期成为法律大家，“像模像样”绝对足够。而且，本书整体贯彻社会主义法治理念，切实按照法条背后的立法意图解读规则，可谓是打开学法之路“任督二脉”的不二法门，读者朋友们若感兴趣，可在本书基础之上，再进行相关法律之学习。

“苦练七十二变，笑对八十一难。”本书上册设计 72 章，即有如此寓意，希望大家都能提高本领，取得“真经”。

期待我们下次再见，谢谢大家！

马九穗　赵文杰

2021 年 7 月 1 日

附录：医药行业术语表

Appendix：Medicine and Pharmacy Vocabulary

1. 医学 medicine
2. 药学 pharmacy
3. 病理学 pathology
4. 药理学 pharmacology
5. 毒理学 toxicology
6. 病毒学 virology
7. 真菌学 mycology
8. 细菌学 bacteriology
9. 动物学 zoology
10. 植物学 botany
11. 生物学 biology
12. 微生物学 microbiology

13. 医疗 medical treatment
14. 医院 hospital
15. 诊所 clinic
16. 药剂 medicine
17. 药品 drug
18. 药店 chemist's
19. 药 medication；pharmaceuticals
20. 方剂 prescription

21. 医药公司 pharmaceuticals company
22. 医药代表 pharmaceuticals representative
23. 批发 wholesale
24. 零售 retail
25. 西医 western medicine
26. 中医 traditional chinese medicine
27. 健康 healthiness
28. 疾病 disease;illness
29. 损伤 injury
30. 创伤 wound
31. 失调 disorder
32. 亚健康 sub-health
33. 不健康 ill health
34. 微恙 ailment
35. 慢性病 chronic disease
36. 急性病 acute disease
37. 柳叶刀 lancet
38. 脉搏 pulse
39. 针灸 acupuncture
40. 艾灸 moxibustion
41. 药物研究所 institute of materia medica
42. 病毒研究所 institute of virology

43. 世界卫生组织 World Health Organization,WHO
44. 总干事 Director-General
45. 流行病 epidemic
46. 大流行病 pandemic

47. 生物 life
48. 动物 animal
49. 植物 vegetation
50. 细菌 bacteria;germ
51. 真菌 fungus
52. 病毒 virus

53. 野生动物 wildlife
54. 驯养动物 reclaimable animal
55. 哺乳动物 mammal
56. 灵长类动物 primate
57. 猴子 monkey
58. 类人猿 ape
59. 人类 human

60. 蛋白质 protein
61. 脱氧核糖核酸 deoxyribonucleic acid,DNA
62. 基因 gene
63. 染色体 chromosome
64. 基因组 genome
65. 细胞核 nucleus
66. 细胞 cell
67. 精子 sperm
68. 卵子 ovum
69. 受精 fertilization
70. 受精卵 fertilized egg
71. 人类胚胎 human embryo
72. 胎儿 fetus

73. 分娩 birth
74. 新生儿 neonate
75. 婴幼儿 infant
76. 儿童 child
77. 无民事行为能力人 person without capacity for civil conduct
78. 限制民事行为能力人 person limited in disposing capacity
79. 完全民事行为能力人 person with full capacity for civil conduct
80. 13～19 岁的青少年 teenager
81. 青少年 adolescent
82. 青年 youth
83. 未成年人 juvenile
84. 成年人 adult;grown-up
85. 成年早期 young adulthood
86. 年轻夫妇 young couple
87. 中青年 young and middle-aged
88. 无论老少 young and old
89. 中年人 the middle-aged
90. 老年人 the aged;elderly people
91. 百岁老人 centenarian
92. 死亡 decease;to die;pass away
93. 遗产 bequest;inheritance
94. 动产 chattel
95. 不动产 real estate
96. 思想体系 ideology

97. 病患 patient
98. 医生 doctor
99. 急救 first aid

100. 门诊 outpatient service
101. 急诊 emergency treatment
102. 症状 symptom
103. 诊断 diagnosis
104. 治疗 treatment
105. 疗法 therapy
106. 处方 prescription;recipe
107. 药品 drug
108. 处方药 prescribed drugs,Rx
109. 非处方药 over-the-counter drugs,OTC
110. 副作用 side effects
111. 重症监护室 Intensive Care Unit,ICU
112. 住院 be admitted in hospital
113. 痊愈 be recovered
114. 门诊病人 outpatient
115. 住院病人 inpatient

116. 社会保障卡 social security card
117. 基本养老保险 basic endowment insurance
118. 基本医疗保险 basic medical insurance
119. 失业保险 unemployment insurance
120. 工伤保险 employment injury insurance
121. 生育保险 maternity insurance
122. 住房公积金 Housing Provident Fund

123. 严重急性呼吸综合征 Severe Acute Respiratory Syndrome,SARS
124. 甲型 H1N1 流感 Pandemic（H1N1）2009
125. 埃博拉出血热 Ebola Hemorrhagic Fever,EBHF

126. 中东呼吸综合征 Middle East Respiratory Syndrome, MERS
127. 新型冠状病毒肺炎 Corona Virus Disease 2019, COVID－19
128. 艾滋病 Acquired Immune Deficiency Syndrome, AIDS
129. 梅毒 syphilis
130. 疟疾 malaria
131. 黄热病 yellow fever
132. 热带病 tropical diseases
133. 狂犬病 hydrophobia
134. 传染病 infectious disease
135. 甲肝 hepatitis A
136. 乙肝 hepatitis B
137. 丙肝 hepatitis C
138. 糖尿病 diabetes
139. 高血压 hypertension
140. 冠心病 coronary disease
141. 白血病 leukemia
142. 脂肪肝 steatohepatitis
143. 肿瘤 tumour
144. 良性肿瘤 benign tumour
145. 恶性肿瘤 malignant tumour
146. 癌症 cancer
147. 罕见病 orphan disease
148. 植物人状态 be in vegetative state

149. 感冒 cold
150. 发烧 fever
151. 头痛 headache
152. 头晕 dizzy

153. 耳鸣 tinnitus
154. 失眠 insomnia
155. 流感 the flu
156. 咳嗽 cough
157. 龋齿 decayed teeth
158. 牙痛 toothache
159. 胃痛 stomachache
160. 嗓子痛 sore throat
161. 鼻子不通 stuffed nose
162. 脖子发硬 stiff neck
163. 视力不好 bad eyesight
164. 身体残疾 disabled
165. 骨折 fracture

166. 胸部 chest
167. 心脏 heart
168. 肺部 lung
169. 胸部发炎 chest infection
170. 心脏病 heart attach
171. 肺炎 pneumonia
172. 心肺复苏术 cardiorespiratory resuscitation, CPR
173. 胃 stomach
174. 肝脏 liver
175. 肾脏 kidney
176. 耳鼻喉 ear, nose, throat, E. N. T.

177. 外科医生 surgeon
178. 内科医生 physician

179. 眼科医生 oculist
180. 牙科医生 dentist
181. 放射科医生 radiologist
182. 耳鼻喉科医生 E. N. T. doctor
183. 精神科医生 psychiatrist
184. 妇科医生 gynecologist
185. 儿科医生 pediatrician
186. 心理医生 psychologist
187. 兽医 veterinarian
188. 军医 military surgeon；medic；corpsman
189. 法医 coroner

190. 药物 medication
191. 药丸 pill
192. 药片 tablet
193. 药膏 cream；ointment
194. 胶囊 capsule
195. 糖浆 syrup
196. 药酒 medicinal liquor
197. 草药 herb
198. 草药茶 herb tea
199. 抗生素 antibiotics
200. 维他命 vitamin
201. 止咳药 cough mixture
202. 止痛片 painkillers
203. 布洛芬 ibuprofen
204. 眼药水 eyedrops
205. 麻醉剂 anesthetic

206. 青霉素 penicillin
207. 盘尼西林 penicillin
208. 阿司匹林 aspirin
209. 安眠药片 sleep pills

210. 注射 for injection
211. 内服 for oral administration
212. 外用 for external application

213. 新陈代谢 metabolism
214. 生长激素 growth hormones
215. 抗衰老药物 anti-aging drugs
216. 高端养生 high-end health maintenance
217. 养老社区 decent community for the aged
218. 医学美容 medical cosmetology
219. 微创整形 minimal invasive plastic surgery

220. 美利坚合众国 the United States of America, U. S.
221. 瑞士联邦 Swiss Confederation
222. 日本国 State of Japan

223. 国家药品监督管理局 National Medical Products Administration, NMPA

224. 国家中医药管理局 National Administration of Traditional Chinese Medicine, NATCM

225. 国家医疗保障局 National Healthcare Security Administration, NHSA

226. 国家市场监督管理总局 State Administration for Market

Regulation, SAMR

227. 国家卫生健康委员会 National Health Commission, NHC
228. 国家药典委员会 Chinese Pharmacopoeia Commission, CPC
229. 美国食品药品监督管理局 U. S. Food and Drug Administration, FDA

230. 药品 Drugs
231. 医疗器械 Medical devices
232. 化妆品 Cosmetics
233. 保健食品 Health tonics

234. 中药 traditional Chinese medicine, TCMs
235. 化学药 pharmaceutical chemicals
236. 生物制品 biological products

237. 中成药 Chinese patent drugs
238. 中药饮片 Chinese herbal slices
239. 中药制剂 Chinese drugs preparation
240. 中药品种 TCMs cultivar
241. 中药材 TCMs materials

242. 疫苗 vaccine
243. 血液制品 blood products
244. 麻醉药品 narcotics
245. 精神药品 psychotropic substances
246. 医疗用毒性药品 medical toxic drugs
247. 放射性药品 radioactive drugs
248. 药品类易制毒化学品 pharmaceutical precursor chemicals

249. 药物非临床研究 pharmaceutical product non-clinical studies
250. 药物临床试验 pharmaceutical product clinical trials
251. 药品注册 registration of drugs
252. 药品生产 manufacturing of drugs
253. 药品经营 distribution of drugs
254. 药品使用 use of drugs
255. 药品监管 supervision of drugs
256. 药品出厂放行 drug release by manufacturer
257. 药品上市放行 drug release for marketing
258. 药品上市后研究 drug post-marketing research
259. 不良反应监测 Adverse Drug Reactions, ADRs
260. 飞行检查 unannounced inspection
261. 药品召回 drug recall

262. 通用名称 common name
263. 成分 element
264. 规格 specification
265. 上市许可持有人及地址 marketing authorization holder and its domicile
266. 生产企业及其地址 manufacturer and its domicile
267. 批准文号 approval number
268. 产品批号 batch identification mark
269. 生产日期 date of manufacture
270. 有效期至 valid until; valid before
271. 适应症 indications
272. 功能主治 main functions
273. 用法 usage
274. 用量 dosage

275. 禁忌 taboos

276. 不良反应 adverse reactions

277. 注意事项 precautions

278. 化学原料药 Chemical Active Pharmaceutical Ingredients, Chemical APIs

279. 中间体 Intermediates

280. 辅料 adjuvant materials

281. 包装材料 packaging materials

282. 容器 container

283. 质量标准 specifications

284. 生产工艺 production process

285. 标签 labeling material

286. 说明书 instructions

287. 赋形剂 excipient

288. 附加剂 additive

289. 药品上市许可持有人 Marketing Authorization Holder of Drug, Drug MAH

290. 药品生产企业 drug manufacturer

291. 药品经营企业 drug distributor

292. 医疗机构 medical institution

293. 药品监管部门 drug regulatory authorities

294. 药品检验机构 drug control institution

295. 药品专业技术机构 drug specialized technical institution

296. 药品研制机构 drug development institution

297. 临床试验机构 clinical trial institution

298. 药物非临床研究质量管理规范 Good Laboratory Practices, GLP

299. 药物临床试验质量管理规范 Good Clinical Practices, GCP

300. 药品生产质量管理规范 Good Manufacturing Practices, GMP

301. 药品经营质量管理规范 Good Supply Practices, GSP

302. 药物非临床研究质量管理规范认证证书 Good Laboratory Practices Certificate

303. 药物临床试验质量管理规范认证证书 Good Clinical Practices Certificate

304. 药品生产质量管理规范 GMP 证书 Good Manufacturing Practices Certificate

305. 药品经营质量管理规范 GSP 证书 Good Supply Practices Certificate

306. 国家药品标准 national drug standards

307. 中国国家药典 Chinese Pharmacopoeia

308. 药品批准证明文件 Certificate of Drug Approval

309. 药品注册证书 Certificate of Drug Registration

310. 药品生产许可证 Manufacture License of Pharmaceutical Products

311. 药品经营许可证 Distribution License of Pharmaceutical Products

312. 医疗机构制剂许可证 License for Medical Institution Preparation

313. 医疗机构执业许可证 Practice License of Medical Institution

314. 安慰剂 placebo

315. 双盲试验 double-blind trial

316. 同情用药 compassionate medication

317. 药品追溯制度 Drug Traceability System

318. 质量受权人 Qualified Person

319. 显著标注 Highlight

320. 民族药 ethno-medicines

321. 道地中药材 genuine TCMs material

322. 中药饮片炮制技术 processing techniques for Chinese herbal slices

323. 中药复方制剂 compound preparation of TCMs

324. 古代经典名方 ancient classic recipes

325. 古代中医典籍 ancient codes and records of TCMs

326. 执业医师 Licensed Medical Practitioner

327. 执业助理医师 Licensed Assistant Medical Practitioner

328. 执业中医师 Licensed Chinese Medicine Practitioner

329. 执业药师 Licensed Pharmacist

330. 中医药传统知识持有人 traditional knowledge holder of TCMs

331. 中医药国际标准体系 International Standard System for TCMs

332. 中药创新药 breakthrough drug of TCMs

333. 中药改良型新药 improved new drug of TCMs

334. 古代经典名方中药复方制剂 compound preparation of TCMs under ancient classic codes and records

335. 同名同方药 TCMs with same name and herbal formulas

336. 化学药创新药 breakthrough drug of pharmaceutical chemicals

337. 化学药改良型新药 improved new drug of pharmaceutical chemicals

338. 化学药仿制药 generic drug of pharmaceutical chemicals

339. 生物制品创新药 improved new drug of biological products

340. 生物制品改良型新药 improved new drug of biological products

341. 已上市生物制品 marketed biological products

342. 生物类似药 biological analogues

343. 医学、药学专业刊物 Journal of Medicine and Pharmacy

344. 学术杂志 learned periodical

345. 电视广告 commercial

346. 市场秩序 market order

347. 不正当竞争 unfair competition

348. 市场混淆 market confusion

349. 商业贿赂 commercial bribery

350. 虚假或者引人误解的商业宣传 false or misleading commercial propaganda

351. 侵犯商业秘密 infringement of business secret

352. 虚假、高额有奖销售 false, confused or overvalued premium sale

353. 损害商业信誉、商品声誉 damage to other competitor's commercial credit or commodity reputation

354. 妨碍、破坏其他经营者合法提供的网络产品或者服务正常运行 obstruction or destruction of the normal operation of network product and/or service provided by other competitors

355. 有效竞争 effective competition

356. 卡特尔 cartel

357. 辛迪加 syndicate

358. 托拉斯 trust

359. 垄断 monopoly

360. 反垄断法 anti-monopoly law

361. 国务院反垄断委员会 the Anti-Monopoly Commission of the State Council

362. 黎明突袭 dawn raid

363. 横向垄断协议 horizontal monopoly agreements

364. 纵向垄断协议 vertical monopoly agreements

365. 滥用市场支配地位 abuse of market dominance

366. 具有排除、限制竞争效果的经营者集中 operators concentration with effect of elimination or restriction on competitions

367. 滥用行政权力排除、限制竞争 abuse of executive power to eliminate or restrict competitions

368. 滥用知识产权排除、限制竞争 abuse of IPR to eliminate or restrict competitions

369. 知识产权 intellectual property right, IPR

370. 世界知识产权组织 World Intellectual Property Organization, WIPO

371.《与贸易有关的知识产权协定》Agreement on Trade-Related Aspects of Intellectual Property Rights, TRIPs

372. 版权 copyright

373. 作者 author

374. 合著者 co-author

375. 出版 be published

376. 出版人 publisher
377. 出版社 press
378. 出版物 publication
379. 国际标注图书编号 International Standard Book Number, ISBN
380. 版税 royalty
381. 商标专用权 trade marks
382. 注册商标 registered trademark
383. 驰名商标 well-known trademark
384. 专利权 patent
385. 专利权许可人 patent licensor
386. 专利权被许可人 patent licensee
387. 专利许可费 patent license fee
388. 发明 invention
389. 实用新型 utility model
390. 外观设计 appearance design
391. 商业秘密 business secret
392. 技术诀窍 know-how
393. 标准必要专利 Standard essential patents, SEPs
394. 标准必要专利持有人 SEPs holder
395. 强制专利许可 compulsory patent licensing
396. 专利许可谈判 patent licensing negotiation
397. 公平合理非歧视 Fairness, Reasonable, and Non-discrimination, FRAND

398. 标识 logo
399. 标语 slogan
400. 醒目的广告用语 catchphrase
401. 大众心理学 mass psychology

402. 晕轮效应 halo effect
403. 刻板效应 stereotype

404. 真药 genuine drug
405. 假药 bogus drug
406. 劣药 drug of inferior quality

407. 特效药 specifica
408. 有效药 active drug

409. 境内药品 domestic drug
410. 进口药品 imported drug